제7권

食의 문화

[식의 미래]

이시게 나오미치(石毛直道) 감수

타무라 신바치로우(田村眞八郎)
이노우에 히토시(井上如) 책임 편집

동아시아식생활학회 연구회 역

光文閣
www.kwangmoonkag.co.kr

감수의 말

국립민족학 박물관 관장 이시게 나오미치(石毛直道)

'먹는 것'을 문화로 생각해가'는 것이 '식의 문화'의 입장이다.

먹는 것에 관한 종래의 연구 주류는, 주로 식료(食料) 생산에 관계되는 농학(農學) 분야, 식품가공을 취급하는 조리 분야, 음식물이 인체에 어떻게 섭취되는가를 조사하는 생리학・영양학 분야에 화제가 집중되었던 것 같다. 거기에는 먹는 사람의 마음의 문제에는 그다지 생각이 미치지 않았던 것은 아닌가.

"일상다반사(日常茶飯事)"라고도 보이는 '식(食)' 안에 문화를 발견하고, 학문 연구의 대상으로 한다.

그러면 그곳에 나타나는 '식의 문화'의 본질은, 음식물이나 식사에 대한 태도를 결정짓는 정신 속에 잠재해 있는 것, 즉 사람들의 식품에 관한 관념이나 가치체계라 할 수 있다. 먹는 것에 관한 물건이나 기술, 인체 매커니즘을 이를테면 하드웨어라고 한다면, 이것은 소프트웨어에 해당하는 것이다.

그 소프트웨어 부분까지도 시야에 포함한, 식의 문화의 여러 학문 영역에 걸친 연구를 목표로 1982년 '식의 문화 포럼'이 발족되었다. 스무 개 이상 분야의 총 120명의 연구자, 실천가, 저널리스트들이 모여, 초심(初心)으로 돌아가 '식의 문화' 연구라는 새로운 과제에 도전하기를 16년, 지금 그 연구를 7항목으로 대별(大別), 집대성하여 세상에 공개한다.

『강좌 식의 문화』의 전 7권이다.

연구가 진행되는 한편으로, 이 분야에 대한 사회 일반의 관심도가 급속도로 높아졌다. 우리들의 성과가, 넓게 식문화 연구에 뜻을 두는 분들 뿐만 아니라, '식(食)'의 저류(底流)에 있는 '문화'에 흥미와 관심을 가진 분들의 새로운 시대의 실상(實狀)을 생각하는 계기가 되기를 바란다.

목　　차

제2부 기술 · 시스템의 진전과 식(食) / 151

제3부 좌담회 식 - 과거로부터 미래로 / 247

사 회 : 이노우에 히토시(井上 如)
참석자 : 이시게 나오미치(石毛直道), 후지와라 후사코(藤原房子)
사하라 마코토(佐原 眞), 타무라 신파치로(田村眞八郎)

서장 식(食)·20세기에서 21세기를 생각하다

타무라 신바지로우(田村眞八郞)

I. 세기말의 식량 문제

1999년, 20세기도 이제 곧 21세기를 맞이하는 마지막 한해가 되려 하고 있다. 세기말이 되면 다음 세기에 대한 예상이 행해진다. 밝고 낙관적인 예상이나 꿈같은 이야기가 나오는 경우도 많지만, 걱정거리 같은 비관적이고 어두운 예상도 나온다. 세기말 사상이란 용어 자체가 약간 어두운 이미지를 지니고 있다는 것도 부정할 수 없다.

식에 대해서는 100년 전의 19세기 말과 그보다 더 100년 전인 18세기 말에도 비관론이 제기되었었다.

1.1 어긋난 예상

지금으로부터 200년 전인 18세기 말에 영국의 목사인 로버트 맬더스가 지은『인구론』(1798년)이 출판되었다. 인구 증가에 식량 생산의 증가가 따라갈 수가 없기 때문에 인류 사회는 늘 식량이 부족해서 인구 조절은 기아, 병, 전란 등 불행한 사망의 증가에 의해서 이루어지지 않으면 안 된다고 설명하였다.

또 지금으로부터 100년 전인 19세기 말에는 영국의 과학자인 윌리엄 쿠룩쿠스가 1898년 9월 영국학술협회의 강연회에서 오는 20세기의 식량 문제에 대한 염려의 뜻을 표명했다[1]. 식량 증산을 위해서 필요한 비료, 특히 질소비료의 결핍이 불가피하다

1) 윌리암 쿠룩쿠스는 쿠룩쿠스관(管)의 발명과 음극선(陰極線)이 물질 입자에 의해 되는 것 등을 증

고 생각했던 것이다. 그리고 쿠룩쿠스는 공기 중에 있는 질소가스를 원료로 하는 암모니아 등의 화학 비료를 생산하는 기술을 개발하지 못하면 20세기의 인류는 심각한 식량 부족에 빠질 것이라고 경고했다.

그러나 현실의 역사 추이를 살펴보면, 18세기 말의 맬더스의 걱정도 19세기 말의 쿠룩쿠스의 걱정도 현실화되지는 않았다. 그렇지만 현실화되지 않았다고 말하는 것은 과장된 표현으로 각각의 걱정거리가 국지적으로 일어나고는 있지만 인류 전체에서 보면 이전과 비교하여 개선되어져 왔다는 것이다.

19세기에는 유럽에서 미국 대륙으로 많은 사람이 이민을 갔고 북미에서는 농지가 개발되어져 작물 등의 식량 증산이 가능했기 때문이다.

또 20세기에는 쿠룩쿠스의 강연이 각국의 과학기술자들을 움직여 결국 독일 화학자인 후릿츠・하바와 화학공학자인 칼・봇슈에 의해 1913년, 실용적인 공중 질소의 고정공장과 합성 암모니아 생산 공장이 건설되었기 때문이다[2]. 20세기 인류가 심각한

명한 영국의 과학자로 당시 영국학술 협회의 회장이었다. 『비료가 온 길 돌아간 길 – 환경・인간 문제를 생각한다』(高橋英一 著 1991년, 研成社)에 의하면 쿠룩쿠스의 연제는 「밀의 문제」즉 식량문제에 있었으나 밀의 증산에 필요한 질소비료로서 당시, 사용되고 있던 치리 초석(硝石)은 머지않아 고갈될 것이 명백하기 때문에 공기 중에 무한히 있는 질소가스를 식물이 흡수할 수 있도록 비료에 변화를 주는 것이 과학자의 양어깨에 걸린 급선무라고 설명하고 있다.

필자는 19세기 말 쿠룩쿠스의 포지션(위치)은 20세기 전반의 아인슈타인에도 필적할 자연과학 학계의 오피니언 리더이었다고 생각한다. 거기에서 쿠룰쿠스의 강연은 세계의 과학기술자를 격려(激勵)하고, 말하자면 「공중 질소의 고정(固定)」에 의한 화학질소 비료의 제조기술의 개발을 성공으로 유도한 것이었다. 또한, 아인슈타인의 「나치와 독일에 대항하기 위하여 아메리카 합중국도 원자폭탄을 개발할 수밖에 없지 않았을까」와의, 아메리카 대통령 프랑클린 루즈벨트에의 서한은 히로시마, 나가사끼에 투하된 원자폭탄의 제조와 원자력 산업의 전개로 유도된 것이다.

2) 전게(前揭) 『비료가 온길 돌아간 길』에 의하면 암모니아의 합성에는 공기 중의 질소가스와 물을 전해시켜 얻은 수소가스가 사용되고 있었다. 화학반응($N_2+3H->2NH_3$) 로 질소 가스(N_2)1용적과 수소가스(H_2) 3용적, 합해서 4용적으로부터 암모니아가스(NH_2) 2용적이 된다. 반응전의 가스 용적이 반응 후에는 1/2로 감하였기 때문에 고압하에서 반응을 하지 않으면 안 된다. 하바는 오스미움 촉매를 사용하고 섭씨 550도, 175기압의 고압에서 암모니아를 얻는 것에 성공하였다. 협력자의 보슈는 이 고압에 견디는 실용적인 반응 용기를 만드는 것에 성공한 것이었다. 그것을 가능하게 한 것은 당시 세계 최고의 기술을 갖고 있었던 독일의 쿠룹사의 고품질 강철이었다.

실용 공장이 완성한 1913년은 제1차 세계대전이 일어나기 1년 전이다. 당시의 독일 제국은 공기 중의 질소에서 암모니아를 만드는 것에 의해 더욱이 암모니아로부터 초산을 만드는 기술을 손에 넣었다. 암모니아는 비료로는 되나 화약으로는 되지 않는다. 그러나 초산은 화약으로 되고 (예를 들면 다이나마이트에 사용하는 니트로글리세린은 글리세린의 초산에스테르이다.) 이 화약을 만드는 기술의 입수가 당시의 독일 황제 윌헤름 2세로 하여금 제1차 세계대전을 일으키는 결의를 하게 한 것이라는 이야기도 있다.

어쨌건 공중 질소의 고정에 의한 화학 질소비료의 제조는 획기적인 기술 개발이었다. 하바도 봇슈도 제1차 세계대전 후 노벨상을 받는다. 그렇지만 빛나는 것뿐만은 아니었다. 하바는 제1차 세계대전 중 에는 독가스 연구에 종사하였기 때문이다. 그래서 그것을 간언하기 위해 하바 부인 크라라는 자살하고 말았다고 전해지고 있다.

식량부족을 일으키지 않고 총인구를 15억 명에서 60억 명으로 네 배나 증가시킬 수 있었던 것은 틀림없이 이 화학 질소비료의 공장 생산 기술이 완성되었기 때문이었다.

1.2 낙관론과 비관론

현재 20세기의 말에 즈음해서 21세기의 인구 식량 문제에 대해서는 상반된 주장이 있다. 즉 낙관론과 비관론이다.

낙관론이라 할지라도 수십 년 전에 자주 거론되어졌던 주장들처럼 인류가 몇백 억 명으로 증가한다고 해도 과학기술이 충분히 식량을 공급할 수 있게 진보할 것이라고 덮어놓고 낙관론을 이야기하는 사람은 적어지고 있다. 현재로서는 지구 인류의 총인구가 100억 명 정도라면 아마 식량 부족으로 인한 비극적인 결말을 피할 수 있다고 생각하는 것이 많은 사람이 생각하는 낙관론이다.

한편 비관론은 지구의 자원과 인류의 기술을 잘 이용하면 인구 식량 문제는 그럭저럭 타개되어질 것이라고 생각하지만, 현실적인 문제는 21세기의 인류 사회가 문제를 잘 해결할 수 있을 만큼의 성숙도에 도달할 수 없으며 결과적으로 식량 부족을 일으킬 것이라고 많은 사람이 생각한다.

이런 논의에 대해서는 기라(吉良龍夫) 씨가 본 강좌의 제1권에 수록 한「지구의 인간의 정원(定員)[3]」에서 해설해 놓은 부분이 있으므로 이를 참조하시기 바라며 본고에서는 쿠라츠만의 저서인『백억 명을 부양할 수 있을까 - 21세기의 식량 문제[4]』의 결론 일부를 인용해 본다.

> 인간이 처리할 수 있는 자원과 인간의 기술적 지식에 관해서도 우리들은 항상 낙관적이다. 그러나 지금으로부터 수십 년 후를 현실적으로 전망하면 비관적이다. 확실히 부분적 진보는 가능하고, 수천만 아니 수억 명의 운명을 개선할 수가 있다. 그러나 세계의 식량 문제 전체로서는 오늘날의 세계에서 해결할 수 없을 것이란 생각이 든다. 이 문제는 더욱 일반적인 문제의 일부로서 인간과 인간, 사회와 사회, 민족과 민족, 대소의 제국주의들 간의 문제이다. 그리고 이 일반적 문제는 부분적 해결을 허락하지 않는다.

---

3) 제1권 156페이지, 길양룡부 논문「지구의 인간의 정원(定員)」

4) 죠세프·쿠라츠만 1986『백억 명을 부양할 수 있을까 - 21세기의 식료 문제』小倉武一 (역) 농산어촌문화협회

나는 낙관론과 비관론의 중간적인 견해를 말하는 경우가 많은데, 사실은 비관론에 가깝다. 그러나 18세기 말의 맬더스나 19세기 말의 쿠룩쿠스의 비관적 예측이 현실과 맞지 않았던 역사가 저자의 마음에 제동을 걸고 있다고 생각한다. 누구라도 「이리 소년」으로 불리고 싶지 않기 때문이다.

본래 쿠룩쿠스의 경우는 화학공업 부문의 기술 개발을 고무, 격려해서 성공하였기 때문에 비극을 회피할 수 있었던 것이다. 이러한 20세기의 사례에서 유추한 것을 21세기에 적용시켜 보면 바이오 테크놀로지에 편드는 식이 된다고 생각한다.

그러나 과학기술의 개발이 인류의 복음이 된다고 전문가나 일반인들도 생각하고 있었던 19세기에서 20세기까지의 시대와 21세기는 크게 다를 것 같다. 즉 「과학기술의 개발에는 항상 플러스와 마이너스가 있어서 단기적으로는 플러스가 될지라도 장기적으로는 마이너스가 더 커져 버리는 것이 아닐까」하고 생각하는 사람들이 점점 증가해 가는 것이 21세기라고 생각된다. 이것이 인구 식량 문제뿐만 아니라 기타의 모든 문제에 미치는 "21세기의 우수(憂愁)" 가운데 하나의 이유이다[5].

「매사에는 순서가 있다」란 말이 있다. 형체가 있는 물건을 전자, 형체가 없는 것을 후자라 한다면, 음식물이 전자이고 식사가 후자가 된다. 식사를 하기 위해서는 이에 앞서 음식물이 확보되어져 있어야만 한다.

21세기의 인류 사회가 그 정도로 음식물을 보호하는데 여유가 있다고는 생각하기 어렵다. 일본인은 식량 생산에도 식량 소비에도 늘 합리적인 태도로 대처해 가는 일이 필요하게 되지 않을까.

II. 공업화 시대에서 정보화 시대로

인류사적 시점에서 살펴보면 20세기는 공업화 시대의 완성기라고 말할 수 있다. 또 문제점을 드러내기 시작했다는 의미로 난숙기(爛熟期), 더 극단적으로는 퇴폐기라고도 할 수 있다. 그리고 공업화 시대의 다음 시대인 21세기는 정보화 시대로 예상되고 있다.

2.1 20세기의 성공

현실적으로 20세기 최후의 10년인 1990년대는 가장 빨리 정보화 시대를 이룬 미국

5) 필자는 「21세기의 우수(憂愁)」(『식(食)의 과학』 1998 1월호, 光琳)라고 하는 에세이를 잡지에 기고하였던 적이 있다. 시점은 본고와 약간 다르나 흥미 있는 쪽은 참조하였으면 한다.

합중국의 독무대라고 불리고 있다. 확실히 10년 전부터 일어나기 시작한 구소련과 동유럽 제국의 사회주의 체제의 붕괴도 서유럽에서 흘러 들어오는 텔레비전 영상이란 정보화 시대의 상징적 첨병에 의한 영향이 컸던 것 같다.

공업화 시대의 완성기로 가는 출발점이 된 것은 미국의 헨리 포드에 의한 자동차의 대량생산 방식인 1910년대의 포드 T형의 컨베이어시스템 생산의 확립 때문이다. 그 발전에 의해 20세기의 선진국 국민, 즉 일본도 포함하여 공업화 시대로 사회를 적응시킨 나라의 국민이면 누구나 자가용을 구입할 수 있는 상황이 만들어졌다. 그리고 20세기는 이 효율적 대량생산 방식을 여러 산업 부문에 응용하여 생활 물질을 효율적으로 생산해서 성공을 이루었다.

재미있게도 식량 생산도 마찬가지였다. 포드의 자동차 대량생산 이후 농업용 트럭과 콤바인도 대량으로 생산할 수 있게 되었다. 이러한 농업기계를 이용하여 넓은 농경지를 경작하고 또한 전 항에서 진술한바 있는 화학 질소비료를 사용함으로써 단위면적당 수량을 큰 폭으로 증가시켜 인류 사회는 처음으로 대량의 식량을 확보할 수 있게 된 것이다.

공업화 시대의 전 시대를 농업화 시대라 부른다면, 농업화 시대는 식량의 생산을 최우선으로 한 시대임에 틀림없다. 그러나 그러할지라도 농업화 시대에는 세계 각지에서 자주 심각한 식량 부족과 기근이 발생하였다. 그 심각성은 아이를 죽게 내 버려두지 않으면 안 될 정도였다. 독일어권의 민화를 정리한 것으로 여겨지는 그림동화 가운데 『헨젤과 그레텔』에는 부모가 기근으로 식량이 부족해지자 남매를 숲속에 내다버린다[6].

식량 이외의 생활 물자 또는 소위 취미적인 생활필수품 이외의 물질에서도 그 풍부한 공급이란 의미에서 보면 공업화 시대의 성과는 위대하다. 특히 20세기가 이러한 의미에서 살펴보면 위대한 세기였다는 것은 틀림없다. 20세기는 바로 공업화 시대의 완성기를 이루는 100년이었던 것이다. 21세기가 탈공업화 시대, 정보화 시대로 대변될지라도 위대한 20세기가 달성한 성과의 상당 부분을 잃어버리지 않도록 주의해야만 할 것이다. 필자는 잃어버려서 안 되는 부분이 생산 필수 물자, 즉 의식주의 효율적 생산 기술이라고 생각한다.

6) 보통으로 읽어온 동화에서는 실부와 계모라고 하는 것으로 되어 있으나, 최초의 이야기에서는 친모였다고 한다. 중세 유럽의 현실에서는 양친이 사망하면 거의 아이들은 살리지 않고 어른은 아이들을 죽게 내버려 두지 않을 수 없었다. 어른들은 기근 때는 아이들을 기르는 것을 단념하고 어른은 살아남아서 기근이 지나가면 또 아이들을 낳아 기르는 방법밖에 없었다. 그것이 어른의 의무였는지도 모른다.

2.2 20세기의 실패

20세기도 후반이 되면서 20세기의 기술 실패에 대한 고발도 나타나기 시작한다. 크게 집약하면 다음의 두 가지로 나눌 수 있다. 첫 번째가 18세기 후반의 제임스・워트의 증기기관으로부터 시작된 화석연료의 대량 사용으로 인한 기계 문명에 대한 고발이다. 현대의 자가용이나 제트 비행기 등으로 상징되는데, 있는 힘을 다 써버리는 기술이라고나 할까, 에너지를 있는 대로 다 써버리는 기술이 총체적으로 지구 대기 온난화를 가져온다는 고발이다.

두 번째는 20세기가 되고 난 뒤 급속히 발전해온 화학비료 등의 생산 이용과 20세기후반에 크게 발전한 플라스틱과 유기 합성 약품 등을 많이 사용하는 화학 문명에 대한 고발이다. 이러한 고발은 미국의 여성 해양생물학자인 레이첼・카슨의 저서 『사이런트・스프링(침묵의 봄)[7]』이 1962년에 발표됨으로써 시작되었다[8].

카손은 주로 DDT 등의 농약을 환경에 뿌리는 일에 대한 위험성을 지적하였다. DDT는 의외로 빠르게 1873년에 합성되어졌는데, 살충제로써의 효력은 1939년 스위스의 화학자인 폴・뮤라가 발견하였다. 제2차 세계대전 이후 DDP는 세계 각지에서 대량으로 사용되어져 곤충으로 인해 매개되는 말라리아나 발진티푸스 등의 방제에도 탁월한 효과가 있었기 때문에 DDT의 활용은 인류에게 있어 복음으로 여겨졌으며 뮤라는 노벨상을 수상하였다. 현재는 여러 선진국에서 사용이 금지되었지만 말라리아가 많은 나라(현재에도 연간 200만 명의 사망자가 발생하고 있다)에서는 아직도 사용하고 있다.

---

7) 『사이런트・스프링(침묵의 봄)』
일본에서는 최초로 靑樹簗一 역 『생과 사의 묘약(妙藥)』(1964년, 新潮社)로서 출판되었으나 현재는 『침묵의 봄』『사이런트・스프링』으로 불리우는 경우가 많다. 지금도, 같은 사람 역 『침묵의 봄』이 문고판(신조사)에서도 나오고 있다.

8) 필자는 『일본의 식・100년 다베루』(田村眞八郎・石毛直道 「편」 1998년, 도메츠출판)에서 소론(小論) 「식생활의 가치관과 과학기술・100년」에서 카손에 대해서 해설하였는데, 그 부분을 인용한다.
(카손의 『사이런트・스프링』은) 농약의 대량 살포가 생선과 새, 곤충을 절멸시켜 봄이 되어도 새의 지저귐이 들려오지 않는 침묵의 봄이 된다는 고발이었다.
발표 당시는 물론 크게 반대를 받았다.
그리고 10년, 20년 지나서, 세계의 상식이 변하여서 농약의 대량 살포는 위험하다는 생각이 현재는 상식(常識)으로 되었다. 따라서 20세기의 후반에 식량 자원을 대량생산한 기술 체계의 속에서 상당한 부분이 21세기에는 사용되지 않을까 생각하지 않을 수 없는 상태라고 생각되는 것이다.
20세기의 전반이 끝나는 즈음, 확실히 아메리카의 저널리즘이 「20세기 전반의 인류 사회에 커다란 영향을 준 10인」을 선정하였다. 6인은 정치가이다. 루즈벨트, 처칠, 히틀러, 스탈린, 모택동, 간디, 이 마하트마 간디는 사상가로 하는 것이 좋을 것 같다. 그로부터 뒤의 4인은 과학자, 기술자, 아인슈타인, 프로이드, 에디슨, 포-드였다고 생각한다.
만약 수년 후에 「20세기의 후반에 영향을 준 10인」을 선발하는 일이 있다면 필자는 카손이 들어가지 않을까하고 생각하고 있다. 전반에 있는 사람으로 말하자면 프로이드에 상당하는 입장일 것이라고 생각한다.

이러한 유해물질로 인해 전 세계적으로 발생하고 있는 지구 환경 오염에 대한 고발은 농약에서 공업 약품인 PCB 등으로 이어졌으며 더 나아가 우연 생성 물질, 즉 폐기물을 소각할 때나 화학물질을 합성하는 과정에서 불순물로 발생하는 비의도적인 생성물인 다이옥신 등으로까지 확대되고 있다. 특히 다이옥신은 이른바 환경 호르몬(내분비 교란물질) 작용도 있는 것으로 여겨져 그 대책이 시급한 과제로 되고 있다.

이상의 두 가지의 공업화 시대의 실패인 지구 온난화와 환경 오염은 앞으로 다가오는 정보화 시대가 해결해야 할 커다란 마이너스 유산으로 남아 있다.

2.3 시대 전환으로의 기대

이렇게 구체적인 고발의 형태를 띠고 있지 않지만, 공업화 시대의 문제점은 20세기 전반에 이미 미국의 저명한 문명평론가인 루이스·만호도가 지적하고 있었다. 만호도는 1934년에 저술한 『기술과 문명[9]』에서 유럽의 기술 발전을 원기술기(原技術期), 구기술기(旧技術期), 신기술기(新技術期)로 구분할 것을 제창하였다.

<사진 1>
포라츠쿠의 손(手)이 된 앵무(鸚鵡)조개의 렌트겐 사진. 구조에 있어서 자연의 나선(螺旋)의 사용. 렌트겐선은 현미경같이 새로운 미의 세계를 나타내고 있다.

<사진 2>
근대의 수력 터빈 부분. 기계적인 필요에서 발생한 나선 형태. 단일 또는 복합기하학적인 형태이나 기계의 디자인 안에서 교향(交響)하여 보인다.

9) 『기술과 문명』(1934년)은 고명한 책이다. 일본어 역으로서는 태평양 전쟁 후, 염창서방에서 생전면(生田勉) 역으로 3책(제1책 1953년, 제2, 3책 1954년)으로 간행되었다. 또 1972년에는 같은 사람 생전면(生田勉) 역으로 있으나 1책으로 통합하여 미술출판사에서 출판되었다.
그리고 개인적으로 죄송스러우나 태평양 전쟁 중 쇼와 17년(1942년) 삼포(三浦逸雄) 역으로 育成社弘道閣에서 출판되어서, 필자로서는 50년 이상 옛날에 산 이 책이 잊을 수 없는 책이 되었다. 역자의 후기 속에 다음과 같은 문장이 있다. 「그리고 나서, 무어라고 해도 만호도는 근저(根柢)에 민주주의적인 생각을 갖고 있다는 사람이기 때문에 독자도 그 의도를 읽고 싶어 하고, 나는 가능한 사상적인 비말(飛沫)이 있다 것은 주의 깊게 모두 삭제하여 몰아내고 여기에 제6장에 포함되어 있는 원기술기는 수력 에너지와 목재의 복합이며 10세기부터 18세기경까지, 구기술기는 석탄 에너지와 철재의 복합이며 18세기 후반에서 19세기 중엽까지, 신기술기는 전기 에너지와 합금의 복합이며 19세기 말경에서 20세기로 구분하였다.

그리고 구기술기, 즉 산업혁명 이후 공업화 시대의 시대정신이었던 중후장대신앙(重厚長大信仰)이 곧 신기술기의 경박단소기술(輕薄短小技術)로 이행해 갈 것임을 기대하였다. 이는 미국적 사고에 걸맞은 양질의 낙관주의적 표현이었다고 생각되지만, 유감스럽게도 20세기 대부분의 기간 동안 현실은 중후장대기술(重厚長大技術)을 계속 뒤쫓아 온 것 같다.

지금에 와서 생각해 보면 만호도의 견해는 기대한 만큼의 발랄하고 경쾌한 기술로의 이행이 일어나지 않으면 구기술기의 문명은 인간다운 문명을 이룰 수 없다는 경고였던 것 같다. 그리고 이러한 이행이 순조롭게는 일어나지 않았기 때문에, 현재 기술 문명의 에너지 다(多) 소비에 따른 지구 온난화, 화학물질 과용에 따른 환경 호르몬 등의 지구 오염이 발생하였다고 말할 수 있다.

그리고 이러한 마이너스의 짐을 실은 채 인류 사회는 21세기 정보화 시대로 접어들고 있다. 정보화 시대는 산업 전체에서 공업의 비중보다도 정보산업의 비중이 더 커져 버린 시대이다. 그리고 공업의 비중이 적어져 버렸기 때문에 이른바 구기술기(旧技術期)적인 공업화 시대의 막대한 공업이 가지고 있었던 나쁜 점을 교정하는 것이 가능해 질 것이다.

21세기 정보화 시대에 거는 최대의 기대는 공업화 시대가 가지고 있었던 과잉 생산, 과잉 소비와 같이 고치기 힘든 충동을 억제할 수 있게 된다는 점이다. 저자는 이것이 가능해지리라 생각하고 있다. 그 이치는 정보를 짜 맞추어 결론을 내는 모든 경우에 있어서 공업화 시대가 무시하기 쉬웠던 에너지 수지 및 물질 수지의 세밀한 정보를 짜 넣음으로써 가능해질 것이라 생각하고 있다. 너무 낙관적이라는 비판도 있겠지만 저자가 21세기에 걸고 있는 장밋빛 꿈이다.

또 20세기 기술은 인간을 기계에 맞추어야 했지만, 만호도가 바라던 바와 같이 21세기는 신기술기적인 시대정신, 기술이 인간에 맞춰지는 시대(만호도는 적절하게 「생기술기(生技術期)[10]」란 용어도 사용하고 있다)로 이행할 가능성도 크다. 20세기 후반

1절은 전부 생략하였다.」 이 문장을 읽고 「그렇구나, 지당한 것이다.」라고 생각한 것을 기억하고 있기 때문에 필자가 이 책을 최초로 읽은 것은 패전 전 중학생 때 이었던 것 같다. 물론 충분한 이해는 할 수 없었을 것이나 필자가 과학기술사에 관심을 갖도록 된 기회를 주었던 책인 것이다. 특히 표지의 이면에 있는 「자연과 기계」로 제목이 있는 구회(口繪) 사진에 있는 오움 패(貝)의 렌트겐 사진과 근대의 수력 터빈의 사진의 대비(對備)는 인상적으로 잊혀지지 않는 것이 되었다.(오른쪽 사진). 「생기술기(生技術期)」의 상징이라고도 말할 수 있겠다.

10) 생물이 이용하고 있는 온화하면서도 효율적인 방식이라고 하는 기술의 의미. 동시에 형태도 생물과 유사하게 오고 했다. 사진의 오움 패(貝)와 수력 터빈의 유사성 등.

일본에서 이러한 가능성을 강하게 PR한 것이 수총치충(手塚治虫)의『철완(鐵腕) 아톰』이었다고 할 수 있을 것이다.

2.4 정보화 시대의 불안

그러나 정보화 시대의 두려움도 있다. 예를 들어 정보화 시대는 정보로 인해 동요되는 지극히 불안한 사회, 그리고 걱정거리가 많은 사회가 될지도 모른다.

1998년 봄에 미국에서 발생한「30년 뒤에 소혹성이 지구에 충돌할지도 모른다」라는 정보를 둘러싼 사건이 다가올 수밖에 없는 정보화 시대의 불안정함과 어려움을 예언적으로 나타낸다고 생각한다. 3월12일 저녁 저자는 오오사카(大阪)에서 도쿄(東京)로 돌아오는 신간선 안의 전광판 뉴스를 보고 알았지만 밤 사이에 정정(訂正) 뉴스가 들어왔는지 다음날 신문기사에는 작게 보도되어 일본에선 보지 못한 사람이 대부분일 것이라 생각한다. 그러나 미국에선 대소동이 발생하였다고 한다. 당연한 결과이다[11].

전문가가 위험 정보를 내놓는다. 다른 전문가가 위험 정보를 정정한다. 그러나 어느

11) 수일 후의 신문기사에 의하면 이하(以下)와 같은 경과였던것 같다.「직경 1.6킬로 정도의 소혹성 1997XF11이 2028년에 지구에 충돌할 가능성이 약간있다고 국제천문학연합(IAU)이 지난 주 발표하였으나 그 다음날『가능성은 제로』라고 미항공우주국(NASA)이 부정.『30년 후의 참사(慘事)』는 하루에 끝장이 났다.」(1998년 3월 18일『조일(朝日)신문』석간)
지금부터 6500만 년 전에 지구에 충돌하여 쥬라기(紀), 백아기(白亞紀)의 지구를 지배하고 있던 공룡을 절멸(絶滅)로 추격하였던 것이 결국 소혹성이었다고 한다. 이 때에는 유카탄 반도 중간에 떨어져 높이 700M의 해일과 지구 전체의 대화재를 일어나게 하고 그의 매연이 공중에 떠돌아, 지표면에 태양광선이 전혀 도달하지 않는 칠흑의 어두운 상태가 일년간이나 죽을 지경이었다고 한다. 이 소혹성의 직경은 5km부터 10km로 추정되는 것이기 때문에 직경 1.6km 도와이에 충돌하면 대단할 것은 틀림없다. 금회의 소혹성의 궤도를 국제천문학연합이 계산한 것, 30년 후의 2028년 10월 26일, 아메리카의 동부표준 시(여름시간)의 오후 1시 30분, 이 XF11은 지구에서 약 4만 KM의 점을 통과하는 가능성이 가장 높고, 지구에 충돌할 가능성도 제로라고 는 말할 수 없다고 하는 것이 되었다.
4만 KM라고 하는 것은 지구 직경의 약 3배, 지구와 달과의 거리, 대략 38만 KM의 약 10분의1과 가깝기 때문에 아메리카 안이 대소동이었다는 것은 당연하다. 국제천문학 연합의 계산결과가 스미소니안 천문대의 전문가, 마즈텐박사로부터 配信되었기 때문에, 때때로 나온 지구대 파멸의 예언과는 중요한 차이였던 것이다.
한편 마즈텐 박사로부터 추가로 할 수 있는 관측 데이터를 의뢰하여 받은 NASA의 전문가 팀이 대지급으로 과거의 기록을 검색, 다행스럽게도 사진기록을 발견, 그 데이터를 추가하여 재계산한 결과, 접근거리는 4만 KM부터 100만KM로 정정 되었다고 한다.
그러나『뉴스위크 일본판』(3월 25일호)에는 다음과 같이 말하고 있다.「여기에 지구의 위기가 지나갔다고 생각하는 것은 큰 잘못이다. --- 메일을 흘린 마즈텐도 약 100만 킬로라고 하는 수치를 인정하고 있다. 그 위에 XF11이 다른 소혹성에 급 접근하여 궤도가 바뀌면 보다 위험한 거리로 가까워질 가능성도 부인하지 않는다.」

정도는 걱정거리가 남게 되는 것이다.

식(食)에 대한 정보도 비슷하다. 연구자가 식품 「A」의 위험이 있다는 연구 결과를 얻었을 때 「A」의 해를 막을 필요가 있다고 생각하여 재빨리 발표하게 된다. 그런데 다른 연구자가 기타 정보와 실험결과로 볼 때 위험하다고는 볼 수 없다는 의견을 발표한다. 그러나 100% 안전한 식품은 존재하지 않기 때문에 식품 「A」에 대한 불안은 계속 남는다. 정보화 시대의 식은 어려운 문제를 안고 있다고 말할 수 있다.

즉 21세기 정보화 시대의 인류는 여하튼 옛날에 한 번은 닫힌 판도라의 상자를 열어 버린 것 같은 측면이 있다. 판도라의 상자 속에 겨우 「미래를 보는 작은 악마」를 가두었기 때문에 지금까지 인류는 희망을 가지고 지낼 수 있었다고 한다. 그러나 이제는 그 미래를 보는 작은 악마의 한쪽 팔을 상자 밖으로 끄집어내 버린 것이 아닐까. 이 때문에 21세기는 정보화 시대의 단면으로 「지나치게 알아버린 시대」의 괴로움에 계속 시달려야만 하는 시대가 될 것이다.

달 표면에 관측기지를 설치한다면 장래 지구와 충돌을 일으킬지도 모르는 소혹성이 잇달아 발견될 것이고, ppt수준의 미량 분석 능력으로 측정하면 유해물질을 발견할 수 없는 식품은 전혀 없지 않을까? 덧붙여 1ppt란 농도는 도쿄(東京)에서 하카다(博多)까지의 신간선 레일 1000㎞ 중에 1/1000㎜의 불순물이 함유되어 있다는 극히 적은 농도이다.

III. 일본 – 20세기와 21세기

20세기에 어떤 일이 일어날 것인지는 약 100년 전에 일본에서도 예상되었다. 1901년(메이지(明治) 34년이므로 러일(露日)전쟁이 시작되기 3년 전) 1월 2일과 3일에 「20세기의 예언」이란 제목으로 「호우찌신문(報知新聞)」에 발표된 것으로 23개 항목이 예언되었다. 「백 년 전의 20세기 – 메이지(明治)·다이쇼(大正)의 미래 예측[12)]」에 그 23개 항목이 인용되어 있는데 이 항목 중에서 몇 가지를 소개해 본다.

3.1 적중한 예측

지금은 20세기 말이므로 예언의 맞고 틀림을 검증할 수 있으며 비교적 잘 들어맞고 있다고 생각된다.

12) 横田順彌 1994 『백년 전의 20세기 – 메이지·다이쇼의 미래예측』 筑摩書房(찌쿠마 푸리마북스 86)

14번째 항목은 「철도의 속력」으로 「19세기 말에 발명된 엽권형(葉卷型)의 기관차가 보편화되고 열차의 크기가 집채만 하게 된다. 그리고 다양한 편리함을 갖추어 승객이 여행하고 있다고 느끼지 못할 정도이다. 냉난방 장치를 갖추고 속력은 1시간에 240㎞ 이상이며 도쿄(東京) – 고베(神戶) 사이를 2시간 반에 달린다. 현재 4일 반이 걸리는 뉴욕에서 샌프란시스코까지는 하룻밤에 갈 수 있다. 또 동력은 물론 석탄을 사용하지 않기 때문에 매연도 오수도 없으며 급수하기 위하여 정차하는 일도 없다.」

이는 매우 정확하게도 현재 신간센(新幹線)의 상황을 100년 전에 예측하고 있었다고 말할 수 있다. 또한, 반은 빗나갔지만 반은 들어맞은 예측도 있다.

22번째 항목인 「유치원의 폐지」이다. 「인간의 지능은 유전에 의하여 발달한다. 그리고 가정에서 교육을 받지 않는 사람이 없어져 유치원은 필요 없게 되고, 남녀 누구나 대학을 졸업하지 않으면 어엿한 성인으로 대접받지 못하게 된다.」

「유치원은 필요 없다」란 예측은 완전하게 빗나갔다. 점점 유치원과 보육원은 필요도가 높아지고 있다. 「남녀 누구나 대학을…」이란 부분은 들어맞는다고 말할 수 있다.

일반적으로 기술적 예측은 쉽다면 쉬워서 거의 비슷할 정도로 들어맞은데 비하여 사회적 예측은 들어맞은 경우도 있지만 아주 어긋나 버리는 경우도 많은 것 같다. 食에 관련된 다음과 같은 예측도 있다.

9번째 항목은 「식물(植物)과 전기」로 되어 있다. 「전기의 힘을 이용하여 채소를 생장시킬 수 있다. 누에콩이 밀감 크기로 되고 국화, 모란, 장미가 초록, 검정 등의 꽃을 피우는 것도 있다. 그린 랜드에 열대식물이 생장하게 된다.」

초록이나 검정색 꽃에 대한 연구개발이 진행되고 있다. 이는 20세기 후반 인류 사회에서 일본인을 포함한 부유한 사람들이 이러한 꽃을 원했기 때문이다. 사회의 요구가 있었기 때문이다. 그러나 밀감 크기의 누에콩에 대한 연구는 실시되지 않고 있다. 수요가 없어져 버렸기 때문일 것이다. 일본도 그렇지만 선진국에서 한 세대 구성원은 적어지는 추세에 있으며, 사회의 수요가 수박도 호박도 마을도 작은 것 쪽으로 이동해 갔던 것이다.

따라서 장래를, 즉 21세기를 예상하고자 할 때 사회의 수요를 먼저 예상하고 난 뒤 그 수요를 충족시키기 위한 기술을 생각해 보는 것이 좋을 것이다.

3.2 예측하기 곤란한 21세기

그러나 20세기를 상당히 정확하게 예상할 수 있었던 것처럼 21세기를 예상하는 것은 어려울 것 같다.

20세기는 사회의 수요 그 자체가 공업화 사회 속에 있었고 편리한 물질의 풍부한 공급이란 점에서 알기 쉬웠었기 때문이다. 또한, 기술에 대해서도 그 기술의 마이너스 면을 심각하게 생각하지 않고 어느 기술이나 이용할 수 있는 낙천적인 시대, 소위 태평스런 세기였기 때문이다.

21세기를 예측하는 것은 어려운 작업이다. 사회적 수요는 급속하게 변하고 있다. 「편리함・풍부함」에서 「안전・안심」으로 변하고 있는 중이지만 편리함을 포기할지 풍부함을 포기할지는 명확하지 않다[13].

사용할 수 없는 기술도 증가할 것 같다. 엄격한 기술 접근이 필요한 시대인 것이다. 게다가 과거로부터 사용해 온 기술의 대부분이 사용할 수 없게 될 가능성도 크기 때문이다.

또한, 풍부한 사회에서는 사회적 수요라 해도 소비자 측에서 만의 요구가 아니고 생산자 측의 요구도 고려되어져야 한다.

예를 들면 딸기이다. 소비자 측에서는 되도록 자연에 가까운 상태에서 재배한 딸기를 요망할 것이다. 그러나 생산자 측은 딸기를 농지에서 재배하기 어렵게 되어 있다. 웅크리고 앉아 딸기를 따 줄 시간제 단시간 노동자가 일본에서는 없어지고 있는 중이기 때문이다. 그래서 서서 일을 할 수 있도록 지면에서 떨어진 공간에 재배용의 구조물을 설치해서 딸기 재배를 하는 방향으로 움직이고 있다. 자연에서 인공으로 움직이고 있는데 이것도 하나의 사회적 수요에 대한 대응인 것이다.

그것이 노동을 편하게 더 나아가 노동을 즐겁게 하는 방향이라고 생각하면 21세기의 일본은 영국의 유명한 공예가인 윌리엄 모리스가 19세기 말에 쓴 『유토피아 소식』 속에서 묘사했듯이 모든 노동을 재미로 하는 시대로 진행될지도 모르겠다[14].

더욱더 나아가 21세기에는 공예화의 물결이 높아질 것으로 예상된다. 기능의 시대, 예술가 시대로의 물결이다. 저자도 인간에게 자신감을 심어주는 것은 「한 가지 기예에

---

13) 최근년의 조사에서는 편리함을 떼어 놓는 것도 할 수 없다고 하는 사고도 나오고 있다. 예를 들면 『조일(朝日)신문』 1999년 5월 30일 조간에는 다이옥신 등에 관련한 전화에 의한 세론 조사결과가 나오고 있으나 이하는 그 「질문과 회답」의 일부(%).
「당신은 지구 환경이 나빠지는 것을 막지 위해서 지금부터라도 생활이 불편하게 되어도 상관없다고 생각하십니까? 그래도 불편하게 되는 것은 곤란하다고 생각하십니까?

불편하게 되어도 상관없다	51
불편하게 되는 것은 곤란하다	39
기타・무답	10

14) 윌리엄 모리스는 1890년에 영국의 사회주의자 동맹 기관지에 연재한 미래소설 『유토피아 소식』 안에서 공업화 사회를 비판하고 있다. 기계에 의해 상품을 대량생산하는 사회보다는 각자의 취미라고 하는 형태에 자기가 좋다고 생각하는 물품을 가까운 곳의 사람들에게 사용하여 달라고 하기 위해서 공예적으로 만드는 사회를 희망한다고 주장한 것이다. 근년에 아트 앤드 크라프트 연동과 아르누보 부흥의 기운 속에서 디자인 사상사(思想史)상의 모리스의 위치가 재평가되고 있다고 한다.

뛰어나려면」이라고 생각하므로 이러한 방향은 지지하고 싶지만 과학기술자로서는 손해를 보는 것이므로 역시 도를 넘는 것은 경계하여야 한다고 생각하고 있다.

만화 같은 예라서 송구스럽지만, 예를 들어 빵가게 주인이 도예가가 되어서는 곤란하다고 생각한다. 물을 넣어 반죽하고 조형해서 구워낸다. 확실히 점토와 밀가루는 서로 차이는 있다고 해도 빵을 구움으로써 예술가가 된 듯한 기분을 맛볼 수는 있다. 그러나 제빵가가 도예가처럼 한 솥에 들어 있는 100개의 작품 가운데 마음에 드는 5개를 남기고 마음에 들지 않는 95개를 폐기해 버린다면 식량 자원은 아무리 많아도 틀림없이 부족하게 될 것이다.

요리와 용기를 일체화시켜 요리를 예술의 경지로 올렸다고 여겨지는 북대로 노산인(北大路 魯山人)의 도예는 참고가 될지 모르겠다. 노산인(魯山人)은 어떠한 도예 작품도 비록 실패작이라 할지라도 그 좋은 점을 발견해내 그것에 맞는 요리를 생각하고 그 작품을 잘 살렸다고 한다[15].

덧붙여서 일본에도 20세기 중기 태평양전쟁(1941~1945년)의 전후는 식량 자원이 부족한 듯했다. 쇼와 초기(昭和初年)에도 상당한 신생아가 살해당하는, 즉 솎아내기가 행하여지고 있었던 것 같다[16].

20세기 일본이라고 해도 식량 자원을 비롯한 생활 물자가 충분하게 공급되어지게 된 것은 일본이 1945(昭和20)년에 태평양전쟁에 패배해서 식민지와 세력권을 잃었기 때문에 자급자족을 포기하고 외국으로부터 자원을 수입해서 가공하고 공업 제품을 수출해서 얻은 외화로 식량 자원 등을 어느 정도 수입해서 조달하는 무역입국 정책이 운이 좋게 궤도에 오른 뒤부터이다.

---

15) 「노산인(魯山人)의 세계」(梶川芳友・林屋晴三・吉田耕三 외, 1989, 新潮社 〔돈보의 책〕을 참조하면 좋겠음. 북대로 노산인(北大路 魯山人)은 요리에 정통한 미식가이고 또한 도예도 하였다. 다이쇼 말년부터 쇼와 10년경에 걸쳐서 「星岡茶寮」라고 하는 미식 클럽을 경영하여 활약하였다.

16) 「20세기란 무엇일까. - 마르크스・프로이드・자멘호프」(나다이나다・小林司, 1992년, 조일(朝日)신문사 〔朝日選書442〕)는 고명한 정신의학자 2인의 대담집(對談集)이다. 그 안에 쇼와 초기에 기이(紀伊)반도 해안의 촌락에서 생활고 때문일까 널리 히비끼(에도시대에 생활고로 인해 신생아를 죽이던 일)에 의해 영아 살인을 하여 바다에 흘려버리던 일이 쓰여져 있다. 평상시에는 보고 알고 있었다는 것이나, 쇼와 4(1929)년에 물에 빠져 죽은 시체가 흐르는 것에 대하여 표면 평판이 되었다. 그런데 우리뿐만이 아니고 저쪽의 집도 이쪽의 집도 말하는 것으로 30인 정도가 재판을 받게 되었다는 것이다. 그 결과 다음해 쇼와 5년에는 생겨난 아이의 수는 배가 되고 쇼와 5년생부터 소학교의 클라스가 그때까지의 1 클라스에서 2 클라스로 늘어났다는 것이다. 결국 절반 정도의 영아가 버려져 버렸던 것이다. 쇼와 초기까지 일본 각지의 빈한한 마을 에서는 이러한 일이 있었던 것이다. 덧붙여서 필자는 조금 놀라웁게도 쇼와 5년생이다. 이때의 영아 교살 재판 덕분에 필자는 이 세상에 태어나서 삶을 영위할 수 있는 것이 가능한 것인지도 모른다고 농담으로 이야기하고 있다.

식량을 충분히 가지고 있는 일본이란 표현은 최근 수십 년 전부터이고 반세기도 되지 않는다는 것을 기억해 두어야 한다. 현실적으로 식자재를 비롯해 생활 물질이 윤택하다고는 말할 수 없었던 20세기 전반의 일본에서는 평균 수명이 짧았다. 20세기의 초기에는 40세에도 미치지 못하고 있었다. 그것이 겨우 20세기의 중간 무렵에 50세가 되고 지금 20세기 끝 무렵에는 80세가 되었다. 평균 수명을 늘리는 데 성공한 것은 20세기 후반의 일본, 공업화 시대의 일본, 공해 투성이의 일본이었다. 20세기는 플러스를 선취하고 마이너스를 뒤로 21세기에 남긴 세기였다.

21세기의 일본은 경제대국으로서의 입장이 완전히 붕괴되지 않는다면 어느 정도의 수입은 가능할 것이다. 그러나 식 자원 등의 생활 물자를 소중하게 그리고 헛되게 하지 않도록 유효하게 이용하는 것은 식문화의 기본 매너로서 늘 명심해야 한다. 음식을 예술로서 높여가자는 의도는 좋지만, 도가 지나쳐 최고의 음식 이외의 음식은 먹을 가치가 없기 때문에 폐기해야 한다는 생각에는 반대하지 않을 수 없다. 즉 21세기는 감성과 이성과의 사이에서 크게 동요하는 세기가 되는 것은 아닐까

3.3 일본의 풍토 위에

「지구 전체의 일로 생각하고 지역에서 행동하자」라는 표어가 있다. 21세기는 확실히 이것이 필요한 세기일 것이다.

20여 년 전에 미국의 저명한 에콜로지스트, 아네스코・카렌박은 미국의 태평양 연안에 위치한 세 개의 주(워싱턴주, 오레곤주, 켈리포니아주)가 독립하여 생태학을 국시로 하는 나라를 만든다는 SF 유토피아 소설 『에코토피아 레포트』를 발표해서 인기를 얻었다[17]. 그 후 새롭게 자매 편이라고도 말할 만한 『에코토피아국의 출현』을 발표했다.

그 일본판 『에코토피아국의 출현[18]』 속에서 카렌박은 「일본의 독자에게」 보내는 메시지를 싣고 있다. 어떤 나라라도 역사, 문화, 풍토에 맞는 독자적인 방법으로 새로운 사회로 가는 길을 연구해야만 하며 일본은 「에코토피아 일본」을 미국은 「에코토피아 미국」을 목표로 하는 것, 그것이 21세기에 진정한 의미의 최고가 되는 것이라고 하고 있다. 저자는 이 메시지에 귀를 기울여야만 한다고 생각한다.

20세기가 공업화 시대의 완성기였다고 한다면 그것은 공업 제품이 저 가격이 되어 가는 시대였던 것이다. 또한, 21세기가 정보화 시대라고 한다면 역시 정보가 저 가격으

17) 카렌박과 『에코토피아 레포트』에 대하여는 제2권 339페이지, 졸고 「식생활과 풍토」에서 해설한 것을 참고하기 바람.

18) 카렌박 1986 『에코토피아국의 출현』 三輪妙子 (역) 다이아몬드사

로 되어가는 시대일 것이다. 농업화 시대가 수천 년, 공업화 시대가 수백 년이었던 점을 생각하면 정보화 시대는 수십 년 정도의 수명일 것이다. 21세기 말을 기다리지도 못한 채 정보화 시대는 끝나버릴지도 모르겠다. 그다음 시대를 생각해 볼 필요가 있다. 그것은 이제 산업의 시대가 아닐 것이다.

산업・생산자의 시대에서 생활・소비자의 시대로 변해야만 할 것이다. 그렇다고 한다면 본 강좌의 최종 권이 되는 본서에서 취급하는 범위, 21세기 시작의 4반세기의 25년간 내지는 전반부의 50년간은 산업 중시에서 효율과 생활 중시에의 과도기라고 자리매김할 수 있다. 그러나 과도기임으로 산업의 효율과 생활의 요구와의 쌍방을 모두 배려하지 않으면 안 된다.

20세기 말에서 21세기에 걸쳐 필자의 염려는 일본의 소비자 측이 안이하게 산업 측에 기대기 쉬운 점이다. 이것에 대해서는 다무라(田村聲, 후쿠오카 경제대학 교수)의 논설[19]에서 명확하게 지적하고 있다. 그것에 의하면 일본의 소비자는 자기 자신을 손님으로 규정해 개개인이 희망하는 모든 속성을 기업 측이 상품에 담아 줄 것을 요구해왔다. 그 때문에 어느 정도의 높은 가격을 용인하는 경향이 있으며 따라서 일본의 기업간 경쟁은 비가격 경쟁 쪽으로 기울고 생산 효율은 나빠지기 쉬웠다. 또한, 다소 사회적 품질에는 무관심했었다. 그러나 서서히 쓰레기를 줄일 수 있는 상품 등 사회적 품질에도 관심을 가지기 시작하고 있으며 게다가 완전히 수동적인 손님 의식에서 탈피하여 주체적으로 공급 활동에도 참가하기 시작하고 있다고 한다. 21세기는 NPO(비영리 민간조직) 등도 포함하여 소비 측과 생산 측이 협력하여 새로운 사회를 형성해 갈 것이란 기대를 해도 될 것이라고 생각하고 있다.

---

19) 田村聲「새로운 시대의 식생활과 후드 비지네스의 역할(役割)」(「농업과 경제」 1999년 6월호, 부민협회(富民協會)에 의하면 종래의 일본 식생활은 거의 전부 그림 중에 I의 위치에 있었다. 결국 자신은 손을 안 대고 남이 모두 시중을 드는대로 편하게 지내는 손님의 영역에 있었다. 그리고 금후 I부터 II로(예를 들면 생협활동), I부터 III으로[예를 들면 트레이(요리접시)를 회수하는 상점으로 반환하는], 따라서 I II III에서 IV로 (예를 들면 트레이를 사용하고 있는 상품을 구입하지 않는) 등의 움직임이 기대되고, 또는 사회의 니즈에 민감한 기업도 그곳으로 전개를 꽤하고 있다고 한다.

차세대형 식생활의 겨냥도

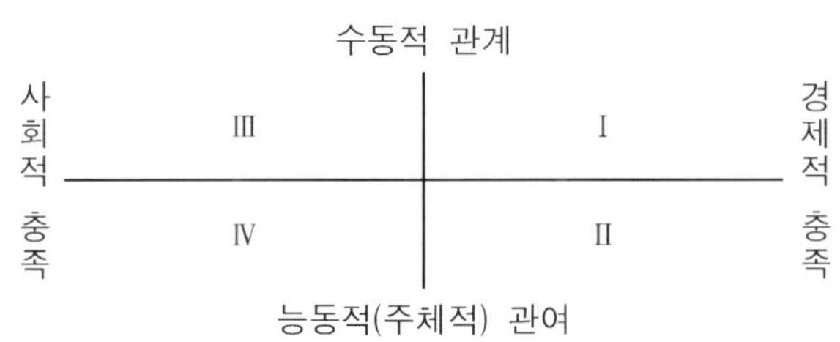

필자는 한사람의 인간이 남녀 모두 산업 측 조직의 이기주의 경험과 소비자 측 조직의 이기주의 경험을 가지도록 직업을 바꾸는 일이 해결을 위한 실마리가 된다고 생각한다.

20세기의 일본의 현실로서는 산업・생산 측의 경제력이 생활・소비 측보다 훨씬 크다. 그 때문에 산업 측이 사회 속에서의 전(全)에너지라고 할까 총 능력의 압도적인 부분을 담당하고 있다. 이른바 사람・돈・물건의 대부분이 산업 측의 조절 속에 들어가 버리고 있었다.

21세기의 사회 삼권분립을 생산・소비・정보의 세 가지로 살펴보면 정보가 생산 측과 소비 측 간의 힘의 균형을 움직이는 역할을 할 것이라 기대되고 있다. 그러나 그 정보의 제공자인 전문가의 대부분이 산업・생산 측의 편이 되고 있다. 그 때문에 전문가로서의 판단을 낼 수 없는 상황에 빠져 있다[20].

그러나 근래에 와서 생활하는 측이 이러한 구조를 알아 버렸기 때문에 저널리즘 속에서는 생활 측이 산업 측과 대등하게 서로 교류할 수 있게 되었다. 그러나 현상은 아직 게릴라전 단계인 듯하다. 생활 측을 지지하기 시작한 전문가가 아직 수적으로 너무 적다. 그 때문에 건설적인 논쟁이 되지 않는 경우가 많은 듯하다. 생활 측과 생산 측이 건전론(建前論)이 아닌 본격적이고 건설적인 논쟁을 하고 그때그때 타협해 가면서 21세기의 일본 사회를 보다 좋게 만들어가기 위해서는 경제력도 중요한 것임에는 틀림없지만, 쌍방의 이기주의를 숙지한 전문가 집단이 쌍방에 동등하게 존재하는 일이 필요하다고 생각된다.

21세기 일본의 식(食)이 식품 산업의 효율과 식생활의 요구와의 양쪽의 균형을 이루어가면서 일본의 풍토를 생각하며 일본 식문화가 발전할 것을 기대하자.

본 강좌에는 사실을 중심으로 하고 기대는 진술하지 않은 편이 좋다고 여겨지고 있었다. 그 주창자 중의 한 명이었던 내가 기대하는 글로 서장을 마무리 짓게 되었다. 본 권은 미래를 다루기 때문에 사실만으로는 집필할 수 없었던 것이다.

또한, 제1부의 구성에 대하여 한마디 해설을 해두고 싶다. 보충할 것을 기대되어지고 있는 21세기 최초의 4반세기 25년 정도의「식의 미래」에 대해서는 본 장 속에서 전술하였듯이 사회의 수요와 그 수요를 충족하는 기술・시스템과의 두 가지 측면에서

20) 과학자가 산업・생산 사이드라고 하는 체제 측으로 거두어드리고 말은 것은 19세기 후반부터인 것 같다. 마크 카란스키(저)『대구 – 세계를 변하게 한 물고기의 역사』(池央耿 [역] 1999년, 飛鳥新社)에 의하면 다윈의 진화론을 지지하여 19세기 후반에 큰 영향력을 갖고 있던 영국의 생물학자 토마스 헉슬리는 각종의 어업위원회에 이름을 연이어 내고 있었다. 1862년에 니신 자원의 감소를 방지하기 위하여 연승(延繩)어업의 제한을 요구한 어민의 강경한 진술을 헉슬리의 위원회는 아주 쌀쌀하게 거부하였던 것이다. 어민은 생선에 대하여 무지하다는 것이다. 이 거부가 그 후의 세계의 어업 자원에 커다란 영향을 주었다고 한다. 헉슬리는 6인의 자식을 갖고 있는 생물학자로 옷차림에 상관없이 돈을 벌지 않으면 안 되었다고 한다.

예상해 보는 것이 유효하다고 생각되었다. 그래서 기본적인 정보의 공유화를 꾀하기 위하여 논문의 집필에 앞서 두 번의 토론회를 실시했다. 하나는 「사회의 변화와 식」이고 또 하나는 「기술・시스템의 진전과 식」이다. 각각의 최초 시작하기 전에 히키다(疋田正博) 씨와 후지키(藤木正一) 씨에게 전체적인 전망에 대한 이야기를 부탁했다. 또한, 다카다(高田公理) 씨에게는 양방의 토론회에 출석하시기를 부탁하여 집필자 각각의 의견에 관련한 간단한 해설을 의뢰했다. 세분의 협력에 감사드리고 싶다.

제 1 부

사회의 변화와 식(食)

제1장 〔미래 예측〕 사회적 요인으로부터 생각한다.

히키타 마사히로(疋田正博)

Ⅰ. 가족의 변화

1.1 식탁의 풍경

(1) 흔들리는 가족 식탁의 본래의 풍경

제2차 세계대전의 전쟁 중 그리고 전쟁 후에 식료품 부족을 체험했던 일본인은 실감나게 인식하고 있는 것이 있는데, 인간에게 있어서 음식물을 섭취한다는 것은 동물과 마찬가지로 가장 기본적인 동시에 본래 「용이하지 않은 것」인 것이다. 그런 까닭에 「식사」를 할 수 있다고 하는 것은 살고 있다는 것의 확인이고, 내일을 향해서 살아간다는 보장이고, 기쁨이었다. 그러나 비교적 오래 계속된 평화와 경제적 번영, 식품의 공업화・서비스의 산업화에 의해서 현대 일본에서는 매우 손쉽게, 아무런 감동 없이 음식물을 섭취하는 일에 익숙해졌고, 그러한 가장 기본적인 것에 대해서 무의식적으로 되어버렸다.

모두라고는 말하지 않더라도 대개의 민족은 매일 함께 식사를 하는 구성원이 「가족」으로서 실감되어 온 것에 틀림없다. 구성원이 식사 시간에 모인다는 것이 가족의 안전과 무사함의 증거이기도 했고, '밥 안 준다'라고 하는 말은 부모가 아이를 훈육할 때의 으름장이었다. 식사를 하는 장소・시간은 음식의 맛이나 예의 등 각각의 가족의 생활문화를 전승하는 기회였고, 가족 구성원이 마음을 통할 수 있는 기회이기도 했다. 그러나 현대 일본에서는 그러한 「가족 식탁의 본래의 풍경」도 흔들리고 있다. 일본의 食의 미래를 생각할 때, 가족이라는 것이 앞으로 어떻게 되어갈 것인가가 하나의 커다란 문제이다.

(2) 생활의 시간 차이에 의한 나 홀로 식사

산업혁명의 선진국인 영국을 비롯해 구미의 모든 나라에서는 19세기 중반부터 20세기 중반까지의 100년 동안에 보통 세대의 평균 인원수는 대략 4.5명에서 3.5명으로 감소했다. 그 무렵 일본에서는 아직 5명을 넘고 있었다. 이러한 가족 규모의 축소라는 현상은 첫 번째가 아이를 무제한으로 많이 낳아 위험에 대비하는 것이 아니라 적게 낳아서 무사히 키워내는 일이 의학의 진보나 산아제한의 보급으로 가능하게 되었던 것, 또 하나는 가족 전원이 대지에 뿌리를 내리고 농업생활을 영위하는 산업 구조에서 공장에 고용되어 일을 하는 [따라서 노동력으로써 주로 도시(都市) 간을 이동한다] 근대적인 형태로의 변화(공업화)에 힘입고 있다. 그리고 그때 이동의 가능성을 지닌 최소단위로써 「부부(그리고 아이)」(핵가족)이 새롭게 가족으로서 인식된 것이다. 그것은 세계적 경향이었다. 이 시대에 식탁을 둘러싼 가족의 인원수는 감소했지만 아침에 나가기 전에 식사하고, 저녁까지 일하고 돌아와서 가족이 함께 식사한다고 하는 시간적 질서는 사회전체에 아직 공통적(共通的)으로 공유되고 있었다.

20세기 후반이 되자 구미의 모든 나라에서는 가족 규모가 더욱 축소되고 보통 세대의 평균 인원수는 다시 3명으로 감소했다. 일본도 그 사이에 약 3.5명으로 급속하게 감소했다. (그림1) 한편, 같은 시기에 공업의 생산성이 비약적으로 높아지고 공장에서는 이전만큼 많은 사람이 필요 없게 되고 대신에 다양한 서비스를 제공하는 사람을 많이 필요로 하는 사회의 모습으로 변화했다. 공장과 같이 대량으로 일제히 하는 작업이 아니라 한없이 개별 대응이 되는 경향을 갖는 서비스업의 취업 시간은 아침부터 저녁까지가 아닌 더욱 확대되어 최종적으로 24시간제로 변화되었다. 사회 전체가 시간적 질서를 공유하는 것이 어렵게 되어 버린 것이다. 대도시의 도심으로의 주간 인구의 집중, 통근 통학권의 확대, 통근 통학 시간의 장시간화가 거기에 박차를 가했다. 따라서 이 시대에 가족의 인원수는 더욱 감소한 것뿐만 아니라 그렇게 줄어든 가족이 식사를 함께 하는 것도 어렵게 되어 가족 한 사람 한 사람이 뿔뿔이 식사를 하는 「나 홀로 식사」

라는 현상이 생겨났다. 「나 홀로 식사」에는 가족의 안전과 무사함을 느끼는 것도 희미하게 되고 음식의 맛이나 예의범절 등 각 가족의 생활 문화를 전승하는 기회도 빼앗기고 가족 구성원이 마음을 통할 수 있는 기회도 잃어버린다.

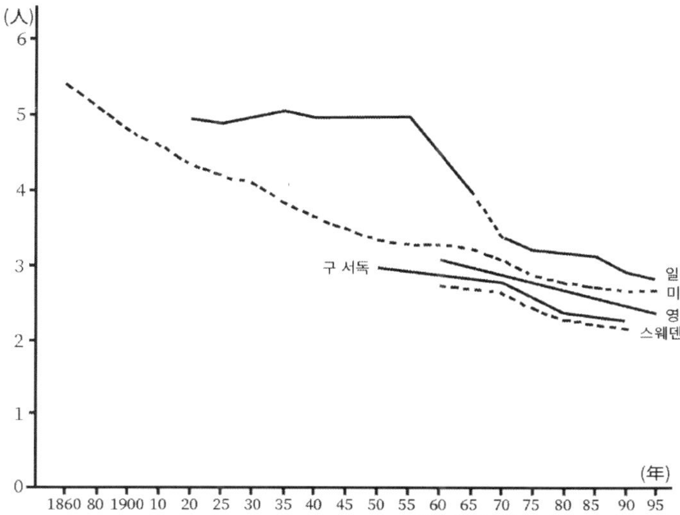

[<국민생활백서(헤이세이 8년판)>1996]

<그림 1> 축소해 가는 가족의 크기

(3) 함께하는 식사(共食)에서 의의를 찾을 수 있을까

국립사회보장・인구문제연구소의 예측(1998년 10월)에 의하면 현재 표준적인 가족상으로 삼고 있는 「부부와 자녀 세대」가 장래(2020년)에 이혼의 증가에 의해서 제1위인 다수에서 밀려나고 「편부모와 자녀 세대」가 제1위가 되고, 또 고령 인구의 증가에 의해 「단독 세대」도 큰 폭으로 증가한다고 한다. 단독 세대가 집안에 틀어박혀 식사를 한다면 「나 홀로 식사」가 되지 않을 수 없겠지만, 식사만은 마음이 맞는 사람들과 함께 하고 싶다고 하는 욕구도 높아져서 법률적으로는 단독 세대라도 식사 때에는 저녁 식사만이라든가 일요일 저녁 식사만이라도 하는 모습으로 세대를 넘어서 함께 식사를 하는 여유 있는 「의사(疑似) 가족」이 성립할 가능성도 있지 않을까 하고 생각된다[1].

한편, 21세기에 있어서의 산업 구조는 대규모 공장에서의 대량으로 일제히 하는 작업도 일부 남아 있으면서도 대부분은 중소전문기업의 광역적, 때로는 국제적인 외주 형식에 의한 제휴라고 하는 형태로서의 보다 효율적인 네트워크형 생산 방식이 될 것이다. 그리고 더욱 광범위하게 서비스 산업화가 진행될 것임이 틀림없다. 그러한 것들의 기초

1) 본권 95페이지, 야마구치(山口)논문 「식탁의 미래」를 참조하기 바람.

인 컴퓨터 네트워크가 한층 효력을 발휘하게 되면 상당한 업무가 공간적 제약을 없앨 수 있어 SOHO(Satellite Office나 Home Office)에서 행할 수 있게 된다. 인간이 실제로 만나서 의견과 기분을 진지하게 동시교환하는 기회의 필요성과 중요성은 결코 없어지지는 않겠지만, 매일 그것이 필요하지는 않게 된다. 그렇게 되면 가족의 식사 풍경도 변할 가능성이 생긴다. 원한다면 「나 홀로 식사」도 가능하지만, 의지만 있다면 가족의 기분을 맛보고 싶은 사람들은 재차 함께 식사를 즐기는 일도 가능하게 되는 것이다. 먹는다고 하는 과정(프로세스)을 함께 즐기는 것뿐만 아니라 식사를 만드는 과정까지도 함께 즐길 수 있게 된다. 가족 규모가 작기 때문에 그것을 언제로 설정할지의 조정도 용이하다. 단, 「그러한 의지만 있다면」이다. 그것은 21세기의 가족 구성원, 혹은 유사 가족 구성원 각자가 함께 식사하는 데에 얼마만큼의 의의를 찾는지에 달려 있다.

1.2 부엌의 풍경

(1) 식(食)의 다양화 - 중장비와도 같은 도구를 갖춘 부엌

근대화의 과정에서 일찍이 가족이 가지고 있던 기능의 대부분은 외부의 전문기관으로 옮겨가고 가족 기능은 축소화되던가 「정신안정 = 애정 기능」과 「육아 기능」이라는 가족의 본질적 기능이 명확화되었다고 알려지고 있다. 그중에서 조리 기능은 어떠한 상황에 처한 걸까. 장래 외부의 전문기관에 맡기게 되는 건지, 본질적 기능의 일부로써 가족의 안에 남게 되는 걸까.

가족의 기능의 그릇인 주거 안에서 불과 물을 다루는 부엌은 극히 특수한 부분이다. 불은 연기도 배출하고 불이 옮겨져 붙으면 화재를 일으킨다. 물은 일본과 같은 습윤한 곳에서는 곰팡이를 발생시키고 기둥을 썩게 만든다. 부엌의 역사는 성가신 존재인 불과 물을 어떻게 주거 전체의 거주성과 절충시켜 관리하고 그 일을 담당하는 인간의 자세와 작업의 부담을 어떻게 경감시킬까 하는 합리화의 역사였다. 그러한 고생을 하더라도 주거 안으로 받아들이려고 한 점에 조리가 가족의 기본적인 기능의 일부라고 상당히 강하게 고려되어 왔다는 사실이 나타나고 있다.

일본에서는 1960년대에 가사를 기계화・자동화하여 경감하는 여러 가지의 편리한 「가정 전기제품」이 가정에 도입되었다.[2] 부엌에 관해서도 한편에서 자동 전기밥솥 등 가사를 기계화・자동화하는 도구도 도입되었는데, 다른 한편에서는 냉장고를 비롯해서 가사를 경감하기 위한다기보다는 지금까지 하지 못했던 일을 할 수 있는 생활을 보다

2) 제4권 231페이지, 야마구치(山口)의 논문 가운데 「만드는 장소의 100년・대강의 연표」를 참조바람.

풍요롭게 하는 다양한 종류의 도구, 냄비나 부엌칼이 새롭게 도입되었다. 일본의 부엌은 이 시대에 세계에서도 드문 도구를 갖추어 중장비화 되었던 것이다. 그리고 그것들을 구사해서 그때까지의 매일 거의 변화가 없는 「국 한 그릇과 나물 한 가지」의 소박한 식사에 대신해서 서양풍, 중화풍 등의 보다 다양한 요리가 매일 변화하며 식탁에 올려지게 되었다. 그러나 그러한 현상은 흔히 이야기되는 것처럼 食의 「서양풍화」 「중화풍화」 인 것은 아니고 서양풍, 중화풍의 반찬을 일본적인 「밥・반찬・조미료・젓가락 시스템」안에 받아들이는 「일본풍화」라고 해야 할 만한 것이었다. 사실은 이 시기에 샐러리맨이 늘어나고 그 아내들은 전업주부가 되어 스스로의 존재 이유를 나타내기 위해서 이러한 도구를 이용하여 요리의 레파토리를 늘렸던 것이다. 그 결과 일본인은 대중적으로 상당히 많은 종류의 요리를 매일 먹게 되었다. 이것은 좋다 나쁘다의 문제는 아니다. 그러나 이것은 역사적으로도 세계적으로도 「심상치 않은 일」이 시작된 것이라고 하는 인식이 필요하다.

(2) 食의 외부화의 진전

그 후, 일본인이 대중적으로 대단히 많은 종류의 요리를 매일 먹는 상황을 한층 더 진전시킨 것이 외식산업과 식품산업이다. 특히 식품 제조업은 일본인의 혀를 만족시키기 위해서 밤낮으로 연구를 게을리하지 않고 맹렬한 경쟁을 하여 보다 싸고 보다 맛있는, 게다가 간단하게 식탁에 올려놓을 수 있는 요리를 반 조리식품으로써 혹은 조리를 마친 식품으로써 대량으로 생산하고, 대량으로 선전해서 대량 공급하는 시스템을 만들어 냈다.[3] 가정에 보급한 냉동 냉장고는 그 공급 시스템의 말단에 위치했다. 유통산업은 말단 소매점에 컴퓨터 단말기를 도입하여 매출관리를 하고 시장 동향 파악과 꼼꼼한 소규모 보급 배송을 일관되게 실시할 수 있는 시스템을 도입해서 식품제조업과 제휴했다.

사실 이러한 변화는 1970년대 후반의 「여성의 사회 진출」이라고 불리는 여성이 전업주부로 만족하지 않고 밖에서 일하는 것을 지향하는 경향과(그림 2) 그 축을 하나로 하고 있다. 그러나 직장에서도 가정에서도 남녀가 완전히 평등한 조건에서 일을 하고 있지 않은 상태에서(그림 3・그림 4) 여성이 사회에 진출하면 여성이 아주 바빠지게 되는 것은 당연하다.[4] 식단을 생각하는 것이 귀찮고, 그 원재료를 사 와서 조리하는 시간이 아

3) 본권 189페이지, 야마노이(山野井)의 논문 「어느 식품업체의 발자취와 전망-장인의 기술에 어느 만큼 쫓아갈 수 있을까」 및 153페이지, 후지키(藤木)의 논문 「[미래 예측] 기술・시스템의 시점에서 생각한다」를 참조하기 바람.

4) 본권 111페이지 미사키(見﨑)의 논문 「여성의 의식・역할의 변화와 食-食의 변화를 <젠더> 시점으로 읽는다」를 참조하기 바람.

깝다. 그러나 가족에게 맛있는 것을 먹여 주고 싶다. 그러한 모순된 쌍방의 요구에 외식산업과 식품제조업 · 유통산업은 보기 좋게 응답했다. 사전에 어떠한 이미지도 없이 편의점이나 슈퍼에 뛰어 들어가 둘러보면 전업주부가 몇 시간이나 팔을 휘둘러서 요리를 만드는 것보다 맛있는 것을 간단하게 식탁에 올려놓을 수가 있다. 이것은 「(직장에서도 가정에서도 남녀가 완전하게 평등하게 일을 하고 있지 않은 조건하에서의) 여성의 사회진출」에 아주 유리한 여건이었다. 만약 이 시점에서 가족이 「이렇게 맛없는 것은 먹을 수 없어. 엄마가 만들어 주는 요리밖에 먹을 만한 게 없어」라고 말했다면 「여성의 사회진출」에는 브레이크가 걸리고 전업주부를 다시 지향했을지도 모른다. 그러나 그렇게는 되지 않았다. 전업주부가 존재 이유를 나타낼 수 없게 되었고, 매일 다른 맛있는 것을 먹고 싶다고 하는 욕망의 증가에 주부의 능력은 응할 수 없게 된 것이다. 그 결과 일본의 부엌은 세계에서도 드문 도구를 갖추어 중장비를 갖추고 있으면서도 그 모든 능력을 발휘하지 못하고 외부의 부엌인 식품산업에 의존하게 되었다. 「손수 만든 내식(内食)」의 패배, 「식품산업 지원의 중식(中食)」과 「외식(外食)」의 승리이다.

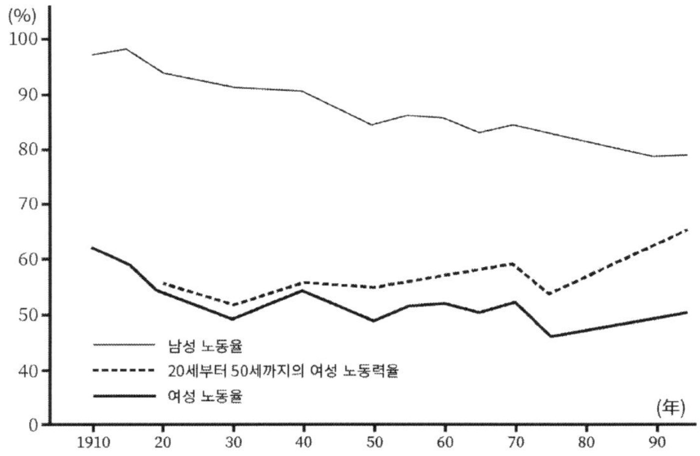

[<국민생활백서(헤이세이 9년판)>1997]

<그림 2> 1975년 이후 상승 경향에 있는 여성 노동력 비율

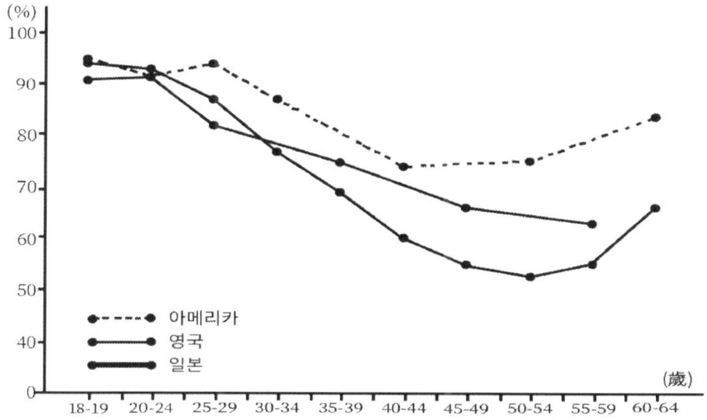

(그림 2와 같음)

<그림 3> 중 고년에 늘어나는 일본의 남녀 간의 임금 격차

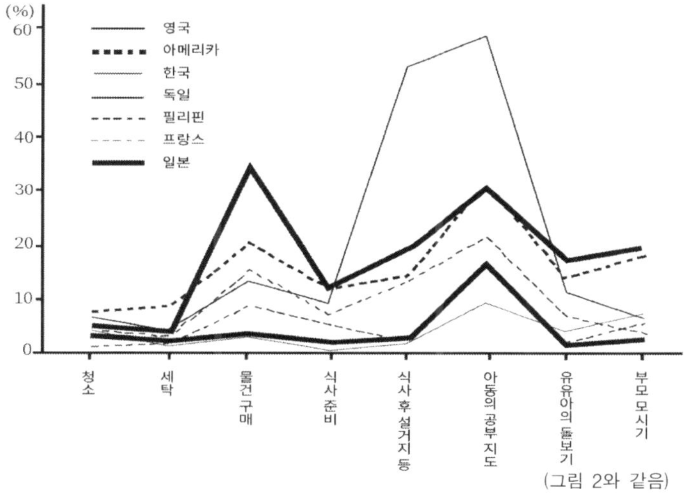

(그림 2와 같음)

<그림 4> 국제적으로 보아도 낮은 일본의 남편의 가사 부담

(3) 취미(hobby)로서의 요리 만들기

21세기에 있어서 이들의 관계는 어떻게 되는 걸까. 노동 시간은 단축되고 수명도 연장되어 인생에서의 한가한 시간도 늘어난다. 그러나 희망하는 다양한 취미활동이 있어서 거기에서 그런대로 「여가가 바빠지는 일」도 생각할 수 있다. 그러나 요리를 하는 것을 일상적인 취미의 하나, 혹은 「연중행사」 등과 관련한 생활의 활력소로써 선택하고 생활에서 기쁨의 일부로 삼는다면 그러한 시간은 있을 수도 있겠다. 요리에는 식재료의 조달(경우에 따라서는 자급), 가공 방법, 담는 방법 등 다양한 국면이 내포되어 있고, 게다가 먹는 사람 한 사람 한 사람의 취향까지 고려한다면 연구할 여지가 무한으로 있고, 게다가 그 성과가 곧 나타나서 보람을 느끼게 되므로 시간을 들일만 한 가치가 있는 취미라고 인식될 가능성이 있다. 그것을 전제로 얼마간의 시나리오는 생각할 수 있지만 거기에서 재차 문제가 되는 것은 사회와 가정에서의 성적 역할 분업 의식, 성적 역할 배분이 어떻게 되는가이다. 만약, 직장에서도 가정에서도 남녀가 완전히 평등하게 일을 한다고 하는 조건이라면 식품산업이나 외식산업에 어느 정도 의존하면서도 세계에서도 드문 중장비를 갖춘 부엌은 가족 혹은 친구와 공동으로 즐기는 「취미(hobby)로서의 요리」, 「생활의 활력소로서의 요리」로, 그 능력을 발휘하게 될 것이다. 그러나 남녀 공동 참여 사회의 구축이 단지 구호만으로 끝난다면 고통스러운 가사(그림 5)로 있는 것인 식단을 생각하는 일과 설거지를 동반하는 조리를 가정에서 행하는 것은 점점 줄어들게 되고 식품산업이나 외식산업에 지금보다 한층 더 의존하게 될 것이다. 그리고 그 상태가 오래 계속된다면 중장비와도 같은 부엌 도구를 갖추어 중장비화 된다는 것은 시대에 뒤떨어지는 「손수 만든 내식(內食) 중심 지향의 어리석은 인습」이라는 것이 될 것이다.

「남녀 공동 참여법」도 1999년에 제정되어 정부는 장래 전임으로 담당하는 장관을 두고, 폭넓은 분야에 걸친 종합적인 정책을 계획적으로 추진하기로 했는데, 그렇게 간단하게 시정할 수 있는 것은 아니다. 그러나 시정할 수 없다면 앞서 말한 것처럼 될 것은 확실하다. 어린이들에게 성적 역할 분업을 넘는 「취미(hobby)로서의 요리」, 「생활의 활력소로서의 요리」를 학교에서도 가정에서도 가르칠 필요가 있다.

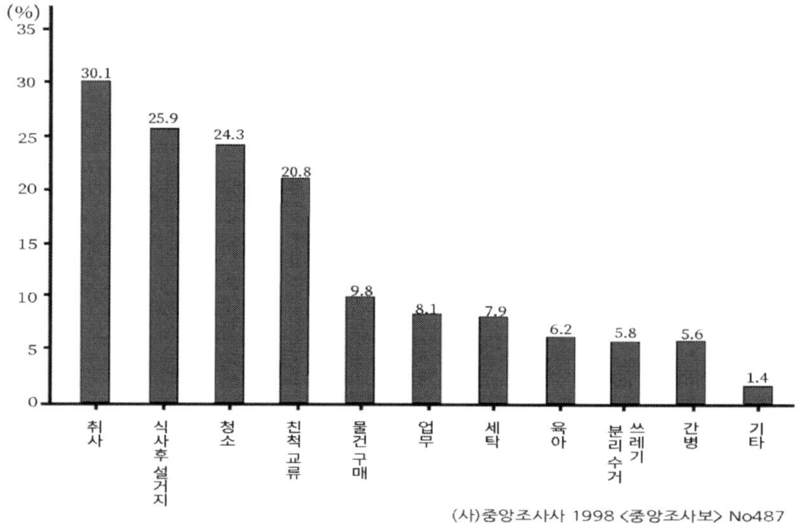

(사)중앙조사사 1998 <중앙조사보> No487

<그림 5> 주부가 생활에서 부담을 느끼는 것

II. 사회의 변화

2.1 고령화 사회와 식생활의 미래 방향

(1) 저출산의 특수 상황

어느 사회에서나 근대화 과정에서 「인구 전환」이라고 불리우는 변화, 즉 다산다사(多産多死)에서 다산소사(多産少死)로의 인구동태 변화가 생긴다. 다산다사에서 다산소사로의 이동기에는 부모 세대보다 자녀 세대가 많기 때문에, 총인구의 평균연령은 낮아진다. 그 시기에 사회는 경제성장을 경험한다. 그러나 그다음에 나타나는 다산소사에서 소산소사로의 이동기에는 자녀 세대보다 부모 세대가 많기 때문에 총인구의 평균연령은 올라가고, 인구 구성의 고령화가 발생한다[5]. 그때는 사회가 복지의 부담을 견뎌내지 않으면 안 된다. 이 현상은 근대화를 달성하고 인구 전환을 경험하면 필연적으로 일어나는 것으로, 그 인구 구성의 변화는 기본적으로 다산소사 세대가 수명을 다하고 소산소사 세대만으로 구성될 때까지 기다리는 수밖에 없다. 그러나 근대화한 여러 국가에서도 특히 급격히 저출산화가 진행되면 인구 구성의 고령화 기간이 길어져 전환이 어렵다. 일본의 21세기는 이러한 문제를 안고 있는 어려운 세기이다.(그림 6)

일본이 65세 이상의 고령자가 총인구의 7% 이상을 점하는 「고령화 사회」가 된 것은 1970년의 일이다. 그리고 그 배인 14%를 넘은 것이 「고령사회」, 그로부터 4반세기 후였던 1994년이다. 현재의 고령화율은 선진국과 거의 같은 정도인데, 일본의 고령화는 금후에도 더 진행되어 선진국을 넘어서서 2020년에 26.9%, 2050년에 32.3%, 역사적으로도 세계적으로도 유례가 없는 「초고령화 사회」가 될 것이다. 그 원인은 물론, 앞에서 말한 바와 같이 소산소사로의 인구 전환이다. 일본의 「소사(小死)」, 즉 「수명의 연장」은 스웨덴, 이탈리아, 아이슬랜드와 나란히 최고 레벨에 있으나, 다른 선진국과 그 정도로 극단적으로 다른 것은 아니다. 다른 것은 「저출산」 쪽이다. 한 사람의 여성이 일생동안 낳는 자녀 수의 평균을 나타내는 「합계 특수 출생률(合計特殊出生率)[6]」이, 20세기 중반에는 3.8이었던 것이, 급격히 감소하여 지금은 1.38(1997), 독일(1.4), 이탈리아(1.25)와 나란히, 저하 경향의 최고 선단에 위치하고 있다. 결혼한 부부가 실제로 낳는 자녀 수는 1970년대 이후 2.2명 전후에서 안정되는데, 「만혼화(晩婚化)」즉 초혼 연령의

5) 본책 51페이지 丸井논문 「저출산・고령화와 식」을 참조.

6) 15세부터 45세까지 여성이 일생 낳는 아이의 수

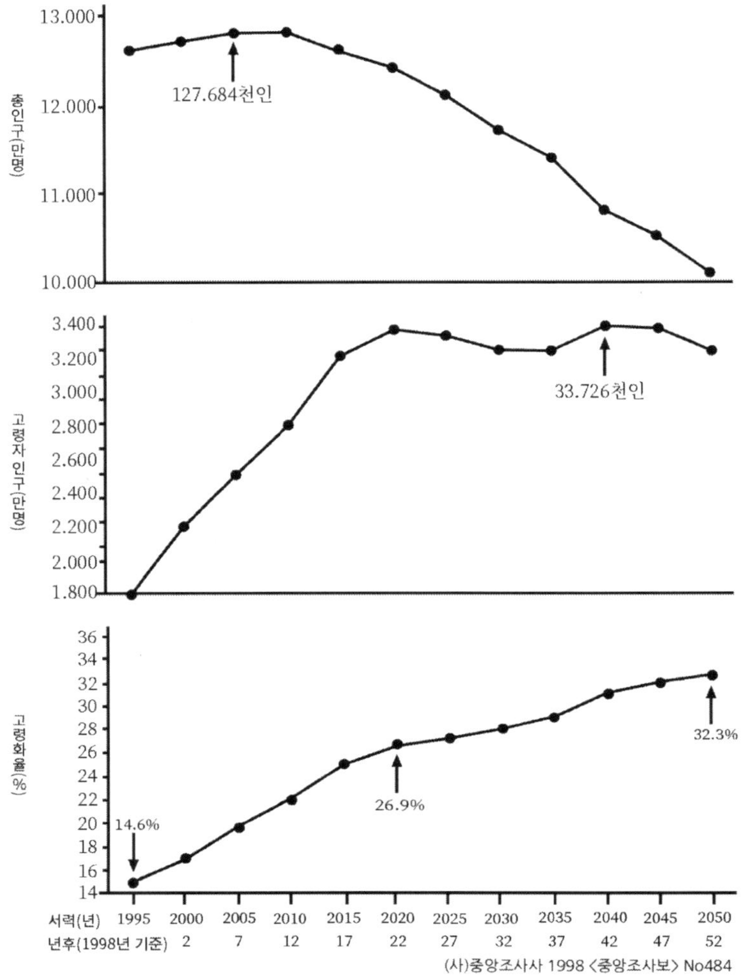

<그림 6> 장래 추계 총인구・고령자 인구・고령화율(국립사회보장・인구문제연구소 「일본의 장래 추계 인구」 1997년 1월 추계)

상승과 「비혼화(非婚化)」로, 결혼하지 않는 사람이 증가함에 따라, 「합계 특수 출생률」이 저하되는 경향이 있다. 그 배경에는 여성이 결혼을 계기로 보다 좋은 생활수준으로 이행하고자 하여, 아버지보다 출세할 가능성이 있는 남자를 고르려고 하는 「상승혼 지향(上昇婚志向)」이 있다. 경제 저성장기에는 이러한 바람이 실현 곤란한 채로 언제까지나 포기하지 못하고 있어 그러한 사태가 되는 경우가 있다. 그러나 마찬가지로 「만혼화」, 「비혼화」가 나타나는 구미제국에서는 「합계 특수 출생률」이 회복되고 있다. 그것은 혼외 출산율이 높기 때문이다. 일본의 경우 그 비율이 극단적으로 낮다. 스웨덴,

덴마크에서는 50퍼센트에 가까운데 일본은 1%이다(그림 7). 일본에서는 결혼하고 나서 아이를 낳는다. 결혼 전에 임신할 경우 중절하든가 서둘러 결혼하거나 한다. 그만큼 혼외 출생자에 대한 법적 사회적 차별이 뿌리 깊고, 혼외 출산을 하려고도 생각하지 않는 것이다. 혼외 출산에 대한 법적 사회적 차별을 완전히 철폐하고, 평등하게 육아 지원을 행하면, 「합계 특수 출생률[7]」이 회복될 것이라고도 생각해 볼 수 있으나, 「세간의 통념」의 구속력에 이길 수 있을지 어떨지는 의문이다. 이리하여 일본의 초고령화 시대는 아마도 오래도록 계속될 것이다.

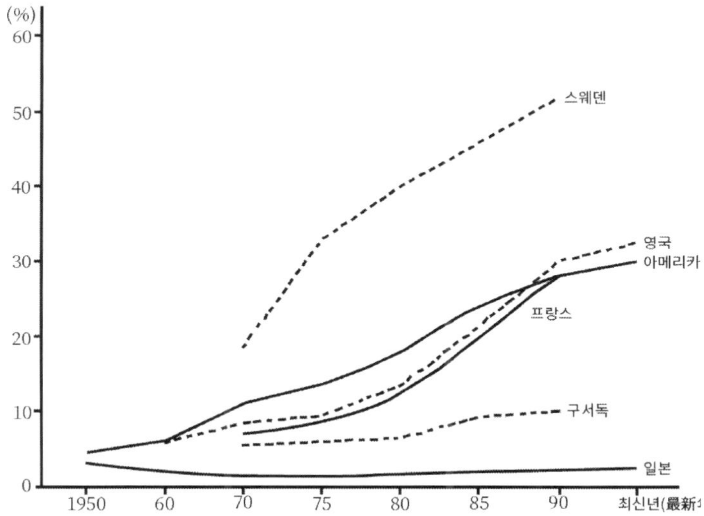

<그림 7> 여러 외국에서 늘고 있는 혼외자의 비율

(그림 1과 같음)

(2) 초고령화 사회와 식(食)

고령자의 비율이 높은 사회의 식(食)에서 문제인 것은 어떠한 거주 형태가 되는가, 가사 능력이 저하하는 속에서 조리를 어떻게 할 것인가라고 하는 것이다. 첫 번째 경우는 자녀와 가까운 거리에 살거나 동거하며 자녀에게 의존하는 것이다. 그러나 초고령화 사회에서는 의지하려고 하는 자녀도 고령화되어 있고, 수가 적은 손자 세대 부부는 그렇게 많은 웃어른을 부양할 역량이 없다. 이것이 실현 가능한 것은 현세대에 상당한

7) 15부터 45세까지 여성이 일생 낳는 아이의 수

수입이 있어서 저축에도 성공한 극히 일부의 부유층이다. 두 번째 경우는 「급식 서비스」등 지역의 복지나 봉사활동에 의존하는 형태이다. 이것은 생각보다 강해지고 있는 현상일지도 모르지만 전면적으로 의존 가능한 것은 아니다. 세 번째 경우는 공동화이다. 동세대(同世代)나 다른 세대(異世代)의 타인과 사생활을 지키면서도 공통 이용 공간(共通利用空間)을 가지고 생활하는 콜렉티브 하우징[8](collective housing)의 형태이다. 북유럽 등지에 많은 형태인데 일본에서는 지진 복구의 과정에 있는 고베에서 그러한 새로운 라이프스타일(life style)의 실험이 시작되었다[9]. 그러나 피해 체험을 공유하는 하층 생활의 감각을 가진 서민들이기 때문에 가능한 것이지, 공동 체험이 없고, 강한 개인주의에, 인간관계 조정 능력도 떨어지는 고령자에게는 어려우므로 일본에는 보급되지 않을지도 모른다.

이러한 예측 가능한 세 가지 방향이 별로 의지가 안 된다고 한다면, 가장 가능성이 높은 것은 네 번째 경우인데, 앞서 여성의 사회 진출과의 관련에서 서술한 바와 같이 독거노인이 다종 다양한 혼자 먹는 식품(孤食食品)을 개발해 주는 식품산업이나 외식사업에 지금보다 한층 더 의존하게 될 것이라는 것이다. 이러한 현상은 이미 나타나고 있다. 편의점의 1인용 반찬이나 찻집의 모닝 서비스를 학생과 함께 이용하고 있는 것은 근처에 사는 고령자이다. 지금은 고령자가 학생 대상의 메뉴에 맞추어 그것을 먹고 있지만 머지않아 그것이 역전하든가 각각의 메뉴가 될 것이다.

(3) 일본형(日本型) 식생활의 미래

한편 지질을 과잉 섭취하기 쉬운 선진국에서 견본과 같이 여겨질 정도로 P(단백질), F(지질), C(탄수화물)이 균형을 갖춘 「일본형 식생활」은 어떻게 될 것인가.(그림 8) 이른바 「일본형 식생활」을 전문가들은 자신들이 지도하여 「구축하였다」고 생각하고 있지만, 국민의 항구적(恒久的) 라이프스타일로서 확립되고 자각적으로 지켜진 것이 아니라, 전통적인 「국, 나물(채소), 밥」이라는 메뉴에 조금 부족한 단백질, 지질을 양식·중식형의 반찬 등을 더함으로써 보충하여 이루어진 과도적인 현상에 지나지 않는다.

---

8) 콜렉티브 하우징(collective housing)은 타인 동지가 서로 독립과 프라이버시를 지키면서 더불어 돕는 생활을 하여 가도록 배려하여, 만든 공동 주택형 집합주택. 기본적으로 부엌, 욕실, 화장실과 거실(하나 또는 복수)이 각각 독립하여 준비된 한 집 한 집(住戶)과 그 연장으로서 공동 스페이스를 별도로 사이좋게 사는 위트한 타이프와 공동으로 식사를 준비하고 시중을 드는 사람을 고용하여 식사만 같이하는 등으로 기능적인 드라이한 타잎이 있다.
본책 山口 논문 중 104페이지, 그림 2-4도 같이 참조 바람.

9) 본책 49페이지, 「21세기의 징조 1」중의 사진 참조.

현재 젊은이들은 지질과 전체 칼로리를 과잉 섭취하는 경향이 있다. 젊은이들이 욕구에만 충실하여 간식이나 「맛있는 반찬」만 먹는 경향이 계속되면 지질과 전체 칼로리를 과잉 섭취하는 경향은 한층 심각한 것이 되기 쉽다. 현재의 고령자는 어릴 때 「국, 나물(채소), 밥」이라는 메뉴를 먹었기 때문에 나이가 들어 식생활이 「어린 시절로 회귀(回歸)」함에 따라 우연한 결과로서 좋은 식생활 스타일을 낳고 있는데, 지금의 젊은이가 나이 들어 고령자가 될 때에는 그들의 식생활이 「어린 시절로 회귀」한다고 좋은 결과가 나올 것이라고는 기대할 수 없다.

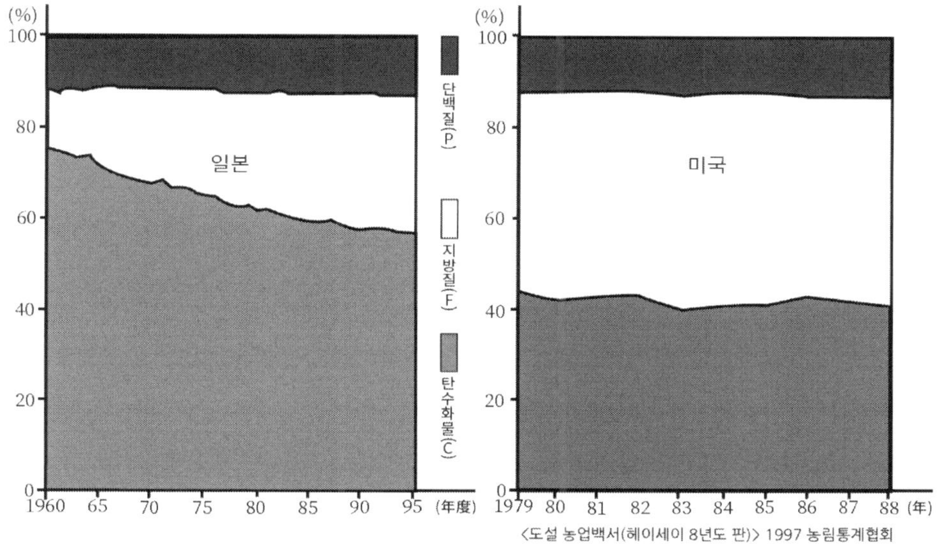

<그림 8> 일본과 미국의 PFC 공급 열량 비율의 추이의 비교

이후에도 「일본형 식생활」의 좋은 점을 자각하고 모든 기회와 방법을 통하여 개발 활동을 행하며 국민의 항구적 라이프스타일로서 확립하는 노력은 물론 필요하다. 그러나 무자각적으로라도 지켜지기 위해서는 역시 식품산업이나 외식산업에서 「일본형 식생활」을 지키는 방향으로의 상품 개발을 기대해야 할 것이다.

2.2 정보화 사회와 식생활의 방향

컴퓨터 네트워크에 의한 정보 시스템은 국가의 방위 시스템, 은행의 온라인 시스템, 대기업의 본사와 지사의 업무 연락 시스템 등 클로즈드 시스템(closed system)으로써 사회내에서 부분적으로 이용되던 것이었지만 1990년대에 이르러 오픈 시스템(open system)인 「인터넷」에 의하여 순식간에 전 세계를 뒤덮는 정보의 인프라스트럭처(infrastructure)가 되었다. 그리고 개인 및 가정에서 사용하는 PC(Personal Computer)의 보급에 의해 개인과 가정이 그 네트워크에 가세하게 되었다. 일본의 PC보급률은 가정용의 비교적 저가의 컴퓨터가 등장한 1993년경부터 상승하기 시작하여 1997년 9월의 전국 조사에서는 32.0%에 이른다.(그림 9) 현시점에서 가정의 컴퓨터 이용은 게임이나 시디롬(CD-ROM)을 즐기기 위한 오락용 중심이고, 그다음은 주소록을 관리하든가, 연하장의 착신자를 출력하기 위한 것이며, 일이나 교육을 목적으로 매일 이용하는 경우는 비교적 적다.(그림 10) 그러나 가정에서 사용되고 있는 PC 중에 인터넷이나 PC 통신에 접속되는 비율은 이미 34.6%에 이르렀고 미접속이지만 접속하고 싶다는 경우도 36.7%이며(1997년 9월, 그림 11), 21세기에는 오늘날의 전화처럼 완전히 보급될 것이 분명하다. 이러한 인프라를 활용하여 개인이 SOHO(Small Office Home Office)로 일할 가능성에 대해서는 전술한 바 있으나 그보다 먼저 이미 활발한 움직임이 있듯이 이 인프라를 이용하여 식품의 구입을 행하는 것, 혹은 컴퓨터 화면에서 실감나는 사진의 메뉴를 보고 선택하고, 신속하면서도 시간을 엄수하는 배달 서비스를 이용하는 것이 가까운 장래에는 일반적으로 될 것임이 틀림없다[10].

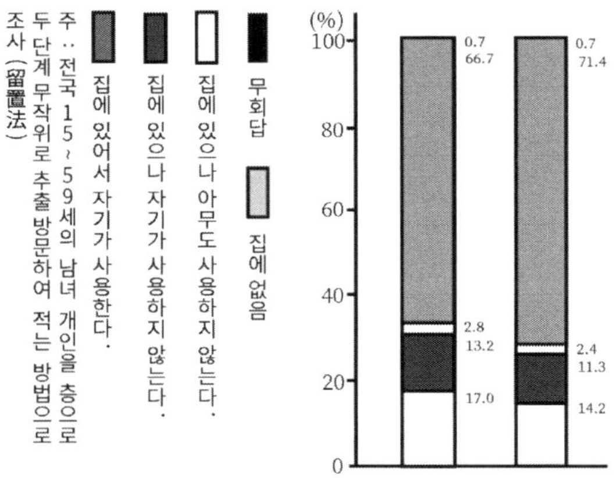

농촌(野村) 총합연구소 <정보기기와 서비스의 이용에 관한 앙케트>
1997년 3월/ 9월 [(주)정보서비스산업협회 1998] <정보 서비스 산업백서>

<그림 9> 가정에 있어서 PC의 유무와 이용자

---

10) 본책 206페이지, 齊藤 논문 「보란타리 라이프 비지네스의 등장」을 참조.

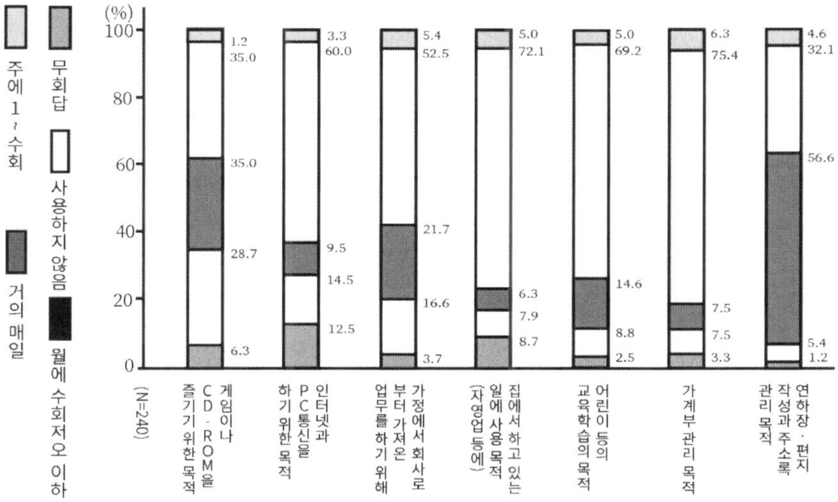

농촌(野村) 총합연구소 <정보기기와 서비스의 이용에 관한 앙케트>
1997년 9월 [(주)정보서비스산업협회 1998] <정보 서비스 산업백서> [그림 9와 같음]

<그림 10> 가정에 PC의 용도별 이용 빈도

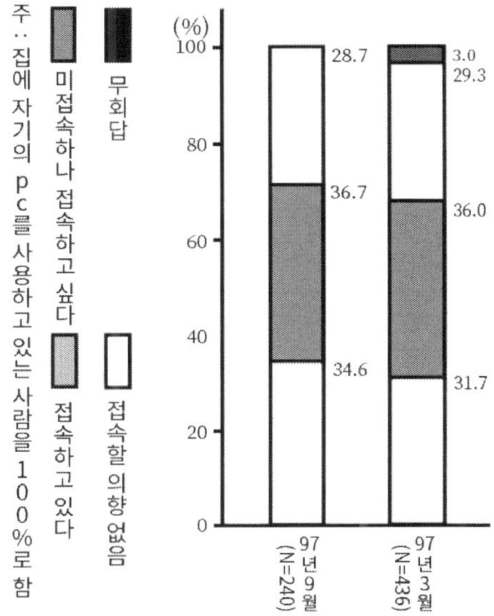

농촌(野村) 총합연구소「정보기기와 서비스의 이용에 관한 앙케트」
1997년 3월/ 9월 그림 9와 같음

<그림 11> 가정에 있어서 PC의 네트워크화의 상황

식품의 구매에 대해서도 컴퓨터의 네트워크상에서 거래하여 택배하는 부분이 늘어날 것이다. 이 방법은 예를 들어 특정의 질환을 가진 사람을 위한 특별한 식품의 배포 등 수요가 단위면적당 저밀도로 발생할 경우에는 매우 적절하게 기능할 것이다. 그러나 정보화 사회에서는 「셀러브리티 이코노미(celebrity economy, 명성 경제)」라고 하여, 공급 가능한 양에 한계가 있고 이름을 얻어 수요가 무한히 확대될 가능성이 있는 특정의 것에 대해서는 그 가격을 급격히 올리는 힘이 작용하므로 대량생산이 안 되는 식품이 컴퓨터 네트워크상에서 거래되면 브랜드가 발생하고, 톱 브랜드에 초고가의 값이 붙게 될 것이다. 예를 들어 「코시히카리(漁沼産)」가 다른 쌀의 몇 배나 비싸다든가 하는 것인데, 여러 가지 식품과 관련하여 이러한 현상이 일어날 수 있다. 그러나 정보 조작과 일시적 생각, 유행이 일어나고 성쇠(盛衰)가 극심하여 식품이 유행 시스템으로 되어 버린 현상이 일어난다. 이 가운데 사람들이 그러한 것에 둔감해지든가, 자신의 미각과 식 철학에 자신을 갖든가 중 어느 쪽이 되지 않으면 거기에 휩쓸려 버리게 된다.

2.3 국제화 사회와 식의 미래

(1) 식의 국제화가 마음의 국제화로

일본은 동아시아의 그것도 동쪽 변경에 위치한 작은 섬나라로 오랫동안 쇄국했던 때가 있었기 때문에 외국 및 외국인과의 교제, 교섭에 아주 익숙하지 않았다. 그러나 오늘날의 일본은 세계 전체의 10%나 되는 생산량을 보이고 있고, 세계의 평화와 안정을 전제로 하여 가공 무역으로 살아가는 경제 대국이 되었다. 따라서 그만큼 책임이 크고 세계의 평화 유지나 민족 분쟁의 방지, 지구 환경 보전, 인류의 식량(료) 위기 대책 등에 대하여 큰 역할을 할 것으로 기대되고 있다. 이러한 역할을 수행하기 위해서도 여러 외국, 외국기업 및 외국인에 대해 닫혀 있던 국내의 사회 시스템을 열린 시스템으로 전환해야 하며, 외국인을 차별하지 않는 「마음의 국제화」도 해야만 한다. 이러한 것이 활발하게 주창된 것이 1980년대인데, 그 무렵부터 외국의 요리에 대한 흥미, 관심, 기호, 해외여행의 활발화 등과 함께 「에스닉(ethnic, 民族) 요리」점이 생긴다든가, 「에스닉 요리」의 일품을 「밥, 반찬, 조미료, 젓가락의 시스템」속으로 끌어들이는 일이 활발히 행해짐으로써 「식의 국제화」가 「마음의 국제화」를 선도하여 왔다. 이러한 경향이 21세기에는 더욱 활발해 질 것이 확실하다. 또 일본인이 외국요리에 대한 흥미뿐 아니라, 「식(食)」의 문제를 국제적인 시야로 생각하지 않으면 안 되는 시점에 와 있다.

⑵ 지구 환경과 식료품의 낭비

그중 하나가 지구 환경 문제이다. 이는 1997년 12월 쿄토에서 개최된 「지구온난화방지조약회의(공식적으로는 「기후변동조약 제3회 체약국(締約國)회의, COP3」[11])」를 계기로 하여 활발히 캠페인이 행해진 뒤로, 일본에서는 초등학생도 알고 있는 상식이 되었다. 그것은 인류가 산업혁명 이후 화석연료(化石燃料)를 대량 소비한 결과, 대기 중에 이산화탄소가 늘어나 그것이 온실의 유리와 같은 역할을 하여 지구를 온난화한다. 지구가 온난화되면 극지(極地)의 얼음이 녹아 해수면이 상승하고, 살 곳을 잃는 사람들이 생긴다. 그러므로 우리들은 에너지나 물자의 소비를 적게 하여 「지구 환경에 좋은 생활」을 하지 않으면 안 된다는 것이다. 기상학자에 의하면 실제로 지구의 기상 메커니즘은 자연 변동의 요소도 크고 그 만큼 단순한 것이 아니라고는 하지만, 방관하고 있으면 인간의 탓으로 지구 환경이 회복 불가능한 상태가 될 가능성이 높기 때문에, 장래에 후회하지 않기 위해 지금부터 지금까지의 에너지 다소비 문명을 반성하고 인간의 활동에 수반되는 이산화탄소의 배출을 대폭으로 억제하자고 하는 취지이다.

이것은 식(食)과도 크게 관계가 있다. 지구가 온난화되면 중위도(中緯度) 지역에서는 한발(旱魃) 등의 이상기상이 발생하는 빈도가 높아지고, 병충해가 심해지며, 식료위기도 일어날 수 있기 때문이다. 21세기에는 일본이 솔선하여 국제사회의 약속을 지키고 인류 전체를 미혹(迷惑)하지 않도록 적극적으로 지구 환경을 지키지 않으면 안 된다는 의식이 강해지고 있다. 환경 문제와도 다음에 언급할 식료량 위기 문제와도 얽혀 장래에 반드시 세계적으로 지탄을 받게 될 것이라고 생각되는 것이 식료품의 낭비이다. 일본에서 국민에 대해 제공되는 총열량(1인 하루 2600kcal)과 국민이 섭취하고 있는 총열량(1인 하루 2000kcal) 의 차이인 약 2할이 낭비되고 있으며, 더구나 그것은 해마다 확대되는 경향이 있다고 한다. 이 손실을 줄이는 노력을 국제적으로 상호 간에 약속하는 것이 장래 필요하게 될 것이다.

⑶ 식량 위기의 가능성

현재 지구상에 있는 기아나, 장래 세계적으로 일어날 식량 위기의 가능성에 대해서는 세계의 평화와 안정을 전제로 성립된 경제 대국의 책임이라는 시점에서도 국민을 굶기지 않는다는 시점에서도 충분한 배려가 필요하다. 우선 식료(량) 사정에 대해서는

11) 지구의 온난화 방지를 위하여 이산화탄소의 배출량 절감 목표 수치의 설정을 둘러싸고 당초의 아메리카 설정에 반대하고, 분규가 걱정되었으나 타국에서의 절감 사업을 자국분으로 산입하는 배출권 취입 방식과 삼림이 흡수하는 분량을 공제하여 네트 방식을 도입하는 것에 의해 선진국 평균에 5.2%와 구체적으로 수치를 설정하는 것이 합의되었다.

지역 간 격차가 있고, 여전히 사하라 이남이나 아시아에 기아 인구가 존재하며 지역 내의 계층 격차도 있지만 도상국(途上國) 전체의 평균 섭취 칼로리는 이전보다 증가하여 상황은 분명히 개선되어가고 있다. 장래의 상황에 대해서는 전문가들 사이에서도 시장의 조정 메커니즘과 기술 진보로 어떻게든 될 것이라는 낙관론자부터 인구 증가와 환경 제약이 모순에 빠져 기술 진보도 제대로 이루지 못할 것이라는 비관론자까지 여러 가지 의견이 있다[12]. 그러나 중장기적으로는 이상기후 등이 원인이 되어 세계의 식료(량) 수급이 어려워질 것이라는 예측이 충분히 가능하다.

그에 대해서는 국민의 관심도 높고 세론조사(世論調査)를 해도 「외국산보다 비싸도(적어도 쌀 등은 기본) 식량(료)에 대해서는 생산 비용을 내리면서 가능한 한 국내에서 만드는 것이 좋다」고 생각하는 사람이 8할이나 있다.(그림 12) 그러나 일본의 곡물자급률[13]은 29%로 여러 선진국들에 비하여 낮다.(그림 13) 이와 같은 정세 속에서 1999년에 성립한 「식료・농업・농촌기본법」에서는 식량(료)의 안정적 공급을 위해 국내 농업 생산의 증대를 기본으로 하여, 여기에 수입과 비축을 적절히 할 것, 식량(료) 자급률 목표를 정부 차원에서 공표할 것, 식생활의 지침을 책정할 것이 제창되고 있다.

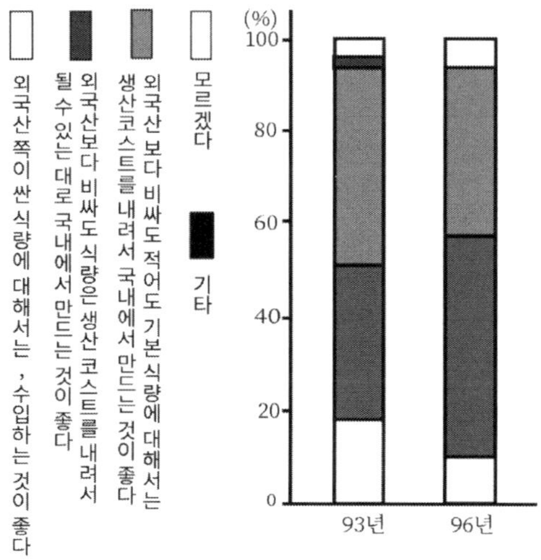

(그림 8과 같음)

<그림 12> 일본국의 식량의 생산・공급 방법

---

12) 본책 19페이지, 田村 논문 「식・20세기로부터 21세기를 생각한다」를 참조

13) 식용에 사용되는 곡물 외에 사료용 곡물도 포함한다.

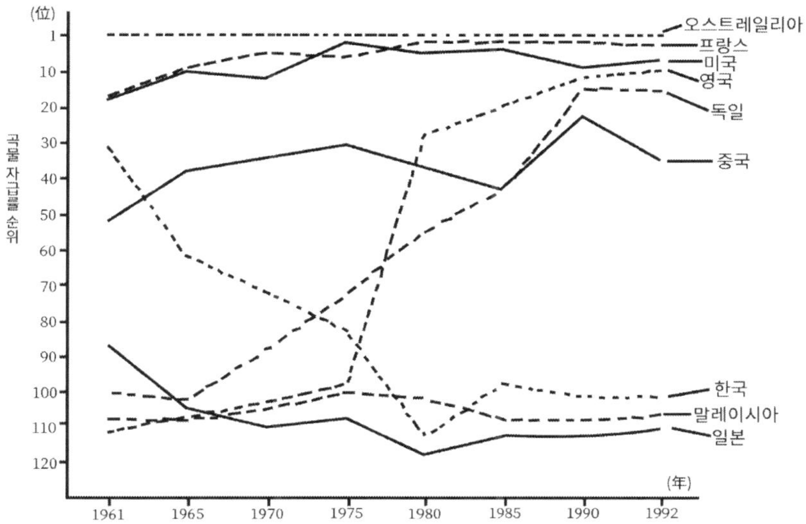

<그림 13> 곡물 자급률 순위의 국제 비교

전쟁기와 전후의 식량난 경험자의 이야기에 의하면 「배고프면 맛없는 것이 없다」는 속담이 있지만, 그것은 거짓으로 맛있는 것에 익숙해지면 공복에도 맛없는 것에는 타액이 분비되지 않으므로 목으로 넘어가지 않는다고 한다[14]. 21세기에 일본에서 식량 부족의 사태가 발생했을 때 굶을 만큼의 상황은 아니더라 해도 「그건 싫다. 이것은 먹을 수 없다」고 말하는 국민이 영양 부족으로 대량 사망할 상황이 염려된다. 현재와 같이 극히 용이하게 최고로 맛있는 음식을 섭취하는 것에 익숙해진 의식을 새로이 식(食)에 대한 다양한 가치관, 유연한 감성과 위기 대응력(요컨대 여차하면 들풀, 도토리, 개구리, 메뚜기라도 맛있게 조리해서 먹는 힘)을 키우기 위해서도, 또한 반쯤은 지적인 즐거움을 위해서도 외국 요리에 대해 관심을 갖고, 지구적 시점에서 식(食)을 생각하며 조리하는 훈련을 좀 더 활발히 할 필요가 있다.

2010년의 「먹는 일」 1

〈실황중계〉 이곳저곳의 식탁 풍경 ———— 사카이 히로미치(坂井博通)

모토관청가(元官廳街)의 센다이다구(千代田區)에 살고 있는 78세의 아주머니. 오늘은 가까운 싱글의 친구 동아리와 식사하는 날이다. 최근 이러한 식사 방법이 유행하지만 아주머니는 즐겁기 때문에 하는 것뿐이다. 「신식(新食)을 같이 한다」고

14) 多田道太郎 + 鶴見俊輔 1986 『대담 · 변모하는 일본인』 三省堂 p.13

하는 말도 생겨났다. 씽글가의 식탁에서는 오히려 많은 사람이 같이 하기 때문이다.

미다카시(三鷹市)의 메디아 실험지역에서는 「쌍방향 인터넷 TV」가 시동하고 있다. 일이 지연되어 식사를 직장에서 먹는 엄마(38세)와 집에서 기다리는 아버지(36세)・아들(7세)의 식사 풍경을 인터넷이 연결하고 있다. 처음에는 어색하였으나 최근에는 자연스럽게 대화를 하면서 식사를 하게 되었다. 이 메디아가 보급된다면 「식사를 같이 한다」는 의미가 변하는 것이겠지요.

도(都)내의 소학교에서는 따돌림, 학교 결석을 없애는 것에 효과가 있다고 하여 「급식」이 호전되어 「공식(共食)」이 생겨났다. 식사는 최고의 코뮤니케이션이고, 특별히 뛰어나게 교육적이라고 생각되었기 때문이다.

저녁 식사에는 어떤 음악을 들을까 하고 네리마구(練馬區)의 젊은 부친(28세)은 생각하고 있다. 음악이 생활에서 빠지지 않게, 식탁에는 필히 음악이 흐른다. 「음악화 사회」가 「입도 귀도 맛있다」는 세대를 낳는 것이다.

바쁜 모친의 잔업에서 오늘도 아버지(34세)와 아들(9세)이 식사한다. 아버지는 생각한다. 「내 젊은 시절에는 엄마와 아들만의 식사 풍경이 많았다. 그래도 아들이 학교에서 요리를 배워서, 식사를 만들어올 수 있으니 살아났다.」

콘비니에서 저녁 식사를 구입한 세다가야구(世田谷區)의 젊은이(19세)는 대단히 단순한 식사를 한다. 물론 「新食을 함께 한다.」는 점도 좋으나 철저한 「패스트 영양식」으로 끝내기도 한다. 그러한 식사라도 있어서 좋다고 생각하고 있는 것이다.

휴일은 자연 속에서 식사한다. 옛날에는 인위적인 화학성분이 함유되지 않는 음식을 「자연식」이라고 말하였지만, 최근에는 가족이나 친구들과 자연 속에서 식사하는 것을 지도하도록 되었다. 여기 하찌오우찌(八王子)시는 그 중심지(메카)에도 있고 휴일에는 대단한 「새로운 자연식」파(派)가 눈에 띈다.

고시가야시(越谷市)의 주부(40세)는 3시부터 시작하는 식품 메이카 제공 인터넷 TV 「식(食) 채널」이 아주 좋다. 마음에 드는 레시피는 식탁에 있는 컴퓨터에 바로 넣어 놓고 「오토 레세피 쿡커」를 사용하면 맛있는 요리를 완벽하게 재현할 수 있다. 물론 그 재료를 받게 하는 서비스도 있다.

생각하면 가족이 휴식하는 「짜노마(차 마시는 방)」는 「스피드 화(化) 사회」에서 「쯔까노 마(순간)」로 변하고 그 위에 테크놀로지의 발달로 「메디아의 방」이 되었다. 부자는 옛날 그대로의 라이프스타일에 구애되어 테이블과 데스크를 구분하고 있으나 젊은 사람 중에는 감히 두 가지를 같이 하여 독특한 스타일을 즐기는 사람도 있다. 그들은 「메일(mail과 밀(meal)」파라고도 「화식(話食)」파라고도 불린다.

누구와 같이 먹을까?

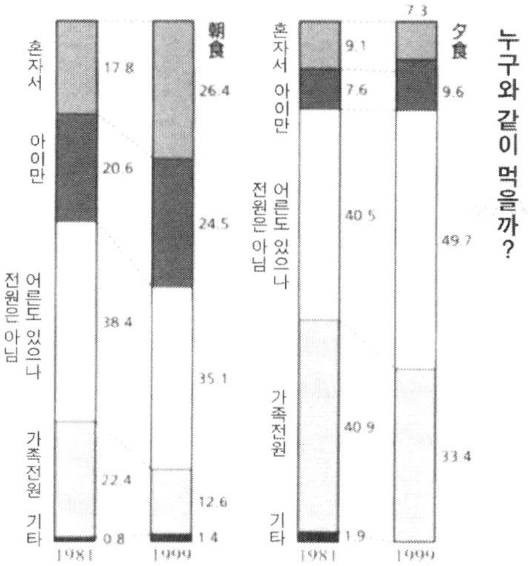

지역 · 전국/ 대상 · 소학생
(1981 : 5학년생 N=1067
1999 : 4·5년생 N=2067)

[足立己幸 · NHK「오하이요우 광장」1983『왜 혼자서 식사를 할가 – 식생활이 아이들을 변하게 한다.』 일본방송출판협회]
足立己幸 · NHK 클로스업 현대반「NHK 스페셜 알고 있읍니가? 아이들의 식탁」(1999년 7월2일 방영)

児童画 調査データ提供 ─── 女子栄養大学 足立己幸教授

① 아동의 독식(獨食)의 신경향

이전의 아동의 독식은 모친의 취로와 부친의 잔업 등으로 혼자서 외롭게 식사를 한다고 하는 이미지가 있었으나 최근의 조사에서는 가족과는 별도로 자기 방에서 좋아하는 TV를 보면서 혼자서 식사를 하고 싶다고 하는 아동이 나오고 있다는 것을 알았다. 이런 경향은 앞으로 점점 많게 된다. 식탁문화의 단절, 식탁이 갖는 가족의 구심력의 저하뿐만이 아니라 성장기의 아동들의 저영양과 편식이 염려 된다.

21세기의 징조 1

─── 누가 주류(主流)인가?

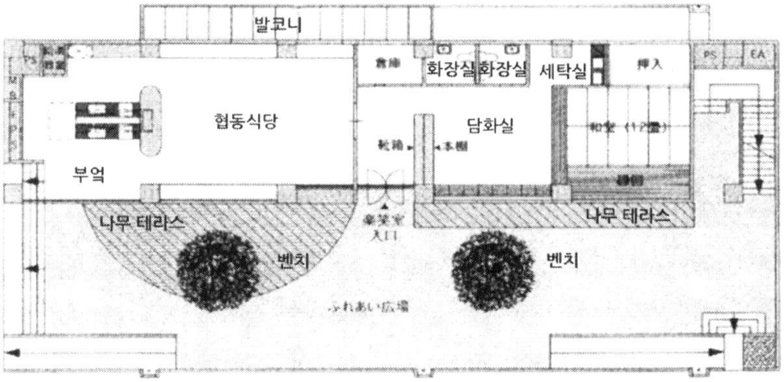

神戸市營久二塚西후레아이住宅의 平面圖

매월 수회 개최되는 식사회의 모습
(제공 - 久二塚西 후레아이주택 응원단 石東直子씨)

② 컬렉티브 하우스에서의 공식(共食)

독거 고령자들이 독립을 유지하도록 서로 돕는 것이 쉽다. 새로운 타입의 집합주택, 컬렉티브 하우스가 증가하여 가는 것이 예상된다. 그것을 선취하여 1997년부터 건설된 한신(阪神) 아와지(淡路) 대진재의 피해 고령자를 위한 공영주택. 입주자들은 응원단에 서포트되면서 새로운 삶의 방법을 연구하고 있다.

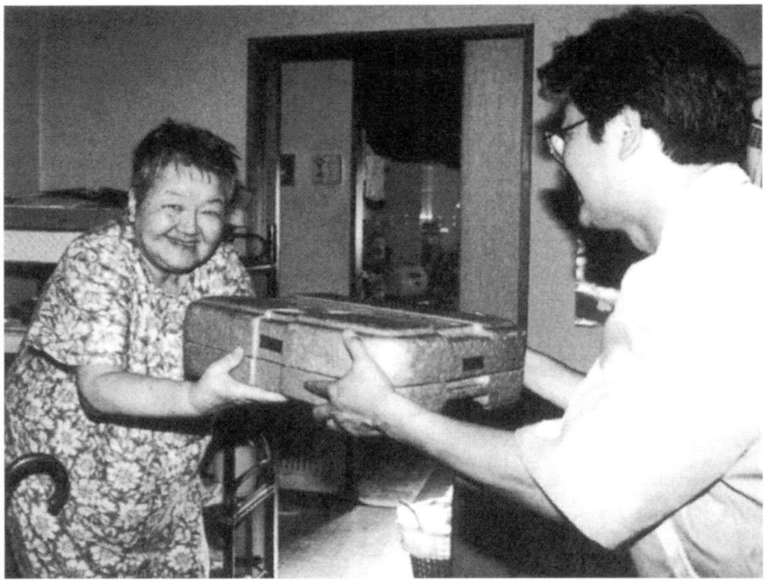

점심은 옻칠한 도시락상자, 석식은 보온 용기에 넣어서
(협력-(재)스기나미(杉並)구 상아이공사, 스기나미구 재택영양사회,(주)秀榮)

③ 신고합니다. 정성과 가정의 맛

1991년 개시한 스기나미(杉並)구 상아이 공사의 고령자 가정.
병약 · 장애자 가정을 위한 식사택배 서비스.
94년부터 점심도.
99년의 이용회원은 756세대.
스기나미구 재택영양사회가 식단을 만들고, 조리와 배달은 민간에게 위탁.
배달원은 안부확인 역할도 겸하고 있다.
금후 각지에서 이러한 서비스가 일반적으로 되어갈 것이 예상된다.

④ 잊혀져가는 식사 태도(식사 방식)

젊은 사람들은 길거리에 앉거나 때로는 걸으면서 음식을 입에 넣는다. 식탁에서의 예의는 죽은 말. 더욱이 가족이라는 공동체에서 엄숙하고 성스러운 행사였던 식사는 포식(飽食)의 시대, 가치관이 다양화한 시대, 여가가 바쁜 시대에 있어서 별로 소중히 여기지 않는 개인적인 생리적 행위로 영락하여 버리것이겠지요.

[『내조의 공』夫」『AERA』1998。11。2호]
(제공 - 久二塚西 후레아이 주택 응원단 石東直子씨)

⑤ 남자가 부엌에 들어가다

남녀 공동 참가사회의 실현은 어느 정도 정부가 설득하여 권하여도 직장과 가정에서 남녀 지위의 평등과 대등한 작업의 분담에서는 실현할 수 없다.

남자가 부엌에 들어가지 않는다고 하는 것은 옛이야기, 요즈음에는 앞치마 입은 자세로 부엌에 서는 남성의 비율도 증가하고 있다.

* 특기 이외의 촬영 - (재)아지노모토 (味の素) 식의 문화센터
[기획 · 해설 - 히끼타 마사히로(疋田正博)]

제2장 저출산화(少子化) · 고령화(高齡化)와 식(食)

마루이 에이지(丸井英二)

I. 건강의 변화와 식(食)행동의 변화

20세기부터 21세기에의 전환기에 있어서, 금후 일본의 식생활은 어떻게 변화하여 가고 있는 것일까. 20세기의 일본의 식생활은 결핍의 시대로부터 과잉의 시대로의 전환의 시대였다. 그 결과 건강 상태도 위장염, 적리(赤痢)로 대표되는 급성의 전염병으로부터 결핵과 같은 만성 전염병, 그리고 1960년대부터 현재에 이르기 까지는 심장병, 암, 뇌혈관질환을 중심으로 하는 라이프스타일에 관련하는 만성질환이 주역이 된다는 것과 같이 크게 변화해 왔다. 그것은 또한 아이들의 건강 문제가 주역이었던 시대로부터 점차로 고령자가 중심이 되는 시대로의 변화이다. 그래서 1980년대 이후는 에이즈로 대표되는 감염증의 부활이 보여져 왔다. 추가 좌우로 크게 흔들리는 것 같이 식생활과 건강도 또한 정지하지 않고 변화가 계속된다. 그 변화가 일방적인 변화일까, 혹은 순환적인 변동일까. 이로부터 식생활을 생각하는 일에, 그 시(視)점을 어디에 두느냐에 따라 관점이 달라짐에 틀림이 없다.

식생활의 변화에는 개개인의 식생활이 변화한다는 측면과 집단으로서의 식생활의 상황이 변한다고 하는 측면이 있다. 개인의 식(食)은 행동의 변화이고, 그에 따라서 신체 내의 영양 상태가 영향을 받는 것이다. 개인의 행동이 왜 변화하는 것일까? 개인의 행동으로서의 식생활은 각각의 여러 가지 요인으로 변화된다. 근년에는 특히 정보화가 진전되어 매스미디어(massmedia)로 부터 개인의 식(食)에의 피드백(feed back)이 크게 된다. 거기에는 주체 측의 선택으로서의 변화와 환경의 변화에 의한 개인의 선택과는 별개의 어쩔 수 없는 변화이다.

II. 환경으로서의 인구 구조

사람들의 식생활을 둘러싼 환경의 변화는 주어진 조건으로부터 사람들의 식생활에 직접, 간접으로 영향을 준다. 그 속에서 지금부터 예상되는 인구학적 변화는 사람들의 생활 전체에 불가피한 영향을 준다. 이것을 배경으로서, 식생활의 미래를 개선하여 재평가하여 가는 것이 필요하다.

우선 일본의 가까운 미래의 인구 문제로서 일어나는 변화는 크게 셋으로 압축한다. 즉 인구 감소, 저출산, 고령화이다. 이들 세 가지의 문제는 각각 독립할 수 없고, 서로 복잡하게 관련하여 어울리고 있다.

물론 인구의 변화는 식생활에 영향을 주는 많은 요인의 하나에 지나지 않는다. 예를 들면 커다란 기상학적 변동이 있으면 농업 생산은 현저하게 변화하고 우리들을 둘러싼 식료 환경은 변화를 입게 된다. 또한, 전쟁과 정치・경제의 변화는 거의 반드시 식료 문제를 일으키게 한다. 그러한 정치・경제적 요인도 또한 단기적으로는 무시하고 싶은 요인이다.

그중에서 인구학적 변화에 의한 식생활의 변화는 개별 노력에 의해서 회피하기 곤란한 요인인 점에서 중요하다. 물론 자연 요인과 같은 의미로 불가피하게 되지 않는다더라도, 우리들의 식생활의 방향을 크게 결정하여 가는 요인이다.

III. 인구 감소

현재 일본의 인구상의 문제로서는 우선 고령화가 큰 문제로서 대두되고 그것과 병행하여 저출산이 문제가 되었다. 그러나 이들을 통합한 기본적인 구조의 변화로서 최대의 문제는 21세기 일본에서는 우선 인구 감소이다. 고대 로마의 멸망도 인구의 감소에서 시작한 것과 같이 아득히 머나먼 고대부터 국가에 있어 인구의 증감이 국력의 상징의 하나였다.

우선 금후의 인구의 추이에 대해서 보자. 국립사회보장・인구문제연구소에 의하면 「일본의 장래 추계(推計) 인구」에는 하위 추계, 중위 추계, 상위 추계가 있다. 각각의 단어로 말하자면 적은 견적과 최대의 견적, 그리고 그 중간 견적이 된다. 그중 중위 추계가 <그림 1>이다. 이것에 의하면 일본의 인구는 지금(원본 출판 연도)부터 10년 정도 사이는 증가 경향이고 예측하자면 2007년이 정점이 된다. 그 후는 산의 꼬리로 내려가서 서서히 감소하고 2070년에는 1950년(昭和25)과 같은 수준까지 감소한다. 그 위에 21세기말에는 약 7000만 인구가 되어 전후의 일본 인구 규모와 같은 정도까지 떨어진다고 내다보고 있다.

일본의 역사상 인구가 감소하여 간다는 상황은 전국적인 기근 시기 등을 제외하면 전혀 없었다. 메이지(明治) 이후를 보아도 일본의 인구는 일관되게 상승하여 왔다. 전국적으로 어느 계층도 인구가 감소한다고 하는 21세기에 일어난다고 예상하고 있는 사태는 국가로서 생각할 때 국력의 저하로서 인식되는 것이 보통이다. 그 때문에 정부로서도 무언가 인구 감소를 막으려는 방책을 세우려 하고 있으나 나중에 설명하는 저출산의 흐름을 막는 것이 가능하지 않아, 생각같이 어쩔 수 없는 상황이다. 인구의 동향에 관한 한, 21세기가 되어 큰 역전환은 있을 것 같지도 않다.

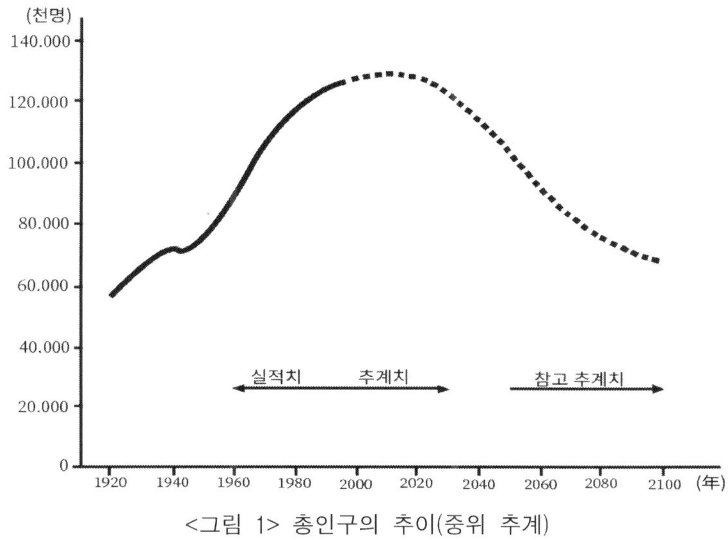

<그림 1> 총인구의 추이(중위 추계)

Ⅳ. 고령화(高齡化)

일찍이 쇼와(昭和) 40(1965)년대에는 다가올 미래의 「고령화 사회」와 「고령사회」의 정의가 다른 것에 대하여 말하는 일이 흔히 있었다. 고령화 사회라고 하는 것은 65세 이상의 인구의 비율이 7%를 넘을 때이고, 14%를 초과하면 고령사회라고 부르는 것이다. 일본은 1970년에 7% 라인을 넘고, 1994년에는 14.1%가 되어 문자 그대로 고령사회가 되었다. 이 고령화의 기간이 거의 100년 걸렸던 서구 여러 나라의 경험과 비교하여 극단적으로 짧다.

<그림 2>는 선진제국에 있어서 65세 이상의 사람들이 점유한 비율에 대해서 과거와 장래 예측을 표시하고 있다. 1950년경에는 아시아 국가들에서는 노년 인구 비율이 5% 정도이고, 서구의 나라들에서는 모두 10% 정도이었다. 일본은 고령화의 속도가 특히 빠르다. 현재에는 약 17%가 되어 장래 추계에 의하면 2050년에는 30%를 초과한다고 예측되고 있다. 2030년에 다다르면 이탈리아에 뒤질지도 모르나 그 사이에 세계의 실험실로서 주목될 것이다. 틀림없이 「세계에서 류(類)를 볼 수 없는」 입장에 서게 되어 지금부터 수십 년간이 커다란 전환의 시기가 된다.

물론 세계적으로는 또 하나의 나라, 예를 들면 중국이 주목된다. 20세기 후반에 1인 1자녀 정책이 꽤 성공을 가져온 것은 잠깐 동안의 안녕이고, 21세기 후반 이 후에 있어서는 인구가 현저하게 고령화하고 노동력 인구의 저하가 되는 것은 거의 틀림이 없다. 이것은 세계에서도 가장 커다란 규모의 인구 문제가 되어 전 세계적인 식량 공급과 소비와의 관련에 큰 영향을 주게 될 것이다.

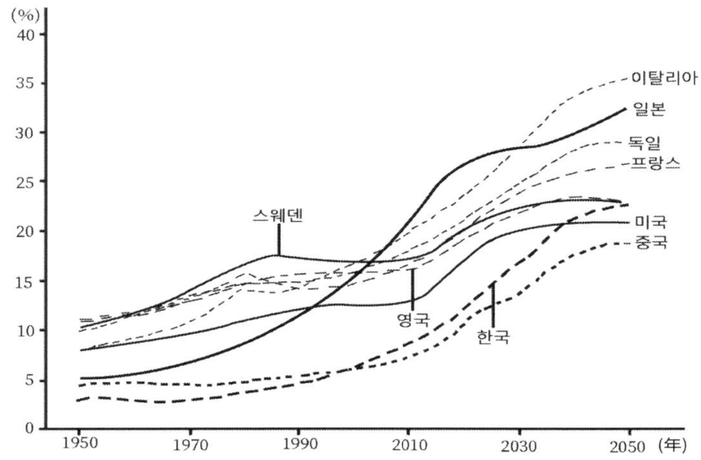

<그림 2> 선진제국에 있어서 65세 이상 인구 비율의 추이

V. 저출산

다음으로 보고 싶은 것은 이러한 인구 감소와 고령화의 배후에 있는 몇 개의 현상이다(그림 3). 인구가 감소하는 것은 저 출산이 크게 관련이 있다. 저출산이라는 단어는 당면한 아동의 수에 초점을 맞추고 있는 것에 지나지 않으나 인구 전체로서 보면 모든 연령에 미치는 현상이 된다. 현재의 저 출산이 장래의 생산연령 인구 감소와 종속(從屬)인구 증가의 기초를 만들고 있는 것이다.

종속인구지수는 연소(年少) 인구와 노년 인구의 합을 생산연령인구로 나눈 수치이다. 이들은 2004년에는 50%을 초과하고, 유지되는 인구가 유지하는 인구를 상회하게 된다. 그래서 2050년에는 83%까지 된다. 즉 경제적 자립성이 낮은 연령층이 압도적으로 많아진다는 것을 시사하고 있다[15].

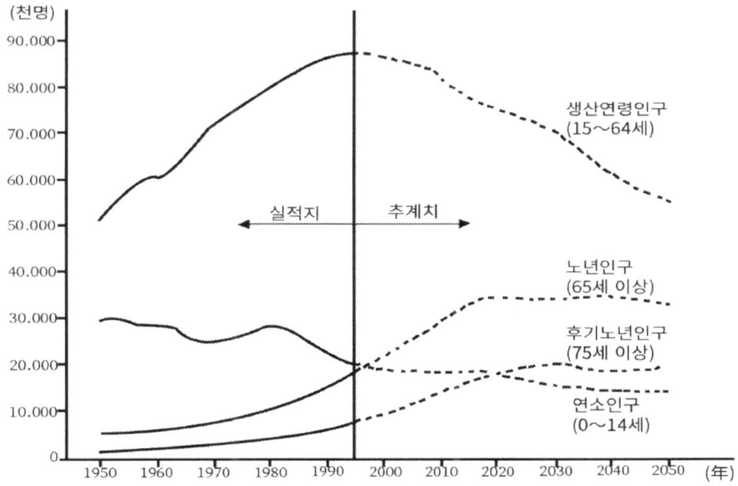

<그림 3> 연령 구분별 인구의 추이(중위 추계 결과)

출생에 대하여 생각하면 일본에서는 북구(北歐) 여러 나라(50% 전후)와 영국・프랑스(30%强) 등과 비교하여 혼외 출생은 극히 적어 전 출생의 겨우 1% 정도이다. 그러한 일본의 풍토의 바탕에서는 만혼화, 미혼화는 출생에 직접, 커다란 영향을 가져오고 있는 것이다[16].

15) 연소인구지수(연소 인구를 생산연령으로 나눈(除) 수치)는 1995년(平成 7)년 23.0%주변을 오르내리다가 2050년에는 23.9%로 된다고 예측되고 있다. 한편 노년인구지수(노년 인구를 생산연령인구로 나눈 수치)는 1995년 20.9%로부터 저하하지 않고 상승한다. 2025년의 46.0%로부터 2050년에는 59.1%가 된다. 경제적 자립성이 낮은 연령층 중에도 특히 고령자가 점유하는 비율이 커지게 된다.

<그림 4>에 평균 초혼 연령의 추이를 나타내고 있다. 1970년(昭和 45)년에는 신랑의 평균 초혼연령은 26.9세, 신부는 24.2세였다. 이것이 1995(平成 7)년에는 신랑은 28.5세, 신부는 26.3세로 되어 25년간 신부가 2.1세, 신랑이 1.6세 상승하고 있다.

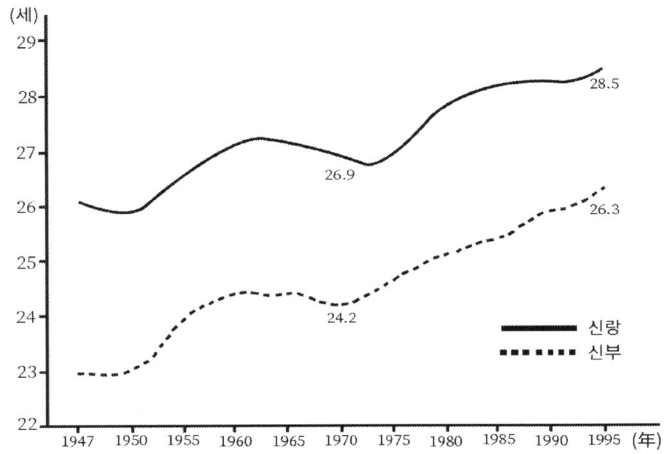

<그림 4> 평균 초혼 연령의 추이

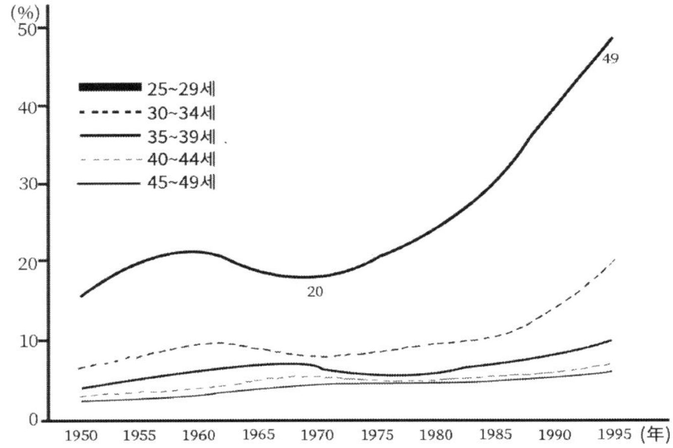

<그림 5> 여자의 연령별 미혼율의 추이

16) EU 통계국의 보고에는 1980년부터 1997년까지의 18년간 덴마크, 노르웨이, 필란드, 룩셈부르크의 출생률이 늘어나고 있다. 예를 들면 덴마크에서는 83년에 합계 특수 출생률이 1.37이었으나 95년에는 1.80까지 상승하였다. 「아이 낳는 것을 권리」라고 사회가 인정하여 경제적인 원조와 각종 시설 정비를 진전시키는 것이 요인으로 되었다. 특히 혼외자의 비율이 절반 가까운 것은 여성의 자립을 나타내고 있다. 이혼, 재혼도 많아서 새로운 가족의 본연의 자세가 보인다. 일본에서도 사회정책에 의해, 환경 정비에 의해 어느 정도는 출생률 상승의 유도가 가능하나 남녀의 사회적 역할 등 정책 이외의 많은 해결해야 할 문제가 있다.

물론 초혼 연령의 상승만이 아니라 여자의 미혼율의 상승도 크게 영향을 주고 있다(그림 5). 25~29세의 여성의 미혼율을 보면 1970년에는 20%의 수준이었으나, 1995년에는 49%로 현저하게 상승하고, 더욱더 상승하는 경향을 나타내고 있다. 현재 이 연령의 사람들은 30대에 들어갈 때 그대로 유지되고 있는 것일 까. 혹은 하강할 것인가 따로 장래 예측하고 있으나 현재 사람들은 이것도 종래보다 아득히 멀리 상승하여 가고 있는 것은 아닐까 하고 생각하고 있다.

이 미혼율의 상승과 또 결혼한다고 해도 초혼 연령이 높아진다는 현상은 아이의 출생에 커다란 영향을 주고, 자녀의 수를 억제하는 효과를 갖는 것과 더불어 독신자 세대의 증가로 연결되고, 식생활을 생각하는 데에 커다란 요인이 된다.

이러한 배경의 기본에서 출생률이 급격히 저하하여 왔다. 1970년 전후(前後)(쇼와 40년대) 거의 2.1 정도로 안정하였던 합계(合計) 특수 출생률(15세부터 45세까지의 여성이 평생 출산한 아이의 수)이 1997년에는 마침내 1.38까지 저하하였다. 이것은 인구를 유지하기 위해서의 수준인 2.08을 크게 떨어뜨려 지금까지 말하여 온 것 같이 장래 인구 감소로 이르는 수준으로 확실히 오르게 된다.

이상과 같은 기본 경향의 결과로서 세대의 실태에 변화가 일어나고 있다. <그림 6>은 1960년부터 95년까지의 평균 세대 인원을 나타낸 그림이나 막대그래프 쪽은 세대 수이고, 1995년에는 4300만 세대이다. 평균 세대 인원수는 감소하여, 현재에는 평균 2.8인 정도가 되었다. 그림 7의 평균 세대 인원의 장래 추계에는 2010년경에는 세대수가 5000만을 초과하게 될 것으로 예측되고 있다. 당연히 평균 세대원수는 2.5인 정도까지 감소할 것으로 보인다. 여기에는 기혼자 세대의 저출산 경향과 독신자 세대의 증가라고 하는 양 측면이 있다.

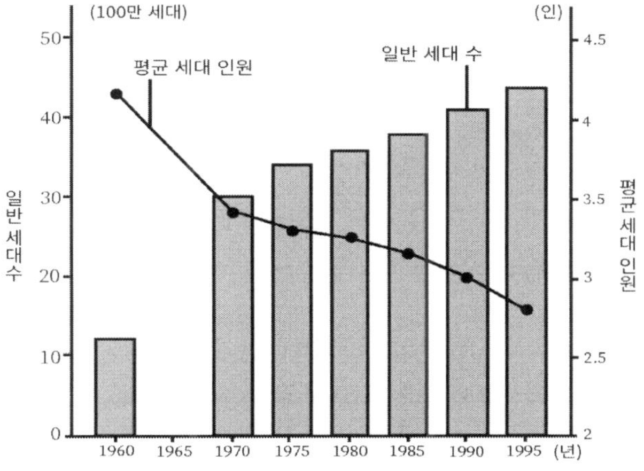

<그림 6> 일반 세대수 및 평균 세대 인원 (『國勢 調査』)

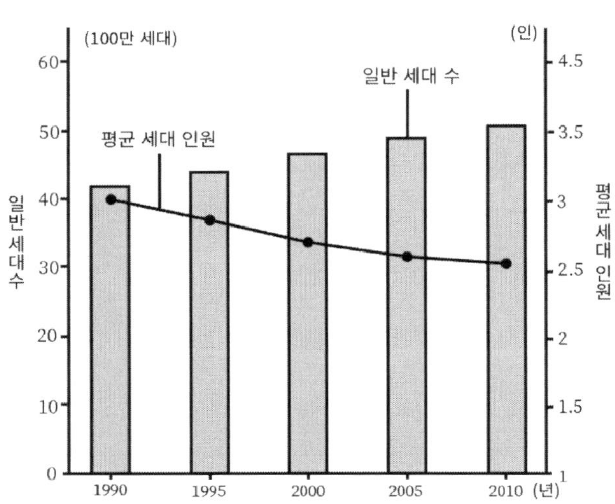

<그림 7> 일반 세대수 및 평균 세대 인원의 추이

VI. 저출산의 배경과 그에 따른 변화

그러한 자녀 수 감소를 초래하는 배경으로는

1. 만혼화(晩婚化), 만산화(晩産化), 비혼화(非婚化)
2. 여성의 사회 진출
3. 가치관의 변화
4. 자녀를 갖는 의의의 변화
5. 경제적 부담

등 몇 가지의 요인[17]이 지적되고 있다.

---

17) 배경이 되는 요인

1. 만혼화, 만산화, 결혼 기피 - <그림 4>와 같이 평균 초혼 연령이 높아져서 첫째 아이 출산 연령도 높아져 있다. 평생의 미혼율도 3.4～5.2%로 상승했다. 또한, 젊은 층의 미혼율도 급증하고 있다(그림 5).
2. 여성의 사회 진출 - 20～30세 여성의 노동력 비율이 현저하게 상승되어 왔다. 1970년의 22%에서 1990년에는 58.3%로 증가했다.
3. 가치관의 변화 - 결혼관이 변화되어 남녀 역할 분담의 개념이 붕괴되었다.
4. 자녀를 갖는 의의의 변화 - 농업사회나 세습제(世習制)의 사회에서는 오히려 자녀가 노동력이 되었으며 가문의 대물림, 노후생활의 지지대로서 생각되었지만 산업사회가 되어 이러한 의식이 약화되었다. 실질적인 역할은 아니고 부모에 대한 정서적 가치만 남았다.

이들은 동시에 식생활의 변화를 초래하는 요인이 된다. 식생활의 장래를 생각해 볼 때 두 가지의 방향을 생각해 둘 필요가 있다. 우선 이와 같은 자녀 감소를 이끄는 요인이 동시에 식생활의 변화도 초래한다는 것이고, 또 한 가지는 자녀 감소의 결과로서 발생하는 식생활의 변화이다. 이들 두 가지로 구별해서 생각하는 것은 장래에 일어날 변화 가운데 식생활의 입장에서 볼 때 불가피한 것과 해결 가능한 것을 나누어 볼 수 있다는 것을 의미한다.

일반적으로 전자에 대해서는 시회의 근본적인 개혁이 필요하기 때문에 개개인의 행동과 관련된 식생활의 문제로서 취급하기에는 문제가 너무 커서 개인으로서는 선택의 여지가 없는 문제이다.

저출산을 일으키는 요인이 식생활을 변화시키는 경우는 미혼율이 높아져서 독신 세대(獨身世帶)가 증가한 것 혹은 여성의 사회활동이 증가하는 것과 같은 이유를 생각해 볼 수 있다. 이들은 또한 직접적으로 식생활의 방법을 변화시킨 것이 된다. 따라서 미혼율을 낮춤으로써 식생활의 변화를 바꾸려는 것은 비현실적이다. 개인 세대의 증가는 당연한 것으로 받아들이고 그 조건하에서 식생활을 어떻게 할 것인가를 생각하지 않으면 안 된다.

그것에 반해서 저출산의 결과가 식생활을 변화시키는 것은 여성의 육아 부담이 감소하며 자녀에 드는 비용이 감소하고 아이들 수가 감소하게 되어 다음 세대에는 더욱 고령 단독 세대가 증가하게 되는 것과 관련된 식생활의 변화이다. 이들은 어느 정도 대처 가능한 조건들이 많다.

VII. 소비의 변화

개인의 행동이나 선택에 의하여 변화된다고 하는 것보다는 주어진 환경으로서 변화되지 않으면 안 되는 상황에 관하여 예를 들어본다.

<그림 8>에 나타낸 세대 인원별 식품섭취량은 1995년 후생성에 의한 국민영양조사에서 세대 인원별로 식품군의 섭취 상황을 나타낸 것이다. 이것에 의하면 곡물은 1인 세대부터 세대 인원수가 많아짐에 따라 약간 감소되어 있지만 큰 변화는 보이지 않는다. 오히려 크게 변화한 것은 조미 기호품이고 개인 세대에서는 섭취량이 많지만 그렇지 않은 세대에서는 감소되어 가고 있다. 3인 이상의 세대에서는 어느 식품군에서도 안정되어 있지만 1인 세대, 2인 세대에서는 품목에 따라 많은 변동이 보였다. 채소나 과일류에서는 1인 세대에서 섭취량이 적었고, 2인 세대에서 많았으며 그 이상의 세대에서는 감소되었다.

---

5. 경제적 부담 - 육아, 교육 부담의 증대, 여성의 기회 고용의 증대, 고령자 부양 부담의 가중 등으로 자녀가 도리어 경제적 부담이 되어 왔다.

전체적으로 볼 때 1인 세대와 2인 세대 간에는 차이가 있으며 3인 이상 세대에서는 안정되어 있다고 말할 수 있다. 이것은 1인 세대 인이 증가함에 따라 장래의 식품 섭취 예측이 현 상태로 연장하게 되지 않는다는 것을 보이고 있다.

또 에너지의 영양소별 섭취 구성비(그림 9)와 연령 단계별 에너지 구성(그림 10)을 보면 인구 구성이 변화했을 때의 「식생활」의 방법이 어떤 식으로 변화하는가를 생각할 수 있는 좋은 자료가 된다. 이것으로 식생활의 방법이 꽤 명료하게 변화하고 있는 것을 알 수 있다. 전체를 보면 지질의 섭취 비율은 해마다 높아져 가고 연령이 60대 혹은 70세 이상에서는 지질로부터의 에너지 섭취는 23% 정도이고 당질이 60%를 넘고 있다. 연령이 낮아짐에 따라 지질 섭취의 비율이 높아지고 7∼14세, 혹은 10대에서는 거의 30%에 달하고 있다.

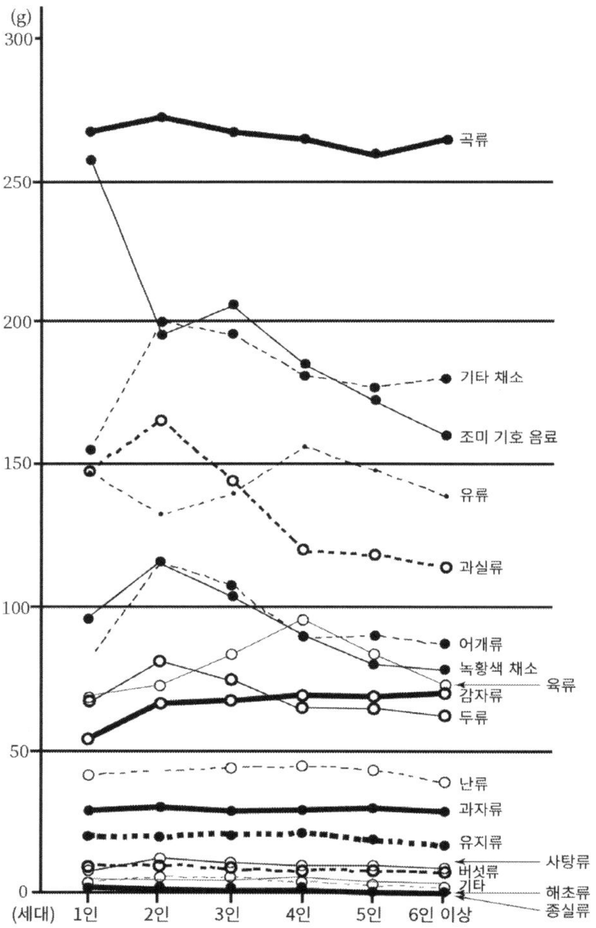

<그림 8> 1인 1일당 식품군별 섭취량(세대 인원별)(1995년 국민영양조사에 의함)

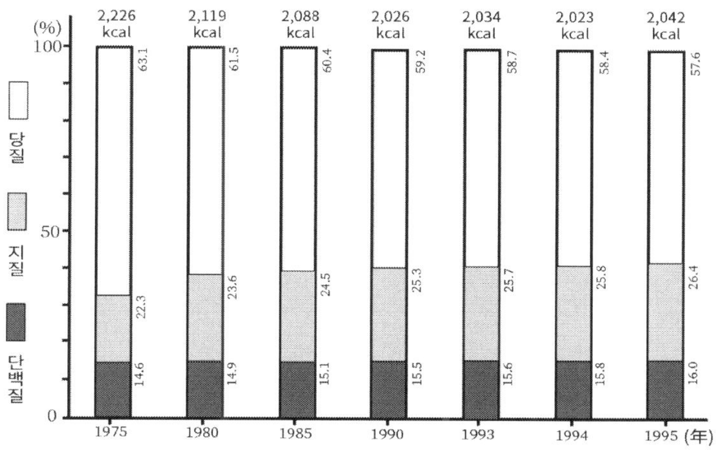

<그림 9> 에너지의 영양소별 섭취 구성비(연도별 변화)

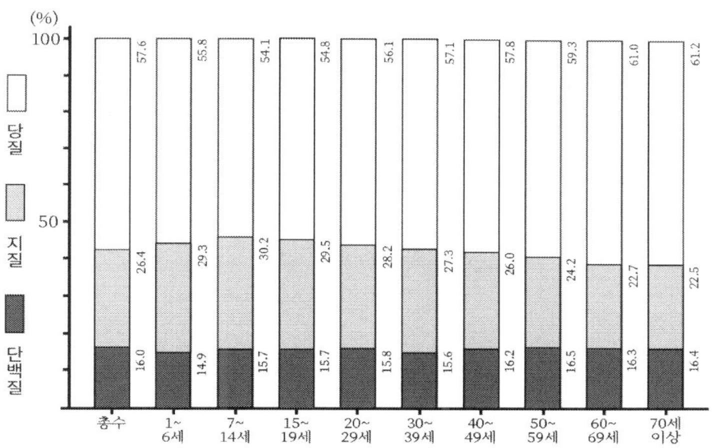

<그림 10> 에너지의 영양소별 섭취 구성비(연령 단계별)

이와 같은 상황이 시사하는 바는 장래 문제로서 아이들이 나이 들어 갔을 때 이와 같은 고지질 섭취가 계속될 것인가 혹은 연령에 따라 저하될 가능성이 있는 것일까 하는 문제이다. 현재의 고령자들은 오히려 「어린이 화(化)」라고 칭해지는 것처럼 젊은 시기의 식사로의 회귀로 볼수 있다. 그것이 이제부터 계속된다고 한다면 인생의 도중에 어느 정도의 외부 변화가 있다고 해도 다시 현재의 젊은 층과 같은 섭취 패턴으로 회귀 될는지 아닐지에 대한 단순한 예측의 범위를 넘는 문제이다.

개개인이 어린 시절에 체험한 고지방식으로 돌아갈까 혹은 크게 봐서 문화라고 할 수 있는 일본다운 식생활 패턴으로의 대회귀가 있을 수 있는 것일까 하는 것이 금후의 문제이다.

VIII. 외식과 결식의 경향

다음에는 자녀 감소의 결과로서 나타나는 현상에 대하여 생각해본다.

그 예로서 외식의 문제를 생각할 수 있다. <그림 11 · 12>에는 과거 20여 년에 걸친 외식률의 변화를 나타내었다. 남성에 관해서는 어느 시기에서도 20대가 최고로 높고 이하 30대부터 60대로 연령순으로 저하되고 있다. 그러나 이 그림을 횡단적으로가 아닌 종단적으로 보면 1975년에 20대였던 사람은 10년 후인 1985년에는 30대가 되었고 그에 따른 변화를 관찰할 수 있다. 이렇게 보면 1975년에 40대, 50대였던 그룹은 각각 10년 후에는 외식률이 저하되고 있다. 또한, 이 시기의 20대를 주목해 보면 30, 40대가 되어서는 거의 변화가 없는 것이 특징이다. 과연 이 연령대들은 지금부터 10년 후에는 50대가 되었을 때 연령군들의 경향처럼 외식률이 저하될 것인가. 이것에 대해서는 만약 저하된다고 하여도 그 저하의 정도는 미미할 것이라고 예상한다.

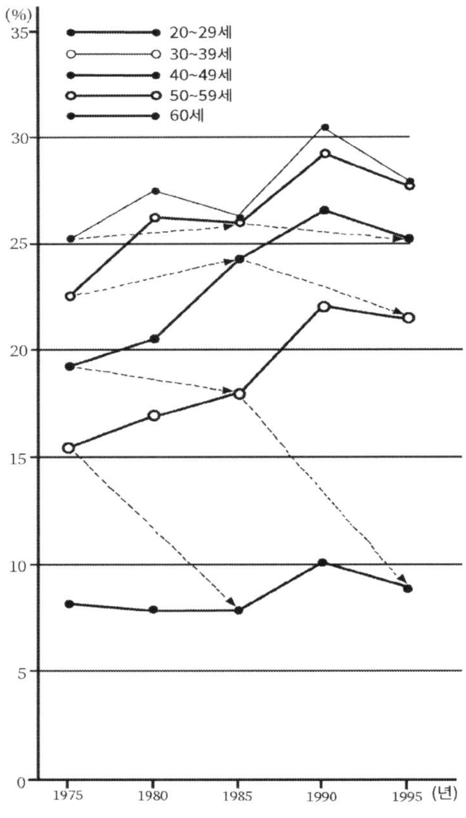

<그림 11> 외식률의 연도별 변화(남)

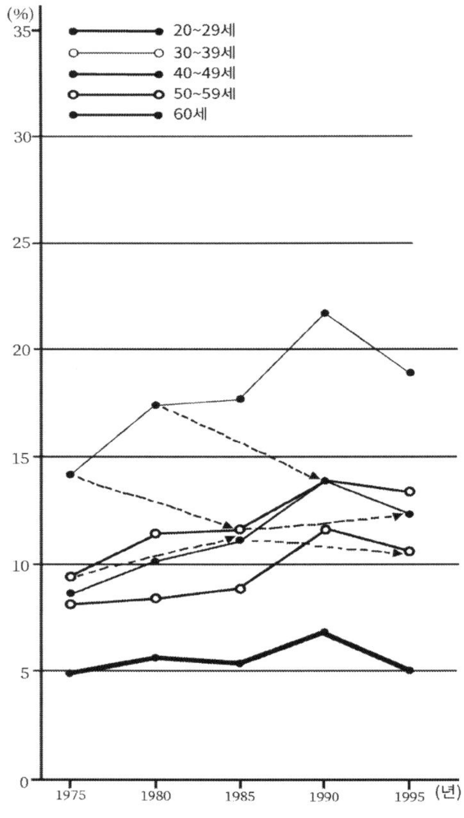

<그림 12> 외식률의 연도별 변화(여)

일반적으로 여성은 남성에 비하여 외식률이 낮다. 확실히 <그림 12>에서처럼 전체적인 비율은 약간 낮지만 남성의 경우와 거의 유사하게 젊을수록 외식률이 높고 오히려 어느 연령층에서도 상승 경향이 보인다. 이 결과를 종단적으로 보면 어느 시기에서도 20대의 여성이 30대가 되면 외식율은 크게 저하된다. 이것은 30대가 되면 미혼율이 낮아지므로 외식이 감소하는 것을 나타내고 있다. 결혼해서 가정으로 들어가면 외식이 감소되지만 여성에 있어서 다른 측면이 나타나고 있다. 그것은 1975년에 20대, 30대였던 여성이 40대가 되면 외식률이 상승되고 있는 것이다. 이것은 외식산업이 이들 연령층의 여성을 목표로 하는 것과 관련이 있고 이런 경향은 미혼율 상승이나 1인 세대화로 인해 한층 더 촉진되고 있다는 것을 시사한다.

또한, 결식에 대해서도 성별의 차이가 나타난다. <그림 13 · 14>에 나타난 것처럼 과거 20년간 20대 남성의 결식률은 15%에서 31%로 상승하고 있다. 여성의 경우에서도 상승하고 있지만 12%에서 18% 정도로 20대의 여성만이 돌출되어 높게 나타나고 있다.

어느 경우에서도 10년을 지나면 가령에 따라 그 비율이 서서히 내려가고 있다고 말할 수 있지만 출발점인 20대의 결식률의 수준이 연차적으로 증가하고 있으므로 저하한다고 해도 종래와 유사한 수준으로 저하되는 것은 아니다.

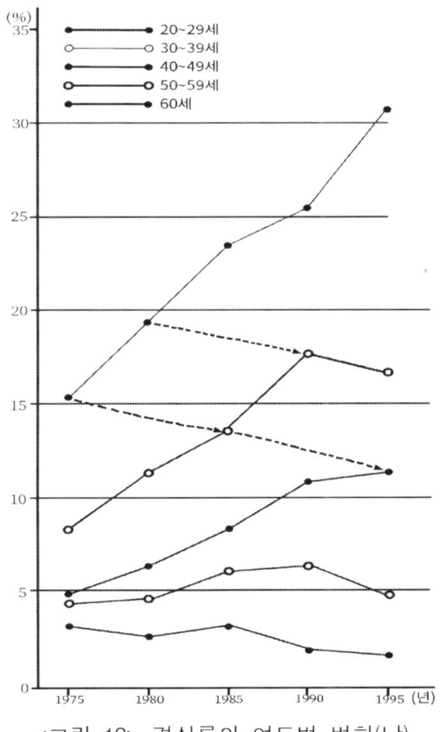

<그림 13> 결식률의 연도별 변화(남)

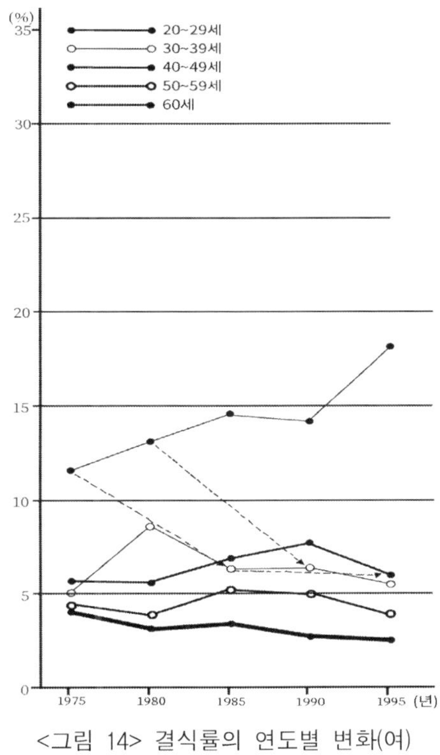

<그림 14> 결식률의 연도별 변화(여)

<사진 1> 지금은 식사 시간, 장소는 선택하지 않는다.

식사의 형태는 다양화되어 왔다. 지금은 장소나 시간은 선택할 필요 없이 자신이 편안한 때에 좋아하는 형태로 식사를 하게 되었다. 젊은 사람들에게서 대개 보이는 경향은 사회 전반에 나타나는 식사의 개별화, 다양화, 외부화를 상징적으로 나타내고 있는 것으로 지금부터의 식의 변화를 생각할 때 무시할 수 없는 것이다.

((財) 味の素「食の 文化センタ」 제공)

외식률이나 결식률은 어느 연령 그룹이 각 연도별 상황에 따라서 영향을 받는가, 그 후 어떻게 영향을 받는가를 살펴볼 필요가 있다. 지금부터 10년 후 현재의 20대가 어느 정도로 수준이 내려가는가를 관찰하는 것으로 장래의 동향이 정해질 것이다.

IX. 개별화, 다양화, 외부화의 진행

이러한 현대의 식생활의 특징인 개별화, 다양화, 외부화는 일본의 인구 구조의 전환으로 인해 더욱 진행되어 질 것이다.

우선 크게 1인 세대화가 진행되면 지금까지의 개별, 또는 다양한 식사가 외부에 의존된 형태로 나아갈 것이다. 이것은 고령화한 사회 상황에서 패밀리 레스토랑이나 편의점의 이용이 젊은 층뿐만 아니라 고령 단독 세대에게도 선호되는 곳으로 나타났다[18].

18) 고령자의 외식이나 중식(밖에서 사와서 집에서 먹음)의 이용이 서서히 증가되고 있다. 1996년 11월의 (재) 식품산업센터의 조사에서 60세 이상의 사람들로서 외식을 1달에 2~3회 이상 이용하고 있는 사람이 약 반수이며, 매일 이용하고 있는 사람이 4%였다. 중식을 한 달에 2~3회 이상 이용하는 고령자는 35%였다. 외식에서는 패밀리 레스토랑을 25.5%가 이용하고 있다. 또 중식은 「생선회 도시락」이나 「도시락」이 많았는데 이것은 젊은 층과 기호가 다르게 나타나고 있다. 편의점에서는 도시락의 종류를 늘려서 이러한 수요에 맞추고 있다.

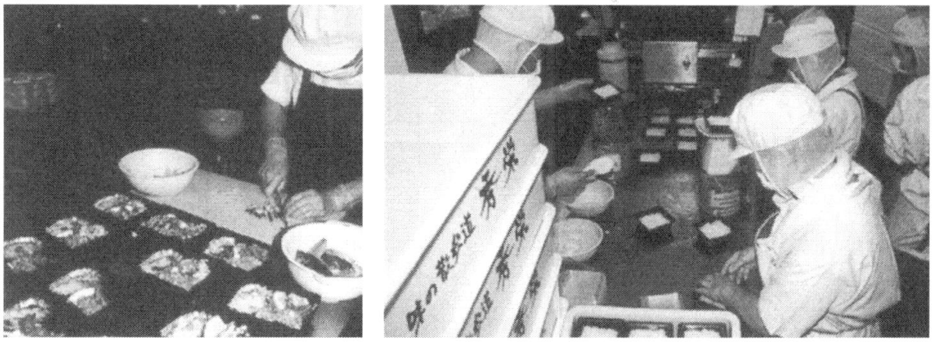

<사진 2,3> 메뉴-풍부한 택배 도시락

고령자의 식사는 단독 세대나 부부만의 세대가 증가됨에 따라 집밖의 식사에 의존하게끔 되었다. 외식이나 중식뿐만 아니라 집에 있는 고령자에게 택배 서비스를 하는 것도 공적, 사적으로 기업화되어 획일화된 것처럼 보인다. 그러나 근래에는 개인의 기호와 건강 상태에 맞춰 각각에 세심한 배려를 하게끔 되어 식품의 선택이 넓어졌다고 할 수 있다.

((財)杉並 さんあい 회사 재택영양사회
㈜秀營협력 (財)味の素「食の 文化센터」 제공)

가족의 한 사람 한 사람이 자신의 욕구에 따라 각자 먹고 싶을 때 먹고 싶은 것을 먹는다고 할 때 각자의 조건에 맞춘 식사를 하는 것은 개별화의 일면이다. 가족 전원이 식탁에 모여 하는 식사가 없어지고 있는 것은 사회적 역할이 변화하여 각자가 다른 역할을 하게 되었기 때문이다. 이 자체는 식생활의 영역만을 한정해도 해결되지 않는 부분으로, 보다 큰 사회문제로 생각해 보아야 한다.

의식주를 생각해 볼 때 식(食)의 세계는 외부화가 가장 늦은 분야이다. 이러한 개별화, 다양화는 큰 흐름으로 볼 때 식의 외부화를 향하고 있다.

식(食)의 외부화에 따라서 종래와 같은 개인이나 가정에서 만드는 식사와는 달라지고 있다. 기업이 어떻게 상품의 다양성을 추구한다 하여도 메이지 시대의 군대 식사처럼 개인이 스스로 결정하는 것이 아니라 보다 큰 조직에서 만들어져 제공되므로 개인이 할 수 있는 것은 어느 것을 언제 어디에서 선택할까 하는 것뿐이다.

그러나 다른 측면에서 볼 때 기업화된 식사는 식의 분포의 폭을 좁혀서 방치해 두면 균형이 깨어진 식생활을 하게 될 사람들에게 있어서도 선택만 잘하면 개인에게 맡겨졌을 때보다도 평균적으로 무난한 식사를 할 수 있는 가능성을 주었다. 사회나 기업이 사람들에게 무엇을 제공하는가에 따라 개인의 식생활 또는 식의 선택의 폭을 결정하여 식을 취급하는 방향을 이끄는 것이 될 수도 있다. 따라서 「식(食)의 외부화」는 개인이 항상 자신의 식생활을 계획하고 재료를 구입하여 조리를 하는 과정에서 해방됨과 동시에 전통적 의미의 개인과 가정의 조리 책임자에게 지워졌던 식생활의 책임이 사회나 기업이 떠맡게 되었다는 것을 의미한다.

과거에 있었던 것과 같은 가족이 식탁에 모여 함께 식사하는 모습으로 회귀한다는 상황은 인구 구조의 변화 측면에서 본다고 해도 거의 생각할 수 없는 일이 되었다. 특히 21세기의 중반이 되기 전에 피부양자가 50%를 넘게 되어 고령자나 연소자도 각자 자신의 역할이 더해지는 현상이 더욱 분명해 질 것이다. 각자가 독립된 식생활을 하게끔 되면서 필연적으로 식의 외부화는 진행될 것이다.

이러한 장래의 식의 모습을 어둡게 볼 것인가 혹은 새로운 시대의 새로운 식생활로서 볼 것인가는 새로운 문제인 것이다. 지금까지 과거 100년 동안은 거의 항상 새로운 것은 좋은 것이라고 긍정적으로 생각해 왔다. 지금부터의 변화에 대해서도 보다 긍정적으로 받아들여 생활의 변화 가운데 전통을 살리는 새로운 식의 형태를 세워 나가는 노력이 필요할 것이다.

〔문헌〕

(1) 阿藤誠 1998「少子化の背景と政策的對應」『人口問題硏究』第54卷 第1号
(2) 人口問題審議會 1997「少子化に關する基本的考え方について」厚生省
(3) 國立社會保障・人口問題硏究所 1997「日本の將來推計人口」厚生統計協會
(4) 國立社會保障・人口問題硏究所 1998「日本の世帶數の將來推計」厚生統計協會
(5) 厚生省保健醫療局地域保健 健康增進榮養課 (編) 1998『國民榮養の現象』第1出版
(6) 厚生省統計情報部 (編) 1999「平成9年人口動態統計報告」厚生統計協會
(7) 農林水産大臣官房調査課 (編) 1998『食料需給表』農林水産大臣官房調査課
(8) 重松峻夫 1998「きたるべき少子高齢化社會を考える」『民族衛生』第64卷付錄 : 20-2
(9) 總務廳統計局 (編) 1998『家計調査報告』總務廳統計局
(10) 總務廳統計局 (編) 1999「統計からみた我が國の高齢者」『統計局インフォメーション』(152) 總務廳統計局
(11) 總務廳統計局 (編) 1999「我が國のこどもの數」『統計局インフォメーション』(156) 總務 廳統計局

2010년의 「먹는 일」 2

값싸고(安價) · 안전하고(安全) · 손쉽게 구할 수 있음(安定) 플러스 신선함

―――――― 사토우 타가오(佐藤常雄)

식료(食料)는 세 가지의 안심을 충족시킬 필요가 있으며, 그것은 식료의 안가(安價) · 안전(安全) · 안정(安定)의 세 원칙이며 식품산업(食品産業)에 있어서도 큰 과제이다.

식료는 소비자의 소득 · 자산 · 계층 등의 격차와 관계없이 똑같이 인간의 생명을 이어가는 양식이다. 농산물 · 축산물 · 수산물 등의 식료는 보다 싼 가격으로 소비자의 식탁에 오르게 하지 않으면 안 된다. 하지만 21세기 초두에 있어서 세계의 식료 수급의 동향을 고려하면 식료의 안가(安價)라는 원칙을 무너뜨리는 여러 가지의 불안 재료가 산적하고 있고, 특히 20세기에 출현한 선진국의 포식과 발전도상국의 기아라고 하는 농업 · 식료 문제는 더욱더 심각성을 증가시킨다. 식료는 인체에 무해해야 되기 때문에, 식(食)의 안전성에 대해서는 아무리 강조해도 지나침이 없다.

하지만 현대에 있어서 식료의 생산 · 가공에서는 20세기 과학기술의 발전을 배경으로 비료 · 농약 · 방부제 등의 화학물질의 투하, 도시화에 따른 환경오염의 확대, 유전자 조작 작물의 등장으로 새로운 사태에 직면하고 있다.

식(食)의 안전성이 현대보다도 훨씬 강하게 질문될 것이다. 식(食)의 불안을 해소하는 수단은 식료의 생산 · 가공에 관한 정보 공개이다. 또 식품의 안정 공급이라는 원칙도 중요하다. 평소에 일정량의 식료를 확보할 필요가 있으며, 해마다 기후 변화나 민족 분쟁의 발생 등에 대처하는 식료의 축적은 불가결이다. 식료의 안가(安價) · 안전(安全) · 안정(安定)의 3원칙은 꼭 동일의 크기와 방향성을 가진요인(factor)은 아니고, 3원칙 각각이 반발하는 요소가 있는 것도 부정할 수 없다.

식료의 3원칙(식료의 양과 질) 3개의 안심 - 安價 · 安全 · 安定	+ 결합	식료의 신선함(식문화) 제철 식품과 지역 식품
↓		↓
3가지의 밸런스 문제		소농(小農)의 즐거움

그런데 식료의 안가(安價) · 안전(安全) · 안정(安定)은 가축의 먹이에도 통용하는 3원칙이지만 인간의 식료와 동일시할 수는 없다. 인간은 오감으로 먹는 존재이다.

즉 인간은 식료를 눈으로 보고, 귀로 듣고, 코로 냄새 맡고, 혀로 맛보고 그리고 피부로 접촉하며 지역에 뿌리를 둔 여러 가지 고유한 식문화를 형성하고 있는 것이다.

식료는 3원칙에다가 신선하지 않으면 안 된다. 그중에서도 과일 · 채소 · 생선 등의 신선 식료는 제일 맛있고, 무기질도 풍부한 생기 있는 좋은 제철 식품을 오감을 총동원해서 먹는 음식물이다. 식료의 신선함은 계절의 이동, 변화만이 아니고, 소비자의 눈에 다다른 범위에서 생산된 지역 식품이라는 의미도 포함한다. 시간과 공간이라는 두 가지의 식료의 신선함은 지금부터 소농(小農)에게 상징적으로 나타나지고 있다. 그것은 퇴직 후 농사짓는 것. 시민농원, 농업공원 등에서 사람들이 농사짓는 것을 즐기는 행위이다. 21세기의 식품산업은 식(食)의 3원칙에 관한 정보를 분명히 표시하고 식(食)의 신선함을 인터넷으로 알려서 믿을 수 있게 하는 것이 요구된다.

제3장 식생활의 변화와 푸드 시스템(Food System)

토코야마 히로미(時子山ひろみ)

Ⅰ. 식료경제에서 푸드 시스템으로

1.1 푸드 시스템이란

인간의 다양한 욕구를 만족시키기 위해 소비재를 생산하고 운송하며, 소비자에게 분배하는 것은 사회의 가장 기본적인 기능이다. 이 기능을 완수하는 것이 경제의 역할이다. 식료는 모든 소비재 중에서 생존을 위해 없어서는 안 되는 것이라는 점에서 특별한 위치를 차지하고 있다.

식료경제는 역사의 처음부터 현대에 이르기까지 어떤 사회에 있어서도 경제 전체의 기초를 행하고 있지만, 그 본연의 모습은 사회와 경제의 발전과 함께 변하여 왔다.

〈식료경제의 발전 4 단계〉

제1단계 신선식품의 자급자족
　　농수산업 → 소비자
제2단계 분업의 시작
　　농수산업 → 신선식품 유통업 → 소비자

제3단계 가공식품과 그것을 만드는 식품공업 등장

농수산업 → 신선식품 유통업 ┬→ 소비자
　　　　　　　　　　　　　└→ 식품공업 → 가공식품 유통업 → 소비자

제4단계 중식・외식에 따른 외부화의 진전

농수산업 → 신선식품 유통업 ┬→ 소비자
　　　　　　　　　　　　　├→ 식품공업 → 가공식품 유통업 → 소비자
　　　　　　　　　　　　　└→ 음식점 → 소비자

식료경제는 우선 신선식품의 자급자족에서부터 시작하여 「특화의 이익」[19)]과 「규모의 이익」[20)]의 두 가지 이익에서 분업이 시작하여 제2단계로 된다. 식료경제가 더욱더 발전하면 제3단계가 되어 신선식품과 나란히 가공식품이 이용되어 그것을 생산하는 식품공업이 등장하여 소비자까지의 루트는 복선화(複線化)되어 길어진다.

그렇게 하여 현재의 제4단계의 식료경제에서는 가정에서의 조리 일부를 「외식」과 부식물 등의 「중식(中食)」으로 대체하는 것이 급속히 퍼지고 있다. 이와 같이 외부화가 진전한 제4단계 식료경제는 농수산업에서 소비자까지의 루트가 3단계와 구분되면서 보다 길어지고, 복잡하게 밀치고 들어간 것이다.

「푸드 시스템」이란 것은 이 4단계의 복잡한 식료경제의 구조를, 그것도 심플한 구조와 구별하기 위해 새롭게 만들어진 용어이다. 현대의 식료경제는 전통적인 제1단계나 제2단계의 식료경제와는 심하게도 다른 것으로 되어 있어서, 그것을 「푸드 시스템」이라고 하는 새로운 말로 나타내지 않으면 안 되는 것이다.

경제는 생산부터 소비를 향하여 흐르는 냇물과 같은 것이다. 푸드 시스템은 경제의 일부분이나 보통 사용하고 있는 의미에서는 산업 부문은 아니다. 왜냐하면, 보통의 산업부문은 경제 흐름의 최상류에 있는 생산면의 분류에 있는 것에 비하여 푸드 시스템은 최 하류의 소비 쪽에서 본 분류이기 때문이다. 따라서 푸드 시스템의 변화는 그 최종 목적인 식생활의 변화, 구체적으로는 소비자의 식품 소비 행동에 의해 크게 영향을 받기 때문이다. 이 점에서도 푸드 시스템이라고 하는 사고의 방향이 새롭다.

---

19) 분업에 의한 특정의 생산 공정으로 특화함에 의한 생산성이 상승하고 cost의 삭감이 조정됨.
20) 같은 재원을 대량 생산함으로써 생산 효율이 상승, 1단위당 생산 cost의 삭감이 조정됨.

II. 푸드 시스템의 규모와 그 변화

일본 푸드 시스템이 경제 전체에 차지하는 크기는 국민 총지출(GNE[21]) 내의 음식비지출의 금액으로부터 알 수 있다. <표 1>을 보면 음식비 지출은 1970년에는 14.6조 엔으로 GNE의 약 20%를 차지하고 있었다. 이들은 거의 푸드 시스템이 경제활동 전체의 20%를 차지하고 있었다는 것과 같은 것이다. 음식비 지출의 비율은 그 후에 얼마쯤 낮아져서 1990년에는 68.1조 엔으로 GNE의 15.5%가 되었다. 이들은 경제 발전과 더불어 음식비 이외의 소비가 증가하기 때문에 낮아졌다고 말하고 경제 전체의 15% 이상을 점하고 있는 것이기 때문에 푸드 시스템은 대단히 중요한 산업이라고 말할 수밖에 없다.

<표 1> 푸드 시스템의 경제 규모

(조엔, %)

	1970년	1980년	1990년	1993년
GNE	75.3	245.5	438.8	476.8
음식비 지출	14.6	46.8	68.1	72.4
음식비의 비율	19.4	19.1	15.5	15.2

[『국민경제계산연보』 및 『식품산업통계연보』 (각 년)에 의함]

푸드 시스템 변화의 가장 명백한 경향은 푸드 시스템을 구성하는 네 가지의 산업 부문의 상대적인 지위의 변화에 있다. <그림 1>은 푸드 시스템의 각 부문의 귀속 비율을 제시한 것이다. 1970년에는 33%이었던 농수산업의 몫은 계속 저하하고 1995년에는 19%가 되었다. 이 기간에 가장 몫이 높았던 것은 음식점이다. 음식점의 몫은 1970년에는 약 9.4%이었으나, 1995년에는 19%에 달하고 있다. 식품 공업과 음식점을 제외한 식품유통업의 몫은 각각 30% 정도이고 그다지 커다란 변화는 없기 때문에 산업 부문별 몫으로부터 본 1970년부터 1995년까지의 푸드 시스템의 변화를 한마디로 말하면 농수산업의 몫이 10% 저하하고, 딱 그 부분만 음식점의 몫이 높아졌다고 말하는 것이 된다.

또한, 푸드 시스템의 질적인 변화로서는 식품 유통업의 변화이고 종래 소규모의 전문점에서 대규모의 체인 전개를 진행한 슈퍼와 편의점이 몫을 대폭으로 증가시키고 있다. 그 결과 식품의 규격화가 큰 폭으로 진행하고 따라서 소비자 구매 행동에 대한 정

21) GNE(Gross National Expenditure)라는 것은 GNP(Gross National Product) 국민 총생산을 소비, 투자 등의 지출 항목으로 어떻게 나누었는가 하는 관점으로부터 얻은 것으로 GNE의 총액은 GNP과 동일하다.

보가 이들 큰 손의 체인점에 집중하게 되었다. 이것은 또한 종래의 생산자 출발형 유통으로부터 유통(소매)업자 출발형 유통으로의 커다란 전환을 초래하였다. 이들의 푸드 시스템의 변화는 많은 요인에 의해 발생하고 있으나 그중 최대의 것은 일본인의 식품 재료소비가 발전하여 성숙 단계에 도달하였다는 것에 따른다.

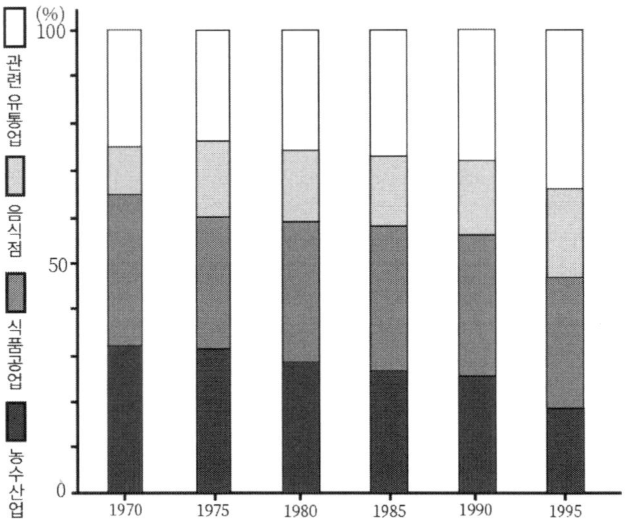

(<도설(圖說) 농업백서(平成10년도판)> 1999 농림통계협회)

<그림 1> 음식비의 귀속(歸屬) 비율

III. 성숙(成熟) 단계에 도달한 일본의 식생활

3.1 식생활의 성숙

식생활의 성숙이라는 것은 어떻게 말하면 좋을까? 식생활의 성숙도 거의 인간의 성장에 비교하여 생각할 수가 있다. 인간의 일생은 유아기에서부터 사춘기쯤까지는 신장도 체중도 급속히 성장하나 20세를 지나면서 부터 성장의 속도가 점차로 적게 되고 청년기를 마치면 신장도 체중도 전혀 변화하지 않는 장년기로 들어간다. 이 장년기가 성숙 단계로서 인간 본래의 능력이 충분히 발달하여 충실한 한편 새로운 방향으로 성장과 변화가 적게 된다. 식생활의 경우도 같은 형태로 생각할 수 있으나 성장 단계는 연령이 아니고, 일인당 소득의 증가에 대응하고 있다.

식료 소비의 성숙은 우선 생존을 위하여 필요한 영양이 충분하게 되는 것으로부터 시작하나 그 후에도 식료 소비량이 증가한다. 그러나 소화 능력의 생리적 한계로부터 어느 지점까지 가면 1인당 식료 소비의 양적인 증가는 정지한다. 여기까지가 식료 소비의 성숙화의 제1기이고, 식료 소비의 성숙화의 제1기는 기아(飢餓)로부터 해방하기 시작하여 포식(飽食)에 도달하면 끝난다.

포식의 단계에 도달하면 식료 소비는 많은 면에서 변화가 적어진다. 그중에서도 식품소비의 물량으로서의 변화는 적게 되고 식생활의 질적인 내용이 천천히 변하여 가는 것이 성숙(成熟) 제2기의 특징이다.

3.2 일본에서의 식생활 성숙기의 특정(特定)

<그림 2>에 의하면 일본의 1인당 하루 식사의 에너지 공급량(DES)[22] 은 제2차 대전 직후의 대단히 낮은 수준부터 시작해서 1955년을 지나니 제법 안정을 보이고 있다. 1955년의 DES는 2216kcal로 생활하기에 필요한 최소한의 식료(食料)가 공급되었다고 보아도 무방하다. 그러나 그 후에도 DES는 조금씩 증가를 계속해서 DES 증가가 거의 정지해 버리는 시기는 1970년대에 들어서이다. 1973년의 DES는 2569kcal이지만 그 후 조금씩 감소해서 1984년에 이르기까지 이 수준으로 돌아가지 않는다. 1인당 식사 에너지—공급량을 보면 일본에서의 식료 소비 성숙의 제1기는 1955년경에 시작해서 1970년대 초에 그쳤다고 생각된다.

<그림 3>에 의하면 1947년의 엥겔계수는 약 60%이었으나 경제가 부흥함에 따라서 급속히 하강하고 1955년에는 50% 이하가 되어 48,4%가 되었다. 엥겔계수에서는 거의 이 시기에 일본은 식료 부족을 제법 해소했다고 판단된다. 엥겔계수의 저하는 그 후로도 계속되었으나 1973년부터 수년간은 34% 정도로 거의 변화가 없다. 이 시기는 식사에너지 공급량도 하나의 전기가 되었다.

엥겔계수는 「가계조사」로부터 계산했을 것이며 식사 에너지 공급량은 「식료수급표」에 의한 것이다. 이와 같이 아주 상이한 두 개의 통계로부터 1955년경과 1973년경 일본의 식료경제의 전환기였으며 차츰 각기 성숙한 제1, 제2기의 시작이었음을 읽게 되니 참으로 재미있고 흥미 있는 일이다.

1979년대는 Nixon shock[23]와 oil shock[24] 때문에 일본 경제 전체가 크게 동요된

22) DES(Dietary Energy Supply) 1인 1일당의 식사 에너지 공급량으로, 통상 『식료 수급표』로 계산된다. 일본에서는 농림수산성이 매년 수치를 공표하고 있다. 또한, FAO(국제연합 식량농업기구)가 세계 각국의 수치를 정리한 것이나 식량농업협회에서 번역 출판되고 있다.

시기였다. 이것을 계기로 일본 경제는 현재까지 고도성장으로 부터 1980년대 이후의 안정 성장으로 이행하였다. 고도성장으로부터 안정 성장으로의 이행은 일본 경제의 성숙을 나타내는 것이다. 그 의미에서 식료경제는 일본경제의 전체보다도 한발 일찍 성숙 단계에 도달했다고 생각된다.

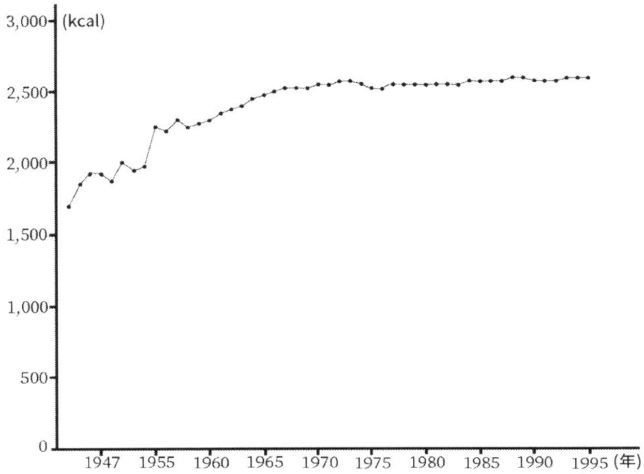

[(식료 수급표)에 의함]

<그림 2> 1인 1일당의 식사 에너지 공급량

(가계조사에 의함)

<그림 3> 엥겔계수의 추이

23) 1971년 8월 미국의 대통령 Nixon은 달러와 금의 교환을 정지시켰다. 동년 2월에는 싯가 1달러 360엔부터 308엔으로 절상되고 또한 1973년 2월부터는 자유 시세로 이행하고 다시 엔고가 진행되었다. 여기에 따라서 일본경제가 받은 영향은 그 후 Nixon shock라고 불리고 있다.

24) 1973년 10월 사우디아라비아 산유국의 연합체 OPEC(석유수출국기구)는 원유의 수출 가격을 그 때까지의 약 4배로 인상하였다. 석유의 60% 이상을 중동에 의존하고 있는 일본 경제는 큰 영향을 받고 1974에는 경제성장이 마이너스가 됨과 동시에 소비자 물가지수는 25% 가까이 올랐다.

3.3 식생활에 대한 소득 제약의 소멸

일인당 소득의 향상으로 식행활이 성숙하고 식료 소비의 양적 변화가 축소되는 것을 볼 수 있었다. 그래서 식생활 성숙화의 큰 특징은 식료 소비에 대한 경제적 제약이 약해진 것에 있다.

일반적으로 소득이 상승하면 식품 구입량은 증가하고 또한 고가로 품질이 좋은 것을 사게 된다. 소득의 상승에 의해서 어느 정도 구입량을 증가시키고 또한 어느 정도 비싼 것을 사게 되는가는 식품의 종류에 따라 다르게 될 것이며 같은 식품이지만 사는 시기에 따라 다르다. 충분히 먹지 않고 있을 때는 소득의 상승은 커다란 구입량의 증대를 가져오게 되고, 이미 양적으로 만족하고 있으면 양은 불어나지 않고 고가의 것을 구입코자 할 것이다. 또한, 양적으로나 질적으로나 만족하면 소득의 증가에 따라 구입량, 구입 가격, 품질도 변화하지 않는다.

구입 수량과 구입 단가의 소득 탄력성[25]에 따라 식생활에 대한 소득의 영향을 보면 <표 2>에서 보여주는 바와 같이 1987～93년은 제로 내지 아주 작은 값의 것이 대부분이다. 요는 현재 소득이 불어나도 식품의 구입량, 구입 가격은 변화하지 않는다. 1987～93년으로부터도 일본에서는 식생활이 벌써 성숙화되어 지고 있다고 말할 수 있다.

<표 2> 수요량의 소득 탄력성

	1969~74	1975~80	1981~86	1987~93
다랑어	0.633	0.446	0.456	0.350
소고기	0.936	0.871	0.688	0.636
햄	0.738	0.552	0.475	0.433
버터	1.600	1.206	1.196	0.826
달걀	0.250	0.133	0.101	0.000
수박	0.459	0.311	0.201	0.000
쨈	0.777	0.360	0.223	0.131
홍차	1.713	1.300	1.298	1.192
포도주	0.633	1.468	1.475	1.027

[문헌 8에 의함]

25) 소득의 변화가 수요에 주는 영향력을 나타내는 수치.
소득의 1% 변화가 구입 수량에 주는 변화의 %치가 구입 수량의 소득 탄력성, 구입 가격에 주는 변화의 %치가 구입 가격(품질)의 소득 탄력성인 것이다.

또한, 이것은 보는 견해를 달리하면 현재 일본에서는 소득이 높은 사람, 낮은 사람도 대개 같은 것들을 같은 것만큼 먹고 있음을 말하고 있다. 따라서 개개의 가정에서 식생활이 다름이 있다고 하면 그것은 소득에 의한 것이 아니고 그 이외의 사회적, 문화적인 요인에 따라서 발생하는 것이라고 하겠다.

IV. 성숙 후의 식생활의 변화

4.1 식생활 변화의 방향

식생활의 성숙 후는 식료 소비 변동의 폭은 작아지게 되지만 아주 변화가 정지되는 것이 아니고 많은 면에서 여전히 변화는 계속된다. <표 3>에 의하면 개별 식품의 일인당 소비량을 보면 전체의 약 6할의 식품에서 변화가 보인다. 변화의 방향에는 분명한 경향이 있으며, 1947년 이전에는 소득의 상승에 따라 많은 식품에서 소비량이 증가되었지만, 그 이후에는 증가하는 식품보다는 감소하는 식품이 많아지지만 변동 폭은 명백히 작아지고 있다.

일인당 소비량이 변화하고 있는 것에 관해 그 변화의 방향을 나타내면 다음과 같다.

1. 고급화 : 곡류로부터 축산물로
   축산물 중에서도 돼지고기로부터 쇠고기로
   같은 우육이라도 보통 육으로부터 상등 육으로
2. 다양화 : 소 품목 대량 소비로부터 다품목 소량 소비로
   수입 및 신기술에 의한 새로운 식품의 등장
   제품 차별화에 따른 신제품의 등장
3. 간편화 : 보다 조리가 편한 식품으로
   완전 조리식품의 이용
   외식의 이용
4. 건강・안전 지향 : 몸에 좋은 식품의 증가
   저지방, 저당, 감염 식품의 이용
   유기농산물 등의 이용

위와 같이 4부분으로 분류해 보면 1960년대의 변화는 고도성장에 의한 소득의 급상승이 가져오게 된 고급화가 주요한 변화의 방향이었다. 그 후는 <표 4>로부터 알게 된 바와 같이, 소득의 상승에 따라서 일정한 소비 수준이 확보됨에 따라 고급화는 급격히 그 영향력을 잃고 이 이후는 다양화와 건강, 안전 지향에 따른 식생활의 변화가 중요하게 되어 왔다. 그러나 식생활의 성숙화 후 일관되게 변화의 주류인 것은 무엇이라고 해도 간편화인 것이다.

다양화 및 건강・안전 지향이 최근에도 일인당 소비량 변화의 약 20%를 설명하는데 불과한데, 간편화는 1960년대로부터 현재까지 항상 그 약 3할을 설명하고 있다.

<표 3> 소비량의 변화(%)

	증가	감소	불변	합계
1기(1963~68년)	46.6	19.3	34.1	100.0
2기(1969~74년)	34.9	22.5	42.6	100.0
3기(1975~80년)	23.3	27.1	49.6	100.0
4기(1981~86년)	20.3	37.3	42.4	100.0
5기(1987~91년)	16.7	39.1	44.2	100.0

(문헌 : 표2와 같음)

<표 4> 식생활 변화의 네 가지 방향(%)

	고급화	간편화	다양화	건강・안전 지향	기타	합계
1기(1963~68년)	37.5	29.5	14.6	8.0	12.2	100.0
2기(1969~74년)	29.5	28.4	15.9	10.2	15.9	100.0
3기(1975~80년)	23.5	37.6	22.4	11.8	4.7	100.0
4기(1981~86년)	15.1	31.4	20.9	18.6	14.0	100.0
5기(1987~91년)	10.1	32.6	21.3	20.2	15.7	100.0
평균	23.2	31.9	19.0	13.8	12.2	100.0

(문헌 : 표2와 같음)

4.2 식생활의 외부화 요인과 문제점

식생활의 간편화를 가져온 가장 큰 이유는 여성의 고학력화에 따른 사회 진출이다. 고학력화에 따라 여성의 활동 능력이나 활동 의지가 변화해 여성 고용자가 증가하고 있다. 바쁘게 일하는 여성에게 조리(調理) 비용[26]은 급격하게 상승했다. 또한, 여성의 노동 시장 참가의 증대뿐만 아니라, 각종 사회 참여나 자기 실현 활동이 활발화에 의해서도 외부화는 추진된다.

독신이나 고령 부부 세대의 증가에 따른 세대 규모의 축소가 두 번째 이유다. 조리에는 규모의 경제가 작용하는 것으로, 대가족이면 대가족일수록, 1인당 조리에 걸리는 시간이나 재료비가 싸지만, 거꾸로, 세대 규모의 축소는 1인당 조리 코스트(cost)를 증대시켰다.

또한, 혼자서 식사하는 고식(孤食)이나, 모두가 별개의 음식을 먹는 개식(個食)이 늘고 있는 한편, 어느 쪽이든 '孤・個食化'는 한 끼당 조리 코스트를 상승시켜, 간편 식품에 의한 외부화의 요인 중 하나가 됐다.

이러한 수요의 요구에 응답해, 어떤 경우에는 앞서가는 모양새로, 공급을 하는 푸드 시스템도 식생활의 외부화의 진전에 적극적으로 대응하고 있다.

이들 외부화에 따른 가장 큰 문제는 건강에 미치는 영향인데, 외식이나 조리식품에 포함되는 '보이지 않는 지방'에 의한 지방섭취율의 상승이 주목받고 있다. 레토르트 식품에 어떤 성분이 포함돼 있는지 판단하는 것은 어렵고, 당분이나 염분의 섭취에도 같은 문제가 있다.

두 번째는 과도한 생선 지향이나 안전 지향에 따른 환경이나 자원의 문제다. 다 빈도 소량 배송에 따른 운송 코스트의 상승이나 도심부의 교통 침체 문제와 더불어 먹을 수 있는 식품의 대량 폐기의 문제, 여기에 외식산업의 대량의 폐기물 발생은 큰 문제다.

이외에도 대량 조리에 따른 안전상 문제, 규격화에 따른 미각의 획일화 등, 다 쓰지 못할 여러 가지 문제들이 식생활의 외부화에 따라 발생하고 있다. 앞으로의 식생활의 방향은 외부화를 무시하고 생각할 수 없다. 각종의 중식(中食)이나 외식을 가정요리의 대용품으로 여겨선 안 된다. 매일 식생활의 기본적인 구성 요소로 사람들이 원하는 질 좋은 것들을 제공할 수 있도록 식품산업을 움직이는 것은 소비자의 책임이며, 이러한 노력 없이는 앞으로의 식생활의 향상은 있을 수 없다.

---

26) 조리를 하지 않고 그 시간을 다른 일을 하여 얻는 이익을 조리의 기회 비용이라고 부른다. 보통은 조리를 하는 대신 일을 하는 경우 얻는 임금이 조리의 기회 비용이며, 이 조리의 기회 비용이 조리코스트(cost)이다.

V. 푸드 시스템의 미래

5.1 미국의 식생활

실생활의 여러 면에서 일본을 앞서가는 미국에서는, 식생활에 따른 대규모의 간편화나 외부화를 엿볼 수 있다.

미국에서는 <표 5>와 같이 가처분소득에서 음식 비용이 차지하는 비중의 저하, 집밥(內食)의 저하에 따라 초래된, 넓은 의미에서 음식비 전체의 저하에도 불구하고 외식비는 증가하고 있으며, 가계 전체 음식비의 40%를 외식비가 차지하고 있다.

<표 5> 미국의 식료 지출에 대한 가처분소득 비율 (%)

	가정 내	가정 외	합계
1970년	10.2	3.7	13.9
1980년	9.2	4.3	13.5
1990년	7.6	4.3	11.8
1995년	6.7	4.5	11.2

(미국 농무성 *Food consumption, prices, and Expenditures*)

여성의 고학력화와 직장 진출도 눈부셔서, 1994년에는 MBA[27](경영학석사) 취득자의 37%가 여성이었으며, 여성 관리직의 비율도 40%대가 됐다. 한편으론 가족을 재평가하는 가치관의 변화도 생겨서, 일하면서 결혼을 해, 아이를 키우는 여성도 늘고 있다. Senaue,B.[(5)]에 따르면, 제1 양육기의 여성의 70%가 일하고 있으며, 6세 이하의 유아를 둔 엄마들도 50% 이상이 일하고 있다. 그럼에도 불구하고, 조리 담당자의 86%는 당연히 주부이기 때문에, 조리 시간은 대폭 단축되어, 저녁 식사도 조리 시간은 30분 이하로 되어 있다.

이런 바쁜 근로자 부인에 대해 미국 식품산업은 HMR(가정의 요리 대행)이나 MS[28](식생활에 관한 문제해결)로 적극적으로 대응하고 있다. HMR이나 MS는 일본에도 최

27) MBA(Master of Business Administration) 아메리카 經營學碩士号.

28) HMR(Home Meal Replacement) 와 MS(Meal Solution) 미국에서 보이는 소비자의 강한 간편화 니즈에 대한 식품산업에 의한 것이 HMR, 슈-퍼를 처음으로 하는 식품유통업에 의한 대응이 MS이다. 어찌하든 일본과는 다른 조리의 간편화를 도모한다고 하는 발상이 아니고, 식사 전체를 제공하는 것이다.

근 급격하게 주목을 모으기 시작했는데, 이것들의 최대의 특징은 가정의 조리를 일부 대신하는 것만 아니라, 조리라는 가사노동 전체를 없애고 식사 전체를 제공하는 곳을 목표하고 있다. 미국은 '식품을 산다(buy food)'라는 말과 함께 '식사를 산다(buy meal)'이라는 표현이 함께 쓰이고 있다.

미국의 이런 엄청난 식생활의 외부화는 비만을 늘리고, 생활습관병의 원인이 됐다. 성인의 54.5%가 비만이며, 그중 22.5%가 병적 비만이다. 칼로리 과잉 섭취나 지방섭취 과잉에 따른 건강상 문제에 대해, 농무성의 식품 가이드 피라미드(Food guide pyramid)[29]의 제시나 각종 식사지도가 행해지고 있다.

5.2 일본의 식생활 간편화의 금후

일본에서도 이러한 대폭적인 식생활의 외부화가 진행되어 있으나 미국과는 달리 일본에서는 먹는 것에 대한 생각이 꽤 강하다. 그 결과 소재도 조리법도 조미료도 그러한 것을 사용하여 통상 먹고 있는 요리의 종류도 현격한 차이가 난다. 특히 가족의 단합도 주부의 의식도 미국에 비하면 매우 보수적이다.

예를 들면 일본 주부의 의식 가운데 간편 식품의 이용을 손이 덜 간 것으로 생각하여 손으로 만든 식품보다도 한 단계 밑으로 보는 의식이 강하다. 주부를 대상으로 한 조리식품에 관한 의식조사에서 조리식품의 이용도에 관하여도 품질의 평가에 관하여서도, 예상보다 조금 낮은 결과가 나오는 것은 흥미 깊은 사실이다.

예를 들면 <표 6>에서 젊은 층과 주부의 조리식품에 대한 평가 차이를 보면 14품목 중 주부 쪽 평가가 높은 식품은 냉동 면이 첫 번째이다. 손을 더하는 정도의 적은 것일수록 양자의 평가가 크게 나눠져 주부의 평가가 낮은 경향을 볼 수 있다. 조리식품의 이용도 점심이나 한 사람의 경우에는 그것으로 끝내는 경우는 있어도 가족 전체가 다 함께 저녁밥을 전부 사서 해결한다는 경우는 적다.

조리 완료 가공식품에도 완전히 완성된 것보다도 오히려 최후로 한 번 더 손이 가야 하는 제품 쪽을 선호하고 있다. 중식(中食)산업의 상품 개발도 식사 전체를 온통 대체하기보다 조리의 조력적인 발상에 의한 것이 많다.

일본 생활양식의 대부분은 미국의 뒤를 따르는 경향으로 변화하여 왔다. 식생활에 대하여도 많은 면에서 영향을 받아 왔다고 하더라도 식의식(食意識)이나 식문화의 큰

29) 미국의 식사 guide line으로서 식품을 5가지 식품군으로 나누어 섭취 목표를 피라미드 모양의 이해하기 쉬운 그림으로 나타낸 것이 식품 guide pyramid이다. 문헌(1)에 식품 가이드·피라미드의 원문과 번역 및 해설이 있다.

차이로부터 식사를 산다고 하는 미국의 현재 단계까지는 큰 차이는 없을 듯하다. 그러나 오히려 미국과 일본의 식생활은 연속적인 것은 아니고 양자 사이에는 하나의 큰 단층(斷層)이 있었다고 하는 쪽이 좋을 것 같다고 생각된다.

그러나 계속 독신자가 증가하고 세대 규모가 축소하는 것, 여성의 사회 진출이 예상되므로 금후도 식생활의 외부화가 일관하여 진행하는 것은 변함 없는 사실이다. 그 speed에 대해서도 지금까지는 비교적 온화했으나 학교급식이나 시판 반찬의 맛에 익숙해진 사람이나 손으로 만드는 지식이 없는 사람의 수가 어느 일정한 수준에 달하면 지금까지와는 다른 매우 다른 움직임으로 될 가능성도 부정할 수 없다.

최후로, 외부화에 의한 건강상의 문제와 더불어 또 하나의 중요한 문제로 언급되지 않으면 안 된다. 식생활은 가족의 본연의 자세와 매우 큰 관계가 있으나 손으로 만드는 요리를 가족들이 다함께 먹는다는 지금까지의 식생활이 가진 문화적 혹은 정신적인 각종 역할이 크게 손상되는 것은 아닐까 하는 걱정이다.

<표 6> 젊은 층과 주부의 맛 평가의 차이 (%)

	젊은 층		주부	
	꽤 맛있다 그런대로 맛있다	먹지 않는다 맛없다	꽤 맛있다 그런대로 맛있다	먹지 않는다 맛없다
컵 면	61.8	4.3	26.4	13.3
인스턴트 된장국	44.4	14.9	23.4	18.8
인스턴트 soup	53.5	9.1	28.5	15.1
냉동 고로켓	28.8	18.9	28.8	21.8
냉동구이주먹밥	27.1	34.2	27.1	37.5
냉동 슈-마이	31.5	27.9	26.3	24.9
냉동 피자	33.7	21.7	21.7	33.4
냉동 면	21.2	43.7	25.0	45.8
레토르트 카레	46.6	13.1	25.2	24.8
레토르트 밥	17.5	42.6	11.1	56.6
시판도시락	45.1	6.3	17.0	15.2
시판반찬	38.5	11.9	16.5	13.3
meat-sauce 통조림	50.0	13.9	35.0	18.1
중화 맛 조미료	40.3	13.0	40.3	17.9

[식품산업센터-1996「집단 주니어의 食과 생활」에 의함. 승인번호 11FIC 제385호]

가족의 변화의 장기적 큰 흐름은 어느 나라에서도 개인주의 방향으로 향하고 있다. 가난한 시대에는 가족의 최대 역할은 상호 서로 돕기에 있어 가족이 서로 협력하여 식료를 나누어 먹지 않으면 삶은 바람직하지 않았다. 그러나 현재의 일본은 풍족한 시대가 되어 개인이 여러 가지 먹고 싶은 것을 먹고 싶을 때에 먹을 수 있게 되었다.

그러나 이것이 지금까지는 보통이라고 생각되고 있던 가족의 단합도 그것으로 발생되는 마음의 안정이나 정신적 풍족함에 큰 영향을 끼치지는 않을까. 더욱이 그것은 사회 전체의 안정이나 안심에도 깊은 영향을 끼치지는 않을까. 이 문제는 끝까지 파고들어 가면 단지 식생활의 어떤 방향이라는 범위를 넘어서 가족이란 무엇인가, 개인의 행복이란 무엇인가라는 매우 큰 문제로까지 발전하는 어려운 문제도 있다.

〔문헌〕

(1) 足立己幸・武見うかりゆかり 1995『アメリカのFood Guide Pyramidに學ぶ』全國食糧振興會

(2) Economist 1998 A Survey of Woman and Work, July 18

(3) 荏開津典生・樋口貞三 (編) 1995『アグリビジネスの産業組織』東京大學出版會

(4) 岸康彦 1997『食と農の戰後史』日本經濟新聞社

(5) Senauer, B. E .Asp and J. Kinsey 1991 Food Trends and the Changing Consumer, Egan Press

(6) 高橋正郎 (編著) 1994『わが國のフードシステムと農業』農林統計協會

(7) Tokoyama, H. and F. Egaitsu 1994 Major Categories of Changes in Food Consumption Patterns : Japan 1963-1991, Oxford Agrarian Studies, (2): 191-202

(8) 時子山ひろみ 1995「食料消費構造における傾向的變化と所得彈力性-食料消費の『成熟』に關する計量的考察」『農業經濟研究』67(1) : 10-19

(9) 時子山ひろみ・荏開津典生 1998『フードシステムの經濟學』醫齒藥出版

(10) 時子山ひろみ 1999『フードシステムの經濟分析』日本評論社

제4장 식생활 의식과 식생활의 변화 - 선행하는 미국 외식산업에 대해서 배우다

카네코 준이치(金子順一)

현재 일본에서는 일본, 서양, 중화 등의 체인 레스토랑에서 식사, 편의점, 백화점, 슈퍼마켓 등의 도시락이나 반찬을 이용한 식사 등이 가정 내에서 손수 만든 식사 대신으로 크게 신장하고 있다.

그중에도 서비스를 제공하는 일본, 서양, 중화 등의 체인 레스토랑에서 식사는 21세기에, 궁극의 HMR[30]으로서 많은 기대가 되는 바이다.

그러나 현재 미국의 체인 레스토랑의 상품, 예상 이상의 서비스의 충실성을 볼 때, 국내에서 이대로는 살아남는 것은 물론, 외국 기업 특히 미국의 외식산업과 치열한 경쟁에서 이길 수 없다고 생각한다.

Ⅰ. 미국에 뒤떨어진 일본

21세기 일본은 미국의 뒤를 추격할 것인지, 일본 독자적인 새로운 가치를 창출해서 세계를 리드해 나아갈 것인지 판단이 용이하지 않으나, 지금의 미국의 상황을 볼 때,

30) HMR (Home Meal Replacement) 1990년대 후반에 미국에서 생긴 언어. 가정 내에서 만들었던 식사를 대체한 총칭. 일본, 서양, 중국 등의 체인 레스토랑의 식사, 편의점, 백화점, 슈퍼마켓 등의 도시락과 늘 먹는 반찬을 사용한 식사를 말함. 21세기에는 다양한 HMR가 점차로 탄생할 것이라고 예측됨.

일본은 미국의 뒤를 추격할 수 없는 것이 아닌가 하는 실감이 든다. 1980년대 일본은 미국을 추격해서 추월한 것이 아닌가 하는 정도로 까지 경제력이 강대해졌으나, 소위 buble은 붕괴되고 경제는 좋지 않았다. 한편, 20세기 최후의 10년간의 미국 경제는 세계를 리드하는 결과가 되었으며, 현재 일본은 좋아하든 좋아하지 않던 간에 대폭 규제완화, 그리고 본질적인 자유주의 경제로 이행이 접근되고 있다.

현재 일본의 상황은 솔직하게 말해서 미국에 정치, 경제, 금융, 정보 등 많은 분야에서 뒤떨어져 있으며, 이대로는 21세기에서도 10년부터 20년간은 또다시 미국을 추격할 수 있는 절대절명의 노력을 경주하지 않으면 안 될 것이다.

II. 미국의 기업 활력을 지탱하는 배경

미국의 경제가 타국의 경제를 제압하고 승리하는 요인은 미국의 기본적 가치관인 것이다.「자유」,「개인의 존중=다양한 이질적인 것과의 공존」의 철저함에 있으며, 여기에 따라서 마이너스 면을 다음에 기술코자 하는 서브 시스템을 구축함으로써 회피해왔다.

그 하나는 여러 분야에서「패자 부활」이다.

격렬한 경쟁은 성공자도 만드나, 성공자의 몇 배나 되는 실패자도 만든다. 그러나 미국에서는 실패자가 몇 번이고 다시 자유롭게 도전할 수 있는 다양한 기회가 주어지고 있다.

예를 들면 자유로운 조건으로 바라는 일을 일으킬 수가 있으며, 기존의 업계에도 자유로이 진출할 수 있으며, 그 일을 변경하는 것도 자유이고, 사람을 채용하는 것도, 퇴사시키는 것도 자유로, 제약이 없다. 그것이 경쟁 사회의 마이너스 면을 보완하고 언제까지라도 사람에게 꿈을 갖게 하며, 또한 꿈에 도전하는 사람을 지원하여, 성공한 사람을 칭찬하는 기풍이 미국의 활력이 되고 있다.

그 두 번째는 모든 것들이 다양하다는 것, 예를 들자면 가치관이 다른 사람과 사람 사이의 커뮤니케이션이 단적으로 소속하는 기업에서 뜻을 같이하는 사람, 학생 시절의 벗과의 커뮤니케이션에 머물지 않고 지역사회의 사람들이나 스포츠 등 취미로 맺어진 친구, 봉사활동을 하는 뜻을 같이 하는 사람, 그래서 성인교육 등 교회 등에서 서로 만나는 친구 등 다양하고도 다양한 층으로 구축되어 있다.

일본에서는 항상 이질적인 것을 배재하는 것이 많으나, 미국에서는 이질적인 것의 가치를 바르게 인정하고 수용하며, 그것을 존중하고자 하는 기풍이 강하며, 이질적인 사람, 물건, 문화를 수용하여 공존하고자 하는 사상이 다민족 국가를 형성하고 있다. 그래서 그와 같은 다른 가치관의 골짜기에 섞이게 되는 오픈 커뮤니케이션에 의해 점차로 새로운 가치가 창조되어 고객 지향의 격렬한 경쟁이 기업의 근대화・효율화를 추진하고, 기존 사업을 재활성화시킨 다음, 정보산업을 출발로 하는 새로운 사업 및 서비스를 창출해서 그것이 다시 소비를 발굴해내고 있다.

그 세 번째는 그리스도교를 첫째로 하는 종교의 영향이다.

종교의 기본적 가르침인 이웃을 네 몸같이 사랑하라, 서로 간의 봉사의 정신은 격렬한 경쟁과 그 결과 이루어진 좌절, 고뇌, 슬픔에 몸부림하는 사람을 위로하고 걱정해 줌으로써 많은 사람을 구제하고 다시 일어나게 하는 힘을 계속 주어 왔다.

구체적으로는 휴일 교회에서 미사를 받고 기도함으로써 스스로의 삶의 방향을 바로잡고, 생각하는 시간을 갖고, 목사와의 커뮤니케이션을 통해 스스로의 삶의 지침을 얻고, 마음속의 번뇌를 목사에게 참회함으로서 해소되는 것이라고 하는, 그런 것이 지탱하고 있다.

한마디로 말하면 자유 경쟁이 가져다 주는 마이너스 면을 종교가 보완해 주며, 또한 종교의 설교가 필요 최소한의 규율, 규범이 그것들의 마이너스 면을 커버해 왔다고 말할 수 있다.

21세기 일본이 미국에 추종해서 「자유」, 「개개의 존중=다양한 이질적인 것과의 공존」을 추구한 경우, 유감스러우나 이상 셋의 서브 시스템(subsystem)은 일본에서는 아직 미숙하기 때문에 최종적으로 그것들이 붕괴하는 위험이 큰 것이다.

현재의 일본은 온전히 제어가 없는 「자유」, 「개개의 존중」이라는 방향으로 쉬지 않고 달리는 상태라고 말해도 좋다.

<사진 1・2> VESELKA COFFEE SHOP(New York)의 상점 밖과 상점 안

젊은 사람들을 target으로 하는 오-가닉을 파는 물건으로 하고 있는 레스토랑. 1995~1996년경 젊은이가 많은 money market에 참여해서 이러한 종류의 레스토랑이 보급되었다. 채소, 콩, 흑빵 등을 주로 한 메뉴가 풍부, 분량도 꽤 많아서 적절한 가격으로 인기가 있다.(白木川富子氏 제공)

III. 미국의 외식산업의 동향

현재 미국의 외식산업에서는 새로운 업태가 점차로 탄생하고 있다. 거기에는 앞서 기술한 미국 경제의 활성화의 요인이 곳곳에서 보인다. 그래서 미국의 외식산업의 현상을 기술함으로써 21세기의 일본의 식생활의식과 식(食) 행동의 방향을 탐구해 보고자 한다.

3.1 보다 맛있는 맛을 추구하다.

외식산업 번성의 기본이 맛좋은 것이라고 하는 것은 모든 것에 우선 하는 불가결의 조건이다. 미국에서는 세계 중에서 맛 좋은 소재를 보게 되면 언제나 새로운 조리기술을 도입하여서 2, 3년 급속히 맛의 레벨 업(level up)이 이루어져 맛 좋은 식사가 제공되게 되었다. 세계의 상품을 적극적으로 메뉴에 삽입해서 현재 팔리고 있는 상품군에 포함시킨다든가, 팔리고 있는 상품과 Cross over 시키고 있는 점포가 번성하고 있다. 그중에서도 동아시아를 시조로 하는 발효식품의 특이한 맛이나, 세계 중의 향신료를 사용하는 것이 중요한 열쇠가 되고 있다.

하나 예를 들어 보자. 점포에 들어가서 앉으면 먼저 테이블에 커다란 보-울(bowl)에 가득히 절임(절이)이 담겨 있고 자유로이 얼마든지 먹을 수가 있다. 이전에는 피클이 가득히 많이 나왔으나, 지금은 어쩐 일인지 피클과 일본의 얼절이 채소가 함께 나오는 형편이다.

또한, 「맛이 좋다」라고 하는 말은 그 사람이 처하고 있는 때와 장소, 상황에 따라 천변만화한다. 예를 들면 아이들에게는 비어, 커피, 겨자의 맛은 결코 맛 좋은 것이 못된다. 또한, 사람은 공복에는 무엇이든 맛이 좋게 느껴지는 한편 어떤 맛 좋은 것이라도 배가 부르면 매일 계속해서 먹으면 맛이 좋다고 느껴지지 않는다. 따라서 사람에 따라 오미(五味)의 좋고 싫음, 맛의 농후함의 좋고 싫음, 단단하고 부드러운 것을 좋아하는 차이는 큰 것이다.

그러므로 보다 많은 사람에게 맛좋은 맛을 제공하는 데는 신선한 소재와 세계에서 맛이 좋다고 일컫는 맛을 적극적으로 취하는 것은 원칙이고 항상 맛의 폭을 넓혀 다양한 미각을 갖는 식사를 제공하고, 또한 항상 변화되게 할 필요가 있다.

3.2 좋아하는 것을 좋아하는 만큼 자유롭게, 될 수 있으면 좋아하는 것에 손을 더한다.

달라스의 EATZI'S[31] 및 뉴욕의 ZABARS[32]에서는 기조가 되는 주식(主食), 쌀밥, 면(국수), 빵 등에 더해서 다양한 반찬 중에서 사람마다의 취향에 응해서 좋아하는 것을 자유로이 좋아하는 양만큼 선택하고 필요에 응해서 고객이 보는 앞에서 한 사람, 한 사람 좋아하는 것을 들으면서 맛을 맞추어준다. 또한, 고객이 자유로이 선택한 상품을 고객이 스스로 손을 가해서 자기가 좋아하는 맛있는 양념을 한다든가, 그것들을 취합해서 만드는 점포가 번성하고 있다. 일본으로 말하자면 마지막 메뉴의 맛이 풍부하고 맛좋은 구이라든가, 손으로 만든 스시라는 것과 같은 것이라고 할 수 있다.

<사진 3> EATZI'S 의 외관 (필자 촬영)

31) EATZI'S(Dallas)
대단히 유명한 HMR 점포. 점포의 컨셉트는 현시점으로서는 아직 완전하게 확립되어 있지 않다. 식품산업, 외식업, 그리고, 편의점, 슈퍼마켓, 백화점의 일상 먹는 반찬에는 대단한 참고가 된다. 외식업이 이 같은 업태를 취급하게 됨은 아직 무리가 된다고 생각된다. 그 이유는 가격이 대단히 높다는 것, 현장에서의 조리는 조리기술의 유지, 인재의 확보가 대단히 어렵다는 것, 또한 인건비 부담이 크다는 데 있다.

32) ZABARS (New York, Manhattan)
뉴욕에서 제일이라고 할 수 있는 gourmet delica shop 은 일층에는 각종 빵, 커피, 진미, 햄, 소시지 등의 육가공품, smoke salmon 등의 어개(魚介) 가공품, 각종 샐러드, 파스타, 소스, 오일, 식초, 스프, 200종류가 넘는 치즈등의 유제품, 잼, 케이크, 초콜릿, 스넥 식품, 와인, 그리고 조리된 식품 등이 꽉 차게 진열되고, 식도락가에게는 말할 수 없이 좋은 점포이다. 고객은 주변의 주부가 마음 편하게 맛있는 식품을 즐긴다고 하는 상태로 혼잡을 이루고 있다. 2층에는 조리 관련 기재들을 판매하며, 센스 넘치는 상품이 진열되고 있다. 맛 좋은 메뉴를 배우는 데는 아주 적절한 점포라고 생각된다. 유기농 식품 코너는 최근 오픈하였음.

San Francisco의 HOME TOWN BUFFET33)와 같이 일정한 가격으로 고객이 좋아하는 것을 좋아하는 만큼 제한 없이 먹을 수 있다. 말하자면 buffet style의 점포도 번성하고 있다.

식생활이 빈곤한 시대에서는 사람들은 무엇이 맛이 있는 것인지 알지 못하여 식사를 스스로 선택하는 것이 아니며, 맛 좋은 식사를 제공해 주는 사람에게 맡겨서 먹는다고 하는 사람이 다수를 점하고 있다. 정식이라든가 선(膳), 코스요리라고 하는 것이 이에 해당된다고 말 할 수 있다. 그러나 일단 자신에게 맛 좋은 것이라고 생각되는 식사가 확실해진다면 건강에 유의하면서 균형을 맞추어서 좋아하는 것을 좋아하는 것만큼 자유로이 선택하고자 하는 것은 당연한 귀결인 것이다. 일식 점포의 「선(膳)」이라고 하는 것도, 요는 위로부터 일방적으로 주어진 식사를 내어놓는 것으로 고객 중에는 「오늘은 구운 생선을 두 조각 먹었으면 했는데 한 조각만 나왔으며 먹기 싫어한 계란찜(茶碗蒸)이 따라 나왔다」라고 하는 불만을 남기는 일도 있는 것이다.

20세기 말 일본에서는 포식(飽食)이라고 말해도 좋을 시대를 맞이하여 돈만 있으면 세계의 맛있는 먹거리를 맛볼 수 있으며 그 상황에서는 좋아하는 것을 좋아하는 것 만큼 자유로이 선택해서 자신이 좋아하는 것에 손을 대고 싶은 욕구는 일단 강해지는 것으로, 21세기에는 이와 같은 욕구를 만족시키는 기업이 크게 성장할 것이다.

3.3 「즐거움」을 연출하다

지금 미국에서는 고객이 깜짝 놀랄 정도의 분위기, 고객을 마음속으로 즐겁게 하는 분위기와 서비스를 잘하는 점포가 번성하고 있다. 단지, 그와 같은 경우에도 점포 본체 및 내부의 장식, display 등 생략할 수 있는 곳은 극력 생략하고 돈을 사용하여야 할 곳은 집중적으로 돈을 투자하는 점포가 많다.

서비스라고 하는 면에 착안해서 재미있는 점포가 몇 개 있다. 로스앤젤레스의 RAIN FOREST CAFE34)의 jungle의 분위기 가운데에서 아이들을 데리고 하는 식사는 숲의

33) HOME TOWN BUFFET(San Francisco・マッカーシ런치)
런치, 디너는 날마다 바꾸는 것이며, 아침 식사, 6,39달러, 점심 식사, 5,99dollar, 저녁 식사 7,99dollar, 좋아하는 메뉴로 좋아하는 것만큼 먹을 수 있다는 것. 아이들과 노인에게는 할인이 되며, 가족이 함께한 고객이 많다.

34) RAIN FOREST CAFE (Los Angeles, south coast plaza SC) 레스토랑의 동화의 세계.
점내의 display는 남양(南洋)의 정글 이미지로, 거대한 mushroom, 정글에서 움직이는 호랑이, 코끼리, 큰 나비, 뱀, 그리고 열대어의 수조 등이 점재(點在)하고, 객석 주변에는 squall(스콜)이 내리는 점포, 대단히 즐겁게 아이들에게 인기가 높다. 지금부터 하나의 방향으로 시사되는 점포라고 생각된다.

유원지라고 하는 분위기로 크게 번성하고 있다. 또한, JOE"S CRAB SHACK[35]에서도 탄생일의 사람에게 훌라후프를 하게 하여 그것이 회전하고 있을 동안 생일 축가를 웨이트리스가 부르면서, 춤추면서, 즐거운 연출에 여러 가지 지혜를 짜고 있다.

특히 주목되는 것은 San Francisco 의 MACARONI GRILL[36]의 경우이다.

<사진 4> RAINFOREST CAFE의 가게 내부, (필자 촬영)

<사진 5> MACARONI GRILL의 역(逆)문자의 자기소개(窪田富씨 제공)

미국의 외식산업에서 저명한 원조 CHILL'S 에 있는 ROMANO씨가 컨셉트를 설계한 점포로 대단히 흥미 있는 이탈리아 레스토랑이 있다. 유모차의 갓난아기도 함께 한 것이 많고 아이와 부모가 종이 식탁보에 크레용으로 그림을 그려 커뮤니케이션을 주고받고 있다. 먼저 자리에 앉으면 바로 웨이트리스가 와서 크레용 2개로 「나의 이름은 ○○입니다」라고 고객이 봐서 읽을 수 있도록 역(逆) 문자로 이름을 쓰고 바로 3리터 정도의 와인 병을 가지고와서 손님에게 준다. 손님은 그 와인이 마음에 들면 몇 번이고 교체 가능하다.

밤에는 객석에서 웨이트리스가 칸초네로 노래를 하고 조리사(cook)가 책상 위를 뛰어오르는 명소도 나온다. 화장실에 들어가면 이탈리아어나 스페인어가 흘러나오며, 여러 가지 세밀한 곳까지 세공이 되어 있다.

이따금 라자냐를 주문하여 조금 차가워졌으므로 따듯했으면 좋겠다고 하면 기분 좋

---

35) JOE'S CRAB SHACK (Dallas)
건물은 대단히 엉성하지만 그것을 네온 등의 조명으로 굉장한 서비스가 충분히 보완되고 있다. 웨이트리스의 복장도 캐주얼하며 재미가 있다.

36) MACARONI GRILL (San francisco・マッカーシ런치)
레스토랑 체인 중에서도 격조 높고 즐거움을 제공하고 있는 점에서 대단히 연구하는 곳이 많다. 어른에게도 아이에게도 인기가 있다. 적(赤)・백(白) 로제와인 병(Carafe)이 정말로 아름답게 진열되고 있다.

게 새것으로 무료로 바꾸어 주는 등, 서비스와 미소가 대단히 철저하다. 식사의 맛은 뛰어나다고는 말할 수 없으나 맛 좋게 식사할 수 있다. 여러 가지의 세공이 굉장한 반면 점포는 천정이 뚫어져 있어 전구가 그대로 들어나 보이는 등, 필요한 것에는 돈을 쓰고 불필요한 곳에는 철저하게 돈을 쓰지 않는 곳이 눈에 띈다. 독특하고 대단한 서비스를 창조해서 탄생한 번성한 상점이라고 할 수 있다.

일본의 외식산업에서는 지금까지 즐겁게 재미있게 보다는 어찌했던 매상을 올리고 효율 및 생산성을 높이며, 인건비를 절감하고 효과, 효용이 없는 것을 배제하고 이익을 낼 수 있는 것이 문제시되어 왔다. 그러나 21세기에는 고객으로 하여금 마음속으로 기쁘게 즐거워서 재미가 있는 서비스를 창조하는 기업이 살아남는다고 하겠다.

IV. 일본의 식생활 의식과 식(食) 행동의 변화

지금까지 미국의 외식산업의 현상을 기술했으나 그중에 일본에서 식사를 하는 사람들의 먹을거리에 대한 의식과 행동의 변화 방향이 시사되어 있다고 생각된다.

보다 맛 좋은 식사를 하고자 하고, 보다 선택의 폭이 넓은 식사를 하고 싶어 한다. 좋아하는 것을 좋아하는 만큼 먹으며, 보다 즐겁게 재미나는 식사를 하고자 함은 말할 것도 없다.

그래서 마음이 편안함을 식사에서 구하고자 하는 움직임이 활발하게 된다. 고식(孤食), 개식(個食)에 대해서는 이미 다른 곳에서도 논술되었으나, 전후의 dinning table의 시대가 되어서 처음으로 갖게 된 가정에서, 가족이 함께 식사를 즐긴다고 하는 것이 오늘처럼 결여되었던 시대는 과거에는 없었다고 생각된다. 그러나 지금부터는 경쟁 사회의 스트레스, 인간 소외를 치유하기 위해서는 가족, 친한 친구와의 식사, 대화, 커뮤니케이션이 결여되어서는 안 된다는 것을 사람들이 깨닫게 되리라고 생각한다.

그와 같은 생각을 하는 한편, 시간의 가치가 크게 되고, 효율적인 간편한 식사를 한다는 면에서 패스트푸드, 편의점의 도시락, 슈퍼마켓의 늘 먹는 반찬, 각종 반찬의 택배업 등도 없어지지 않고 선택될 것이다.

또한, 가정에서의 수고, 여가(짬)를 갖고, 마음에 둔 맛 좋은 식사도 그 사람이 접하고 있는 상황에 따라서 어느 것이나 없어지지 않고 선택되게 될 것이다.

다시 오늘 먹는 것에 대한 관심사의 하나로서 안전하고 건강에 좋을 것이라고 함이 강하게 요망되고 있다. 맛있는 맛과 안전이 추구되면, 최후는 원재료의 선도에 이르게 된다. 신선한 소재의 맛있는 맛은 두말할 것 없는 것으로 이 반세기 냉장, 냉동기술, 그리고 cold chain의 확립은 신선한 소재를 언제, 어디서라도 구할 수 있다는 것을 지구적 규모로 가능하게 되었다. 21세기에는 빙온(氷溫)기술에 의하여 보다 자연에 가까운 신선한 소재를 구할 수 있게 될 것이다.

또한, 안전 위생 의식의 향상에 따라, 식중독같이 먹는 것이 원인인 질병 등도 격감하고 있으나, 그 한편에서는 미지의 바이러스, 세균 등도 출현하고 있어 지금부터의 대책에 기대하고 있다.

건강에 좋은 식사를 하여야 한다는 관심이 깊어지고 있다. 전후 농업 분야에서는 생산성을 추구하는 나머지 화학비료, 살충제, 제초제, 그래서 병의 예방, 치료 등에 농약 및 항생물질, 성장 호르몬 등이 폭넓게 사용되어 이것들의 화학합성 물질이, 식물(食物) 연쇄에 의해, 사람의 체내에도 점차로 축적되어, 사람의 유전자에도 커다란 영향을 주는 위험이 증대하고 있다고 한다.

그와 같은 위험이 관찰되어 알게 된 경우, 기업은 그것들의 정보를 보다 빨리 공개하던지, 제품의 내용이나 제품에 관련된 각종 정보를 제품에 적절히 표시하는 것도, 지금으로부터 중요 과제가 될 것이다.

최근에 특히, 환경 호르몬의 존재가 남성의 정자 수를 감소 시켜 출생률을 저하시킨다고 보고되고 있다. 인류는 이 반세기에 스스로의 존재를 훼손하는 가공할 행동을 점차로 지속하고 있다. 그 결과 인류의 멸망이라고 하는 무서운 결과를 초래하는 위험이 없다고 말할 수 없다.

21세기에는 인류의 존속 위기가 여러 가지 형태로 다가온다고 예측되고 있지만, 적어도 사람이 살아가는 기본이 되는 식사에 의해서 그와 같은 위기가 초래되지 않게 해야 할 필요가 있다.

최근, HACCP[37]가 도입되기도 하고, 유기비료, 무농약에 의한 채소의 재배, 감염(減鹽), 감당(減糖), 감지(減脂), 저칼로리 식품 등, 안전하여 몸에 좋은 식품이 사람들에게 지지받고 있으나, 그것은 당연한 귀결이라고 말할 수 있다.

또 21세기 지구 인구의 급격한 증가는 식료(食料) 자원의 절대적 부족의 초래가 예측된다. 또한, 한편에서는 새로운 종묘의 개발, 재배기술, 식품 가공기술의 향상에 더하

---

37) HACCP(Hazard Analysis and Critical Control Point=위해분석・중요 관리 점의 약칭, 「해썹」이라고 부른다.)
미국에서 우주식의 관리를 하기 때문에 생각해낸 식품위생 관리방식. 종래의 발취 방식의 관리방식과 달리 식재가 가공된 제품이 되기까지 여러 가지 공정마다 중요한 관리점을 정하고 온도 및 시간을 처음으로 하는 치밀한 검사를 표준 작업 수순서(手順書)로 문서화하고 결과를 틀림없이 기록하는 관리 방법, 제품의 검사 결과를 파악할 수 있는 동시에 피해 원인을 특정하기 쉬운 것이라고 하는 이점이 있다.

여, 세계적 규모의 식품 유통 시스템이 구축되어가고 있다. 세계에서 가장 맛이 좋고, 신선한 소재를 "가치 있는 가격"으로 구입하여 세계에서 가장 적절한 나라에서 그것을 가공하여 최신의 cold chain에 의한 충분한 온도 관리하에서 수입함으로써, 보다 가치가 있는 식사가 계속하여 제공 가능케 될 것이다.

일본의 먹을거리의 방향을 생각하는 데는 금후 예측되는 정치 형태 및 사회의 변화를 도외시하고는 생각할 수 없으나, 외식산업에 관계하는 입장으로 볼 때 「자유」, 「개개의 존중=다양한 이질적인 것과의 공존」을 철저하게, 더욱이 그 마이너스 면을 보완하면서 착실하게 성장하고 있는 미국에게서 배우고, 남과는 다른 문화를 가진 일본 고객의 만족을 채울 것이다, 우리들 독자의 새로운 가치를 창조하는데 노력하지 않으면 안 된다고 생각한다.

2010년의 「먹는 일」3

생성하는 식(食)의 taboo ――――― 다케우치 유키코(竹內由紀子)

식(食)의 터부라고 말하면 힌두교의 소, 이슬람교의 돼지에 대한 금기가 떠오른다. 합리적 설명이 되지 않는 종교를 배경으로 한 습관이다. 진화되어가는 국제화 속에서 음식의 터부를 가진 사람들과의 교류가 현실로 되어 있다. 다른 문화를 존중하고자 하는 이념으로부터 우리들은 남들이 가지는 음식의 터부에 대해서 관용하고자 한다. 그러나 한편에서는 우리들이 먹지 않는 것을 식용하는 식습관에는 강한 저항감이 남는다. 일반적으로 개, 곤충, 뱀 등에는 저항이 있다. 일본인의 고래 고기 식용이 제재된 기억도 새롭다. 이와 같은 거부반응은 「먹는다, 먹지 않는다.」라고 말하는 범주가 다른 자와의 만남에 따라 침범되어 발생한다. 교의(教義)같은 형태로 명언(明言)화된 식의 터부와는 다르지만, 양자(兩者)함께 세계관(cosmology) 차원의 현상이다. 이(異)문화와 접촉할 때 생기고, 생성하는 식(食)의 터부인 것이다.

종교적인 식(食)의 터부는 역사를 더듬어 가면 다른 사람에 대한 자신을 어떠한 상태로 위치하는가 하는 자기 규정으로서의 측면을 다분히 포함하고 있다. 예를 들면 힌두 사회의 쇠고기식의 금기는 인구의 5% 정도의 브라만이 하위 카스트의 변별 지표로서 스스로 과한 자기 규제였으나, 식민지화의 체험을 겪고 「힌두-/미국인」 = 「채식/육식」이라고 한다. 백인에 대한 힌두의 자기 표상의 열쇠로 선택되었다. 자기표현으로서, 식의 터부를 준수하는 층은 확대하는 경향도 보이고 있다. 완성된 사회 규범에서 보이는 식(食)의 터부도 이와 같은 흔들림을 포함하고 있는 것이다.

일본 사람의 대부분은 식(食)의 터부를 자신과는 먼 존재라고 느끼고 있다. 수육식(獸肉食)을 기피한 시대는 먼 옛날의 것이 되었다. 근대의 경험을 겪고 시골 사회로부터 도시 사회로, 농민으로부터 샐러리맨 등등, 자기의식의 전환에 따라 식(食)의 터부는 희박하게 되었다. 현재 식의 cosmology는 영양학이 압도하고 있으나, 과학성으로의 신뢰를 배경으로 하고, 새로운 기호를 선택해서 食의 터부 「的」인 것이 생성하고 있다. 미국의 엘리트에게는 금연이 자기 컨트롤이 되는 우수성을 증명하는 것과 같이 식의 터부는 자기 규제에 의해서 다른 사람보다 우위의 인간 유형을 표상하는 performance가 된다. 「무농약 채소만을 먹는다」라는 자기 규제에도 라이프 스타일이라고 하는 우주론에 설정되어진 사상(事象)인 것이다. 「미각을 아는 나」라든가, 「환경 호르몬에 민감한 나」라고 하는 형상(像)은 「모른다」라는 다른 사람과 비교하여 자기의 우수성을 생각하게 한다. 개인 단위의 identity를 희구하는 현대사회에서는 식의 터부는 개인을 단위로 해서 발생해 나가고 있다.

다른 사람과의 만남과 식의 터부

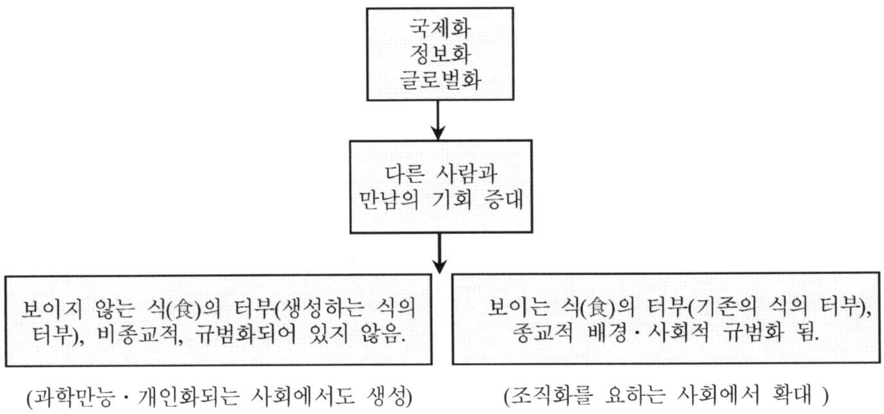

제5장 식탁의 미래

야마구치 마사토모(山口昌伴)

I. 반경일리(半徑一里)의 식사의 대(台)

고개에 오르니, 저 멀리 길가 쪽으로 아침 연무에 쌓인 가촌(街村)38)이 보인다.

그곳은 운귀고원(雲貴高原), 중국 대륙의 서남단, 운남성과 그 동쪽에 이웃한 귀주성에 이르는 석회암 지대, 카르스트 대지(빗물・지하수 등으로 침식된 석회암 대지). 저자가 대륙 중국을 도보하기 시작한 것은 문화에 물들여져 보기 힘들게 되어 있는 문명의 골격을 보고자 하면 중국이라야만, 이라고 생각했기 때문이다.

처음에는 손오공과 같이 구름을 타고 동분서주해 보았으나, 문화의 꽃은 보이나 문명의 골격은 보이지 않았다. 그래서 광대무변(廣大無辺)의 대륙을 한 걸음 한 걸음 걷기 시작한 나였다.

도시에서 도시로, scale down해서 마을에서 마을로, 걸어서 가니 풍경의 디테일이 보이게 된다. 농부의 발걸음으로 문명의 기복을 찾아가며 문화의 흐름에 따른 여정이 된다.

저 고개를 넘으면 반드시 다음의 마을이 보이게 된다. 이렇게 생각하면서 고개를 넘

38) 가촌(街村) - 가도를 따라서 집들이 처마를 같이 하는 집락(集落)의 유형. 산촌(散村), 집촌(集村)에 대한 말

으면 마을 촌락이 저 멀리 흐리게 보인다. 4km = 1리, 1시간 걸으면 마을 가까이 와서 다음 마을로 들어가게 된다. 반경 1리가 하나의 마을, 그 하나의 마을이 식탁을 두는 기반이 되어 식탁에 매일 가득한 먹을 것을 보증(保證)하였다. 한 마을마다 식탁이 성립하고 있다. 이것이 농경 지대의 식탁과 환경의 모습이다.

한 마을의 생산단위의 중심이 저 멀리 보이는 가도에 따라 처마가 병립하는 가촌(街村). 한 줄기의 가도가 외계로부터 마을에 들어와서 외계로 나가고 있다. 이러한 가촌(街村)이 그물처럼 가도의 결절점(結節点)이 되어 생활·생산 공동체의 집락을 전 국토에 네트워크화 되어 있다.

그러한 인문이 지리화가 되어 있구나, 이와 같은 것을 생각하면서 발걸음을 계속하고 있다. 좌선(坐禪)이 아닌, 보행선(步行禪)의 경지에서 발걸음은 멋대로 걷고 있으며, 머리는 여가에 맡겨서 여러 가지의 생각을 자아낸다. 보행선에 몰두하는 가운데 잠깐 걸음을 멈추니 가촌의 입구에 도달하였다. 고개로부터 1시간도 안 되어 역시 1리 정도였다.

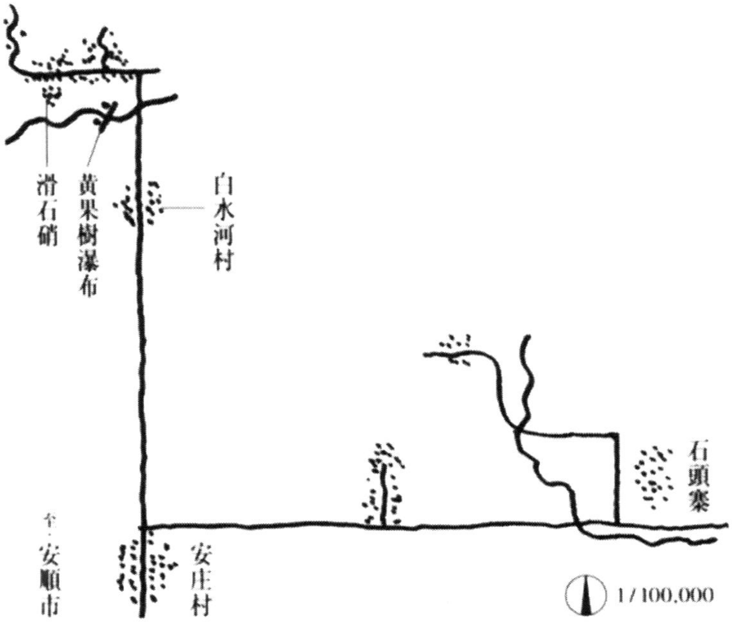

<그림 1> 지리 개념도

길은 크게 좌우로 꾸불꾸불 굽이치고 평지로부터는 탕탕 솟아오르는 것같이 첩첩 산들이다.

II. 담대한 어머니를 당번으로

갈 길을 살피니 기와집의 처마를 접하는 가도가 이상하게 시끄럽다. 제삿날에 운 좋게 잘 왔다고 순간 생각했다. 카메라를 열고 주머니의 필름을 헤아리면서 가촌으로 달려갔다.

이 무슨 일인가 하여 샤터를 누르며 나아가면서, 사태를 읽을 수 있었다. 미니버스가 겨우 비켜 갈 수 있는 정도의 가로에 비켜 세우고 8명은 앉을 수 있는 둥근 테이블이 50개 정도, 연 200m에 달하여 가지런히 모여든 늙은이, 젊은이, 남자, 여자, 할아버지, 할머니부터 아이들과 함께 갓난애들이 꽉 차게 앉아 있다. 집락 전원 집합하여 공동 취사에 따른 아침 식사의 자리였다.

원탁에는 여러 가지 큰 사발이며 큰 접시가 있으며 큰 사발에는 팔보채와 같은 여러 가지 조리한 것을, 큰 접시에는 신선한 푸른 채소와 고기 볶은 것을, 쌀밥은 커다란 목기 통에 대나무로 엮어서 끝이 뾰족한 모자 모양의 삿갓을 얹어놓고 있다. 이 일대에서는 식당이라도 쌀밥은 이 같은 공동 그릇을 사용한다. 한 그릇 더 먹는 것은 자유, 단 스스로 그릇에 담으러 간다. 부식들도 중국식의 원탁이므로 각각 취하고 나누는 방법도 있으나, 어찌됐던 먹고자 할 만큼 먹을 수 있는 양은 있을 것 같다.

<사진 1> 安庄村으로부터 石頭寨로 향함

도중에 고개에서 石頭寨를 멀리 바라보고 원기를 회복하고서, 다시 나아가는 길은 평탄하다. 石頭寨에서는 평지를 밭으로 만들기 위해서 석조물의 집들은 산으로 올라가고 있다. (이하, 사진은 필자 촬영)

식탁에 앉은 사람들, 어른들은 떠들썩하고 아이들은 장난을 한다. 나이든 사람들도 아들, 손자들의 세대와 함께하여 식탁마다 떠들썩하다.

테이블 사이를 돌아다니는 이는 담대한 어머니와 같은 부인들이다. 힘차게 요리를 운반해 와서 큰 사발에 가득 채우며, 흥에 겨워 도를 넘는 아이들을 야단치며, 오늘 아침 취사 당번일 것이다.

가로에 있는 집들은 상점을 갖는 집도 있으나 많은 집은 가로에 등을 돌리고 집안 쪽에 정원을 갖추고 있다. 한 군데만이 대문이 열려 있어 그 집안의 마당이 공동 취사장으로 되어 있다. 조식(朝食)의 식재료도 마을의 밭에서 이곳으로 집하(集荷)되고 있다.

한 마을마다 공동 취사 아침 식사의 잔치(宴).

나는 번잡한 식탁의 차림(放列)을, 게걸음의 행보로 스냅(snap)을 촬영하고, 마을 변두리까지 오고 말았다.

가촌의 끝 건물은 벽면을 가로로부터 크게 후퇴시켜, 콘크리트의 넓은 시멘트 바닥으로 하였다. 그 시멘트 바닥이 빨간 피의 바다로 깜짝 놀라게 한다. 다시 보니, 큰 사지(四肢) 및 늑골, 긴 사각의 머리뼈－말(馬)이다. 말 한 마리가 뼈와 가죽이 되었다.

날이 샐 무렵 도살되어 한 마을의 여러 사람들에게 아침으로 먹히고 말았다. 합장(合掌).

<사진 2> 집락 전원 집합하여 공동취사하는 아침 식사의 향연

III. 식탁의 원 위치

나의 발길은 이대로 이 마을을 지나 다음 마을로 향한다. 중국 식탁의 한 형태, 떠들썩한 풍경을 수용하면서 다시 20리(8㎞) 정도의 산보 선(禪)이 시작된다. 저 먹는 방법은 어떤 것이었을까? 일본 식탁의 현재와 어쩌다가 멀어진 것일까? 식탁의 미래와 어디에서 연결될 것인가, 어떻게 결말이 날까.

반경 1리(약 4㎞)의 대지, 한 마을의, 식사의 큰 소반(大盤), 먹는 기반(基盤)의 중심에 한 발(약 1.8m)의 식탁을 차려 놓는다. 도로변에 있는 것도 의미심장, 도로는 밖에 있고 공공의 공간, 광장 아고라(agoras)였다. 통과 하는 차만 늘어나기 시작한 이 마을에서도, 요란스럽지 않게 아침 동안은 도로가 마을의 광장.

내가 이 아침에 목격한 식탁은 한 개의 원위치를 나타내고 있다. 먹는 기반으로서의 한 마을의 중심이라고 하는 원위치에서 움직이기 시작한 식탁은 어디로 가고 있는 것인가. 다음 마을로 가는 보행 선(步行禪)에서 상기(想起)한 일들을 이하에 써 보기로 한다.

IV. 식탁의 코뮤니즘

마을 밖을 나와 뒤돌아보면서 식탁의 코뮤니즘, 의 한마디 말이 떠오른다.

col-콜렉션(collection), 콜렉티비즘(collectivism), con-콘크리트(concrete), 콘그레스(congress), 커넥션(connection), com-커뮤니티(community), 커뮤니케이션(communication), 코뮤니즘(communism). col' con' com은 집합을 나타내는 접두사. 모여서 함께 먹는 주의(主義)는 코뮤니즘(communism), 다른 뜻은 없다.

모두 모여서 한 장소에서 먹는다. 중국이라는 정치 풍토와 더불어 코뮤니즘에 연상(連想)이 된 것 같다. 무엇? 중국은 소셜리즘(socialism)이니까? 그러한 문제에는 없는 코뮤니즘. 공동취사 공식(共食)의 잔치(宴). 아마 이 방법은 인민공사 시대에 노동 효율을 높이기 위해 반강제적으로 시작한 먹는 방법이었을 것이다.

하지만 자유 시장에 「작품」을 출품할 수 있는 시대로 되어, 이른바 인민의 노동 통제가 풀렸다 해도 조식(早食)만은 이 방법이 좋지 않은가? 하고 잔존한 코뮤니즘일 것이다.

이 공식(共食)의 식탁이 성립되어 있는 것은 생산과 생활이 단단히 연결하고 있고 생활・생산 단위－단위는 중국의 행정용어이다－를 구성하는 사람들, 때문에 함께 먹는 의미가 있다. 생산단위의 협력 체제를 지지한다, 마음을 얽매는 줄과 같은 것이 조식의 장(場)을 매개하여 매일매일 매듭의 가치를 둘 수 있는 것이었다.

가정에 있어서 식사는 일가족 단란의 이름으로, 가족의 마음을 얽매는 줄을 강하게 하는 중요한 기회로 되어 왔다. 그러나 그것은 당연한 것일까? 일가단란(一家團欒)이라고 할 때의 일가(一家)라는 것은 무엇인가? 단란의 알맹이는 있는 것인가? 일가단란(一家團欒)이라고 할 때의 일가(一家)는 적어도 조부모를 포함하여 5인 정도를 말하는 것일 것이다. 지금이야말로 한 가족이 핵가족의 두 사람+α화해서 일가단란의 「일가」를 이루지 않고 있다. 단란(團欒)의 단(團)은 많은 사람이 둘러앉아 사는 것을 말한다. 세 사람으로 멈추는 사람 수로 둘러앉기는 어렵다. 바야흐로 가정의 식탁은 그 자체가 개식(個食)・고식(孤食)인 것이다.

중국은 한 자녀(一子女) 정책이기 때문에 어떤 시골집에서도 가정의 식탁은 개식(個食)・고식(孤食)의 식탁이라고 보아도 좋다. 가정의 식탁을 포기하고, 밖으로, 길로 나가는 것은 새로운 시도, 를 지켜보고 있다. 거의 인구 이동이 없었던 것처럼 보이는 이 마을에서는 모든 사람이 서로 알고 지내고 있다. 그러니까, 거기서 팔선탁[39]이 아니면 팔인(八人) 원탁을 차려놓으면 자연히 확대 가족의 「일가」 「단란」이 가능하다.

이것을 식탁의 코뮤니즘이라고 말하고 싶다. 커뮤니케이션(communication)의 com도 구현되고 있다.

<사진 3> 노인, 젊은이, 남자, 여자, 아이, 손자가 우연히 마주치다.
- 고식(孤食) 해소의 잔치(宴)

39) 팔선탁(八仙卓) - 의자 좌식의 한 변(一辺)이 1.2m인 큰 사각형의 식탁. 한 변에 두 사람 합계 여덟 사람이 앉는다. 팔선은 신화에 나오는 선인.

<사진 4> 쌀밥은 공용의 큰 밥통에서 자기 자신이 그릇에 담는다.

<사진 5> 가촌(街村) 마을에서 떨어진 곳에서는 말 두 마리가 도살되고 있다.

V. 고령화 사회의 해법

한 자녀 정책은 가족관계에 있어서 선단적(先端的) 현상을 낳는다. 일가 세 사람의 가정이 여러 해를 지나면 자식이 결혼해서 두 사람이 된다. 남은 한 짝이 죽으면 혼자가 된다. 이 체제가 해가 지나면 독거노인이 인구의 1/3에서 1/2을 차지할 것이다. 한 자녀 정책은 초고령사회에 직결하고 있다. 그리고 일본에서도 제도화는 되고 있지 않지만 저출산화가 점점 늘어나 가정의 식탁을 둘러싼 상황은 유사하다.

독거노인에 대하여 봉사자(volunteer)가 각 가정에 들어가 보살펴준다. 라이프 케어(life care) 시스템이 형성되어가고 있다. 그것은 그래서 큰일이긴 하지만, 식사에 관하여 말하면 길가 커뮤니티(community) 식당이 판본적(板本的) 해결을 나타내고 있다. 내가 본 가촌에서는 거주하는 장소(住居)에서부터, 이 벨트상(狀)의 식당은 길을 건너면 곧 눈과 코앞이다. 기어서라도 길가에 나오면 모두가 함께 먹을 수 있다. 움직임이 불가능하면 담력 좋은 어머니 두세 사람 사이에 끼어 앉게 한다. 고령만이 아니고 여러 가지의 이유로서의 개식(個)·고식(孤食)도 많이 있는 벽촌인 것이다. 그러한 사람들이 길에만 나오면 충분한 식사의 다양성(variation)과 분량, 그리고 커뮤니케이션을 즐길 수가 있다.

나는 한 마을 모두가 집합한 노상 식당에 눈을 두었는데, 이것에 지붕을 덮고 지역주민만이라고 하는 제한을 제외한 것이 패밀리 레스토랑인 것이다, 하는 생각이 잠시 들었다. 노상은 아니지만 길가에 있다. 담력 좋은 어머니들은 아니지만 좀 나이 든 젊은 아르바이트 학생이 「당번」을 하고 있었다.

식탁의 코뮤니즘(communism)은 아무리 해도 사회 체제를 넘어 같이 가는 방향을 향해서 식탁의 변화를 계속해 갈 것이다.

저자는 본 강좌 제4권의 말미에 우리 집의 주부가 오늘밤 패밀리 레스토랑에 가자고 하는 긴급 동의(動議)를 발하고 있는 장면을 고백했다[40]. 그때 저자는 그런 곳의 저녁 반주는 음식 맛이 없어서라고 거부하고 테이크아웃(takeout)을 사오라고 말했다.

사실은 그 「싫은」 느낌의 배후에는 이미 한 가지의 사정이 있었다. 우리 집에서 자동차로 10분 정도의 패밀리레스토랑은 그 고장의 초등학교 학군, 때로는 PTA 등으로 교류가 깊고, 두세 개의 초등학교 영역 내에 있다. 인구 유동이 격심한 대도시이기도 하지만 대부분이 같은 초·중·고교를 거쳐 자라고 있다. 패밀리 레스토랑의 식탁 부스에는 저마다의 가족이 들어가 있지만 애들은 떨어진 먼 자리에 합석을 보내고 어머니들은 인사를 나눌 뿐만 아니고 다음 회합의 맞춤, 사전 준비로 바쁘다. 그런 지역주민의 교류의 소용돌이 속에서 나는 혼자 소외되어 누가 누구인지 알지 못하고 그저 싱글벙글하고 있을 수밖에 없다. 그 위에 애들 연합, 주부연합에 대해서 남편(亭主)연합도 성립하고 있어서 패밀리 레스토랑은 커뮤니티(community) 식당의 모양을 나타내면서 계속한다.

자식의 고식(孤食)에 대해서도 모친의 관계에 의해서 A아빠의 집과 함께 먹자라

---

40) 제4권 425쪽 「台所道具分類 metricx」解說 參照

고 말하는 사람이 있다. 독거노인이 둥근 부스에 모이는 일도 가능하다. 독작(獨酌)이 아닌 저녁 반주의 가능성도 준비하고 있는 것이다.

VI. 키친레스 · 홈(kitchenless · home)- 커뮤니티 · 키친(community · kitchen)

미국에서는 1930년대에 부인 해방운동이 확대하여 키친레스(kitchenless) · 홈(home)이 제창[41]된 일이 있었다. 한 단지의 주민이 교대(당번제, 혹은 솜씨 자신이 있는 사람 볼런티어)로, 맛있는 요리를 제공하는 레스토랑을 운영하면, 아무것도, 각 가정에 키친이 없어져도 「싸게, 즐겁게, 맛있게」 먹을 수 있다고 말하는 것이었다. - 가정으로부터 식생활을 빼버리면 무엇이 남을까? 실험해 볼 가치는 있었지만, 당시 미국에서 계속되는 공황(恐慌)으로부터 제2차 대전의 소용돌이 속에서 그 실험 소식은 어둠속으로 사라지게 되었다.

전후 50년, 보기에 따라서는 키친레스(kitchenless) · 홈(home)은 성립하고 있었다. 가족이 「먹고 나서」 돌아오기 때문에 홈(home) · 키친(kitchen)이 나올 틈이 없다고 한 반대의 키친레스(kitchenless) · 홈(home)도 포함해서.

현대 일본의 평균적 가정의 일상의 식탁은 식(食) 문화를 전개하는 식사의 대(台)로서는 성립하지 못하고 있다고 보는 편이 좋을 것이다. 손님이 매일 밤 3인 이하의 작은 술집에서는 셰프는 의욕이 없다. 식재료도 비싸지고, 지나친 소량으로는 맛이 나지 않는다. 문화적 식탁은 겉으로 구할 수밖에 없다고 말해도 먹으면서 걷는 식도락은 생활권 외에 나가지 않고, 일상의 생활문화의 영역을 뛰어넘어버린다. 그렇게 되면 홈에서 키친을 끈으로 묶어내는 보완으로서 적극적인 중개의 커뮤니티 · 키친(community · kitchen)의 가능성이 부상한다.

지금까지의 집합주택은 각호(各戶)에 키친을 장비한 각호 내에서 생활이 완전한 거주 공간을 만들기를 계속해 왔다. 이것을 집 밖으로 확산하여 커뮤니티로서의 생활권을 만든다고 하는 방향이다. 좀 더 정확히 말하면 집합주택 단지라고 하는 거주 구상의 원래 기획은 거기에 있었다. 공동 취사, 공동 세탁, 공동 목욕탕, 공동 육아, 공동 접대, 공동 도서실…… 그 가능성의 모든 것을 끊어 버리고 집을 단지 쌓아올린 집합주택은,

41) Dorores Hayden "The Grand Domestic Revolution" 1985 『가사 대혁명-아메리카의 주택, 근린, 도시에 있어서 페미니스트 · 디자인의 역사』 野口美智子「역」 勁草書房

모여 사는 의미와 생활에서의 효과를 무시한 집단 양식으로의 잘못 인식한 결정이다.

집 내부에서의 생활의 희박화(稀薄化)를 보충하는 방법으로서 맛있는 음식이나 반찬을 집으로 배달받는 사람도 생겨나고 있지만, 생활권으로서의 커뮤니티(community) 설계를 다시 하는 동안에 식탁의 위치를 바꾸는 가능성도 있다. 집단 형식의 커뮤니티(community)화에 대해서 여러 가지 시도가 행해지고 있지만 총체적으로는 집합주택 단지의 설계를 다시 고치기는 할 수 없다고 말해도 좋다. 하루하루 생활의 실감에 입각한 아방(avant)・커뮤니티(community)의 재설계. 거기에 식탁을 어떻게 꾸밀 것인가를 생각해 간다. 이 식탁은 어디로 가야할까를 갈팡질팡 지켜보는 객관적 입장으로부터의 벗어난다. 식탁의 행방, 그 위치와 형체를 창출하여 가는 시험이다. 그 원위치와 원형이 중국 가촌의 커뮤니티(community)의 길가에서 나에게는 보여졌던 것이다. 커뮤니티 키친의 가능성을 탐구하여 가는 것은 예의 담력 좋은 아주머니 존재도 포함해서 식탁의 행방을 「정한다=창출한다」라는 과제에 있다고 나는 생각한다.

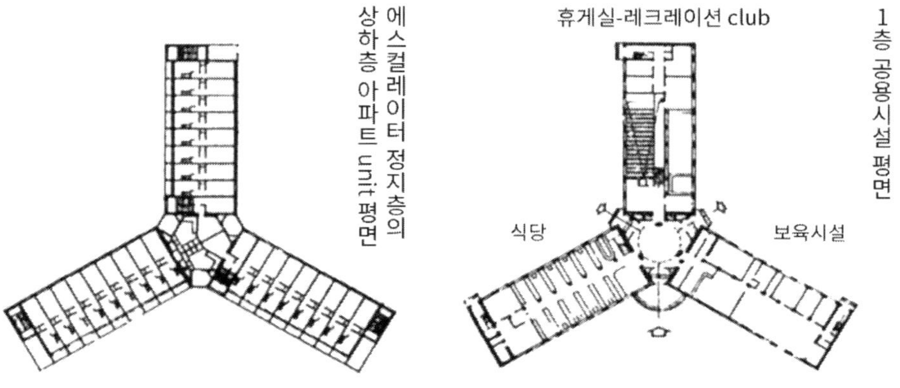

<그림 2> 공동 식재료 조달 서비스와 보육 서비스인 커뮤널 하우스(communal house)
(소련 k・이와노프, k・테레킨, P・스모린 설계)
「1920년 소련에 세워진 것, 공동 주택 내의 한 가구분의 구획은 메조넷으로 3층마다 있는 낭하를 통해 각 집에 도달할 수 있다.」

[그림 2 · 3 앞에 서술한 Dolores Hayden 「가사 대혁명」에 의함]

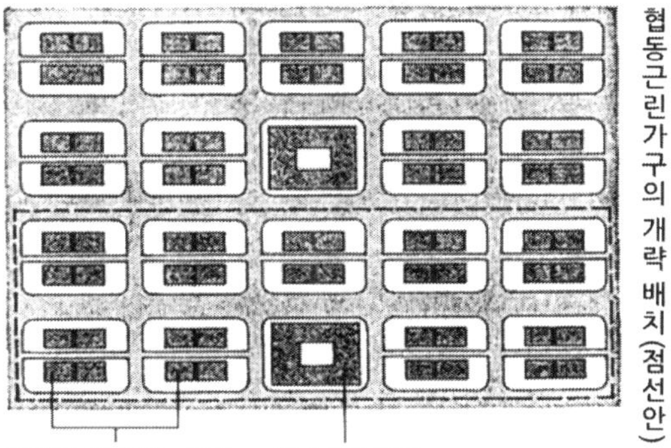

<그림 3> 지역 커뮤니티와 네트워크 하는 예

지역 커뮤니티의 네트워크를 살려서 공동 보육, 공동 가사시설을 운영하고자 하는 키친레스・홈(kitchenless・home)이 1920년대에 미국의 부인 해방운동에서 제안하였다(메루지나(メルツナ)・훼이(フェイ)・바-스(バ-ス)의 기술을 근거로 보루젠손(ボ-ルジヨンソン)이 그림으로 하였다).

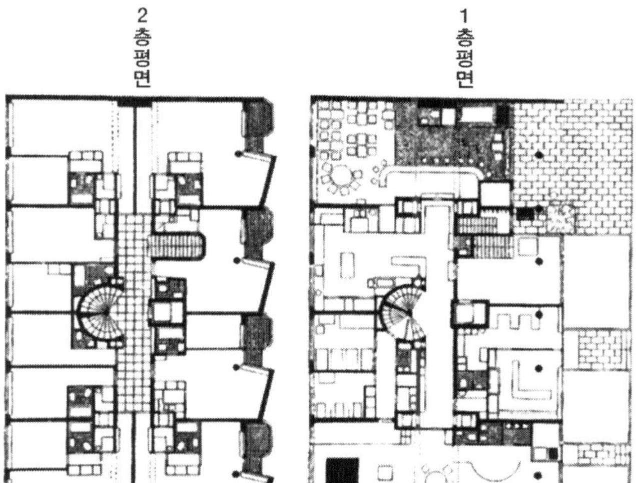

<그림 4> 자녀 양육이나 가사 노동의 상호 부조를 지향하는 collective house의 예
(스벤・마루게리우스, 아루바・뮤루타루에 의해 1935년 스톡홀름)

「1층에는 레스토랑과 보육 공간이 있다. 요리 운반용 리프트로 각 실에 식사가 제공될 수 있도록 되어 있다. 2층에는 스튜디오와 사무실로도 이용할 수 있는 개실이 잘 설계되어 배치되어 있다.」

도로레스(トロレス)・하이덴(ハィデン) 1991 「american dream의 재구축 – 주택, 가사, 가정생활의 미래」 野口美智子 외(역) 勁草書房

VII. 식탁의 생태학(ecology)

한 마을의 전원 공동 조식(早食)을 인민공사 시대부터의 흐름이라고 앞에서 말했다. 노동 절감, 연료 절약, 식재료 유효 이용의 면에서 보면 공동취사는 유리하다. 이 마을의 인구를 가령 500인, 200세대로 보고, 각 집에서 조식을 만들면 길게 200~300시간 걸린다. 힘 좋은 아주머니 10사람이 매달리면 20분의 1이면 끝난다. 200의 부뚜막(아궁이)에 불을 피우면 1개의 큰 부뚜막(아궁이)으로- 연료의 소비도 두 자리 수의 차이가 있다[42].

일본에서도 제2차 대전의 전시 중, 마을 내의 모임이나 부인회가 공동취사에 발을 끊은 일이 있다. 다만 식료 사정이 최악이었기 때문에 음식 나눔, 분배를 둘러싸고 음침한 다툼이 끊이지 않아, 커뮤니티 키친은 불쾌한 인상밖에 남지 않았다.

그러나 식료만큼 빠질 수 없는 현재에 있어서도 커뮤니티 키친은 생태학 관점에서 보면 크게 유효하다. 장점은 경제, 효율뿐만이 아니다. 여러 가지를 먹을 수 있고, 그리고 대량 조달해서 바로 조리하기 때문에 신선하면서 많은 양을 익히니까 맛이 있다.

이콜로지(ecology)-의 말뜻은 이코노미(economy)와 거의 동의한 것이다. 이코노미(economy)라는 것은 어떤 권역을 다스리는 분별 있는 태도를 말한다. 그 이코노미가 다만 금전에 관한 방법만을 말하는 것처럼 되어 이코노미의 본래 뜻이 원래 갖고 있던 그 정도와 깊이를 잃어버렸다. 거기서 「economy의 학(學)」인 이콜로지(ecology)의 말이 economy의 대용어(代用語)로 채용되어진 것이다. 그 의미에서 공동취사와 공식(共食)의 잔치는 economy이며 ecology이었다. 그것을 한 가지 방식으로 보여준 가촌의, 끈으로 졸라매기에 적당한 위치에서 목격한 한 마리 말의 뼈와 가죽을 분별하는 방법을 끝까지 연구하였다.

여기에서 도살된 한 마리 말, 아침에 취득했기 때문에 신선도는 이 이상 없다. 유통코스트는 그런대로 제로이기에 경제적이다. 분량은 50식탁을 가득 채우기에 필요 충분하다. 내장도 끓여서 남게 하지 않았던 것 같다. 가로의 끝에서 도살하여 대문 안에서 끓이고 길가에서 먹어치워 버리기 때문에 냉장고, 냉동고에서 나오는 경우가 없다. 이것이 분별 있는 방법이다.

아 냉장고 없이, 냉장고의 백업(back up) 없이 차려진 식탁은 싸고, 맛있으면서 건강해 보였다. 이튿날 나는 마을 걷는 것을 일단락 짓고 붐비는 도시 안순시(安順市)로 갔다. 자유 시장에서 중개인이 여러 가지 식재료를 운반해 오고 있었다. 그런 거리의

42) 제4권 所収, 졸고 「부엌일의 구도, 부엌이라는 공간-거기에서 일어난 일」 89쪽, 각주 "10만인의 카레를 만들다" 를 참조

구석을 지켜보면서 카메라를 찍으면서 관찰하였다. 갓 거두어들인 채소도 맛있어 보였고, 살아 있는 닭을 죽농(竹籠)에 넣어서 운반하고 있는 것도 납득되었다. 팔고 남으면 운반해 돌아와 풀어주면 된다. 고기로 팔다 남으면 냉장고가 필요하다. 도살한 돼지를 급하게 운반하고 있는 청년이 있다. 이것은 오늘 중으로 팔아야 되기 때문이다.

① 아침 자유 시장으로 향해서 계속해서 근교 농촌에서 아침에 캐온 채소를 운반해 오고 있다.
② 포장지도 비닐・랩도 없이 벌거숭이 먹거리가 거래되고 있다.
③ 집오리, 닭은 살아 있는 채로 운반한다. 대바구니 코 같은 농(籠)에 넣어서, 팔고 남으면 묶어서 돌아가 풀어준다. 여기에서 냉장고가 나오는 일이 없다.
④ 고깃집이면 대형 냉장고가 심볼(symbol)이라고 생각했으나 뜻밖에도 어떤 장비도 없는 노천상. 30만 인구 정도의 소도시 안순에서는 냉장고 없이 도시 생활이 이루어지고 있는 것이다.

<사진 6> 안순(安順)시의 자유 시장

상당한 규모의 도시에서도 냉장고, 냉동고 없이 식탁은 충분히 차려질 수 있음을 알았다. 그런 식으로 냉장고, 냉동고를 거치지 않고 바로 먹는 편이 건강하고 맛있다.

먹으며 생활한다고 하는 시점에서 도시를 설계하여 바로 잡아 가는 것이 식탁의 장래의 결정적 방법이다. 냉장고가 필요 없는 마을 만들기. 그것이 식탁의 재건에는 필요한 수속(手續)이다. 그래도 그것은 상당히 다행한 것이다.

VIII. 또 하나의 커뮤니티(community · kitchen)

화제를 싹 바꿔 현대 도시의 동경에서 먹으면서 다니는 구루메(グルメ)로부터 「여자 주방에 들어가다」(남자도 좋지만)로 진전하고 있던 부인연맹의 한 단체를 나는 관찰하였다.

맛있는 것을 먹기 아주 좋아하고, 요리도 아주 좋아하는 부인들이 작당하여 「먹으면서 다니기」의 비용을 염출(捻出)하기 위해 소수인의 특별 훈련의 요리교실을 시작한 것이다. 조그마한 「작은 술집(bistro)」정도의 키친이 구비된 장소를 빌려서 좀 넓은 부엌과 식탁을 갖추었다. 각 집의 키친은 지금의 주택 사정으로 각 집이 형태만의 키친에 지나지 않기 때문에 「본격적 요리」가 되려면 좀 어떻게 할 수 없다. 교실의 부엌은 충분한 식재료의 취급, 팔이 떨린다. 요리교실에서 얻은 돈은 「연구 여행」에 사용한다. 京都 ○○○집에 가서 무엇을 먹자, 규슈(九州)의 어디어디에 가서 어떤 것을 먹자. 나온 김에 도자기 시에 가서 마음에 든 식기를 잔뜩 들고 오자. 그러한 즐거움의 시스템을 만들고 있는 것이다.

간혹 나는 업무 중개인(仲間) 한 단체를 우리 집에 초대하여 식사를 대접하게 되었다. 그러나 우리 집은 좁은 데다가 키친이 한 간 반(2.9m)이고, 지금 세상 풍으로 어떻게 할 수 없다. 거기서 주목한 것이 「여자 주방에 들어가다」의 한 단체가 갖추고 있는 부엌. 그곳에 손님을 동행해서 우리 집 주부를 중심으로 그 중개인(仲間)에게도 도움을 받아 저녁 한 끼의 잔치를 열었다.

부엌 장비는 완전하게 갖추어 있어서 충분하게 맛있는 것을 만들었고 식기도 즐비하게 늘어 놓은 것, 그리고 식탁도 열 사람 정도가 넉넉히 둘러앉을 수 있는 장방형의 이로리(囲爐裏)의, 로연(爐緣)식탁[43]. 평범한 서민이 무리해서 살고 있는 아파트, 맨션에

43) 로연식탁(爐緣食卓) - 야마구치(山口) 조어(造語). 야마가다(山形)현의 산골에 맛있는 메밀(蕎麥)이 있다고 듣고 들렀다. 원래 물레방아(水車)로 가루를 내리는 방앗간으로 芽葺キ의 민족이었다. 대문을 끌어당겨 봉당(土間)에 발을 들여놓자 연기가 눈에 배었다. 이로리에는 불을 사르고 있기 때문이다(이로리의 리자는 방언에서 온 차자(借字)이기에 이하 이로로 한다.) 불러들여서 앉

서는 이정도의 대접은 할 수 없다.

그렇다고 해서 상업 베이스(base)의 레스토랑, 작은 술집에서 드는 정도의「접대비」를 쏟는 것은 아니다. 요리를 하는 것은 우리 집의 주부와 중개인들 뿐, 그 중개인도 손님도 함께 먹고 즐기기 때문에 인건비는 불필요. 장소 대여도 무료, 식재료의 원가뿐.

말해 보면, 이것은 옛날에「본가(本家)」에서 모임이 있으면 친척 총출동으로 부엌일을 처리하였던 그 현대판인 것이다. 우리 집 키친에는 없고, 공유의 부엌도, 거기에 어울리는 식탁. 상업주의, 자본주의와는 별도의 공식(共食)의 시스템이기에 이것은 col. con. com.의 접두사가 의미하는 범위에서의 식탁의 코뮤니즘(communism)이라고 말하여도 좋다. 이것도 커뮤니티・키친(community kitchen)의 한 유형으로서 위치를 부여한다.

식탁의 장래, 그것은 식탁의 위치와 형태를 질문하는 것이다. 내가 목격한 중국 오지의, 어떤 가촌의 식탁 위치가 원위치(原位置)이며 생활・생산 공동체가 함께 먹는다. 이것이 식탁상의, 먹거리의 원형에서도 있었다. 먹거리의 형태는 변하고, 식탁의 위치는 유동을 시작하여 가정에서 확산하고 있다. 다만 확산하고 있었던 앞에서 식탁의 원형을 되돌려 집에서는 갖추지 않은 부엌과 식당의 형태가 실현되고 있는「여자 주방에 들어가다」커뮤니티・키친(community kitchen)에서 보았다.

여기에서 중요한 것은 그런 새로운 부엌의 위치와 형태를 창출한 것이, 맛있는 것을 먹고 싶다, 요리를 즐기고 싶다고 하는 일념에 이끌린 일단(一団)의 중개인(仲間)의 행

은 곳은 이로 가장자리다. 잠시 후 더운물과 차가 나왔다. 주전자도 탕탄(湯呑)도 이로의 가장자리에 놓았다. 더욱더 채소절임 접시도 이로의 가장자리에 놓았다. 이윽고 나온 메밀을 담은 조리대(笶)도 메밀 작은 접시도 이로 가장자리다. 이로는 좁아서 한 치 5푼(45mm), 보통 두 치(60mm), 넓은 것은 세 치(90mm)에 가깝다. 널빤지(板)의 틈(間)은 5푼(15mm)에서 8푼(24mm), 한 치(30.3mm) 정도이다. 아주 자연스럽지만 대(笶)나 작은 접시를 소반(板床)위에 놓지 않고 이로에 놓는 것은 약 한 치 높이에 있으면 소반보다 청정감(淸淨感)이 있기 때문이다. 조금 높이면 높은 편이 보다 청정하고, 조금 낮은 상면(床面)은 부정(不淨)하다. 마루좌석의 백성은 눈높이가 낮기 때문에 상면(床面) 가까이에서의 고저차(高低差)를 예민하게 포착하여 정(淨)・부정(不淨), 고귀와 하품, 성(聖)과 속(俗)을 느끼게 한다.

그러한 감각이 무의식으로 움직여서 이로 가장자리(爐緣)는 무엇인가 즐비하게 가지런히 놓인 것을 보고 나는 로연은 교묘하게 식탁을 완성했다고 생각하였다. 제4권14쪽「부엌도구박물관1」이로리(囲爐裏)」의 해설에 이상의 것을 짧게 기술하였다. 거기에 게재한 이로(囲爐)는 미야자끼(宮崎)현 미야고노죠(都城) 향토박물관에 복원되어 있는 것이지만 논지(論旨)와 완전히 합치하는 것으로 참고하기 바란다.「여자 주방에」에서는 이로가장자리(爐緣)는 여섯 치(180mm)에 바탕을 두었지만 이로가장자리(爐緣) 식탁의 독특한 개성에서 멀어져버린 것이다. 조금 넓이가 과하다고 생각한다. 물론 식탁 기능으로서는 더할 나위 없이 넓으면 안심하고 어지르면서 먹을 수 있다. 필자 야마구치(山口) 는 이제야말로「가정의 식사 공간」전문가이다. 본 강좌 4권『가정의 식사 공간』의 책임편집을 담당하여 호언장담하여 좋다 라고 하는 것은 당연하다. 전문가로서「미래 (본래) 식탁의 치법(寸法)?」이라고 질문하면「장변(長辺)은 얼마라도 좋고, 단변(短辺)은 다섯 치(寸)면 충분하다」.

동이다. 라는 것이다.

이제부터의 식(食)의 문화를 식탁에 어떻게 꽃피워 팔까는 이 문화적 식욕 본연의 자세에 걸려 있다. 본 강좌를 쓰기 시작한 세대는 총감수의 이시게(石毛)를 비롯하여 이 원고의 필자 야마구치(山口)도 제2차 대전의 직전・전쟁 중・패전 직후 태어나 기아 체험의 세대로, 성장 발육은 먹는 것에 대한 생리적 욕구가 머리에서 떠나지 않았다. 이 세대가 먹는 것에 해금을 맞이해, 마구 계속해서 먹는 포식 시대의 중심 세대가 되었다. 그 포식의 반성으로서의 문화적 식욕 재건으로의 노력이 이 강좌의 추진력이 되고 있다라고 보아도 좋다. 문제는 태어나서부터 먹는 것에 고생하지 않았던 젊은 세대는 먹는 것에 대한 집착심이 희박한 것이다.

건전한 식욕이 건전한 식탁을 갈고 닦아 식욕의 전도, 그 식탁의 장래를 정하는 결정적 요인인 것이다.

식욕의 상태가 불분명하면 식탁 장래는 불분명.

반대로 식(食)의 생리적 욕구의 메커니즘은 거의 해명되어있다고 보아도 된다. 그래서 문화적 식욕에 대해서는 그것이 어떤 요인에 의해서 성립되어 있는가. 그러나 정면으로는 해명되어 있지 않다. 食의 생리적 욕구를 충족시키는 데 식탁은 없어도 좋다. 문화적 식욕의 재건이 식탁의 위치와 형태를 결정하여 간다. 이를 위해서 식욕의 구조를 해명하고, 재건의 방향을 정하는 것이 우선의 과제라고 생각한다[44].

중국의 한 가촌의 200m에 이르는 식탁의 방열에, 나는 이런 대과제를 상념한 일이 있었다.

44) 식욕의 구조에 대해서는 『식욕의 구조』(1999년, 식생활정보센터 발간)가 있다. 平成 10년도・식생활 유형화 평가분석사업(농림수산성 식품유통국)의 일환으로서 (財) 식생활 정보 서비스 센터가 위탁을 받아 검토위원의 山口昌伴이 GK디자인기구・GK도구학연구소에서 미리 마련한 분과회에서 행했던 연구.
제1부 「과제로의 어프로치(approach)」에 이어서 제2부 「식욕의 구성요소」에서는 직업인의 히어링(hearing)에 의한 키워드 추출을 행하였지만 이시게(石毛直道) 선생의 다이얼로그(dialogue)에서는 화제의 중심이 된 "식욕과 성욕의 애널러지(analogy)"를 보고하였다.

제6장 여성의 의식(意識) · 역할의 변화와 식(食)
- 식(食)의 변화를 젠더(gender) 시점(視點)에서 읽다

미사키 케이코(見崎惠子)

I. 식(食)과 성(gender)

식의 변화 · 장래를 여성의 의식 · 역활의 변화와 연관하여 고찰하는 것은 대부분 위화감 없이 받아들여진다. 식생활의 변화 요인을 검토하는 많은 저술은 산업 구조, 국민 소득, 세대 규모나 구조 등과 함께 틀림없이 「기혼여성의 고용화」, 「여성의 실질 임금률」, 「주부의 의식」을 내세우고 있다. 남성의 고용 자율이나 의식은 왜 문제가 되지 않는가, 거기에 대해서 설명하지 않으면 안 되는 것은 전혀 생각하지 않는다.

그렇게까지 식(食)과 여성과의 관계는 어떤 의미로 자명시(自明視) 되어 왔다. 여기서 자명시 된 것은 여성=가족의 「조리 주체」라고 하는 관계이다. 식생활은 가족(내지 세대)을 단위로 해서 영위해 그 「조리 주체」인 여성이 가족원을 위해 매일 식사를 준비하는 것이라고 생각해왔기 때문이다. 이 자명시(自明視) 되어 온 관계의 붕괴에 대한 「위기감」이 현재 식(食) 논의에 있어서 「여성의 의식 · 역활」에 주목되어 있다고 말해도 좋다. 이러한 논의에서는 처음 왜 여성이 「조리 주체」인가는 묻지 않는다. 더욱더 「조리 주체」가 된 여성의 식(食)이, 그렇지 않은 남성과 어떤 차이가 있는가, 식(食)은 남성 · 여성의 생활에 있어서 어떻게 위치를 매겨서 사회는 거기에 어떤 의미를 부여하고 있는가 하는 질문도 생기는 일은 없다.

그러나 식(食)에 관한 사회학적 연구가 명백해진 것처럼 식(食)은 사회학적 모든 관계・사회 구분을 상징하여, 사회적 상태(status)나 사람과 사람의 관계에 관한 메시지(message)를 옮기는 것이고, 그러한 것으로서 일상 수준에서 사회 질서를 재생산한다고 하는 측면을 강하게 갖고 있다. 그렇게 이 사회 질서는 인종이나 계급과 나란히 gender[45], 즉 남성・여성의 「사회적 성별」을 중요한 구성 요소로 한 것은 근년의 페미니즘이 확실히 강조해 온 일이다. gender 질서는 모든 개인의 일상 수준에서의 언동부터 사회 제도에 이르기까지 모든 수준을 관철하여 구축되어 유지・재생산되고, 확실하게 「식(食)」은 이 질서의 일익을 담당한 것이다[46]. 「식(食)은 문화이다」이나 그 [문화]는 gender화 되어 있는 것이다.

II. 식(食)의 성(gender) 구조

「식(食)」은 원재료의 생산(농업 등)부터 최종 단계로서의 개별 소비에 이르기까지 긴 과정(process)를 갖고 있다. 공업화 사회에서 이 과정이 점점 길어지고 복잡하게 되어 있는 것이 가끔 지적되고 있다. 이 식(食)의 과정 전체에 있어서 gender가 작용하고 있다. 농업 또는 산업화된 가공 과정(식품제조업)이나 유통 과정에 걸쳐 gender 분업은 역사적인 발전 과정을 포함해서 최근 수년 분명해지고 있다. 산업화・공업화는 식(食)의 전통적인 gender 분업을 유지・강화하고, 또는 반대로 개변하는 사례가 보고되고 있다[47]고는 하나 이 산업화된 식(食)의 과정에 있어서 gender 구조는 보다 넓은 취업・고용의 문제에 관계하여 고찰할 필요가 있으며, 여기에서는 그 지면은 없다. 본

---

45) 「gender」는 원래 문법상의 성(性)을 나타내는 용어이지만, 1960년대 이후 제2파 페미니즘(feminism)의 흥융(興隆)속에서 생물학적 성(性) 「섹스(sex)」와는 구별한 「사회적으로 만들어진 여성스러움・남성스러움」을 나타내는 것으로서 사용되게 되었다. 최근에는 「스러움」의 내용 그것이 아니고 인간을 「남/여」로 구분하는 사회적으로 편성된 인식과 규범으로서의 「성별」을 「gender」라고 부르고 있다. 「gender」에 관해서는 문헌 (7)과 (20)을 참조하기 바란다.

46) 식(食)의 gender - 구조를 체계적으로 파악한 저술은 아직 일본에서는 보이지 않는다. 구미에서는 프랑스의 페미니스트(feminist), 델피(delphi) 에 의한 가족내의 소비격차의 논고〔문헌 6〕에, 이어서 정리된 연구로서 영국의 사회학자 N.Charles와 M.kerr의 공저가 출판되어 있다.〔문헌 (3)〕 후자의 저술은 계급차를 고려하지 않은 가족의 권력구조(가부장제)가 가족의 식(食)과 어떻게 관련되고 있는가를 상세한 면접조사를 바탕으로 진술한 것이다. 이 저술의 결론을 수정보완한 조사연구도 다른 연구자에 의해 이루어지고 있다.〔문헌(14)등〕 또 gender와 식(食)을 명목으로 내세운 최초의 저술이 출판되었다.〔문헌(5)〕

47) 예를 들면 전통적으로 여성의 일로 되어있는 버터 만들기가 공장생산화 되고, 한편 그 기술이 고도화함에 따라 남성의 일로 변화하고 있음이 스웨덴을 사례로 보고되고 있다〔문헌(19)〕.

고에서는 식(食)의 〔소비〕 단계, 소위 「식생활」로 해서 커버되는 과정에 초점을 맞추어 gender 구조를 탐구하는 것에 그친다.

2.1 식물 소비(食物消費)와 성(gender)

그럼 이 소비로서의 식(食)의 활동에 있어서 gender는 어떻게 관계하고 있는 것일까.

첫째 소위 「식물(食物) 소비」에 있어서 gender 구조, 무엇을 어느 정도 소비하는가라고 하는 점에서 남녀의 차이가 있다. 이것은 우선 「식품→영양섭취」라는 수준에서 생각할 수 있다. 「소요량」이라고 하는 것에 남녀 차이가 있고, 먹는 양도 남녀 차이가 있다고는 하나 식품별로, 영양소별로 남녀가 실제 어느 정도의 양을 섭취하고 있는가는 틀림없이 충분하게 명확한 것은 아니었다. 「국민영양조사」는 개인단위의 조사를 도입해서 성별, 연령에 따라 영양섭취 상황의 차이를 명확하게 한 것은 겨우 1995(平成7)년의 조사부터이다. 식품군별로 본 남녀 차이의 하나의 보기를 <그림 1>에 정리하였다(30세대를 보기로 남녀차를 나타냄).

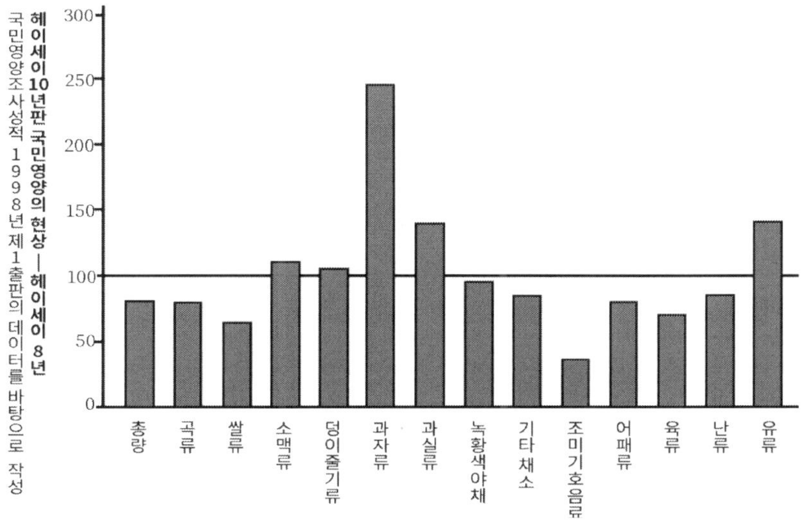

<그림 1> 식품군별 섭취량 30~39세의 남녀 격차

(남자를 100으로 한 경우의 여자 섭취량)

이러한 식물(食物) 소비의 남녀 간의 차이는 당분간 생물학적 · 신체적인 차이에 바탕을 둔 것이라고 생각한다. 그러나 여기에서 나타난 차이는 어디까지 「생물학적 사실」에 의해 설명할 수 있는가는 의문이다.

여성이 밥을 많이 먹지 않는 것은 여성의 신체가 남성에 비하여 많이 요구하지 않기 때문에 또는 여성이 한결같이 노동량이 적기 때문이라는 이유로 설명하기에는 충분하지 않다. 차라리 「여성은 많이 먹지 않는다」라고 대부분 상식화된 규범의 존재를 고려할 필요가 있다. 여성의 작은 밥공기는 그 상징이라고 말할 수 있다. 몇 번이고 바꾸면서 「보고 있어도 기분이 좋다」고 말하는 것은 남성, 남자아이에 대해서이며, 여성, 여자아이에 대해서는 없다. 「여자 밥 세 공기」는 「여성스러움(女性性)」의 규범에 어긋나는 것이다.

이 「식품→영양섭취」에 있어서 남녀 차는 사회적인 「남성/여성 규범」과 관계가 없는 것은 최근 수년 문제로 되어 있는 「다이어트」를 생각하면 안다. 「헤이세이(平成) 8년(1989)도 국민영양조사」의 결과에 따르면 20대 여성의 44.1%가 「마름」에 분류되어 있으며, 11.1%가 다이어트를 실행하고, 곡류와 채소류 섭취가 감소하고 있다고 한다. 여기에서 섭취량이 적은 것은 분명히 생물학적인 요인, 신체의 대사, 작업의 경이도(輕易度) 등과는 무관하다.

여성들은 무리하게 먹지 않는 것이다. 거기에는 여성들이 「여성스러움(女性性)」에 사로잡혀 있다. 「여성=아름다움=슬림한 몸」의 규범의 시작으로 자신 스스로 신체가공을 통해서 자기실현・행복 추구를 기도하는 것이고, 주체화의 거부 내지 좌절에서 지방을 빼는 것이며, 많은 여성이 「먹거리」와 양면가치(ambivalent)인 관계를 지니고 있다[48]. 「먹는 것→영양섭취」는 「건강」의 기본으로 「먹는 즐거움= 구루메」가 선전된 현대에 있어서 건강을 해치면서까지 먹는 것을 제한하려고 하는 여성의 활동이 초등학교 여자아이에게까지 퍼지고 있는 현상에 유의하지 않으면 안 된다[49].

2.2 남자의 먹거리・여자의 먹거리

무엇을 먹느냐고 하는 점에서는 「식물(食物)」 자체가 gender-색을 갖고 있는 점도 묵인하지 않는다. 확실하게 통사회(通社會)・통역사적(通歷史的)으로 「남자의 먹거리」, 「여자의 먹거리」가 이것이라고 정해져 있는 것은 없다. 그렇지만 대부분 사회에서 gender에 따라 배당된 먹거리가 있는 것은 인류학이나 민속학 등의 조사연구에서 모두 지적해 온 것이다[50]. 현대 일본에서는 이전에 「여자들의 먹거리」로 된 「달콤한 것」(물론 이것을 단순히 「전통」이라고는 말하지 않지만)을 「사내대장부」가 먹는다 등, 구

48) 젊은 여성들에게서 보이는 두드러진 다이어트 지향, 섭식장애에 관해서는 최근 수년 많은 논고가 보이지만 gender-시점(視點)에서 일어난 대표적인 것으로서는 [문헌(1)] 이 있다.

49) 「다이어트에 쏠리는 여자 초등학생」『AERA』 1998년 5월 25일호

50) 예를 들면 이시게(石毛) [문헌 (10)] 는 동아프리카의 한 수렵・채집민족이 큰 동물 고기의 부위에 따라 남자의 고기, 여자들에게는 금지된 고기가 있음을 보고하고 있고, J.Coody [문헌 (10)] 는 개고기가 여성에게 금지되고 있다(개는 수렵에 관여하므로). 가나 북부의 조사 사례를 쓴 것이다.

분이 요동하고 있는 것처럼 생각되지만 그것이 완전히 없어진 것만은 아니다. 앞에서 본 바와 같이 「과자(菓子)」의 소비는 여성에게서 높고, 다른 쪽 일상에서 술을 마시는 것은 압도적으로 남성이다(그림 2)

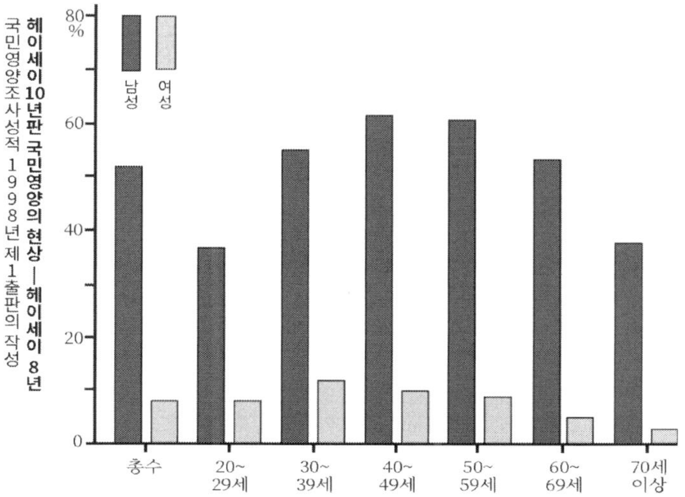

<그림 2> 음주 습관자의 비율(성별 · 연령 별)

한편 식품산업이 시장을 개발하여 세분화 · 차별화할 때 성별 구분을 활용하여 새롭게 「남성색」「여성색」을 부가하는 경우도 많다. 이점은 식품의 광고 · 선전을 보면 꽤 분명하다. 식품의 영양가나 맛도 높이면서 먹는 사람, 먹는 상황과 함께 남성 · 여성 이미지가 강조된다. 뉴스를 배경으로 땀을 흘리면서 차 물말이 밥을 「급히 먹는」 것은 역시 남성이며, 천사와 함께 과일을 먹는 것은 귀여운 여자아이가 아니면 안 되는 것이다.

2.3 식사 형태와 성(gender)

두 번째로 식사의 성 구조라고도 할 수 있는 차이가 있다. 언제 어디서 어떤 식으로 누구와 함께 식사를 하는 것인지(하지 않는 것인지) 하는 점에 관련된 남녀 차이다. 이것은 이미 설명했던 음식 소비의 차이나 다음에 나올 식사 준비, 서비스 제공에 있어서의 차이와도 밀접히 관계가 있지만, 단적으로 말하자면 사회에서 「남성과 여성의 지위」「남성과 여성의 직업」「남자다움, 여자다움」등과 불가분의 관계이다.

성에 따른 공간 분리가 철저한 사회라면 남성과 여성이 같은 장소에서 식사하는 일은 별로 없다. 최근에는 크게 변화하고 있다고 말하지만, 과거의 이스라엘 사회, 중국이나 한국에서 이와 같은 분리가 있었다고 한다. 이 성 분리에 다시 세대 구분이 더해지고, 식사 내용이나 서비스 차이를 포함하여 같은 집 안에서도 식사의 사회적 신분 계급 제도가 출현하고 있는 사례도 보고되고 있다[51]. 거기까지 가지 않더라도 농촌 주부들은 식탁에는 절대 앉지 않고, 선 채로 식사를 하는 것이 보통이었다는 것이 19세기 프랑스 농촌을 사례로 지적되고 있다.[52]

「가족이 같은 식탁에 둘러앉는다」는 것이 일반화된 현대 일본과 같은 사회에서도 식탁 형태에는 남녀 차이가 있다. 「여성은 가정, 남성은 일」이라는 성 역할 분업이 뿌리 깊은 일본에서는 여성은 가정 내에서, 아이들 등과 같은 가족들과 함께 가정에서 준비한 저녁 식사를 하는 경우가 많으며, 그에 비해 남성들은 직장에서의 식사, 「인간관계를 위한 식사」를 외식으로 취하는 경우가 많아지고 있으며(그림 3), 이것이 보통 일반적으로 인식되고 있다. 규칙적으로 식사를 하는지 어떤지에 관해서까지 남녀 차이가 확실하게 보여 지고 있으며, 20대 남성의 세 명 중 한 명은 「결식(缺食)이 많다」(1996년도 국민영양조사)

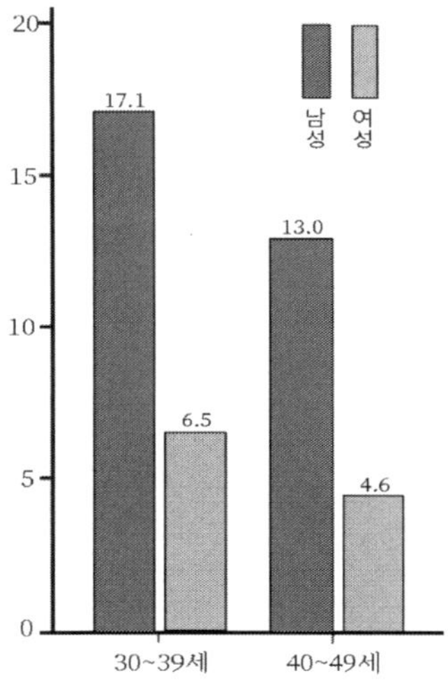

<그림 3> 저녁 식사 외식 비율의 남녀 차 (30대와 40대)

51) 이시게(石毛)[문헌(11)]에 의하면 한반도의 주부들은 제일 처음에 은퇴하여 별당에 사는 조부모와 사랑(舍廊)에 있는 남편(가장)에게 식사(최고의 반찬들이 곁들어짐)를 가져가고, 식사가 끝나면 별동(別棟)에 있는 남자 아이들에게, 그 이후에 내당의 딸들에게 식사를 가지고 간 후 모두가 식사를 마친 후 본인의 식사를 했다고 한다.

52) 말치누 세가레누[문헌(18)]는 여성이 식탁에 앉지 않는 것은 여성의 낮은 지위를 나타내는 것이 아니라, 노동 역할 분담의 한 형태에 지나지 않으며, 주부들은 제대로 역할을 다하고 있는 것에 자부심을 가지고 있었던 것일 것이라고 말하고 있다. 이것은 확실히 있을 수 있는 말이지만, 주인을 섬기는 노예도 또한 자신들의 역할을 다하는 것에 자긍심을 지니고 있었을 것이라는 것과 같은 이치이다.

젊은 특히 독신 남성이 「제대로 된 식사를 하고 있지 않다」라는 조사결과가 나왔다고 하더라도 많은 사람은 놀라지 않는다. 왜냐하면, 「식사의 배려」를 하는 것은 적어도 현대 일본에서는 「남자다움(남성의 성)」에는 포함되지 않기 때문이다. 어쨌든 그들의 아내인 여성들은 남편을 위해서 「정상적인 식사」를 준비할 것이라 여겨진다.[53] 이 점, 즉 음식 만들기 서비스 제공에 있어서 성의 구조가 음식과 성과의 관계에서 제3의 문제이며, 가장 자주 거론되고 있는 관계이다.

2.4 음식 만들기의 젠더

소비로서의 음식에 대한 활동은 가족을 단위로 하는 소비생활(노동력재생산)이 사회의 기본이 되고 있는 한, 가족을 위해 가족 내에서 사적으로 행해진다. 바꿔 말하면 「가사노동」으로 이루어진다. 그리고 이 가사노동이 압도적으로 여성(주부)의 일과 책임이 되고 있는 것은 주지의 사실일 것이다. 경제기획처가 발표한 「1996년의 무상노동 화폐평가」(1998년 5월)의 시간 데이터[54]에 의하면, 15세 이상 하루 일인당 취사시간은 여성이 1시간 18분임에 비해 남성은 2분에 지나지 않았다. 음식을 둘러싸고 여성의 역할이나 의식의 변화가 문제가 되는 것은 무엇보다 우선 이 '가족의 음식'의 책임자로서 여성이 위치를 담당하고 있기 때문이라고 볼 수밖에 없다.

요리를 만들어 서비스하는 일이 여성의 역할로 인식되고 있는 것은 가족을 중심으로 하는 사적인 영역에 한정하는 것에 다시 한 번 강조해 둘 필요가 있다. 왜냐하면, 산업화된 영역에서의 「조리와 서비스의 주체」, 특히 그 중요한 역할은 남성이 담당하며 (요리사 등), 「조리」와 「음식 서비스」의 노동 내용 그 자체가 여성의 몫이 되고 있는 것은 아니기 때문이다[55].

---

53) D.Kemmer, et.al [문헌(14)]은 결혼 내지 동거를 시작한 것으로 남성들이 식생활이 개선되었다고 하는 사람들이 많은 점을 지적하고 있다. 그들은 규칙적인 식사와 균형에 맞는 식사가 이뤄졌다라는 것과 함께, 테이크아웃 음식과 지방 많은 식사나 알코올 소비가 줄었다고 대답하고 있다. 여성들은 '개선'되었다고 대답한 사람은 '두 사람을 위해 요리한다'와 같이 식사 내용 등이 좋아졌다고 말했다.(pp. 64-65)

54) 「1996년도 사회생활기본조사」(총무청)의 생활시간 조사결과를 기초로 하고 있는데, 이 조사에서는 가사시간의 내역을 확실히 하기 위해 「국민생활시간조사 1990」(NHK)의 가사내역 시간 비율을 기본으로 배분했다고 여겨진다. (경제기획처 경제연구소 국민경제계산부 (편) 1997 『당신의 가사의 가치는 얼마입니까? 무상노동의 화폐가치에 대한보고』大藏省인쇄국 p11).

55) 물론 시장 서비스로서 제공되고 있는 것이 「남자의 음식」인지 「여자의 음식」인지에 따라 차이점도 보인다. D.S.Cobble [문헌(4)] 은 미국의 음식 서비스에 있어서 성의 구조를 「술」을 다루는 것을 둘러싼 웨이터와 웨이트리스의 1세기에 걸친 「항쟁」으로 관련지어 논하고 있다.

III. 주부 노동으로서의 음식 만들기

3.1 가사노동의 변화

여성(주부)이 담당하는 「가족을 위한 음식 노동」은 「노동(작업)」이라는 측면에서 보면 상당히 큰 변화가 있었다. 즉 「노동 대상=식재료」「노동 수단=조리도구 등의 부엌 시설」 역시, 음식에 관련된 테크놀로지의 발전에 따라 반세기 동안 변해왔다. 이 강좌의 다른 논문에서 밝히고 있듯이 부엌의 「근대화, 합리화」, 식재료의 가공품화나 제품화된 상품의 진행에 따라서 예전에 중노동이었던 것들이 경감되어 노동의 「생산성」도 눈에 띄게 상승했다.

그럼에도 불구하고 이 생산성의 상승에 걸 맞는 형태로 음식 노동의 시간, 수고가 대폭 삭감된 것은 아니다.[56] 가족의 음식 노동은 사람이 적기 때문에 메뉴를 정하고 재료를 구입, 조리하고, 식탁에 내고 나중에는 설거지와 뒤처리를 하는, 매일매일 반복되는 다품종 소량 생산형 노동이므로, 원래 「합리화」에는 한계가 있으나, 그 이상으로 중요한 요인은 음식에 한하지 않고 보여지는 최근의 가사노동의 「수준의 상승」에 있다.

전후 고도 경제성장기를 거쳐서 음식에 있어서 일상의 고급화가 진행되어 일본풍, 서양풍, 중화풍으로 여러 가지 요리가 식탁에 일상적으로 등장하게 되었으며, 이에 맞춰 식기나 부엌용품의 종류와 가짓수도 또한 증가하고 있는 것은 이미 지적되고 있는 그대로이다.

이와 같은 「수준의 상승」에 관해서는 여러 번 이것이 여성의 주부 역할의 고집, 전업주부의 지위 보전의 계획에 의한 것이라고 논의되었다[57]. 확실히 일본에서 소위 「전업주부」가 대량현상으로 출현한 것은 고도 경제성장기부터 70년대 중반이다. 그러나 전업주부화의 움직임과 그 가사 전업에 의한 「마이홈 만들기」도 개개인의 생각이라기보다, 실질 소득 상승과 그것을 배경으로 한 사회적 소비 수준의 전반적 상승의 일 측면을 이루는 것이다. 게다가 생활의 변화와 이어져 형성되고 강화된 「가족, 가족관 및 여성관」이 있으며, 식품산업과 가전산업 등의 상품시장 확대 전략이 있다. 가족의 건강

---

56) 고도 경제성장기를 통한 「취사시간」의 단축이 이루어지고 있지 않는 것은 아니다. 이미 일본방송협회 방송여론조사처 『도설 일본인의 생활시간 1975』(1976년 일본방송출판협회)에서는 평일의 취사시간이 70년 3시간 2분에서 75년 2시간 49분으로 단축된 것을 보이고 있으며, 이것이 가전제품의 보급과 냉동식품이용의 확대에 따른 것으로 말하고 있다 (p.140)

57) 주부의 「계획」론으로, 우메사오 다다오(梅棹忠夫) 「처무용론(妻無用論)」 [문헌 (22)]이 가장 잘 알려져 있다. 이에 근거하여 일본 방송협회 방송여론조사처 『일본인의 생활시간 1970』(1971년 일본방송출판협회)는 1960년부터 가사시간이 오히려 증가된 원인으로, ①주부는 원래 가사를 좋아함 ②주부의 존재이유를 인정받아 안심한다 ③ 자유시간을 어떻게 사용하면 좋을지 모르기 때문에 한가로이 지낸다 ④ 가사와 여가가 혼합되어있다, 등을 들고 있다 (p142)

을 계속 신경 쓰면서 가족의 시간에 맞춰 가족들이 기뻐할 만한 것을 이것저것 갖추어 식탁을 장식하고 관리하는 「주부」, 그 「주부상(主婦像)」에 맞추어 식재, 식기, 부엌용품을 제공하여 주부상을 보급, 강화한 것이 최근의 식품산업이며 가전산업이었다.58)

이렇게 음식의 기술적 발전은 한편으로 개개인의 취사노동을 간략화하여 경감시키면서도 전체적으로는 여성(주부)을 가족을 위한 음식의 노동에서 해방시키는 일은 없었다. 오히려 주부의 음식 노동에 요구되는 수준의 상승을 초래하여, 여성 역할의 강화에 공헌했다고 할 수 있다.

3.2 성별 역할 분업과 식사 준비

1970년대 중반 이후, 여성의 사회 진출은 급속도로 진행되어 세계적인 여성운동의 확대도 있었으며, 「남자는 일, 여자는 가정」이라는 성역할 분업 의식은 현재 전체적으로 약화되고 있다. 특히 여성 40% 이상이 이런 생각에 반대하고 있다(1997년 총리부 조사). 그러나 전술했듯이 매일 가정에서의 조리는 거의 대부분이 여성에 의해 이루어지고 있다. 왜 여성은 지금 가족의 「조리 주체」의 지위에 머무르고 있는 것인가.

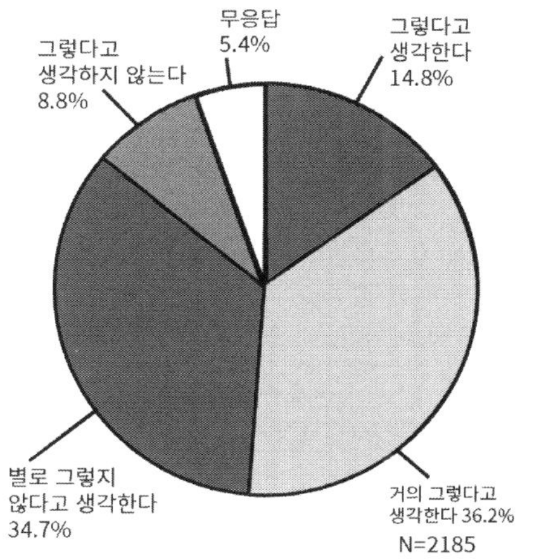

<그림 4-1> 가사는 평등하게 담당해야 한다
(대도시 거주 보통 세대의 20~69세 주부에게 물음)
(97년 9~10월 조사)

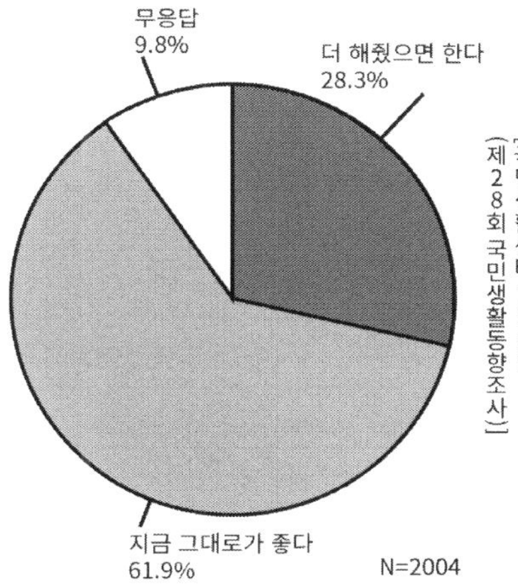

<그림 4-2> 남편이 더 도와줬으면 하는가
(식사 준비에 관해서)

58) 요시미(吉見) [문헌(24)]는 1950년대 말을 경계로 가전제품 이미지가 「생활 합리화의 수단」에서 「부인의 좋은 파트너」로 변화해가는 것에 주목하여, 『주부=여성』의 가정에서의 『주체화』가 가사 기술로 이어져 강조되고 있다」(p.152)라고 지적하고 있다. 전력화(電力化)되어진 「미국식 생활」과 주부 이미지의 연관에 관해서는 카시와기(柏木)[문헌(13)]가 언급하고 있다. 또한, 이런 가정 내 전력화와 가사의 「수준 인상」에 관해서는 우에노(上野)[문헌(21)]도 논하고 있다.

여성은 가사(취사)에 대해 「원래 하고 있었다」라고 아무 생각 없이 인식하고 있던 시대는 아니다. 실제로 「가사는 부부가 평등하게 담당해야 한다」라고 생각하는 여성이 조사 대상의 반을 차지하고 있다. 그럼에도 불구하고 다른 한편으로 많은 여성들은 남성(남편)이 실제로 매일 식사 준비를 평등하게 분담할 수 있다고 하더라도, 그렇게 해 주었으면 하고 진지하게 생각하고 있지는 않다(그림 4). 왜냐하면, 음식의 노동을 포함한 가사노동이 여성 쪽에 치우쳐 있는 것은 「수입 노동=직업 노동」이 남성 쪽으로 기울어져 있는 것과 세트를 이루고 있기 때문이다. 직장 그 외의 모든 제도가 성역할 분업 가족을 전제로 하여 구성되어 있는 한, 가정 안에서만 성별 분업을 바꾸기는 어렵다. 그런 의미로 1970년대 중반 이후의 여성의 직장 진출, 맞벌이화의 진행도 성별 분업의 원칙을 바꾸는 것은 아니었다는 점에 주의해야 할 것이다. 많은 여성은 남편의 피부양자의 지위에 계속 머무르고 있으며, 보조 수입을 얻는 정도의 일을 하고 있으며, 성별 분업은 여성 쪽에서의 「미조정 (微調整 마무리를 위한 약간의 조정)」에 의해 유지된 것이다.

물론 설령 보조 수입 노동이라고 하더라도 취업시간은 여성의 「제한된 시간」의 감소를 의미하기 때문에, 맞벌이 여성이 전업주부와 같이 음식 노동 시간을 확보하는 일은 매우 어렵다. 식품산업・외식산업이 제공하는 조리음식과 서비스는 이 부족분을 보충하여 가족의 음식 수준을 크게 떨어뜨리지 않기 위한 보조수단이 되어, 여성이 가족 음식의 담당자로서의 역할을 유지하기에 공헌한 것이다.

그러나 맞벌이화가 곧 「음식의 외부 의존」을 대폭 확대한 것은 아니다. 실제로 조리가 끝난 식품이나 도시락, 외식 등의 이용이 전업주부보다 일하는 주부, 특히 풀타임 직장 여성에게 반드시 의미가 크다고 할 수는 없다[59]. 여기에는 「가족의 음식」을 담당하는 것에 대해 「노동의 부담」을 운운하는 것은 다른 수준 의식이 작용하고 있다는 것을 엿볼 수 있다.

3.3 「가족에 대한 애정, 배려」로써 손 음식

다음 날 아침 10시, 약속대로 밖으로 나가서 거실을 지나갔다. 신문이나 잡지들이 좁은 마루를 점령하고 있었으며, 악천후였던 탓에 커텐 레일에는 빨래가 마구 걸려 있었다. 드디어 공간을 발견하여 앉은 테이블 위에는 슈퍼마켓에서 팔고 있는 음식물이

59) 국민생활센터(편) 『식품과 생활 근로자 세대의 저녁 식사 실태』(1984년, 光生館)에서는 가공식품의 사용경험이 가장 많은 것이 여성 파트타임 세대, 이어서 주부전업 세대, 그리고 여성 풀타임 근무 세대로 이어진다는 결과가 나오고 있다. 그러나 한편으로는 조리가 끝난 식품, 도시락의 이용도가 풀타임 근무, 파트타임 근무, 가사전업 순으로 높다는 조사결과도 물론 있다 (「남녀공동 참획사회(參畫社會)에 관한 여론조사」 1997년 9월 조사, 총리부 내각총리대신 관방공보실)

담긴 팩이 놓여 있었다. 잘라 말린 파와 톳조림, 우엉조림 등이 들어 있었다.

식은 보리차를 가지고 온 부인은 TV를 보면서 나의 조사에 응해 주었다. (중략) 갑자기 마루의 얇은 이불 안에 사람 모양으로 불뚝 솟아 있었다. 남편이 이불을 둘둘 말고 잠을 자고 있었다. (중략) 「시끄러워!」라는 호통을 들을 것을 각오했으나, 의외로 그가 일어난 것은 부인 대신 내 질문에 대답을 하기 위해서였다.

그러나 아쉽게도 혀가 잘 돌아가지 않는다. 소주와 위스키병이 쭉 놓여져 있는 것을 볼 때, 그는 야근한 다음 집에 돌아와서 팩에 든 잘라 말린 대파조림을 안주로 삼아 만취했던 것 같다. 그것은 아마도 혼자만의 식탁이었을 것이다. 부인은 슈퍼에서 파는 음식을 잔뜩 사다 놓고 밖에 나간 것이었다.[60]

「음식물이 담긴 팩」이 그대로 놓인 식탁 풍경은 남성뿐만 아니라 많은 여성에게 있어서도 바람직한 모습은 아닐 것이다.[61] 여기에 있는 것은 단순히 미의식의 문제는 아니다. 마음을 담아 가족을 위해 식사를 준비해야 할 주부의 「태만」이 문제인 것이다. 여성 자신이 주부 역할에(자발적은 아니더라도) 얽매이고, 이른바 「손 음식」의 규범, 「손 음식」에 관한 맹종에 사로잡혀 버린다.(그림 5)

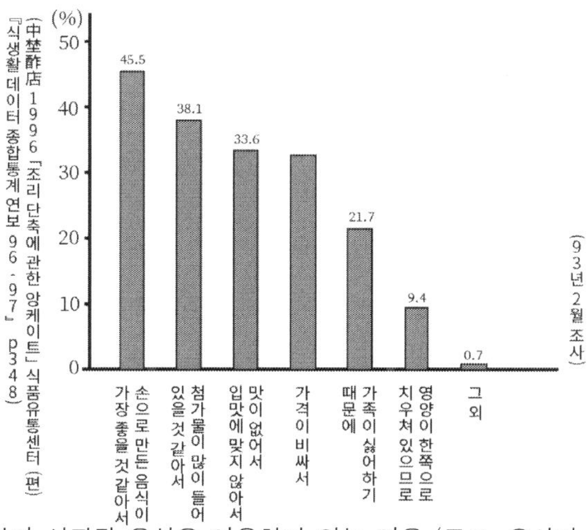

<그림 5> 주부가 시판된 음식을 이용하지 않는 이유 (도쿄, 오사카 거주의 주부)

---

60) 키모토(木本) 1995 문헌(15) pp.134-135에서 인용

61) 저자 키모토(木本)는 「나 자신도 집 안으로 발을 한 발짝 내딛는 순간에 『정리정돈』이나 『차분함』이라는 단어가 사전에는 없는 가정이라고 느꼈다」라고 쓰면서, 그러나 「이 가족을 마이너스 이미지로 인식하는 많은 사람들의 관점」 이것이 기준이 되는 「가족이란 것은 이런 것이다」라는 「도덕주의적인 단정」(특히 교육학자나 영양학자, 가족연구자 등이 있다) 이야말로 문제라고 강조하고 있다. 문헌 15 pp.133-137

「손 음식」이 노동 형태, 노동 기술 내지 그 결과(제품)의 수준 그 자체에 의해 높이 평가되고 있는 것은 아니다. 직접 만든 잼이 시판되고 있는 잼보다 무조건 맛있는 것은 아니다. 오히려 직접 만든 잼이 상징하는 「가족에 대한 애정과 배려」가 중요한 것이다. 특히 음식은 신체, 건강과 직결되는 면이 큰 만큼, 「자상한」 배려와 애정이 없으면 안 되는 것으로 인식된다.

가족이 좋아하는 요리, 가족의 기호에 맞는 음식을 제공함과 동시에 가족들의 연령이나 성별, 활동 상태에서 그때그때의 심신의 상황에까지 두루 살펴서 요리하는 것이 주부들 여성의 임무로 여겨지고 있다. 식품산업, 외식산업이 제공하는 식품, 서비스를 다용하는 것은 가격면에서의 문제가 있음(아깝다)과 동시에, 남성(남편)이나 아이를 위한 특별한 자상한 배려를 하는 여성(주부) 역할, 여성다움을 해치는 것이라고 여겨지는 것이다[62]. 「아내가 남편을 위해 식사를 준비한다」라는 것은 단순히 「일의 분담」인 것이 아니라, 남편으로의 「특별한 마음 씀씀이」를 나타내는 것이다.

여성은 자신의 기호나 필요에 따라 요리를 하는 것이 아니라, 남편이나 아이들의 기호와 건강을 우선시하는 것이다[63]. 적어도 남성은 「아내의 손 요리」를 기대하고 있는 것이다(그림 6). 「보통의 생활에서 가사에 부담을 느끼고 있는가」라는 물음에 직업의 유무에 관계없이 70%의 여성이 「있다」라고 대답하고 있는 것은(제28회 국민생활 동향조사) 음식 노동을 포함한 가사노동이 이런 자상한 배려와 애정을 표현하는 것이라는 사회규범을 내면화하면서도 이것을 큰 부담으로 느끼지 않을 수 없는 여성(주부)의 상황을 반영하는 것이라고 할 수 있다.

---

62) 애정 표현으로서의 가사노동에 관해서는 문헌(15) 제6장 이외에 문헌(23)이 상세하다. 『일본경제신문』(1998년9월25일 석간)에는 「요리를 못하는 아내 지금 왜 비판?」을 타이틀로 직접 음식을 못 하고 인스턴트식품, 간편 도시락을 사오는 부인을 「애정 부족」이라고 비난하는 것은 「남성 이기주의」라는 소리를 싣고 있다.

63) N.Charles & M.Kerr [문헌(3)]의 조사 대상자의 많은 여성(주부)가 「남편의 기호」에 맞춰서 음식을 만들고 있었다. 남성 측의 희망적 회답으로 생각해 보더라도, 상황은 <그림 6>과 같이 일본에서도 큰 차이는 없다. 근대 가족이 성립된 사회에서는 아내의 특별한 배려를 요구하는 남편으로서의 특권은 다른 남자들에게는 양보할 수 없다. 20세기 초 미국에서 여성들이 시도했던 「협동 가사」는 남편들의 반대에 부딪혔다. 「뭐하는 거냐! 『나의』 부인이 다른 남자를 쾌적하게 해 주기 위해 『협동』 가사를 하고 있는 거냐! 그런 바보 같은 이야기가 어디 있나!」라고 말하고 있다 [문헌(9)] p.401

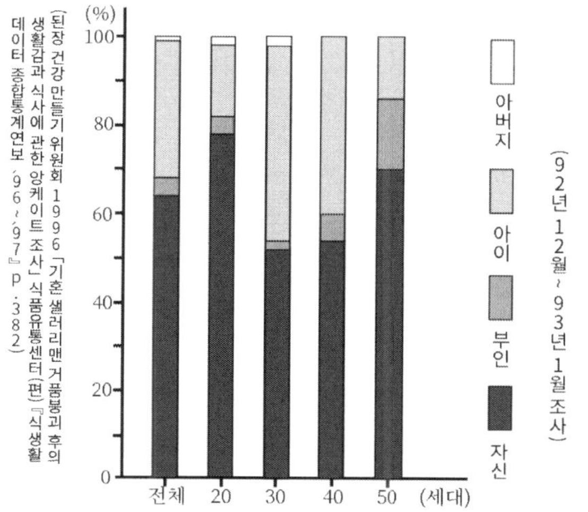

<그림 6-1> 메뉴를 누구의 기호에 맞추는가

(수도권 거주 기혼 샐러리맨에게 물음)

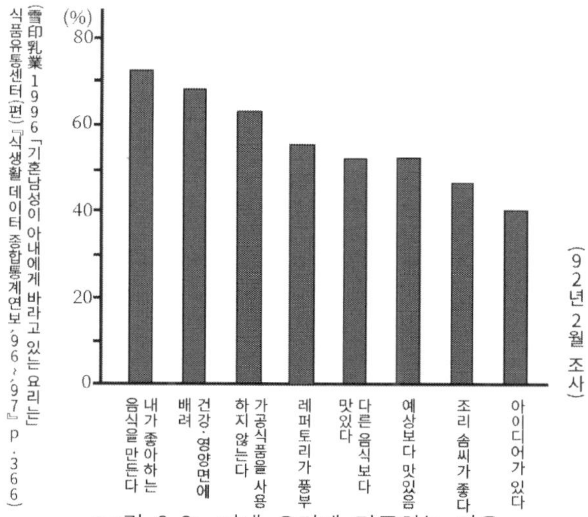

<그림 6-2> 아내 요리에 만족하는 이유

(수도권 거주 20-50세대 기혼 남성에게 질문)

3.4「가족」신화(神話)와 음식

「가족에 대한 애정과 배려」로 음식의 노동을 담당하는 여성은 그것으로 인해 가족을「가족」으로 만드는 중요 인물이 되고 있다.

「가족이란 음식의 배분을 둘러싸고 성립된, 함께 음식을 섭취하는 집단이지만, 최근에는 반대로 함께 밥을 먹는 것이 가족이라는 집단을 유지하는 역할이 되고 있다.[64)]」라고 주장되고 있듯이 「가족」이 「있다」라는 것이 아니라 「하다」라는 의미로 현재의 가족상황에 있어서 「가족의 식사」는 「가족이 한다」, 「가족이 (함께)하기」 위한 일상적 장치로써 강조되고 있다. 특히 최근 아이들의 문제 상황들과 관련하여 식사 내용의 문제로부터 [함께 먹는 것 = 「단란」의 결여까지, 「가족의 식사」 모습들이 사람들 입에 오르내리고 있다.[65)] 「가족의 음식」에 대한 사회의 기대는 점점 더 확대되고 있다. 그것이 한편으로는 가사노동이나 「가정요리」의 재평가를 통해서 일부의 「여성(주부)」의 「보람」이나 「자기평가」를 높이고 있는 것은 확실하다. 그러나 대부분의 경우, 이것은 여성들의 「부담」을 가중시키고 충분히 그 책임을 다하지 못하는 「죄악감」을 확대하는 것에 지나지 않는다. 여성이 「가족의 식사」만들기에 전념하고, 그에 따라 「가족」의 유지를 이뤄내는 시대는 이제는 아니다.

IV. 「여성의 식사 준비 역할」의 해체

4.1 성별 역할 분담의 움직임

현재까지 여성은 「가족의 음식」의 담당자라는 역할에서 벗어나는 일 없이 사회 진출, 직장 진출을 다하고 있다. 그러나 이후에 예상되는 여성의 더 많은 직장 진출로 이런 「이중 부담」, 「여성의 식사 준비 역할」은 이대로 유지될 수 없을 것이다.

---

64) 문헌(10) p.175

65) 여성의 「모친 역할」이 강조되는 일본에서는 특히 아이들을 위해 음식의 「당연히 그래야 할 모습」이 강조되고 있다. 아다치 미유키(足立己幸) 『왜 혼자 먹는가』(1983년 일본방송출판협회)를 시작으로, 이 점에서 「가족의 음식」의 「정상화」를 주장하는 저작에는 부족함이 없다. 여기서 가장 최근의 가정과 교육 잡지 『월간 가정과 연구』166호(가정과 교육연구연맹, 1998년 芽ばえ社)를 들어보자. 특집 「저녁 식사는 어떻게 하고 계십니까?」의 논설 「식사, 저녁식사를 되묻다」(안도세츠코安藤節子 저)는 초등학교 5학년을 대상으로 한 식사조사에서 세 가지 「슬픈 발견」을 했다고 한다. ① 「엄마가 있는데 함께 밥을 먹지 않거나 해서 정신적인 외톨이」 ② 요리의 빈곤함 ③ 「식사가 즐겁지 않다, 만족하고 있지 않다는 아이들이 많다는 점」을 들었다. 특히 ②에서는 「식탁 위에 한 가지, 두 가지 밖에 요리가 놓여 져 있지 않는 식사가 아이들 마음을 만족시킬 수 있을까」(p.7)라고 쓰며, 「아이들의 마음의 문제를 많은 사람들이 진지하게 묻는 오늘날, 식사의 중요함은 음식의 본질에서 다시 재기되어야할 것이다」 (p.9)라고 써 있다. 아이들의 마음의 문제를 이런 식으로 논해도 괜찮은 것일까.

여성의 사회 진출이 「저지할 수 없는 시대의 큰 흐름이어서 그 흐름을 역전시키는 것은 불가능」[66]하다는 것은 이미 일본의 사회, 경제정책의 전제가 되고 있다. 각 가계 수준에서 보더라도 남성(남편)의 수입만으로 생활하는 것은 불가능해지고 있다.

현재의 연공임금, 종신고용 등의 일본적 고용 관행의 급속한 붕괴 상황과 중장년 남성의 고용 불안의 확대는 누가 봐도 자명한 일이다. 성별 역할 분업은 여성이 가사노동의 상황에 맞춰 취업하여 약간의 보조 수입을 버는 「미조정(微調整)」으로 끝나는 것이 아닌, 본격적인 움직임의 단계로 진입하고 있다.

4.2 음식 노동의 재편

이와 같은 여성의 사회 진출 확대는 가사노동으로써의 음식 노동의 재편성을 요구한다.

먼저 생각할 수 있는 것은 가정 단위의 노동을 유지한 채 남성도 음식 만들기 역할을 담당하는 것이다. 그러나 이 전망은 결코 밝지 않다. 우선 남성의 과밀 장시간 노동이 남성의 가사 참여를 저지하고 있다는 점이다. 더구나 남성들의 의식의 문제도 있다. 비록 노동시간의 단축이 이뤄진다고 하더라도 남성이 매일매일 식사 준비에 힘을 쏟는다는 보장은 없다. (그림7)

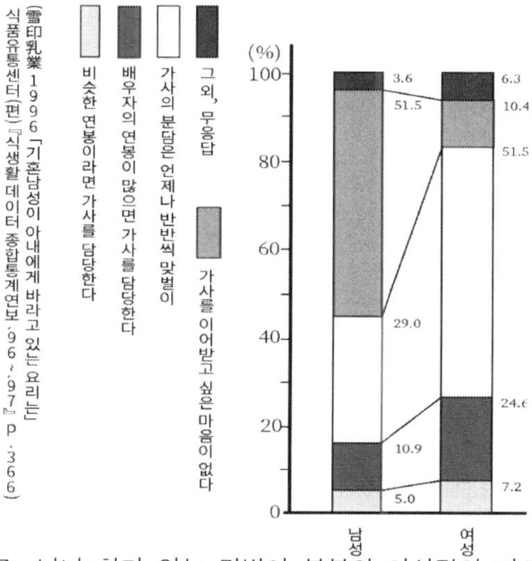

<그림 7> 남녀 차가 있는 맞벌이 부부의 이상적인 가사 분담

(부부간 이상적인 밖에서의 일과 가사 분담에 대해서 물어봤습니다)

(실제로 맞벌이인 남녀의 응답)

비교: 경제기획처 『국민생활선호도조사』(1997년). 『국민생활백성(헤이세이 9년판)』(1997)p.86

66) 경제기획처 『국민생활선호도조사』(1997년). 『국민생활백성(헤이세이 9년판)』 p.192

남성의 귀가 시간과 가사 분담 빈도수와는 관계없이, 오히려 여성의 수입이 영향을 끼친다는 조사결과도 나와 있다[67]. 뿌리 깊이 박힌 남성들의 성역할 의식이 변하기 위해서는 여성의 경제적 자립, 무엇보다도 경제력의 확대가 중요한 것이다.

남성의 평등 분담이 실현되지 않는 한, 여성의 본격적인 직장 진출은 음식 노동의 외부화로의 인센티브를 높이지 않을 수 없다. 이미 가정 간편식(HMR)은 식품산업이나 유통업(슈퍼 등)의 「대표어」가 되어가고 있다. 만들어진 반찬, 조리가 끝난 식품에 대한 「저항감」은 아직 일부 강하게 남아 있긴 하지만, 시간이 갈수록 확실히 희박해지고 있다고 생각된다[68].

그러나 음식 노동의 「사회화」가 「여성의 음식 역할」의 해체로 직결되지 않고, 새로운 가사노동을 만들어낼 가능성도 있다. 여성이 음식에 관해 발휘해야 할 「가족에 대한 애정과 배려」가 가족에게 바람직한 조리품 서비스의 「선택」에까지 더해져 추가적인 노동과 배려가 요구될 수 있기 때문이다.

이미 고도 경제성장기 시절 경험했듯이, 「가족의 음식」의 「(겉으로 보이는) 수준 향상」이 산업적 시장 확대 요구에 의해 더 활발히 진행될 수 없다고는 할 수 없다. 이에 반해서 음식의 간소화, 「음식 수준을 조금 낮춤」으로, 요리 작업의 간략화를 도모하는 것으로 일상의 식사 준비의 부담과 책임을 여성에서 남성과 아이들로 옮기게 할 필요도 지적된다[69].

---

67) 후쿠오카시 시민 그룹 '위즈리브 회'는 시내 30-49세 기혼자를 대상으로 가정 책임에 관한 조사를 했다. 그 결과를 다음과 같이 분석하고 있다. '일반적으로 남성이 가사와 육아에 참여할 수 없는 것은 "남성의 근로 시간이 너무 길기 때문에" "남성의 귀가 시간이 매우 늦으므로"라고 말하고 있다. 그러나 사실은 "남성의 가사, 육아 참여"는 남편의 근로 시간, 귀가 시간보다도 아내의 근로 상황에 더 크게 영향을 받고 있다는 것은 확실했다.' [위즈리브 회 1996 『가사란 누구의 것? -남성의 가정 참여를 생각한다』 후쿠오카시 여성센터 아미카즈]
일본보다 훨씬 더 노동 시간 단축이 이뤄지고 있는 독일에서는 남성의 '자유시간'은 늘어도 '가사시간'는 늘지 않고 있다[문헌(25)].

68) 아사히 카세이(旭化成), 맞벌이 가족연구소 「가사의 행방 - 외부 서비스 이용과 가정 처리의 비교를 통해- 조사보고서(1995)」는 식사 준비에 관해 「가정의 중요한 기능이며, 가정 내에서 처리해야 할 것」이라고 답한 사람이 52.2%로, 다른 가사(빨래 등)에 비해 가장 많으며, 부담 경감의 방향으로 77.4%가 「가족의 자립과 협력의 촉진」을 들고 있는 것을 보고하고 있다 (pp.21-22).

69) 카마타(鎌田) [문헌(12)]는 스웨덴 생활을 참고하면서 여성의 부담 제거를 위해서는 자신의 라이프스타일을 「심플라이프」로 대전환시켜야 한다면서 음식에 대해 다음과 같이 쓰고 있다. 「일본인은 매우 미식가이다. 매 식사 때마다 따뜻한 식사를 하려고 하고, 뜨거운 것은 불에서 막 내려놓은 것으로 하며, 차가운 음식은 차갑게 식혀서 두는 문화에서는 요리 전용, 시중 전용이 필요한 것은 당연하다」 (p.203). 더 간소화해야 할 것이다. 131페이지의 *4의 주장과 비교해 보길 바란다.

4.3 「개인화」와 음식의 자립

음식의 외부화에 따른 여성의 노동 역할(음식만들기)의 「공동화」가 이뤄지는 한편, 가족들의 「함께 밥 먹기(共食)」를 계속 이어오면서 가족을 「가족」으로 만들어 온 여성(주부)은, 그 존립 기반을 잃어가고 있다. 이미 진행되고 있는 「식사의 개별화」는 1인 세대화나 여성의 취업을 포함한 가족원의 생활 시간, 활동 공간의 다양화에 따라 더 활발해질 것으로 예상되며, 가족들의 음식 대부분은 여성(주부)의 배려나 관리가 전혀 미치지 않게 될 가능성이 높다. 그것은 「가족 음식」의 담당자라는 여성(주부) 역할이 「공동화」에서 「해체」로 진행되는 것을 의미한다.[70)]

그렇게 되었을 때, 건강과 기호 등에 대한 배려는 누가 하는가 하면, 물론 남녀 각자가 기본적으로는 자기 자신이 하지 않으면 안 되게 된다(물론 서로 생각해 주는 것을 부정하는 것은 아니지만).[71)] 이것을 초월하는 것, 특히 다른 사람으로부터의 배려가 불가결한 것(아이들이나 신체가 약한 고령자 등의 음식)은 「협동으로」 내지는 「사회적으로」 행하는 체제가 요구될 것이다. 이미 고령자에 대한 식사 서비스가 사회적으로 조직되는 예는 큐슈의 카스가시(春日市) 등에서 볼 수 있다(여기에서는 매일 점심과 저녁 식사가 배식되고 있다). 그리고 이와 같이 음식의 프로세스 대부분이 사회적 노동으로 이뤄질 때, 거기에서의 음식 관리, 규제(안전성, 영양가, 가격 등에 대한 사회적 규제)가 매우 중요해지는 것은 말할 것도 없다.

---

70) 조금 전 언급했던 [매니지먼트 주부] (아지노모토 주식회사 광고실 생활자정보 그룹 「마케팅 아이 특별호 주부 의식조사에서 보는 식생활 동향」1994)이나 [섬타임 미세스](츠지나카 토시키辻中俊樹 문화방송생활정보센터 『섬타임 미세스는 한창 자랄 때』 1990년, 성문당신광사)가 존속할 수 있는 기반은 급속히 적어지고 있다. 이 주부들은 가족을 생각하여 직접 만든 음식을 중시하면서도, 외부 서비스와 상품을 잘 파악하며, 가족과 함께 하기 위해 식탁 만족, 음식에 대한 구애, 건강과 안전을 추구하며 음식에 대한 가족의 참여를 바라기도 한다. 「섬타임 미세스」가 될 수 있는 것은 막내가 취업하여 이제 돌봐 주지 않아도 되어 남편의 수입이 상대적으로 높고, 「선택적으로」 무직이라는 「화폐 자원과 시간 자원」을 가지는 주부이다. 일본형 고용 관행이 붕괴되어 여성도 다시 제대로 일을 하여 수입을 확보하지 않으면 안 되는 시대에 이런 주부는 극히 일부의 사회층에서 밖에 존재할 수 없게 될 것이다.

71) '1996년도 국민영양조사'를 정리한 『1998년판 국민영양 현황』 (제1출판) 에서는 현재의 식사를 개선하기 위해 필요한 것으로 첫 번째로 '가족의 협력'을 들고 있는 것에 관하여 '기본적으로는 우선 한 사람 한 사람이 자신의 생활 습관을 고치고 식사를 개선하는 방향성을 생각하는 것이 필요하다'고 말하고 있다. 남성이 「가족의 협력」으로 「아내에 대한 의존」을 생각하고 있는 것은 명확하지만, 이에 대해서 경종을 울리지 않을 수 없게 되었다고 여겨진다.

4.4 여성과 음식의 새로운 관계

성별 역할 분업 체제의 동요(動搖), 해체가 진행되면 여성과 음식과의 관계 전체 역시 변화하고 있음에 틀림없다. 이것은 무엇을 어떻게 누구와 함께 준비하여 먹을 것인가에 대한, 지금까지 여성과 남성과의 분할선이 점차 희박해지고 있다는 것을 의미한다. 매일매일의 식사 준비가 「여성의 의무」가 아니게 되었을 때, 「요리는 창조적인 것」, 「가족을 위한 식사 준비는 즐겁다」라고 본심으로 말할 수 있는 여성과 남성이, 새로운 「함께 먹기」관계를 만들어 낼지도 모른다. 「가족이 (함께)하기」 위해서가 아닌 「음식의 공동」도 다양한 형태로 생각될지도 모른다[72]. 또한, 「여성의 신체」에 부여된 의미가 변하면, 조금 전 서술했던 음식과 여성의 모순된 관계(먹는 즐거움과 먹는 공포)역시 변화할 것이다.

그러나 여성과 음식과의 관계는 한편으로는 급속히 발전해 가는 사회의 계층 분화, 「빈부의 확대」에 의해 종래의 기본선을 관통하여 복잡하게 재편될 가능성도 있다. 저변 층, 빈곤층에서의 음식의 외부화, 외식의 확대는 상류층, 부유층의 그것과는 명확히 질적으로 다르며, 그 성(性)적 의미도 같지 않다. 비만과 다이어트를 지닌 계층, 계급적 차이는 이미 미국을 통해서 잘 알 수 있다. 성(性)과 계층, 계급이 음식과 관련하여 서로 어떤 연관을 가지는가에 대해서는 별도의 고려가 필요할 것이다.

〔문헌〕

(1) 淺野千惠 1996『女はなぜやせようとするのか— 攝食障害とジエンダー』勁草書房
(2) Charles,N. & M.Kerr 1986 Food for feminist thought, The Sociological Review, Vol.34 No.3 : 537-572
(3) Charles,N. & M.Kerr 1988 Women, Food and Families. Manchester University Press, Manchester and New York.
(4) Cobble, D, S. 1991 "Drawing the Line": The Construction of a Gendered Work Force in the Food Service Industry. In A Baron(ed), Work Engendered. Toward a New History of American Labor. Cornell University Press, Ithaca and London, pp.216-242

72) 「가족」에 구애되지 않고 다양한 「공동집단」의 모색을 호소하고 있는 것으로는 가토쥰이치(加藤純一)의 「共食考現學 1-9)」(『음식의 과학』 1992년 1월-9월호, 光琳) 등이 있다.

(5) Counihan, C.M. & S.L. Kaplan (eds.) 1998 Food and Gender : Identity and Power, Harwood Academic Publishers.

(6) デルフイ、クリスチイーヌ 1996「同じ食卓を囲んで－消費と家族」『なにが女性の主要な敵なのか』井上たか子・加藤康子・杉藤雅子 (譯) 勁草書房 pp.37-57

(7) 江原由實子ほか 1989『ジエンダーの社會學 － 女たち/男たちの世界』新曜社

(8) Goody,J. 1982 Cooking, Cuisine and Class. A Study in Comparative Sociology, Cambridge University Press

(9) ハイデン、ドロレス 1985『家事大革命－アメリカの住宅, 近隣, 都市における フエミニスト デザインの歴史』野口美智子・藤原典子ほか (譯) 勁草書房

(10) 石毛直道 1982『食事の文明論』中央公論社 (中公新書)

(11) 石毛直道 1989「東アジアの家族と食卓」山口昌伴・石毛直道) (編)『家庭の食事空間』ドメス出版 pp.215-238

(12) 鎌田とし子 1995『男女共生社會のワークシエアリングー 勞働と生活の社會學』サイエンス社

(13) 柏木博 1995『家事の政治學』青土社

(14) Kemmer,D., A.S.Anderson & D.W.Marshall 1998 Living together and eating together : changes in food choice and eating habits during the transition from single to married cohabiting, The Sociological Review, Vol. 46 No.1 : 48-72

(15) 木本喜美子 1995『家族・ジエンダー・企業社會 － ジエンダー・アプローチの摸索』ミネルヴア書房

(16) Mennell,S., A.Murcott & A.H.van Otterloo 1992 The Sociology of Food : Eating, Diet and Culture, Current Sociology / La sociologie contemporaine, Vol.40 No.2

(17) 見崎惠子 1993「技術革命の方向と家事勞動の社會化」水田珠枝ほか『女性の解放 社會の解放』ユニテ pp.19-30

(18) セガレーヌ, マルチーヌ 1983『妻と夫の社會史』片岡幸彦 (監譯) 新評論 pp.228-230

(19) Sommestad,L. 1994 Gendering Work, Interpreting Gender : the Masculinization of Dairy Work in Sweden, 1850-1950, Hisory Workshop Journal 37 : 57-75

(20) 上野千鶴子 1995「差異の政治學」井上俊・上野千鶴子・大澤眞幸・見田宗介・吉見俊哉) (編)『岩波講座 現代社會學 11 ジエンダーの社會學』岩波書店 pp.1-26

(21) 上野千鶴子 1994『近代家族の成立と終焉』岩波書店

(22) 梅棹忠夫 1991「妻無用論」『梅棹忠夫著作集第9卷 女性と文明』中央公論社

(23) 山田昌弘 1994『近代作家のゆくえ － 家族と愛情のパラドツクス』新曜社

(24) 吉見俊哉 1998「『メイド・イン・ジャパン』－戰後日本における『電子立國』神話の起源」嶋田厚・柏木博・吉見俊哉 (編)『情報社會の文化3 デザイン・テクノロジー・市場』東京大學出版會 pp.133-174

(25) 柚木理子 1994「『自由時間社會』のジエンダー分析－ドイツの事例調査から」原ひろ子・大澤眞理・丸山眞人・山本泰 (編)『ライブラリ相關社會科學2 ジエンダー』新世社 pp.85-107

2010년의 「먹는 일」4

유전적 정보에 근거하는 음식 처방 ———— 쓰가네 쇼이치로(津金昌一郎)

20세기 전반의 개인 음식·가정 음식의 선택에는 기호와 더불어 "영양적으로 좋다"라는 이유가 적지 않게 영향을 끼치고 있으며, 영양가가 충족되고 영양 밸런스가 편중되지 않는 쪽으로 음식이 형성되어 왔다.

20세기 후반부터는 지금까지 일본 국민들의 주요 사망 요인이었던 결핵이나 뇌내출혈이 이른바 영양이 개선됨과 함께 급감하였으며, 대신 암(癌)이나 심장병 등의 생활습관병이라고 불리는 질병이 상대적으로 위협이 되고 있다. 이들 생활습관병의 발병에 관해 지금까지 영양의 개념으로는 설명이 어려웠으며, 여러 가지 실험실에서의 연구나 사람들의 집단에서의 관찰과 실험(역학연구)으로, 식품이나 식품 속 성분과의 관련이 지적되었다. 이와 같은 연구 성과의 단편에 근거하여 사람들은 기호나 영양과는 무관하게, "건강에 좋다"라는 키워드만으로 음식을 선택하게 되었다. 또한, 특정의 식품 성분을 유출한 캡슐을 건강을 위해 섭취하는 행동도 빈번히 나타나게 되었다.

2010년에는 진보된 과학과 함께 음식과 건강과의 관련에 관하여, 정확한 정보가 축적되어 건강을 유지하기 위해, 그리고 병에 걸리지 않기 위해 어떤 식사를 해야 좋은가가 매우 확실해지고 있다.

술을 조금 마시면 얼굴이 빨개지는 사람도 있고, 엄청 퍼마셔도 아무렇지도 않은 사람도 있다. 그리고 건강에 좋은 식사도 사람에 따라 다르기 때문에, 각 개인의 유전적 정보에 근거하여 개별로 최선의 처방을 제시할 수 있게 되어 있는 것일 수도 있다. 이 처방이라는 것은, 개인의 기호나 지역, 가정의 식문화를 기반으로, 선택의 폭을 넓히면서 필요에 따라서 캡슐 등으로 보충하면서 이루어지고 있는 것은 아닐까하고 생각한다. 인간이 불로장생할 수는 없기 때문에 "이 병으로 몇 살 정도에 죽었으면 좋겠다"는 개인 의지로 메뉴를 정할 수 있을지도 모른다. 어쨌든 원칙적으로는 맛있고 값싼 식사를 선택하고 싶은 것이다.

시기	건강	영양	음식 트렌드
20세기 전반	결핵 감염 뇌졸증	저영양	"영양이 있는" 계란 우유 고기
↓			
20세기 후반	암 심장병(심근경색) 당뇨병 등의 생활습관병	과영양 편중된 영양	집단 대응의 "건강에 좋다" 저지방 식물섬유 폴리페놀
↓			
2010년	암 심장병(심근경색) 당뇨병 등의 생활습관병	적정 영양	개인 대응의 "건강에 좋다" (과학적 증거 충분) 기호, 문화, 유전 정보에 근거한 선택

제7장 정보와 식

- 정보화가 낳은 「부유한 식계급」과 「가난한 식계급」

시라하타 요우자부로(白幡洋三郎)

스파게티를 초콜릿 소스로 먹게 하는 점포가 있는 것을 알고 놀란 적이 있다. 더욱이 바닐라 아이스크림을 첨가하는 것도 있다는 것을 듣고 잠깐 동안은 '응' 하고 생각에 사로잡혔다. 결국, 스파게티를 종래의 위치로부터 변화시켜서 디저트 감각으로도 맛보려고 하는 것 같다. 이것은 도대체 식의 모독인가, 그렇지 않으면 발전인가.

독일에 살고 있을 때 스끼야끼를 하려고 생각하고, 정육점에서 소고기를 얇게 잘라 주라고 부탁했다. 확인하려고 먼저 1매를 잘라 받았지만 석쇠구이 고기 정도의 5mm 정도의 두께였다. 더욱 얇게 부탁하였더니 이 이상 얇게 자르면 고기가 없어져 버린다고 고기 상점 주인의 말을 들었다. 두껍고 얇은 울퉁불퉁한 고기를 가지고 돌아온 나는 전혀 요리를 모르는 음식을 모독하는 사람으로 보였을 것이다.

식에는 틀림없이 규칙이 있었다. 일정의 규칙 아래에서 요리를 하여 먹어 왔다. 그렇지만 규칙을 무시하고 새로운 식이 생기는 것도 적지 않았다.

술의 이해(酒의 通)는 됫술의 모퉁이에 약간의 소금을 얹어서 그것을 한 번 혀에 묻히고 꿀꺽 술을 마신다. 그것이야말로 진짜 술을 마시는 방법이고, 술맛을 아는 방법이라고 해 왔다. 술안주라고 하여 여러 가지 안주를 먹으면서 마시는 것은 진짜 술의 맛을 모르는 것이라고 말해 왔다. 나오는 요리에는 젓가락도 대지 않고 최후에 오차(찻물)에만 밥을 술술 급히 먹고, 아, 맛있었다고 말하는 것이 "술의 이해"의 "규칙"이기도 했다.

또 더욱이 예의서(禮儀書), 식사 만드는 법 책에는 밥과 국은 교대로 먹는 것이라고 쓰여 있다. 한 번 국을 마시면 밥을 한 번 먹는다. 그것이 식사의 올바른 먹는 법이라고 쓰여 있었다. 밥과 반찬은 순번으로 젓가락을 대는 것이 대강의 기본이었다[73].

또 고기에는 적포도주, 생선에는 백포도주라는 의미를 알고 있다고 말하는 사람은 소수가 되었다. 고기라 하여도 쇠고기 외에 돼지고기, 닭고기, 양고기가 있고, 이전에는 레스토랑의 메뉴에 거의 보이지 않았던 여러 가지 야생 조수(鳥獸), 즉 타조나 악어 등의 고기 요리까지 나타나게 되었고, 생선 요리도 담백한 것이나 진한 소스에 의해 맛을 낸 다양한 조리법이 널리 보급된 때문이다. 요리와 그것이 나오는 때와 장소에 맞추어 혹은 취미로 와인은 선택하면 좋다고 하는 것이 대세가 되어 있는 것 같다. 요즘에는 소금을 핥으면 술이 달게 느껴져 좋지 않다고도 한다. 밥과 교대로 먹는 것이 올바르다고 설명하는 예의범절서는 벌써 거의 보이지 않는다. 아무리 만드는 법을 설명했다고 하여도 현실은 따라 오지 않는 것 같다. 먼저 반찬을 전부 먹어치우고 마지막에 밥만을 먹는 어린이가 상당히 있는 것은 잘 알려져 있다. 먹는 방법, 마시는 방법, 맛내기, 식탁에서의 예의범절 등 식이 얽혀 있는 여러 가지 규칙(rule)이 바뀌고 있다.

식의 장래는 어떻게 될까. 식은 지금으로부터 어떠한 방향으로 나아갈까.

식의 장래를 생각할 때, 식은 이러할 것이다, 이것이야말로 먹고 있다고 하는 논의는 아주 익숙하지 않은 것처럼 생각된다. 「하는 것이 마땅하다」를 곁에 두고, 그러면 도대체 식의 행방은 어떻게 될까를 「정보」와의 관계에서 생각해 보고 싶다.

I. 식에 관계되는 2가지 정보를 받아들이는 방식

식의 장래와 정보와의 관계를 생각하는 경우 완전히 다른 2가지의 받아들이는 방식이 생각된다. 이 두 가지의 차이는 「정보」를 받아들이는 방식의 차이에도 유래한다.

---

73) 사람 앞에서의 식사에서는 특히 세세한 지시가 기록되어 있다.
「젓가락을 쥐고, 밥으로부터 국, 밥으로부터 국을 다시 먹고, 다음에 밥으로부터 생선회로, 밥으로부터 국으로, 밥으로부터 편하게 옮기면서 먹는다.」〔시모다(下田歌子)『'예법의 권(卷) --시집감(嫁入) 문고 제3편』다이쇼(大正)6년(1917) 실업지일본사〕
쇼와 30, 40년대(1955,1965)가 되어서도 혼례의 피로연에서의 일본요리를 먹는 법에는 상세한 규칙이 이야기되고 있다.
「받는 순서-먹는 순서는 밥과 국을 2회 반복하고부터 다른 것을 먹고, 다음에 밥과 국을 먹는 것이다.」
「젓가락의 사용법- 식사 중 보통 것으로부터 생선회라고 말한 것 같이 야채로부터 야채로 옮기는 것은 좋지 않다고 말하고 있다.」도구가와(德用尙之)『결혼예법, 결혼중매인 전서』쇼와 36년 금원사)
이와 같이 먹는 방법의 기본은 가정 내에서도 이야기되어 밥과 국, 밥과 야채(반찬)는 순서대로 먹는 것이 옳다고 해왔다.

먼저 제1은 정보를 「정보화 사회」라고 말한 문맥 중에서 쓰이는 것 같은 컴퓨터나 통신기기에 실어서 하드나 소프트의 기술적 확대에 의하여 대량・신속히 흐르게 하는 것 같은 품질의 것으로 받아들인 경우이다. 이 경우에는 식 정보라는 것은 정보 인프라의 확대와 병행하여 증대하여 가는 것이라고 할지도 모른다[74]. 그렇다고 하면 「식의 획일화」가 심해진다고 보는 견해가 생긴다.

즉 정보화에 따라서 가령 전에 없었던 내용이 더해져 일견 다양화되었다고 하여도 압도적인 양으로 흐르는 일방적인 정보에 사람들은 흘러, 같이 식으로 향한다고 하는 것이다. 텔레비전이 방영하는 식품 선전 등은 그 예로 제조사의 상품을 그대로 먹거나 지침대로 가공하여 동일한 맛을 낸 것을 많은 사람이 같이 먹도록 한다[75]. 정보는 식에의 접근(approach)을 모아서 묶는 「편집」적 기능을 완수한다고 보는 견해이다. 이것을 「정보화에 의한 식의 획일화 이론」이라고 이름하자.

또 하나는 정보를 더욱 넓게 생각하여 말하면 오감을 자극하는 모든 요소를 정보라고 받아들이는 경우이다. 이것은 식에 도달하고부터의 정보라고 하는 것에서도 그렇겠지요.

손에 넣은 식 재료를 조리하여 입에 옮기는 수준에의 「식」이라고 하는 관점에서 이것을 역사적으로 생각해 보자. 예를 들면 생선을 구입하여 생(회), 조림, 구이라고 하는 가공밖에 몰랐던 때에 찌고, 튀기고, 튀겨서 조림하는 등 많은 조리법이 더해지는 것. 혹은 조미, 향신료도 소금구이에, 회의 간장 외에 참기름이나 향초(香草) 등으로 무치는 등 먹는 방법이 더해져서 참으로 다양한 음식으로 바뀐다고 말한 적이 있다. 이와 같은 조리법, 먹는 법, 맛냄의 다양화가 생기는 배경에는 단맛, 매운맛, 신맛 등 그 위에 달고도 신맛이라고 하는 것 같이, 그런 것들이 조화된 미각이나, 사박사박, 매끈매끈한. 반들반들 등의 촉감, 청각에 의하여 시험되어 경험되는 오감에의 「정보」가 생각된다. 이 경우에 식 정보라는 것은 획일화는 아니고 다양한 음식의 섭취 방법을 자극하는 것이라고 할 수 있다. 이것을 「정보화에 의한 식의 다양화 이론」이라고 이름하자.

요컨대 식의 장래와 정보화의 관계는 「정보」의 받아들이는 방법의 차이에 따라서 다음과 같은 전혀 다른 두 가지의 이해로 향하는 것이 된다.

(1) 정보화는 식을 획일화시킨다.

(2) 정보화는 식을 다양화시킨다.

이 전혀 다른 받아들이는 방법은 먼저 설명한 바와 같이 「정보」의 개념의 다름에 유래한다. 이 두 가지의 생각하는 방법에 기초하여 다음에 식과 정보를 고찰해 보자.

---

74) 여기서 말하는 식 정보는 다카다(高田公理)가 말하는 「지식정보」와 비슷하지만 그 범위와 기능은 약간 다르다. (제5권 p219. 다카다 논문 「정보화와 식의 문화」 참조)

75) 대량 생산되는 공업제품으로서의 식 재료나 식품은 일정의 조리법이 지시되어 일관한 맛을 낸 것이 제공된다. 스프, 카레, 파스타 소스나 컵면, 레토르트 식품을 상기하여 주면 좋겠다.

<사진 1> 많은 메이커(제조회사)에 의하여 다종 다양한 컵라면이나 레토르트 카레가 발매되고 있다. 그러나 각각의 맛내기, 조리법은 매뉴얼에 따라 일정불변을 뜻하고 있다. ((재)아지노모토 문화센터 제공)

II. 식의 정보화

근대사회에 탄생한 신문, 잡지 등 대중적인 미디어나 현대의 통신 정보기기의 발달 중에서 이해되고 있는 「정보」의 개념으로 「식의 정보화」를 이해하는 한, 식은 어떻게 개성화, 자유화가 주창(主唱)되는 것 같아도 전체로서는 획일적으로 가면 받아들이지 않을 수 없다. 더구나 그것은 현대에 이르러 처음으로 대규모의 형태로 사회에 널리 보급되기 시작했다고 보는 이외에 도리가 없다.

지금 요리책, 구루메 책, 레스토랑 정보지, 텔레비전 요리 프로그램 등이 범람하고 있는 것은 확실하다. 거기서 보통 말하여지고 있는 「정보」의 개념을 그대로 받아들이는 한은, 「식의 정보화」는 현대에 와서 급격히 확대되었다고 하는 것만 이해되지 않는다.

그렇지만 오감을 자극하는 측면으로부터 생각하면, 현대가 되어서 처음으로 「정보화」가 급히 전개되었다고는 아무리 해도 말할 수 없다. 약간 반복되지만 역사를 돌아보면 식에 관한 오감의 대표라고 하는 미각에 관하여도 소금이나 식초, 설탕 등의 조미료에 따라 짜고 매운맛, 신맛, 단맛 등 원래의 식 재료에 새로운 「정보」를 사람들은 첨가해 왔다. 다시 조리고, 굽고, 찌는 것 등에 의해 단단한, 연한, 반들반들한 등을 촉각으로, 발효시켜 향신료를 더해서 다양한 향내(향기)를 후각에, 또 말리고, 기름에 튀기기 등에 의하여 사구사구, 빠리빠리 등을 청각에, 그리고 배합하여 담는 것에 의하여 색을 배합한 장식을 시각에 주는 것을 사람들은 시도해 왔다. 이들은 방대한 「정보」이다.

일본에서는 책 등 문자에 의한 것의 수준에서도 이미 에도시대에는 요리책이나 학문에 가장 중요한 책에 의하여 상당히 정보화가 진행되었다고 생각된다.

정보화는 현대 전매특허인 것은 아니다[76].

<사진 2> 범람하는 식의「정보」가게 앞에 늘어선 구루메 책이나 요리, 레스토랑 정보지, 팔중주 book center에서. ((재)아지노모토 문화센터 제공)

현대를 식 정보의 범람 시대라고 받아들인다 하여도 그 내용은「식에 도달하기까지」의「접근」으로 한 정보가 많다. 어디어디의 이탈리아 레스토랑, 어디어디 일본정식요리(가이세키요리)가 맛있다고 한 정보는 어디어디 산에 멧돼지가 있다, 어느 해안에 조개가 많다고 한 수렵채집 시대의「정보」와 질적으로 다르지 않다. 아주 원시적인 식(食)에의 도달 접근에 지나지 않는다.

이것과는 별도의 질을 가진 것이「식에 도달하여서부터」의「접근」으로서의「정보」이다. 그것이 긴 인간의 역사 중에서 가지각색으로「개발」되어 조미료나 요리법 등의 형태로 에도시대에는 상당히 발달을 이룬 것이다. 식의 정보화라는 것은 이러한 것을 포함하여 받아들이는 것은 아닐까.

76) 제 5권 204페이지, 컬러 기획 (「『산야로 놀러 가는 도중』은 먹는 것이 즐거움」) 또는 237페이지 가마자기(神崎宣武) 논문「에도 시대의 식 정보」를 참조하기 바람. 또 근대로 시야를 돌리면 제 3권 331페이지, 컬러 기획「요리 서에서 보는 변천」도 참고하기 바람.

III. 식의 정보화의 진전이라는 것은

식에의 원시적인 도달 접근으로서의 정보는 기아 「공복」의 해소를 기초로 하고 있다. 이것을 기초에 두고 있는 한 식 정보의 질적인 전환, 식생활의 근본적인 변화는 말할 수 없다.

식의 정보화의 진전을 설명하는 데는 여러 가지 표현이 생각되고 있지만 평범하고 속된 표현으로 말하면 「노는 마음의 만족」을 기초에 둔 것이라고 말하는 것이 가능하지 않을까? 에너지원으로서의 칼로리나 필수영양소로서의 비타민・미네랄 등의 효율적 섭취로부터 생각하면 지극히 합리성에 반하는 조리와 먹는 방법인 식문화가 있다. 거기에는 「노는 마음의 만족」밖에 설명하려고 하지 않는 것이 많이 있다[77]. 이렇게 한 식(食)에 있어서 '노는 마음의 만족'을 포함한 그 위에 넓은 범위에서의 설명 원리를 제출하여 주고 있는 것이 생존을 위한 최저한의 조건이 충족되면 생겨나는 「유희화(遊戯化)의 원리」'[78] 다까다(高田公理)일 것이다. 이것이 넓은 의미에서의 「정보화」임에 틀림없다. 즉 그러한 의미에서의 「정보화의 진전」이라는 것은 오해를 두려워하지 않고 감히 말한다면 「무엇이든지 있는 조리법」, 「무엇이든지 있는 먹는 방법」이라고 해서 좋을지 모르겠다.

이 경향에 대하여 식품이 너무 패션 아이템화에 지나쳐 있는 것이 두렵다. 그 두려움은 완전히 핵심을 찌르지 못했다고는 말할 수 없다. 그렇지만 그 「패션화」야 말로 사실의 좋고 나쁨을 넘은 「식의 정보화의 진전」이라고 하는 것이 틀림없다.

식은 식 재료의 입수, 가공, 섭취의 단계를 가지지만, 각각의 단계에 있어 「노는 마음의 만족」 중에서 「정보화」가 진전하여 온 것이다.

식 정보의 진전에 대하여 매우 재미있는 사례를 다수 제공하여 주는 것이 해외에서의 일본식의 동향이다[79]. 예를 들면 지금에는 상당히 이름이 알려지게 되어 일본의 회전 초밥집에서도 나오게 된 캘리포니아롤이 있다. 과일인 아보카도에 게다리살, 가늘게 쓴 오이를 넣고 말은 김말이이다. 전부터 일본에 있었던 말이 초밥의 개념을 파괴하는 배합으로 되어 있다.

---

77) 보리나 국수를 곡립에 가까운 상태로 먹도록 하면 많은 영양소가 섭취되지만 곡립을 분쇄하여 표백하고, 다시 열을 가해 가늘게 늘여 소면이나 국수, 스파게티로서 먹는 것도 그러한 오래된 예라고 봐도 좋다. 떡이나 빵의 탄생도 같아서 영양학적으로 영양소의 흡수나 소화촉진 음식물 보존의 합리성 추구만으로는 설명되지 않는다.

78) 본권 143페이지 다카다(高田) 논문 「식생활 식문화의 변화의 배경」을 참조해 주기 바람.

79) 시라하다(白幡洋三郎) 1996 『가라오케 애니메이션이 세계를 순회하다. 「일본문화」가 품은 새로운 생활』 PHP연구소, 특히 제2장 「세계의 혀와 일본의 맛」 참조

로스앤젤레스에서는 1970년대 초경으로부터 식도락가(食通)로 수입도 많은 미국인의 일부에 손으로 뭉친 초밥(니기리스시)이 유행하기 시작했다. 70년대 후반이 되면서 손으로 뭉친 초밥은 맛이 좋고, 건강식이기도 하다고 잡지에 선전하게 되고, 80년대가 되면서 오히려 닭고기 구이(야끼도리), 스끼야끼를 억누르고 일본요리의 대표로 보이게 되었다. 이와 동시에 초밥 만드는 사람이 눈앞에서 만들어 카운터에서 먹게 하는 형식이 재미있어, 카운터 자리가 초밥바(스시 빠)라고 불리어져 인기가 높아졌다. 또 그 초밥 바에서 단골손님이 지금까지 없는 자기 자신만의 진기한 초밥을 만들어 달라고 부탁에 응하여 탄생한 히트작이 캘리포니아롤이다[80].

지금은 캘리포니아룰에도 다양성이 있지만, 당초에는 초밥에는 흰깨가 혼합되어 있었다. 미국 사람이 좋아하는 약간 지방질이 많은 것과 생야채, 거기에 흰쌀밥으로는 저항이 있어 혼합밥이면 먹기 좋다고 하는 그들의 기호가 작은 손말이 초밥 하나에도 전부 포함되어 있다. 아보카도는 과일의 트럭(truck)이라고 말하는 것 같이 지방분이 많고, 더욱이 생야채 감각을 갖추고 있다. 그에 생야채 그대로 오이를 가늘게 썰고, 그리고 미국인이 좋아하는 게살, 초밥은 한국에서는 참깨를 넣는 경우가 있어 이것이 채용되고 있다. 이에 훌륭한 다국적 식이 탄생하였다. 미국인의 기호와 한국의 기교를 일본의 손말이 초밥에 편입한 것이다. 일본에서는 생각하지 못했던 초밥은 말하자면 「무엇이든지 있다」로부터 생겨났다.

나의 표현으로 말하면 초밥에 있어서 「정보화의 진전」의 일례가 여기에 있다. 지금 일본에서 특히 사 가지고 가는 초밥집 등에서는 샐러드 말이라고 하여 게살과 샐러드 야채 말이, 싼값의 경우는 게살 대신 게살어묵을 넣어 마요네즈로 맛을 낸 것도 인기가 있다. 또 날 쇠고기나 구운 쇠고기도 초밥의 재료로 되어 있다. 이러한 초밥은 일본인만으로서는 생각해 내지 못했던 것이다.

두부・아이스크림도 외국인에 의하여 생긴 정보화의 일례라고 말해도 좋다. 최근에는 도넛의 재료에도 두부가 진출하여, 두부・도넛이 생겨났다. 두부에 관한 고정관념을 파괴한 것은 외국인이고, 그것이 식의 새로운 정보에 연결되었다.

앞에서 「무엇이든지 있는 조리법」 「무엇이든지 있는 먹는 법」이라고 썼지만 보다 적극적인 표현을 취하면 「지금까지 생각하지 못했던 조리법」, 「지금까지 몰랐던 새로운 맛보는 법」이 되겠다. 이것은 전부터의 습관, 규칙의 「탈문맥화(文脈化)」이다. 식의 견습 없이 정보화의 진전은 탈문맥화를 동반한다.

---

80) 이시게(石毛直通)・고야마(小山修三)・야마구지(山口昌伴)・에이히사(榮久庵祥二) 1985 『로스앤젤레스의 일본 요리점 --그 문화 인류학적 연구』 도메스 출판, 등도 참고 되지요.

IV. 정보화는 식에 무엇을 가져올까

먼저 설명한 바와 같이 식의 정보화를 널리 생각한 경우 전체로서는 획일화와 다양화, 즉 (1) 정보화는 식을 획일화시킨다. (2) 정보화는 식을 다양화시킨다고 하는 전혀 다른 두 가지의 방향이 생각되지만, 그 어느 쪽도 있을 수 있는 것이다. 그렇지만 이 두 가지 방향도 다음과 같은 큰 두 개의 흐름 안에 포함되는 것에 지나지 않는 것 같이 생각된다. 단도직입적으로 기록하면 아래와 같다.

(1) 성(聖)으로부터 속(俗)으로

(2) 생존으로부터 「노는 것」으로

초밥이 떨어져 있으면 어느 년대 이상은 그것을 발로 차버리는 것은 거의 불가능하겠지요. 또 아보카도를 말이 초밥에 쓰는 등, 아무리 해도 친숙해지지 않는 사람이 있는 것도 예상된다. 두부 아이스크림이라고 들은 것만으로 싫은 생각을 갖는 사람도 있겠지요. 일종의 금기가 식에 얽혀온 것은 틀림이 없다. 종래의 식 「윤리」로부터는 새롭게 생기는 식의 본연의 자세에 반발이 있는 것은 당연하겠지. 「전통 식문화」는 「신생 식문화」를 당연하면서 이단으로 간주한다.

금기(Taboo) 혹은 규칙(rule) 그리고 달리 표현하면 「문맥」 중에 식은 존재하여 왔다. 그러한 규제가 약해지고 무시되어 간다. 탈 금기, 탈 규칙, 탈 문맥이고, 성(聖)으로부터 속(俗)으로의 사조(흐름)로 된다. 물론 속 중에서도 규칙이나 문맥이 생기지만, 그 자신을 또 해체하는 계기를 포함하고 있는 것이 속이다.

<사진 3> 오스트레일리아의 두부아이스크림
플레이트의 토후(Tofu)의 문자가 읽기 어렵지만 우측의 3개가 그것이다.(필자 촬영)

그 위에 생활에 있어서 최저의 조건이 충족되면 그때부터 자유로운 유흥이 생활 중에 증식하는 것은 말할 것도 없을 것이다. 식에 있어서 「생존으로부터 '유흥에'」으로는 이미 말하여 왔기 때문에 설명을 요하지 않는다고 생각된다.

이 두 가지의 흐름은 정보화의 진전과는 별도로 큰 흐름이라고 하겠지요.

그러나 정보화의 진전은, 식을 순회하여 종래 존재하지 않았던 것을 새로 만들어낸다. 식의 획일화와 식의 다양화라고 하는 두 개의 방향을 생각한 것에 더해서 다음에 중요한 것은 이에 의하여 식의 정보화는 식에 관한 두 개의 계급을 만드는 것이 된다고 하는 이해이다. 두 개의 정보 「한쪽의 웅(雄)은 매스컴, 한쪽의 자(雌)는 오감이다.」를 어떻게 수확하여 처리할까의 능력은 「유흥」 감각이라고 하여도 좋겠지요. 이 「유흥」감각에 뛰어나 있는지 아닌지에 따라 식을 빈약하고 획일적인 것으로 하여 버릴까? 풍부하고 다양한 것으로 할까의 갈림길이 생겨난다.

거기서부터 생겨나는 것이 획일적인 식으로 살아가는 「빈식(貧食) 계급」과 다양한 식을 손에 넣을 수 있는 「부식(富食) 계급」의 두 가지가 있다.

사회주의 이론은 자본주의 경제 원칙이 사회에 두 개의 계급, 즉 빈곤 계급과 부유 계급을 만든다고 생각했다. 경제적으로 부유한 계급과 경제적으로 빈곤한 계급이다. '식에 도달하기까지의 접근'을 생각하면 그 계급관은 이해 가능하다.

그러나 「식에 도달하여서부터의 접근」으로 식 정보를 생각하면, 지금이야말로 이것과는 다른 두 개의 계급이 정보화에 의해 생겨 분화하려고 하고 있다. 빈식 계급과 부식 계급이다.

이 두 가지의 계급 사이에서 계급 투쟁은 일어날까요?

「부식 계급」은 부유하여 다양한 식을 향유한다. 그러나 「빈식 계급」은 억압에 맞서서 저항하여 식의 자유를 획득하는 투쟁에 일어서는 것은 불가능하다.

식에 관하여는 미디어, 매스컴만을 식의 정보 발신원이라고 보면 정보는 독점하고 지배하는 것이 가능하다는 사고방식이 된다. 그리하면 계급 「투쟁」은 일어나는 것이지만 식 정보 특히 「식에 도달하고부터의 접근」을 정보라고 생각하면 독점이나 지배와는 인연이 멀고, 그럭저럭 「부식 계급」과 「빈식 계급」에 식 혹은 정보를 둘러싼 투쟁은 일어나지 않겠다.

2010년의 「먹는 일」5

그린(green) 식사 - 식과 식재료의 가까운 미래

———————— 나까지마 야스히로(中嶋康博)

식재료 부족이 극복되어 생존의 위기로부터 해방되면 사람들은 식에 대하여 여러 가지의 욕구를 나타내게 되었다. 사람들의 식 행동을 좌우하는 다음 4개의 식 지향에 주목하려 한다. 맛이나 향이 높은 품질을 추구하면서 값싸고 수고 덜 드는 것을 골돌하게 생각하는 쾌락 지향, 식중독이나 발암성 등의 위험을 회피하고 싶다고 하는 안전 지향, 자기 개조에 만족할 줄 모르고 몰두를 계속하는 건강 지향, 그리고 오염과 폐기물에 대한 염려를 나타내고, 한편으로 동물애호를 주장하는 환경 지향이다.

금후 어떠한 식재료가 공급될까. 그것은 소비자의 의향에 의하여 정해진다. 소비자 주권은 현대 소비사회에 대한 규칙임에 틀림없지만, 현실에는 가끔은 공급자의 생각에 좌우되고 있다. 유전자 조작 농산물은 그 전형적 예로 많은 사람이 머뭇거리고 있는 사이에 첨단기술이 먼저 경향을 만들어냈다. 식품 첨가물, 잔류농약, 방사선 처리, 수확 후(post harvest) 등, 안정성을 높이기 위해 개발된 수단은 새로운 안전 문제를 발생시키고 있다. 좁은 시야에서 밖에 대응하여 오지 않았던 기술의 한계가 식료 소비에 혼란을 초래한 것은 부정할 수 없다. 그렇지만 소비자 자신의 망설임, 즉 식 지향의 균형(balance)의 나쁨도 간과하는 것이 아니다.

4가지 지향의 어느 것을 강조할까는 사람에 따라 다르다. 겉보기에 좋지만 농약이 다량 사용되어 있는 야채를 구입하는 사람, 딱딱해서 맛이 좋지 않아도 자연에서 키운 쇠고기를 먹는 사람, 그러나 자기가 선택한 것이지만 많은 사람이 무엇인가 만족하지 못하고 있다. 그들은 마음깊이 자신의 식 지향을 하나의 벡터(vector)에 수렴시키면서 그것을 실현하여 주는 새로운 식의 모습을 구하고 있다. 맛있고, 고생이 덜 되고, 안전하여 건강에 좋고, 유해한 화학물질에 의한 오염이 적어서 폐기물을 극력 억제하는 것이 가능한 식사, 그리하여 그 식재료를 생산하는 배경에 아름답고 넓은 전원. 이것을 「그린 식사」라고 하고 싶다. 새로운 시대의 자연관이 이러한 식 지향을 묶어서 가는 것처럼 생각된다.

지금 단계에서는 이것은 단지 몇 명밖에 즐기지 못하는 사치스러운 식이다. 많은 사람이 향유 가능하도록 되기에는 옛날 그대로의 농사법에 회기 하는 것이 아니고, 그린도를 높이면서 가능한 한 비용을 낮추는 첨단적인 생산기술이나 유통기술이 개발되지 않으면 안 되겠지요. 농업의 현장으로부터 식품산업 그리고 가정의 식탁까지 연류된 자원 순환의 가능한 첨단기술(high technology) 유기농업이 하나의 이상형이다. 그런 식사가 21세기의 표준으로 되는 데는 환경 의식을 높이는 것이 그것을 사업으로서 성립하는 시장에 성장 시켜 갈까 어떨까에 달려 있다.

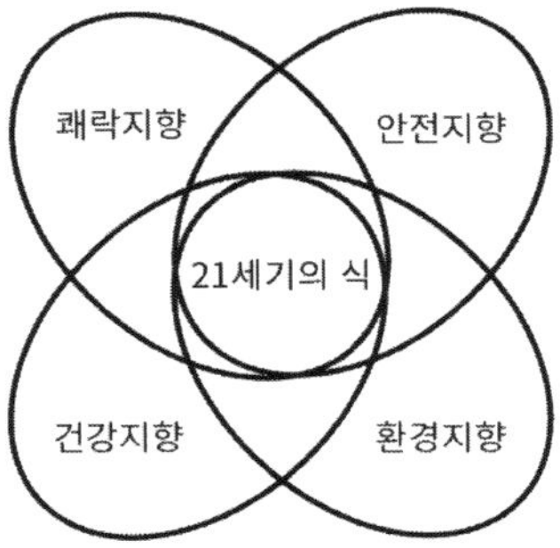

소비자의 식 지향(食 志向)

제8장 식생활 · 식문화 변화의 배경

타까다 마사토시(高田公理)

I. 미래를 전망하는 복수(複數)의 「척도」

식생활 · 식문화뿐만이 아니고, 일반적으로 미래 변화의 방향을 전망하는 데는, 「복수의 척도」를 주의할 필요가 있다.

그 제1은 성장곡선과 회귀곡선이다. 예를 들면 지구상의 인구는 지금도 계속 증가하고 있다. 그러나 일본이나 구미에서는 머지않아 감소하기 시작한다. 그렇다면 지구규모의 인구 증가가 감소로 바뀌는 날이 언젠가는 올 것이다[81]. 한 방향성의 변화로 보이는 현상도 시간 폭을 길게 했다거나 별도의 요인에 주의를 하지 않으면, 여러 가지 변화를 동반하므로, 원래 상태로 회귀하는 경향을 나타내는 경우가 많다[82].

---

81) 다만 인구 증가가 지구의 환경 용량을 능가하여 진행할 가능성도 있다. 그 경우에는 성장곡선은 파국을 맞게 된다.

82) 예를 들면 메이지 유신 이후의 일본 사회의 변화를 그래프로 한 성장곡선인 「문명사 곡선(그림 1)」과 회귀곡선인 「유희화곡선(그림 2)」로 조정(措定)할 수 있다. 이 안에 문명사곡선이란 梅棹忠夫(1976 [初出 1970] 「化政百五十年」『일본史의 구조 - 변혁과 정보의 史관』 중앙공론사)에 의해 제창된 것으로 횡축에 연대를, 종축에 국민총생산으로 상징되는 일본 문명의 양적 측면을 대표하는 지표를 묘사한 곡선이다. 이것은 시작은 천천히 뒤에는 급경사로 상승하는 곡선이 된다.(다만 15년 전쟁의 전쟁 중 · 전후만이 이상하게 함몰하고 있다.) 그에 대해서 같은 시대의 일본 문화는 문화 · 文政期로 상징되는 근세에 있어서는 「근엄성」을 강하게 했으나 그 후는 다시 「유희성」을 회복하는 방향으로 나아갔다.

이것을 일본인의 식생활・식문화에 적용시킨다면, 1960(쇼와 35)년을 중심으로 부엌용 연료의 신탄(薪炭)에서 gas(석유나 전기)에의 전환을 가져왔다. 그 이래 불이라는 위험한 요소를 안전하게 관리하여 조리의 수고를 줄이는 연료의 보급이라는 추세가 핍색(逼塞)하는 것은 아니었다. 그런데 1980년대의 후반경에, 최초는 「구운 생선」을 파는 요리점에 있어서, 뒤이어 미식에 관심을 가진 소수의 일반 생활자에 의하여 신탄이 중용되게 된다. 말할 것도 없이, 원적외선이 나오는 탄화로 구운 고기나 생선이 기타 연료로 조리한 것보다 맛있었기 때문이다.

제2는 기술 혁신과 거기에 동반되는 생활에 있어서 얼마간의 조건 충족도 일으키는 「유희화의 원리」로도 부르는 변화이다. 본서의 마지막 장(吉田 논문)은 수렵채집에서 목축, 농경으로 식물생산 기술과 사회 체제의 혁신이 진행하고 게다가 현재 역시 수렵이나 어로, 농경이나 목축을 포함 옛날형의 생성이 모두 남아 있다는 것이다. 이것은 옳다. 그러나 동시에 수렵채집 사회가 농경사회로 추이(推移)한 단계로, 「수렵이나 어획」이 공업사회로 성립한 단계로, 「농경을 흉내 내는 원예」가 특히 정보산업사회로 되면 「소규모 공업인 수작업」이 여러 가지 「놀이」로 매듭짓게 된다. 결국, 생활에 있어서 얼마간의 조건이 충족되면 그 조건에 관계되는 유희적인 선택성이 강해지는 것이다.

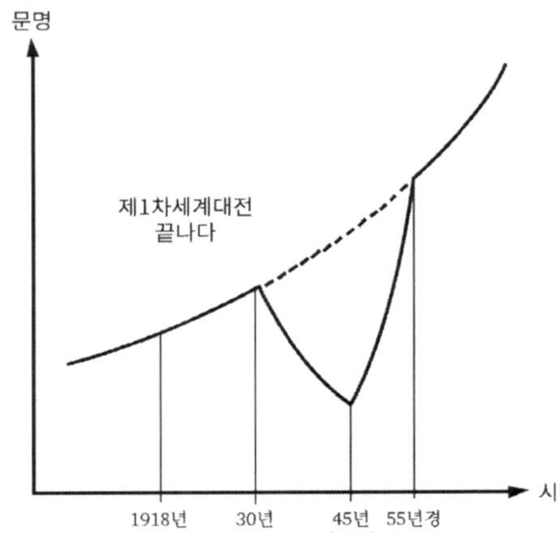

<그림 1> 매도(梅棹) 「문명사 곡선」

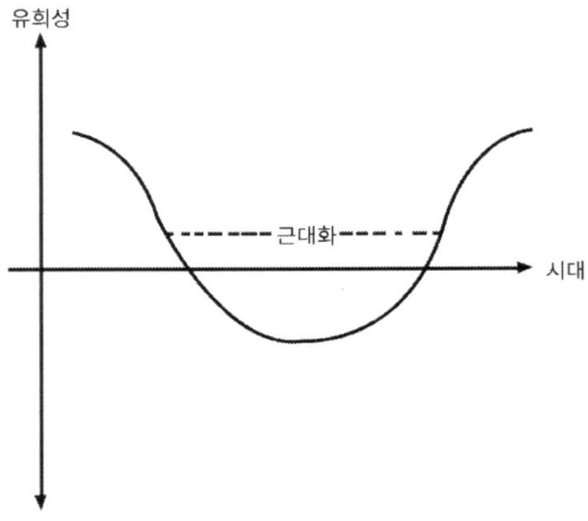

<그림 2> 유희화(遊戱化) 곡선

(原図: 高田公理)

(高田公理외 1993 「토론Ⅱ 현대일본문화의 연속성과 비연속성」 이시게 (石毛直道) [편] 『현대 일본문화에 있어서 전통과 변용9 쇼와의 세상史』 ドメス출판)

그런데 적은 관점을 비켜 놓으면서 만약 인간생활을 「의, 식, 주」로 유형화해 보면 「주」에 관련하는 일의 다수는 고도 경제성장기 이전에 목수를 비롯하여 「사회적인 외재화」된 전문 직업에 따라 담당하게 되어 있다. 그러나 「의(의 제작이나 보수)」는 고도 성장기에 있어서 가정용 재봉틀의 급속한 보급이 암시하는 바와 같이, 아직 당시는 주부 일의 영역이었다. 그 보급의 말기에 「가정의 외부」에서 어패럴(apperal) 관련 산업에 들어가게 된다. 그렇다면 「食(에 관련된 가사노동)」이 같은 추세로 나간다 해도 불가사의한 일은 아니다.

그러나 그 여러 가지가 예를 들면 「일요대공(大工: 일요일이면 하는 집안 목수일)」이나 「염직공예」나 「취미요리 만들기」등으로 말하는 형으로 나타낸다면 한 사람의 선택 의사에 따라 1종의 취미나 놀이로 개선하여 「가정 내로 흡입될」가능성이 크다.

이것은 국민 전체의 「농업 익히기」가 진행하는 곁에서, 소위 「가정 채소밭」 등을 취미로 하는 사람이 증가하여 간다고 하는 현상에도 적합하다.

제3은 세계의 각 지역의 식문화의 특징이다. 그러한 것을 지금, 만일 「식문화의 충실도」와 「외래 식문화의 수용 자유도」라 한다. 2개의 축이 형성하는 사상(四象) 범위의 그래프에 정리하여 그림 3과 같은 가설적(仮說的) 조합을 설정해 보면 몇몇 지역의 식생활 · 식문화의 특징과 개성이 파악된다.

(Ⅰ) 일본: 전통적 식문화가 충실하다. 외래 식문화의 수용에도 관용

(Ⅱ) 프랑스 · 이탈리아 · 중국 등: 전통적 식문화가 충실하다. 외래 식문화의 수용에는 소극적

(Ⅲ) 앵글로 섹슨 등: 전통적 식문화의 충실도가 낮다. 외래 식문화의 수용에 소극적

(Ⅳ) 남태평양 제도 등: 전통적 식문화의 충실도가 낮다. 외래 식문화의 수용에는 관용

이와 같은 가설에 일정한 의미가 있다면, 금후에도 일본의 식문화는 여러 가지 국면에 있어서 다양한 변용을 체험하는 일이 예측된다.

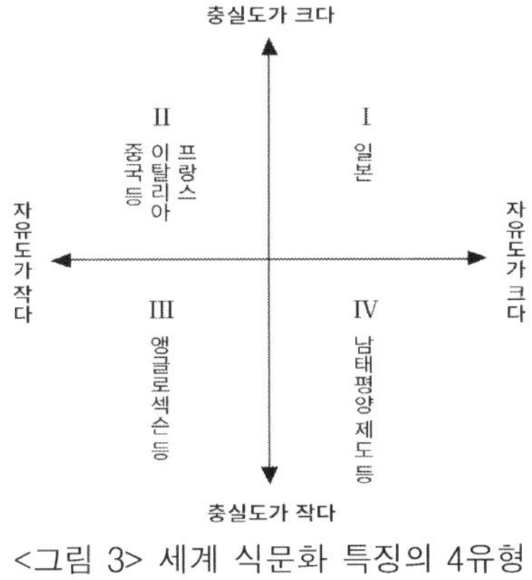

<그림 3> 세계 식문화 특징의 4유형

(原図: 高田公理)

II. 모두가 취미와 기호에 의존한다.

앞에서 말한 3가지 척도를 수용(援用)하면서 여기서는 본서의 제1장의 여러 논문이 제기한 문제점을 다시 검토하고자 한다.

그 최초의 과제는 기조(基調)가 되는 히키타(疋田) 논문(29page)이 제기한 가족・가정과 식생활 변화 관련 문제이다. 종래는 가족・가정과 식생활이 「공식(共食)」이라는 인간 특유의 식생활 형식을 매개로 하여 불가분의 관계를 이어왔다. 그 배경에는 열대밀림에서 사반나로 진출한 인류 선조의 새로운 환경에의 적응 전략과 인류사 전체를 관통하여 온 식료의 일상적인 부족이라는 사정이 있다[83].

그런데 고도 경제성장 후의 현대 일본 같은 한정된 시공간에 있어서는 식료의 과잉공급과 식사 서비스 산업에 의한 제공이 일상화한다. 거기서는 앞서 말한 「유희화의 원리」가 작용한다. 결국, 윤택한 식료가 공급되어 식(食)에 관련된 서비스 산업이 발전하면서 가정에 있어서 필요불가결한 식사 서비스의 제공이라는 습속의 필수성이 약해져 가족・가정과 거기서의 공식(共食)은 1종의 「놀이[84]=선택적 취미」로서 만이 인간의 생활에 받아들이게 된다[85].

이 일을 「식에 도달한 이후의 정보화」라는 개념으로 받아들였다는 것이 시라하타(白幡) 논문(132page)이다. 그 지적에 따르면, 금후의 일본 사회에 있어서는 「빈식 계급과 부식 계급」이 분화할 가능성이 있다는 것이다. 「식(食)을 탐구하는 계급의 분화」는 반드시 소득과다에 따라서 생기는 것은 아니다. 가난해도 식생활에 상대적으로 큰 비중을 두는 사람은 부식 계급에 포함된다. 특히 경제적으로도 풍부한 부식 계급이라면 식품재료뿐만 아니라 조리기구나 주방, 특히 식사하는 곳의 인테리어나 음악을 풍족하게 연출함에 따라 식생활을 최대한 놀이, 취미로 하는 경향을 나타낸다. 그래서 文字로 「식을 찾아서 다양한 계급」이 출현, 특히 부식 계급 「식사하는 곳은 multimedia화」해 가는 것이 된다[86].

---

83) 밀림에 비해서 현저한 건조 지역인 사반나에서는 식료 조달이 매우 곤란하다. 그러나 사반나에 진출하여 직립두발 보행을 확립한 인류의 육아 기간은 장기화했다. 거기서는 수컷은 식료 조달에 암컷은 육아에 제각기 전념하는 성별 분업이 불가결하게 된다. 그 결과 가족 내에 있어서 식료의 분배와 공식(共食)이 인류 생존의 기초적 조건으로 되었다. 이것은 식료가 일상적으로 부족하고 있던 수렵채집사회, 농업(목축)사회, 극히 최근까지의 근대 공업사회에도 꼭 들어맞는다.

84) 「놀이」에는 「유희」외에 「자동차 핸들놀이」같이 「자유도와 선택성」의 의미가 있다. 이것은 영어의 play라는 단어에도 꼭 들어맞는다.

85) 이러한 조건이 현대 일본 사회에 있어 독신 세대 증가의 배경이다. 보통 금후는 스스로의 선택적 의사에 의한 것이 아니고 사회 전체의 혈연적 유대가 약해짐에 따라서 어쩔 수 없게 되는 고령자의 독신 세대 등이 증가 하지 않을 수 없다. 그러한 사람들 사이에서는 종래의 가족과는 다른 성원(成員)으로 된다. 일종의 「의이적(擬似的)인 가정」이 성원의 자발적 의사에 기인되어 형성될 가능성도 있다.

86) 「식사 장소의 multimedia화」에 관하여서는 제5권 41p 졸고(拙稿) 「도시의 축제성과 식(食)」에 상세

이어서 토코야마(時子山) 논문(69p)의 기술에 의하면 현대 일본에 있어서는 홍차나 포도주 등 극히 일부 식품을 잠깐 들여다보면, 구입량, 구입 가격 그 어느 것도 소득탄력성의 수치가, 제한 없이 제로 부근으로 이어져 간다고 한다. 그러나 만약 「식사 하는 곳을 multimedia로 기록한다」고 한다면 그것을 연출하는 값비싼 식기나 화병, 가구나 인테리어 용품이나 음향 재생 장치 등의 구입 금액까지도 넓은 의미로의 식생활에 관련하는 지출에 포함될지도 모르겠다. 거기서는 특히 부식 계급의 경우 등 금후에도 식생활 관련의 소득 관련성의 수치는 계속 증대할 가능성이 있다.

그런데 소득의 소비 탄력성, 바꾸어 말하면 자유도의 증대는 선택형의 다양화를 가져온다. 그렇다고 한다면 식생활 의식과 식 행동은 더욱 다양화해 간다. 이 점을 해명하기 위해 카네코(金子) 논문(83p)은 아메리카에서 관찰한 외식산업의 여러 특징을 다음과 같이 정리했다. 그 뿐만 아니라 다양한 외래 식문화를 수용, 싼값으로 맛있는 요리의 제공, 닭 날개 구이 간편 요리법의 채용, 보다 선도 좋은 식재의 채용, 안전하게 신체의 건강에 공헌하는 식사의 제공, 고객 선택 폭의 확대, 요리의 조합 등, 조리(調理)・서비스에 고객 참여의 허용, 정신적 편안함을 추구하는 연구 등이다. 그것은 확실하게 일본의 외식산업이 목표로 하고 있는 방향과 겹치는 면이 많다. 그러나 특히 「간편화」가 「요리의 맛있는 맛」에 대립할 가능성이 없을 이유는 없다. 따라서 「호화스럽고 맛있는 식사」와 「간편하고 저렴한 식사」와는 2가지이면서 그러나 서로 다른 방향으로 계속 존속해 갈 것이다.

이제 하나 146p 각주 83)에 기술한 바와 같이 인류의 성별 분업이 그 기원 이래의 숙명이었다는 점은 무시할 수 없다. 그런데 근대 이후 식사를 시작으로 하는 많은 가사를 가정 밖에서 충족하는 산업이 성립한다. 그 결과 가정 내의 성별 분업이 일종의 차별로 보이게 되었다. 게다가 이 일이 극한적으로 명료하게 된 근대 공업사회 직후에 도래하면서 정보산업사회에 있어서는 「주부・아내・어머니」의 체험을 축적해 온 여성의 지혜나 아이디어가 경제뿐만 아니라 정치・행정・문화 등의 영역에 커다란 사회적 역할을 부담하는 것으로 된다[87]. 그럼에도 불구하고 주로 남성 측 의식이 뒤떨어지면서 가정이나 기업에 있어서 성별 분업은 자주 성차별적인 모습을 확연히 나타낸다. 그러나 정보산업사회에 있어서 근대 공업사회의 인습에 얽매여 있는 기업이나 개인은 얼마 있지

하게 기술했다. 이제 부식(富食)계급에 위치하는 생활자의 경우 비록 가족이 소규모화하고 그 결과 식품 구매 가격이 높아지게 되고, 조리 시간 효율이 악화하여도 본래가 「취미의 선택」이므로 그것 그대로가 우리의 식생활을 보다 많이 외식이나 중식에 의존하는 것으로 변화시킨다고는 한정할 수 없다.

87) 「소비자의 생활 체험을 상품 생산에 feed back한다」는 것이 중요한 의미를 갖는 시대의 생활자 상(像)을 A・トフラー는 「제3의 波」의 가운데서 「프로슈머(prosumer)라 하고 생산자(producer)와 소비자(consumer)를 메듭지은 탁월한 조어(造語)로 받아들였다.」

않아 부적응을 일으킬 것이다.[88]라고 하는 의미에서 미사키(見崎) 논문(111p)은 어느 쪽인가라고 한다면 부정적인 뉘앙스로 인식하는 현대 일본에 있어서 젠더의 문화는 시대의 추세에 따라 어려움이 극복될 가능성을 품고 있다. 결국 남성이 식(食)에 관계되는 물품 구입이나 조리(調理)를 싫어하지 않게 되고, 여성이 조리 완료 식품 구입에 떳떳하지 못함을 느끼지 않게 됨에 따라서, 일본의 정보 산업 사회는 원활한 운영을 실현할 수 없고, 생활자는 「식(食)의 취미화와 간편화」[89]라는, 현대 일본 사회가 실현한 풍족한 식생활 · 식문화, 2가지 그대로 누리는(享受) 것은 곤란하게 되어 왔기 때문이다.

그것뿐만이 아니다. 중국의 인민공사에서 유래한다고 추정되는 「1촌(村)집단 공동취사와 조반(朝飯)의 연(宴)」에서, 현대 일본의 「집합주택에 있어서 공동취사와 공동식탁」을 연상한 야마구치(山口) 논문(95p)은 식(食)을 순회하는 젠더의 문제를, 마치 다른 회로를 통하여 극복할 가능성을 시사하고 있다. 왜냐하면, 고령화나 저출산 등의 영향에 의한 공식(共食)의 단위가 종래의 가족과는 달리, 한 사람의 자유 선택에 의하여 집단에 맡겨진다면, 그곳에서 성별 분업도 동시에 자유스런 선택에 맡겨졌기 때문이다. 게다가 「식의 간편화와 취미화」라고 하는 본 소론(本 小論)의 모티브도 또 한 번 생각을 고칠 필요가 있다고 본다.

III. 20세기의 3개의 모순과 식 행동(食行動)

그런데 식문화 · 식생활의 장래를 고찰함에 있어서, 인류 문명 전체의 문제를 참조해 두어야 한다. 반대로, 20세기는 세계 전체를 휩쓸게 하는 「격동의 세기」였다. 미증유(未曾有)의 과학 기술의 진보와 경제 발전이 진행되고 인구가 폭발적으로 증가하고, 많은 인구가 도시로 집중했다. 2번의 세계대전이 발발하여 대량의 피가 흐르게 되고, 그것이 광대한 판도를 지배하는 제국을 해체시킨다. 그 이래 다수의 국민국가가 족생(簇生)하고, 동서 대립의 시대가 도래하고, 인류는 핵전쟁의 위기에 불안하였다.

이러한 세계 질서가 20세기 말에 붕괴한다. 아직 새로운 질서는 모습을 나타내지 않는다. 그래서 생각해 낸 것은 20세기의 3가지 모순이다[90]. 열거하면 다음과 같다.

---

88) 정보사업 사회에 있어서 젠더의 문화가 어떠한 변용을 받아 왔는가에 대하여서는 다카다(高田公理) 「女와 男의 현대 세상」(1998『あうろーら (특집) 女와 男과 가족』[11호] 21세기의 관서(關西)를 생각하는 會 pp190-206)을 참조.

89) 「식생활의 취미화와 간편화」라는 테마에 관하여서는 제5권 219page, 拙稿「정보화와 食의 文化」에 있어 언급되어 있다.

제1의 모순 → 20세기 인류는 원자력으로 상징되는 「거대한 힘」을 손에 넣었다. 그러나 그것은 지나치게 거대해서 적절히 이용하기가 어렵다.

제2의 모순 → 20세기 인류는 생산이나 수송 역할을 한 「다양한 편리」와 「풍부한 생활」을 손에 넣었다. 그러나 역으로, 인간의 체력은 쇠약해져 많은 사람이 과잉 영양과 기아라는 완전히 정반대의 공포에 불안해하고 있다.

제3의 모순 → 제2의 결과를 일으킨 요인의 하나는 전문화하여 고도로 발달한 과학 · 기술이다. 그런데 지나친 선예(先銳)적 전문화가 다른 분야 간의 대화가 곤란하다기보다 거의 불가능했다. 그 결과 자연과 인간, 과학과 기술, 사회와 문화, 경제와 정치를 총합적으로 받아들여, 바람직한 미래를 전망함이 가능하지 않을까.

이러한 3개의 모순은 현대와 세계 인류의 식생활 · 식문화에도 그대로 꼭 들어맞는다. 그것은 동시에 21세기 말까지 여러 가지 어려움을 일으킨다.

예를 들면 「거대한(과학 · 기술) 힘」을 대량의 화학비료나 농약과 대규모 관개, 대형 농업기계 등의 이용에 의한 농업 생산성의 향상을 일으켰다. 그러나 한편으로는 화학비료의 다용(多用)과 더불어 지력의 저하, 대량 지하수 퍼 올리기에 의한 수자원의 고갈, 목장 경영에 제공하는 열대 우림의 대량 벌목에 의한 사막화, 수탈적 어업에 의한 해양자원의 감소, 게다가 방사능에 의한 것을 비롯하여, 20세기가 생산해 낸 농약을 비롯한 다양한 화학물질에 의한 식품오염 등의 문제를 발생시키고 있다.

이어서 제2의 모순으로서 체력의 약화, 과잉 영양과 기아의 병존은 식문화와 식생활과 직결되어 있다. 혹시 식(食)의 분야에 「다양한 편리」와 「풍부한 생활」을 일으켰다는 것은 이윤의 최대화를 목표로 하는 기업의 신상품 개발과 마케팅 전략이었다. 그 과정에서는 확실히 조리하는 수고의 생략, 저렴하고 맛있는 식품을 용이하게 구입이 가능하게 되었다. 그러나 한편으로는 식품이나 요리의 매력의 하나인 맛이나 향의 다양성, 식품의 계절감 등이 경시되어 획일화되고 동시에 생활자 스스로가 자신의 신체나 정신의 「소리를 들음」에 의하여 최적의 음식물이나 요리를 선택하는 식생활에 있어서 주체성을 약화시키고 있다.

그래서 제3의 모순으로 솔직하게 말하면 세계적 규모로 식료 생산의 양은 증대하면서 한편에서는 가일층 인구 증가가 진행하면 식료 공급이 양적으로 핍박되기 쉽다는

90) 이 지적은 친구인 요코야마(橫山俊夫) 경도대학 인문학 연구소 조교수에 의함. 단, 문책(文責)은 필자에게 있음.

상황, 특히 일본에서는 그러한 세계 규모의 식료 생산의 증대에 의존하는 일에 의해 식료 자급률이 국민 생활의 안정을 위기로 빠트리지 않을까 하는 정도까지 저하한다는 문제가 있다. 게다가 포식의 끝으로 일본인은 대량의 「잔반」을 폐기하게 되었다. 이러한 상태가 지속하면 세계 규모로 식료 수급을 핍박하는 시대로 국제적 비판의 정면에 서게 된다는 가정도 상상이 된다.

그뿐만이 아니다. 21세기의 도래와 더불어 특히 일본에서는 일찍이 인류가 경험할 일이 없는 인구의 고령화가 진행한다. 그것은 국제적 무역 마찰뿐만 아니고, 제조업과 무역의 번영에 따라 식료 수입에 필요한 부(富)를 쌓을 수 있었던 일본의 산업과 경제, 그것의 존립을 위태롭게 하는 요인이 되기도 한다.

단 한편, 마루이(丸井) 논문(51page)이 당연히 전제로 하고 있는 「사회의 노동력인구를 15~65세로 가정한다」는 틀에 더욱 변화를 줌으로써 이 문제를 둘러싼 장래전망의 방향, 그것을 시도해 보고도 필요로 할 것인가. 왜냐하면, 금후 정보산업사회화가 가일층 진행하면 풍부한 경험을 쌓은 65세 이상의 인구, 이제 가사노동에 전념하고 있는 여성들이 새로운 가치를 만들어 내는 재능이나 노동력으로서 전망하는 데는 본장에서 기술한 다양한 요인을 고려하면서 그 정확도를 높이는 시도를 계속할 필요가 있다는 것이다.

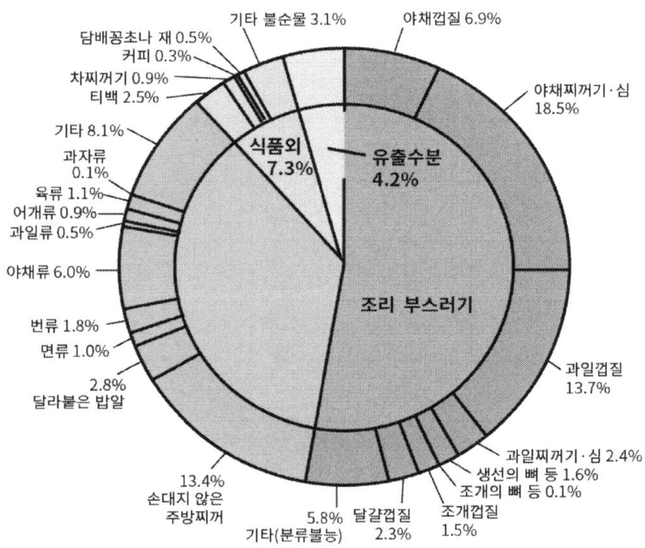

〔高月纊 1999「쓰레기의 100년과 현대 부엌 쓰레기 사정」일본생활학회 (편) 『부엌의 100년 생활학 23책』 도메스출판〕

<그림 4> 주방 쓰레기의 내용 - 1997년10월 조사(조사 음식물 찌꺼기 중량 184.2kg을 100%로 한다.)
「주방 쓰레기 중의 식품 외(껍질, 포장)를 제하면 주방의 쓰레기 반 정도가 본래 뱃속에 들어 있어야 할 음식물로 되어 있는 사실이 명확하게 되었다.
특히 놀라운 것은 전혀 손대지 않은 식품이 13%도 존재한 것이다. 이러한 식품 쓰레기는 가게에서 사온 그대로의 모양으로 쓰레기로서 버려진 것이다. 여기에 당연히 『포식』이나 『방식(放食)』이라 말하는 일본인의 현대 생활의 양식을 엿볼 수 있다.」

제 2 부

기술 · 시스템의 진전과 식(食)

제 1 장 〔미래 예측〕 기술 · 시스템의 시점으로부터 생각한다

후지키 세에이치(藤木正一)

I. 사회의 변화와 식(食)의 변화

1.1 경제성장과 식 환경의 다양화

식(食)에 관련된 경우는 한없이 넓다. 여기서는 식(食)을 생활에 가장 밀접한 식품과 식사를 중심으로 보기로 한다. 명제(命題)의 기술・시스템의 관점으로부터 생각되는 경우도 식(食)의 문제는 식(食)의 배경으로 되는 사회의 변화와 식(食)의 변화를 과거・현재의 트랜드로 받아들여 금후의 변화를 가설하여 둘 필요가 있다. 여기서부터는 점점 食의 변화나 요구를 지탱, 실현하는 수단으로서 새로운 기술・시스템이 개발되고 구축되기 때문이다.

경제 발전의 과정에서 나라 전체의 부(富)가 축적되어 사회 자본이 충실하고 적절하게 조처되었다. 일본에서는 제2차 세계대전까지 대부분의 국민이 농어촌에 거주 스스로 생산한 것을 자신이 가공 조리하는 자급자족적 생활을 지냈고, 일부의 부유 계급과 소수의 도시 생활자만이 시대의 첨단적 문화를 향유하고 있었다. 식생활도 쌀(혹은 잡곡, 구근 류 등)을 주식(주영양원)으로 하여 주식을 대량으로 먹는 1즙 1채(1汁 1菜)의 구성으로 대가족이 동시에 같이 식사를 하고 있었다고 한다.

이 전통적인 식(食)의 형태가 1950년 이래의 고도성장과 더불어 크게 변화했다.

경제 사회의 변혁에 의해 농어촌에서 도시로 인구의 대이동이 시작되어 대부분 도시 노동자로 변신, 핵가족, 독신 생활자가 과반수를 점하게 되었다. 아직 전업적으로 가사·취사를 담당하고 있던 소위 주부나 여자의 대다수가 육아기를 제하고는 일을 가져 가정을 떠나게 되었다. 생활 수준이 평준화되어 모두 중류의식이 싹이 트고 소비도 전 국민이 일제히 구입하고 일제히 팔고 일제히 폐기하는 현상도 볼 수 있게 되었다.

1인당 국민소득이 증가하고 엥겔계수도 해마다 저하하여 식(食) 이외의 생활에 충실함과 동시에 식(食)의 다양화, 고품질화, 간편화, 외부화를 정착시킬 수 있었다.

이러한 현상은 경제 발전에 따른 어느 국가에서도 볼 수 있다. 그러나 식(食)에 관하여서는 독자의 식문화를 배경으로 생활자의 의식·가치관의 차이에 따라서 내용은 같지 않다. 게다가 소비의 경우는 유통, 생산의 경우와 상호 관련하여 영향을 끼쳐 상승효과에 의해 다양하게 변화해 간다.

1.2 식재(食材)·식품(食品)의 다양화·고품질화

제2차 세계대전 후의 기아 상태 내지는 물자 부족 시대, 미국의 원조 물자와 더불어 농경의 대상으로서의 구미풍 식생활의 PR의 영향도 있어 학교급식에서 빵 식의 도입이 시작되었다. 이어서 가정에서도 아침 식사에 빵을 받아들이게 되어 서서히 따뜻한 우유(乳), 유제품, 축육, 육제품의 증가라는 형태로 식사는 소위 양풍화(실제로는 구미형 식재·식품의 도입·일본화)되었다.

1970년경까지의 영양 수준은 거의 필요량을 채운 것 같았으나 칼로리 원으로서의 쌀·구근류는 일부 빵 식으로 바뀌고 그 후 乳·肉·卵 및 그 가공품, 유지류 등 고칼로리 식품의 섭취량이 증가하여 쌀 소비는 일관되게 감소하고 있다. 이 사이에 국내 생산에 있어 양에서 질로의 움직임, 여러 가지가 풍부함에 더해서 해외에서 다양한 식재, 식품의 수입을 증대시켜 식료 전반의 자급률을 저하시켜 오고 있다. (그림 1) 최신의 칼로리 기본 자급률은 41%로 떨어지고 있다. 밀, 유지 원료, 사료용 곡물 등 외에 약 200만 톤에 상당하는 채소나 고기·고기 가공품, 각종 농축산 가공품도 더하고 게다가 생선·수산물도 수입 의존도가 높아지고 있다.

이와 같이 일본의 소비자는 역사상 일찍이 풍요로 혜택을 받은 식 환경에 둘러싸여 있으나 그것은 세계로부터 보다 많은 종류의 식료·식품을 보다 좋은 품질·가격으로 선택·조달 가능한 경제 실태 위에서 성립하고 있다는 것을 인식할 필요가 있다.

Ⅱ. 고도 경제성장기에 일어난 식품 관련 산업의 변화

2.1 Food system의 구축(식품산업의 발전)

제2차 대전 후의 고도성장 이전은 농축산물은 거의 가공되지 않은 상태로 소매점 등과 같은 유통업에서 판매되어 소비자에게 이용되고 있었다. 경제가 고도로 발달하고 국제화된 현대에서는 원재료인 농축수산물은 소비될 때까지 몇 단계를 거쳐서 가공, 보존, 유통 판매되는 소위 Food system[1)]이 구축되어 왔다. Food system은 원재료 생산 부분의 농축산산업과 넓은 의미의 식품산업으로 구성된다. 식품산업은 식품제조업, 외식산업(中食포함), 식품유통업의 3업종으로 나눌 수 있다.

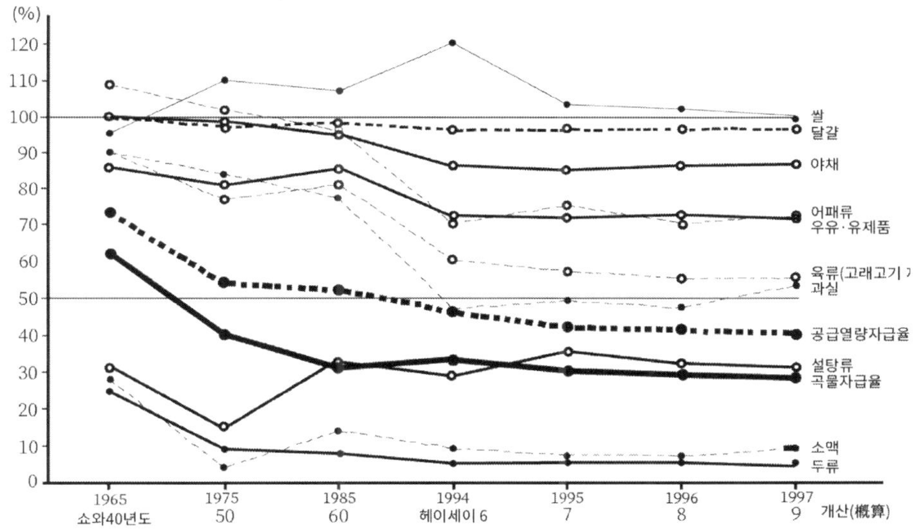

<그림 1> 식용 농수산물의 자급율의 추이
[도설 농업백서(헤이세이 10년도 판)] 1999 농림통계협회 작성

1) 본권 69페이지, 토코야마 論文 「식생활의 변화와 푸드 시스템」을 참조하기 바람.

2.2 식품제조업계

식품제조업은 다음의 3형태로 분류된다.

제1차 식품공업: 농축수산물을 원료로 하여 최종 소비 형태로서의 가정용 제품 및 제2차 식품공업원료를 생산하는 제분, 제유 등이다.

제2차 식품공업: 제1차 식품공업에서 생산된 각종 제품을 소재로 하여 새로운 식품을 제조하는 영역이다. 제빵, 제과, 제면이나 마요네즈 소스 등의 조미료 제조 등이다.

제3차 식품공업: 제1차, 제2차 식품공업에서 제조된 각종 제품을 원료 · 소재로 하여 가공을 더한다. 완전히 다른 새로운 식품을 제조하는 분야이다. 또 각종 제품의 조합에 의한 소위 조리식품도 포함된다. 종래, 주부나 조리 인이 속인(屬人)적, 생업적으로 행하게 되어 있던 조리라는 부분이 사업으로서 확립되어 온 것이다. 레토르트식품, 조리 냉동식품 등의 가공식품, take out 도시락 · 반찬과 같은 中食 등, 근년에 급성장하고 있는 분야이다.

식품산업의 기술 · 시스템은 그 시대 시대의 선단(先端) 기술을 필요에 응해서 적극적으로 거두어들이면서 구축되어 왔다. 생활의 간편화, 외부화의 요구에 응하여 일반적으로 자급품을 기제품(旣製品)화하는 흐름을 식품의 경우도 같이 찾아가고 있다. 제3차 식품공업, 즉 가공 · 조리식품산업은 상대적으로 발전이 크다. 사회의 구조가 변화한 결과 가정의 주부나 프로 조리사가 담당하고 있던 조리 작업을 식품산업계가 기술 · 시스템화하여 대행하고 있는 것이다. 食의 공급 구조와 기술 시스템의 큰 혁신에 따라 食의 외부화가 가능하게 되고 세상(사회)의 다양한 요구에 대응하면서 시시각각으로 변화하면서 조용히 깊게 진행하고 있다.

2.3 식품(食品)유통업계

1960년 말경부터 급성장한 대형 판매점(supper-market)은 식품의 규격화 표준화를 급속히 추진하여 갔다. 한편 종래로부터의 생업형 소매점을 큰 폭으로 감소 시켜 전국 일률적 상품 획일화를 일으켰다. 그러나 이 대형 판매점도 90년도에 들어 급성장이 둔화하여 시대의 변화에 눈에 띄게 어긋나게 되어 업계의 근본적 변혁이 필수가 되었다. 거기에 상품을 제공하고 있는 식품제조업도 같은 양상으로 종래형의 상품 변혁을 좁히고 있는 것은 아닐까.

1973년 seven · eleven이 innovation business로서 convenience store(CVS)을 프렌차이즈 system으로 전개하기 시작했다. 1980년대에 POS[2](판매시점 정보관리) system을 다른 곳에 앞장서서 도입하여, 소비자에 제일 가까운 점두에 상품마다 자세한 정보를 수집

2) POS(Point Of Sales)

하는 micro-marketing 수법을 확립했다. 계속 EOB[3](전자발주단말), graphic 정보 분석, computer, 쌍방향 POS register, store computer, ISDN[4](총합 디지털 통신망) 등의 정보기기 · system을 차례차례로 도입했다. 정보 system산업으로서 생활자에 밀착해서 요구(needs)를 수용해서 어느 정도로 「필요한 것을, 필요할 때, 필요한 만큼, 선도 좋은 상태로」 제공하는가를 추구하고 있다. 당연히 이상 정보 시스템의 back up으로 각 점포까지의 비용 · 효율이 가장 좋은 물류 시스템을 계속 구축하고 있다[5] (그림 2).

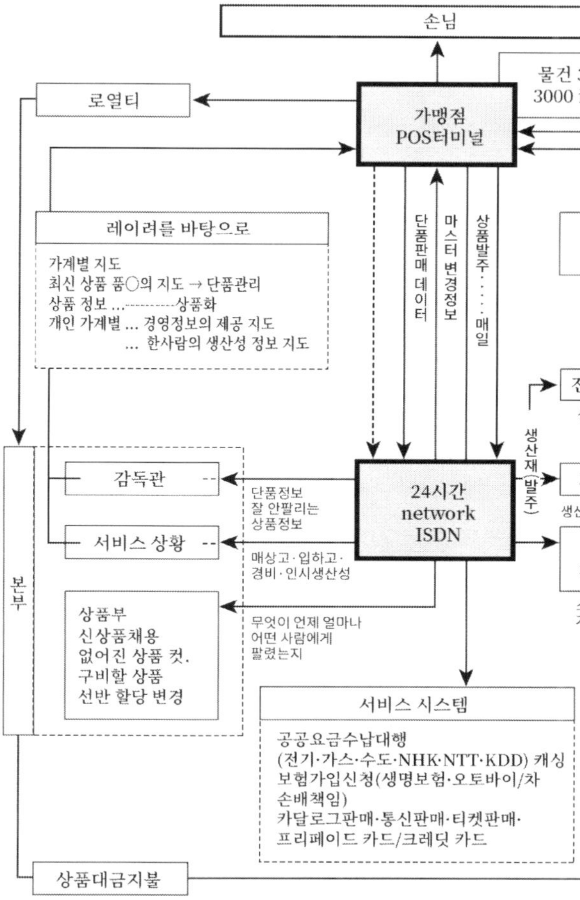

<그림 2> CVS의 가게 정보 시스템
[『'95도록·일본의 식품공업』 1995 光琳よう]

3) EOB(Electric Order Book)
4) ISDN(Intergrated Services Digital Network)
5) 본책 p.206 사이로우 논문 「자발적인 라이프 시스템의 등장」을 참조

상품 동향을 보면 크게 양극 분화하고 있다. 곧 먹을 수 있는 조리 완성 식품류(반찬, 쌀밥, 조리면, 디저트)와 적절한 온도의 soft drink류는 신장하고 있으나 보존 grocery와 생선 제품 등의 주방 단계 식품은 크게 감소하고 있다. 그런데 매상도 압도적으로 높은 도시락을 축으로 하여 반찬을 포함한 조리식품이 중심이 된다. 편의의 조리식품은 전속 공급업자로 통칭되는 전용 공장(그림 2) 등에서 1일 3회의 배송으로 선도 관리하고 있다. (표 1) 특히 쌀 밥류는 쌀밥의 노화를 방지하기 위한 섭씨 20°C로 관리되고 있다(표 2).

그런데 이러한 소위 중식(中食)은 이 편의를 비롯하여 슈퍼, 백화점 등의 조리식품과 통계상 요리 소매업(take out 도시락 · 스시 · 주문 도시락, 역에서 파는 도시락, 조리 빵, 택배, 피자 등)으로서 외식산업의 1부에 집계되는 것 등으로 구성되어 중식 전체의 통계는 파악되어 있지 않다.

<표 1> CVS(convenience store) 물류체계

〔그림 2와 동일〕

냉동 식품	매일 납품
냉장 식품	매일 납품
쌀밥	매일 3편
조리 빵	매일 3편
반 찬	매일 3편
베이커리	매일 2편
가공식품	매일 납품
과자	매일 납품
잡화	매일 납품
화장품	매일 납품
잡지	매일 납품
신문	매일 납품
DPE	매일 납품

<표 2> 온도대별 공동 물류

상품구분	온도관리	상품
냉동식품	-20℃	아이스크림, 냉동식품 등
냉장식품	5℃	우유, 유음료, 반찬, 가공육 등
쌀밥	20℃	도시락, 주먹밥, 샌드위치 등
가공식품	상온	인스턴트라면, 통조림, 소프트 드링크 등
잡화	상온	세제, 화장품 등

2.4 외식산업계

전통적인 생업적 음식업은 조리작업이 전부 동일 공간(장소)에서 행하여지고 있다. 이것은 한정 품종 소량생산, 기능 집약적인 전통적 조리기술과 결부된 기교, 기술이다. 이들의 단위 조작을 분리하는 기술이 개발되기까지는, 점포에 베테랑 요리사와 숙련된 솜씨가 필요하였다. 현재에도 전문점은 이 방식이다. 이 방식에는 기업으로서 규모의 확대는 어렵다.

한편 1970년대부터 도입된 체인 방식의 패스트푸드와 패밀리 레스토랑은 생산과 판매가 분리되는 개방형 조리기술 체계를 확립하여 다수의 점포 전개를 가능하게 하고, 다른 산업과 필적하는 기업화를 가능하게 하였다. 개방형 조리기술은 전처리 과정과 주 조리 과정, 담는 과정을 각각의 공간에서 하는 것을 가능하게 한 기술 혁명으로 체계화되었다. 각각의 식재료 특성에 맞게 가장 적절한 제조 · 보존 · 포장 · 배송기술의 개발이 이들을 가능하게 하였다. 또한, 이 배경에는 냉동 · 냉장기술, 말하자면 콜드체인 시스템의 기술체계의 확립 등이 풍부한 시대를 배경으로 한 인프라의 정비 확립의 성과이다.

개방형 조리기술 체계의 특징은 다음과 같다[6].

- 점포에서는 전처리, 주 조리 과정에 시간이 필요하지 않고, 손님에게 단시간 · 신속 서비스가 가능하게 된다.
- 각 과정의 조리기술의 단순화 · 전문화 · 표준화와 그의 매뉴얼화가 가능하게 되고, 그 결과 각 과정에서는 공업화한 대량생산 기술의 도입이 가능하게 된다.
- 조리 과정의 표준화는 최종 과정에서의 음식의 안정 균질화를 실현한다.
- 각 조리 과정의 분리 독립은 각 과정의 설비를 대형화하여 규모와 집약화의 이점

6) 岩瀬道生 1996 『외식산업론 --- 외식산업의 경쟁과 성장』 농림 통계협회 pp.36～37

을 누릴 수 있다. (예: 센트럴 키친)

- 주 조리까지 완료한 식품재료를 다른 기업에 사양서(仕様書)를 발주하는 것도 가능하게 된다. 그 결과 우량한 식품기업의 개발 생산기술력을 이용하는 것이 가능하다. (예: 냉동식품, 냉장식품, 레토르트식품 등)
- 고도의 조리기술자를 각 점포에 배치할 필요가 없고, 본사 등에 집중하여 메뉴를 개발, 조리의 관리, 식재의 검토 등에 전념하여 경영자가 직접 장악하는 것이 가능하다.
- 개방형 조리기술 체계의 확립은 제공하는 요리의 균질화와 대량공급을 가능하게 하고, 다점포 전개, 체인화의 기술적 기초를 제공한다.

이상과 같은 기술 · 시스템의 개발에 의해 식의 외부화 · 다양화 필요에 대응하여 외식산업은 안전하고 위생적으로 관리를 시켜 균질한 식탁식품 · 식사를 저렴한 가격으로 제공하는 것이 가능하게 하였다.

외식산업은 1990년경까지 식의 외부화의 기수로서 순조롭게 신장하여 왔으나[7], 거품 현상 붕괴 후 각 회사도 살아 남기 위한 시행착오를 거치면서 시시각각 변화하는 식(食)과 함께 진실한 요구 파악을 모색하고 있으나 근년의 장기 불황뿐만 아니라 생활자의 의식 변화를 통찰하여 한층 진전된 경영 기술 혁신이 필요하다.

2.5 가전제품의 보급: 조리기기가 식에 미치는 영향

일본의 고도성장은 각종의 기술 혁신에 의해 유지될 수 있었다. 식의 세계도 직접 간접으로 크게 영향을 받아왔다. 1955년경부터 「삼종의 신기(神器)」로써 동경하는 전기냉장고, 전기세탁기, 전기청소기가 등장하고, 가사의 부담이 경감되었다. 특히 전기냉장고는 식품의 선도(鮮度) 보존과 위생적 보관에 헤아릴 수 없는 장점이 있다. 따라서 냉장냉동고가 보급되고 대형화하여 신선식품과 냉장 · 냉동식품의 안전 보존이 가능하게 되고 계획적 보존으로 쇼핑 빈도를 줄일 수가 있었다.

조리용 기기는 표 3과 같이 계속하여 발매되어 왔으나 냉동냉장고 이외에 식생활에 큰 영향을 준 것은 자동 전기밥솥(취반기)과 전자레인지이다.

취반기는 주부가 늘 계속하여 불 조절을 관리해야 하는 작업으로부터 여성을 해방시

7) 외식산업 시장 규모의 추이

1970년대	급성장의 시대	1976년 10조 엔(兆円)
1980년대	발전의 시대	1986년 20조 엔
1990년대	성숙의 시대	1997년 30조 엔

켰다. 그 후도 계속 개선되어 미식(米食)을 정착시키는 원동력이 되었다고 해도 과언이 아니다.

<표 3> 조리용 전기기기의 발매(發賣)년도

(川端晶子 1995『'96 식료백서 · 식료소비구조의 변화』 농산어촌문화협회에 의함)

기기명	발매년	기기명	발매년
믹서	쇼와28년(1953)	퍼콜레터	38년(1963)
쥬-서	30년(1955)	전자렌지	40년(1965)
자동전기밥솥	30년(1955)	오븐토스터	40년(1965)
전기포트	32년(1957)	전자조리기	49년(1974)
로스터	34년(1959)	식기건조기	53년(1978)
핫플레이트	35년(1960)	홈베이커리	62년(1987)
냉동냉장고	36년(1961)		

전자레인지는 보급에 시간이 걸려서, 보급률 50% 정도까지는 우유를 데운다던가, 술을 데우는 도구로 보았으나 조금씩 사용하는 사람이 늘어나 75% 보급(1990년) 이후 냉동식품의 구운주먹밥이 도화선이 되어 레인지용의 냉동식품이 연달아 개발되어 아삭아삭한 레인지 푸라이 등 레인지 식품 붐을 일으켰다. 이후 고령자 비율이 높아지고 전자레인지, 전자조리기 등이 무염(無炎) 가열로 안전성의 면에서도 평가되었기 때문이 아닐까?

III. 식품 관련 산업의 기술 혁신 · 시스템화

3.1 식품재료(식료) 자원과 환경

식품 관련 산업은 업종 · 범위가 넓다. 원료 생산에 관련된 농업, 축산, 수산 등의 분야에도 눈부신 과학의 진보와 그 성과를 활용한 기술의 혁신 · 개선이 있었다. 예를 들면 세계적으로 70년대부터 80년대에 「녹색 혁명」을 실현하여 온 각종 농업기술 혁신이 있다. 적성(適性) 품종개량, 농업기계 · 설비, 특히 적절한 화학비료 · 농약 사용 등을 중심으로 급증하는 인구와의 균형을 잡아 지탱하고 있다. 이 성과도 90년대에 들어와서 한계점의 양상을 보이기 시작하고 발전도상국의 경제성장에 따른 양과 질의 빠른 소비증가 속도는 공급 부족이라고 하는 심각한 사태를 걱정하는 비관적 예측이 크다[8].

한편 고도성장한 포(飽 · 豊)식 사회에서는 안전성 · 건강 희구(希求)로 약간 치우친 측면으로서, 말하자면 유기농식품(유기비료 · 무농약 재배 채소, 약품 등을 사용하지 않는 축산품 등의 소재를 사용한 식품 등)으로의 소망이 강하게 된다. 이러한 면에서 원초 농업으로 거꾸로 돌아감을 의미한다. 종래의 개념에서는 고노동, 저 수확량, 높은 비용, 허영의 부정(不正) 등 저평가한 면이 머리에 떠오르나 「녹색혁명」에서 비약적인 성과를 향유하여 온 인류의 중요 과제로서 새로운 혁신을 재촉하고 있다.

게다가 지구 온난화, 말하자면 환경호르몬(내분비 교란 화학물질) 등의 문제를 포함하여, 20세기에 인류가 커다란 장점을 향유하여 온 과학 · 기술 부담의 측면이 크로즈업되어 왔다고 말할 수 있을 것이다. 그래도 이러한 사실이 깨끗이 해명되어 이어온 것도 과학 기술의 성과이나 이들의 배반사상을 해결하는 데에는 이들의 실태를 직시하고 그 위에 고도의 과학의 추구와 그들을 활용하는 기술 시스팀의 개발이 필수적이고 종합 평가의 중요성이 우선 무엇보다도 높아지고 있다. 원재료 수준, 즉 바이오 관련 기술 등에 대한 기대가 크나 철저한 종합 평가와 이에 대한 생활자의 균형에 맞는 어떤 대응이 필요하며 이것이 21세기의 커다란 과제이다[9].

3.2 식품 기술개발의 특징

「식품산업은 소위 하이테크 산업은 아니며 변화 대응 산업이다. 변화에 대응하여 필요한 기술을 개발하고 응용하여 가치를 창조해 내는 것이다」라고 IFT[10](국제식품과학기술자회의)의 회장이 이전에 말한 것이다.

세상은 제멋대로 변화하여 간다. 어떻게 변화를 받아들여 대응할 수 있을까? Market oriented(기술 우선이 아니고, 시장 우선)의 사고방식이다.

식품 특히 조리식품은 하나의 단위 조작적 기술이 주가 되어 만들어 내는 식품이 적지 않다[11]. 즉 전자기술과 같은 파급 효과를 갖는 하이테크가 아니다. 필요에 대응하여 기존의 보통의 기술을 조합하고 연구하여 조립하여 가는 것이 식품과 관계된 기술의 특징에도 있다. 편의점의 항에서 기술한 것과 같이 최근에는 정보기술과의 복합 시스템과 같은 시스템으로서 구성되는 기술이 많아지고 있다. 앞으로는 이러한 경향이 가속되리라고 생각된다.

모두 널리 알려진 바와 같이 고도 경제성장과 더불어 식의 비중이 제1차 식품공업: 소재적인 기본 식품부터 제2차 식품공업: 가공식품으로, 그 위에 제3차 식품공업: 복수

8) 본 책 222페이지, 타무라 신바지로우(田村) 논문 「생물생산과 식」을 참조
9) 본 책 9페이지, 타무라 신바지로우(田村) 논문 「식 · 20세기부터 21세기를 생각하다」를 참조
10) IFT(Institute of Food Technologists)
11) 제3권 385페이지, 졸고 「가공식품산업의 발달과 가정의 식」을 참조

의 소재・식품을 조합한 복합형 식품, 즉 조리식품으로 이행이 계속되고 있다. 그리고 조리의 간편화, 식의 외부화는 앞으로도 일부의 사람은 주저하면서 서서히, 또 많은 사람은 어떤 의심도 없이 식사문화로서 받아들여지고 있다고 생각한다.

식품을 연구・개발하는 경우에 따르는 요소가 특히 많다. 표 4에서 보는 것 같이 소재적인 기본식품과 가공식품을 대상으로 하는 경우는 성분, 기능, 주원료, 제조법이 상당히 명확하여 기술 측에 공격하기가 쉽다. 종래의 기술개발은 주로 이 장르가 많았다. 이들의 사례에 대해서는 별 항에 상술하고 있다[12]. 즉 SIS(과학정보조사)의 연구와 기술을 축으로 한 개발이 기본이며 성과를 올려왔다.

<표 4> 기술개발에 있어서 식품의 분류와 그 기술

분류	A. 단일 성분으로 된 물질적 식품	B. 고유기능을 갖는 식품	C. 주원료가 특정된 식품	D. 제법・설비가 특정된 식품	E. 조리식품
상품의 예	설탕	유지	유제품	캔・	모든 식탁 단계식품이 대상
	소금	소맥분	육제품	레토르트	도시락, 반찬, 조리냉동식품
	글루타민산 나트리움	조미료	어가공품		HMR, MS식품
		간장 된장	베이커리 제품		외식, 중식관련식품
		초・술			
		차・커피			
기술개발의 특징	대상으로 하는 분야와 범위가 명확하고, 각 분야의 고유기술의 시-즈 연구, 쌓아올린 연구, 기술개발이 용이 고유의 기술 테마를 분업・분산화하여 개발 가능				마케팅 기술: 먹거리・사용인의 TPO에 있어서 필요에 의해 선택된, 좋음, 싫음 평가되기 위해 우선 대상자의 니즈파악과 가설 만들기의 기술개발. 가설에 의해 대상범위를 좁혀가서, 기술 테마화 하는 기술. 개발기술: 주원료, 기능 , 제법 등이 특정하기가 어려워 관련요소가 무수히 있다 가설을 구체화하기 위해서 폭넓은 요소, 기술을 조합시켜 정리한 총합화・통합화 기술이 중요.

한편, 최근 비중이 높아진 제3차 가공 식품군, 특히 조리식품은 종래의 식품에 비해서 원료(주원료라고 일컫는 것 중에서 비율이 높지 않은 경우가 많다)는 다수(10~20종)의 혼합이 보통이고, 기능, 제법(만드는 대상에 독자로, 공통성이 적은) 등 기술적으로 공격하는 결정적인 방법은 적다. 그래도 목적 달성을 위해서 필요한 기술은 하나씩은 작지만 그들을 집적회로와 같이 짜 넣어 끝마무리를 위해서 총합화・시스팀화하는

12) 본권 172p, 호라이 마사하루(堀井) 논문「식품가공 기술과 식(食)」을 참조.

기술이 필수적이다. 그리하여 이와 같은 계획, 기술・시스템을 식품 기술에서는 「하이테크」라고 부르는지도 모른다.

또한, 기술 이전에 조리식품은 먹는 사람, 즉 선택하는 사람의 그때그때의 기분과 먹고 싶은 욕구, 먹고 싶지 않음 등의 감각에서 선택되는 특성을 가지고 있다. 개발을 하면서 우선 「누가, 언제, 어디에서, 어떤 것이 좋을까」라고 하는, 말하자면 마케팅을 우선하지 않고는 무엇을 목표로 기술을 구사하면 좋을까가 명확하지 않게 된다. 그러므로 「무엇을 원하고 있는 것인가, 무엇을 실현시켜야 할까?」를 우선 명확하게 하여 가설하여 목표를 통합 정리하고, 기술로 무엇이 가능하게 할 수 있을까를 명확하게 묘사하는 마케팅 기술이 중요하다. 마케팅 기술은 간단한 시장조사를 하여 생활자의 진정한 요구를 통찰하는 새로운 기술이다. 종래의 개념과 구별하여 「개발 마케팅」이라고도 표현할 수 있을지도 모른다. 이들은 일반의 기술개발과는, 즉 기술이 출동하는 순서가 역으로 된다. 우선 마케팅 기술이 나가게 된다. 이 반대는 노력이 많이 들고 공(功)은 적다. 요컨대, 결국 하나의 단독 기술의 성과로 실현할 수 있는 식품 관련 기술은 한정되어, 「짜임새, 구조 + 기술」「시스템・기술」과 같은 많은 요소를 짜 맞추어 실현하는 멀티 기술이 중요하게 되었으며, 이들이 식품기술의 주류가 된다고 생각된다.

3.3 기술 종합평가(assessment)

현재 식품산업계에 정력적으로 몰두하고 있는 경영・기술 문제는 국제기준의 품질보증・관리 시스템 확립에 있다. ISO9000시리즈[13], HACCP[14][위해(危害)분석 중요관리 점] 시스템 등이 그것이다.

일본은 식품위생법에 따라, 또한 업계 단체의 자체 기준 등으로 상당히 수준이 높은 관리 수준이 있다고 생각되나, 국제기준은 구미의 사회 풍토에 근거하여, 일본과는 아주 다른 사상에 기초를 두고 있다. 즉 결과를 중시하는데 있지 않고 경영자의 사상・의사에 중점을 둔다. 책임을 외부에도 공히 하고, 기본 원칙을 충실히 실천하는 구조와 검토체제를 확립하는 것이다. 위해(危害)를 사전에 예측하여 중요관리점을 결정하고, 결정한 점은 확실하고도 견고하게 하도록 하는 사고방식이다. 종래부터의 일본의 엄밀

13) ISO9000 시리즈 국제표준화기구(International Organization for Standardization)가 정한 품질보증・품질관리에 관한 국제 규격의 사항을 말한다. 기업의 품질보증 시스팀에 대해서의 요구 사항을 체계적으로 통합 정리한 것으로, 인정기관에 의한 인정을 필요로 한다.

14) HACCP(Hazrard Analysis Critical Control Point) (위해(危害)분석・중요관리점 방식) NASA의 우주식 개발에서 확립된 품질보증의 방법을 말한다. 상정된 건강 위해에 대하여 하는 과학적 데이터에 의거하여 예방 조치를 생각하고, 중요관리점으로서 관리하여 완벽한 안정성을 보증하는 방식. 일본에서도 우유, 식육제품부터 법제화되게 되었다.

한 검사체제에 이 국제기준의 사상이 플러스된다면 도깨비에 금방망이, 세계에 으뜸가는 보증・관리체제가 가능하다.

앞으로도 식의 외부화가 진행하고, 안전에 건강한 식생활을 지탱하는 식품산업의 책임이 점점 중하게 되는 때에, 이들의 적극적인 도입이 가장 중요하다. 따라서 근년에 확립되어온 Food system은 원 재료의 소성(예: 유전자 전환 등)과 포장재의 안전성(예: 환경호르몬 등), 폐기 포장재의 지구 환경에 대한 안정성(예: 다이옥신 등) 등 식품은 물론 주변을 둘러싸고 있는 여러 가지 요소를 두루 둘러보아 종합 평가를 확실히 하지 않으면 안 되는 시대가 되어 대응을 강요하고 있다. 말하자면 에코・후드 시스템이라고도 하는 새로운 시점부터, 고도의 과학・기술・시스템의 확립이 필수적이다. 그렇게 말하는 의미는 새롭게 「식품 하이테크」가 필요하게 되었다는 말이 될 것이다.

IV. 일본의 식의 장래

식의 장래에 대하여 기술의 시점을 중심으로 보아 왔으나, 식품이라고 하는 성질로부터 과학 기술의 진보가 식품의 기술 진보와 직접적으로는 연관되지 못하는 경우가 많다. 기술 예측에서도, 식자원 관련을 제하고, 식품에 관련된 항목이 대단히 적은 것도 그 일단을 표시하고 있다. 또한, 예측은 전제가 변하면 크게 어긋나 버린다. 식의 실태에서 가장 영향이 큰 것은 경제를 기본으로 한 식 환경의 변화이다. 특히 현재의 복잡한 경제의 장래는 아주 불투명하다. 더구나 장래는 점점 더 앞일을 통찰하기가 곤란하게 된다. 예측불허이어서는 곤란하기 때문에 경제의 기본이 극단으로 떨어져 버리지 않고, 현상보다 다소 개선 성장할 것을 예견하고, 지금까지 서술한 것으로부터 식산업의 장래를 추측하여 보자.

과학기술청에 의한 예측조사

여러 기관이 식품을 취급하는 환경의 각종 예측조사를 행하는 기술예측, 미래예측을 내어 놓고 있으나, 식품에 관계된 조사는 적다. 한 예로 과학기술청에 의한 데루하이법에 의한 전문가 앙케이트 조사로부터 식품제조 관련의 항목을 이끌어 내어 보았다.

실현 예측 시기

2005년 ・ 생물 소재를 이용한 생분해성 용기 포장이 보급된다.

	· 네트워크를 개입한 가정에의 쇼핑이 보급된다.
2006년	· 식품의 고압완전살균이 물리 · 화학적인 방법과의 병용 등에 의한 비교적 낮은 수준의 고압이 가능하게 되고, 처리도 연속화 되어 일반적 살균기술로 보급된다.
	· 성인병 예방을 위한 생활양식(영양, 체육, 운동)의 과학적 지침이 보급된다.
2007년	· 수분이 많은 전분질계 식품의 노화를 장기간 방지하는 기술이 보급되고, 무균 포장기술과 조합하여 재가열 없이 언제라도 맛있게 먹을 수 있게 된다.

과학기술이라고 하는 단면에서는 식품에 관한 항목이 전혀 나오지 않았다. 전술한 바와 같은 이유를 바닥에 깔고 있다고도 말할 수 있겠다.

[과학 기술청 과학기술정책연구소 기술예측조사연구팀 1997 『제6회 기술예측조사-일본에 있어서 기술발전의 방향성에 관한 조사』에 의함]

4.1 식자원

지구적 규모로 보면, 자원이 인구의 증가와 식의 고도화를 따라잡지 못할 것이다. 특히 발전도상국의 경제성장과 더불어 생활의 고도화에 의한 식수요가 급증하고, 공급량의 부족, 가격 상승 등이 발생할 것을 예측할 수 있다. 자원 낭비 국에서는 자원 절약의

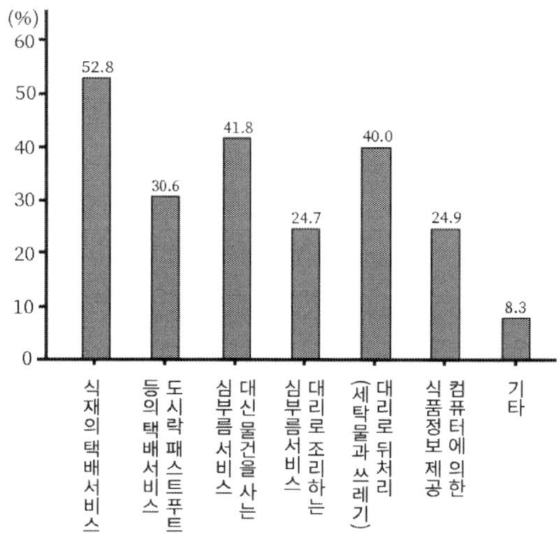

[식공간과 생활문화라운드테이블 산업관련조사위원회 1995 『식 공간 관련 산업에 있어서 산업관련 조사보고서』에 의함]

생활자가 고령사회에 바라는 것

35세 이상의 여성을 대상으로 「65세 이상의 연령이 되는 것」을 상상하여 회답하여 받은 앙케이트의 결과로부터 한 예를 소개한다. 회답 수는 457.
<설문> 장래 나이를 먹으면서 생활을 고려하여 흥미 있는 서비스를 말하여 주세요.(복수 회답)

철저, 폐기물의 극소화에 대한 기술・시스템의 개발이 요망된다. 생산 면에서는 비료・농약 등 환경과 인간의 의식(意識)에 적합한 시스템 개발, 국제적 분배의 적정한 시스템의 개발 등, 과학기술의 진보에 의존하는 것이 크지만 동시에 정치・경제의 틀을 포함한 종합적인 시스템으로서 해결해야 할 과제이다.

4.2 식생활 · 환경

핵가족, 독신생활자 증가, 고령화, 자녀를 적게 갖는 경향은 가속될 것이다. 여성의 취업률, 특히 종래에는 적었던 육아기의 취업률이 증가하고 있다. 이와 더불어 식품에 대한 의식은 크게 변화되어 간다. 점차 식(食)의 외부화가 진전되고 소량다품종이 요구되고, 한편 안전, 건강에 대한 관심도 보다 강하게 된다. 가족의 실태는 어떻게 되어가는 것일까? 또한, 조리의 실태는 어떻게 되어 가는 것일까? 식품은 만드는 노하우보다도 선택의 노우하우가 중요하게 된다. 무엇을 어떻게 선택하고 조합시켜, 어떻게 먹을까? 즉 건강한 생활을 하기 위해서 노우하우가 중요하게 된다. 이것이 가정과 학교의 교육의 중요 과제이다.

4.3 식품

식의 외부 의존화, 다양화가 점점 진행한다. 상품의 폭, 깊이, 두께가 넓어지고, 말하자면 상품을 자유로이 선택할 수 있게 된다. 취미가 있는 조리 애호가를 위해서 선호되는 소재로 부터 완전 조리식품까지 모든 소재・가공식품・식탁식품이 공존한다. 조리소재와 장기 보존형 식품에서부터 단기 보존, 신선식품(보존형 식품으로 막 만들어진 식사) 으로 흐름이 가속화한다. 한편으로 신선도가 떨어져 잔반・폐기도 증가한다. 이것을 극소화하는 것이 과제이다. 생산・유통・소비를 하나로 놓고 계획된 기술・시스템 개발이 필수이다. 이상의 변화는 식에 관련된 기업과 업태의 대변혁을 재촉하고 있는 것이다.

가정조리식사, 반조리식품의 경계가 혼란스러워 이러한 개념에 따라 구별이 없어지게 되고, 식품이 식사에 가까와 온다. 따라서 생산, 유통, 판매 모두가 새로운 시스템에 의해 재편성 될 것이다.

정보・통신의 발달에 의하여 유통은 보다 다양화한다. 예를 들면 소재별 판매 장소로 부터 식탁・식사별 판매 장소 등 판매 장소 구성의 변화가 현저하게 된다.

생산자의 직매가 증가하고 인터넷 등에 의한 통신판매(通販), 산지 직판이 일상화한다.

택배 등도 각종 정보 시스템의 활용에 의하여, 고령자, 환자에게 개별적인 식사 택배를 하는 등, 보다 섬세하고 빈틈이 없는 서비스가 가능하게 된다.

4.4 관련 기술 · 시스템

조리기기는 20세기에 나온 기술의 개선 · 진화가 중심이 될 것이다. 전자레인지, 전자조리기 등이 고도화되어 더욱더 보급된다.

포장기술에 대해서는 종래의 상품보호기술 외에 식품의 신선도에 대응하는 기능, 조리기능, 식기기능 등을 부가한 다기능 · 다요소가 요구 된다. 따라서 포장 재료부터 용출수의 유무 등 안전성의 평가, 폐기 · 사용하는 포장재료 · 용기의 회수 · 폐기 소각 시의 종합평가가 중요하게 된다.

정보 · 통신기술면에서는 컴퓨터의 고도화와 보급은 정보 · 통신이라고 하는 인프라와의 상승 효과를 발휘한다. 이들의 진보와 보급은 식품의 세계에서 예측할 수 없는 변화를 가져올 것이다.

식을 둘러싼 환경의 급격한 변화와 관련한 분야와 범위의 확대와 더불어서, 식품을 유지하는 기술은 변화가 계속된다. 기능성인 식품 소재와 가공식품을 만들어 내는 개별 요소 기술은 따라서 고도화하여 진보하여 간다.

그들의 성과와 전반적인 과학기술의 발전성과를 근거로 하여 개발 마케팅 기술에 의해 「정말로 구하고 있는 것이 무엇일까」를 명확하게 하여, 그의 실현을 위하여 필요한 기술을 취사선택하여 조립하여 가는 종합화 기술, 시스템화 기술이 보다 중요하게 된 시대가 눈앞에 있다.

중국 식품산업의 목표에서부터의 예측

중국은 앞으로 발전이 기대되는 대국이다. 일본의 식품 원재료의 상당 부분을 의존하고 있기 때문에 이 나라의 미래는 일본의 식(食)과 커다란 관계가 있다. 이하, 최근의 중국 식품공업협회의 자료(국제 농림 수산업 연구 센터 - 주최 「중국 식품산업의 현상과 발전의 방향」 워크숍 자료)에 의하여 살펴보자.

중국 농업 과학원 연구실장 장건평(蔣建平)씨는 이 반세기를 돌이켜보고, 21세기 초의 식품산업을 「소강(小康)에서 유복(裕福)으로」라고 제목을 부치고, 다음과 같이 전망한다(발췌)

「21세기 중반 경 중국 경제는 선진국의 한 패거리가 되고 있다. 국민의 식생활도 유복의 단계에 들어간다고 예측되고 있다. 이 단계에서의 식료 소비는 이하의 네 가지가 있다.

· 소득과 소비 수준의 계속적 성장 : 2020년은 2000년 보다 1인당 GNP는 1.1배, 국민소득은 86.7%, 소비수준은 85.9%로 증가한다. 엥겔계수는 40% 전후까지 내려가고(2000년은 48%), 일부 경제 발달 지역과 대 · 중(大 · 中) 도시는 30%까지 감소한다.

· 식료 소비는 수량으로부터 품질로 전환 : 거의 모든 식료소비가 안전단계로 들어간다. (식용식물 유지, 설탕, 식육은 거의 배로 증가, 과일, 달걀, 수산물, 밀크 등을 3~수배로 증가시키는 목표 = 식물 발전 단계의 수량지수, 2000년과의 비교). 2020년에 1인당 식육 · 가금 란, 수산물의 연간 소비량이 60kg정도로 안정될 것이다.

· 영양 구성의 합리화 : 전체적인 경향으로서 칼로리 공급은 약간 감소한다. 단백질의 섭취가 증가, 비타민, 무기질의 부족증이 감소한다.

· 식료 선택의 다양화 : 식료의 선택 경향은 양질, 다양성, 가공품으로의 변화, 시장 유통의 발달로 이어져, 사람들의 식료 선택도 다종, 다양화하게 된다.

총괄해서 금세기 말부터 21세기 초순까지 중국의 식료 소비가 전환기를 맞이하는 시기이고 동시에 식품산업의 급 발전의 시기이다.」

또한, 중국 식품 공업협회기획부 주임 폐경연(閉慶衍)씨는 식품산업의 발전 방향을 보다 구체적으로 말하고 있다(발췌).

「풍부한 종류와 합리적인 영양을 갖는 고 · 중급 즉석식품은 중국 식품 공업 발전의 중심이다. 이들은 일차 처리부터 제품가공으로의 전환을 의미하며, 중국의 외식산업의 발전, 가사부담의 경감, 재빠른 생활리듬으로의 대응 등을 위해서 필요 불가결하다.」라고 하며 그의 제안의 하나로서 「육류가공업은 위생과 품질을 보증한다. 냉동육, 분할육, 포장제품, 특히 직접 식용할 수 있는 조리육제품의 생산을 촉진한다. 콜드체인의 건설, 정비를 적극적으로 진행한다.」이다. 그 위에 「즉석식품을 중점적으로 개발한다.」라고 말하며, 인스턴트라면, 인스턴트 미펀(중국면류) 등의 주식용 식품과 육류, 난(卵)과 채소 등의 조리식품 등, 품질의 향상 및 포장의 개선을 그린다. 냉동식품의 고기만두, 교자, 춘권, 슈마이, 우동, 점심(點心), 또는 작은 포장 채소, 육류 등이 가일층 개발, 보급. 「가정용 전자렌지의 보급에 대응하여 냉동조리식품의 생산량 및 품목을 증가 시킨다」라 하고 있다.

마치 일본의 더듬어온 2, 30년을 보는 것처럼 경제적 발전이 나라의 차이를 초월해서 같은 형태의 변화를 하는 전형(典型)적인 예이다. 중국 16억 국민이 이상과 같은 생활을 실현하게 될 때, 과연 일본을 향(向)하여 지금 이상의 원료, 식품을 공급하는 것이 가능할 수 있을까

21세기의 징조2

---- 무엇이 주류(主流)인가?

① 「중식(中食)」의 증대

도시락과 반찬 등 가정 밖에서 조리된 것을 사서 가정으로 가지고 돌아와 먹는 「중식」의 비율은 1997년의 가계조사에서는 9.4%. 22년 전에 비하여 5.1포인트가 상승하였다. 데파트와 수퍼마켇에서 단신 가정과 독신 · 개별식(個食)의 증가에 대응하여 최소량 팩의 반찬 을 대단히 많은 종류를 열거하게 되었다.

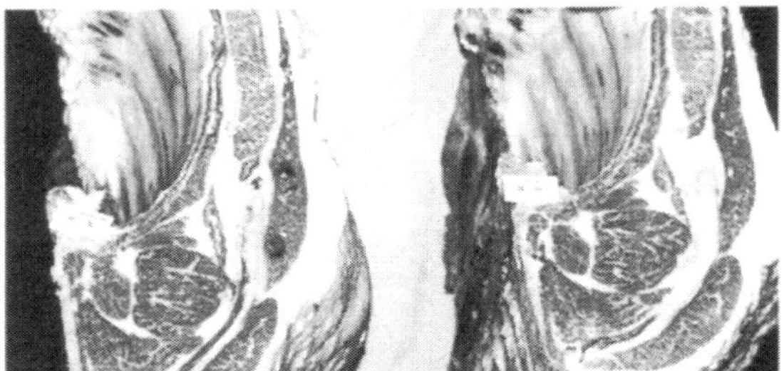

② 바이오테크놀로지의 응용생물공학의 첨단기술이 식재생산에 응용되고 있다.

1998년, 일본의 각지의 기관이 연달아 핵이식 배양한 클론(clone)의 탄생에 성공하였다. 타지의 유전자를 다시 짜서 바이오식품도 확대 되고 있다.

후생성은 1996년부터 유전자조작기술로 해충과 제초제에 강하게 된 콩, 유채씨, 옥수수, 감자 등을 안전하게 하여 아메리카 등에서부터 인정하였으나 구미의 연구소에서 면역력의 저하, 발암성의 가능성 등이 지적되어서 소비자의 불안이 확대. 2001년부터 사용의 표시를 하도록 되었다. 지금 매장에서는 불안한 소비자에게 어필 하도록 유전자 조작한 식재의 「불(不)」 사용을 강조하고 있는 것이 많다.

(기자연농법에 잡초와 공생하는 시금치(촬영 - 荻原一씨)

③ 유기(有機)농 붐

농약과 화학비료를 사용하지 않는 유기농 채소가 농약의 해를 염려하는 소비자, 특히 젊은 모친들에게 인기 전문점이 될 수 있고, 지금 제3차 유기농 채소 붐이라고 한다.

그러나 유기농산물의 법적 근거와 벌칙이 없었기(1999년에 입법화) 때문에 모조품도 횡행, 데파트에서는 「저농약, 구애(拘礙)되는 채소」 등을 표시하여 판매, 생산자의 얼굴사진을 넣은 꼬리표를 붙여 놓은 곳도 있다.

(협력 - (주)NTT데이터/제공 - 일본경제신문사)

⑤ 가정판 POS는 생활을 변하게 한다.

20세기는 생산과 판매의 시스템 혁명의 시대였으나 21세기는 생활 차원의 시스템 혁명의 시대. 생활자가 상품 바코드를 인터넷에 주문하고, 냉장고 등 가정의 stock(재고)의 관리에 이용하도록 된다고 예측되고 있다. (본권 사이고우 다카시(논문 참조)

④ 세계의 식료와 지구 환경의 변화

계속 증가하는 세계 인구, 8억이라고 말하는 세계의 영양부족 인구, 식료 증산과 생태계 파괴의 모순, 자유무역 시스템과 빈곤한 나라의 식료 입수와의 모순, 이러한 문제를 이야기하는 역사상 초유의 세계 식료 주요 선진국 정상회담이 1996년 로마에서 열려 선언이 채택되었으나 21세기의 인류는 이 문제를 해결할 수 있을까?

사진은 수제(水際)를 막았던 맹그로브의 원시림이 벌채되어 논과 새우의 양식지로 되었다. 베트남의 풍경.

(「사라지는 맹그로브 숲」 『AERA』 1997. 4. 7호)

(촬영 - 안테이 · 레인제공 - 아사히신문사)

(기획 · 해설 - 疋田正博)

、특기 이외의 촬영 - (재)아지노모토 식의 문화센터

제2장 식품가공 기술과 식(食)

호리이 마사하루(堀井正治)

I. 들어가며

우리들 인간은 영양소의 섭취를 위해서, 또한 식(食) 자체를 즐겁게 하기 위해서도 매일 식사를 하는 행위를 중요하게 생각한다. 식사의 장소는 가정에만 국한하지 않고, 학교나 직장이나 식사의 전문점에도 있고, 병원, 패스트 후드나 패밀리레스토랑, 게다가 편의점이나 포장마차에도 있고 그 밖에 여러 곳에 있으나, 그릇에 담는 요리의 모양은 지금도 옛날도 그 모습은 변하지 않는 것 같다고 생각한다. 그러나 구입하여 올 때의 용기나 식품의 형상, 식품이 판매되고 있는 장소 · 환경 · 상품의 종류(품목) 등등에 조금 주의하여 보면, 지금과 옛날이 많은 차이가 있다는 것을 눈치 챌 수 있을 것이다.

안심하고 먹을 수 있는 것을 더 맛있게 먹고 싶다는 것은 어느 세대에서나 똑같지만, 농수축산물의 공급 상황이 시대와 더불어 변화하여, 세계 각지로부터 시간 · 공간을 초월하여 운반될 수 있다거나, 수확기와 소비 시기의 간격이 있거나, 가공된 것이 이전보다 광범위하게 소비되는 시대에 도달하기까지에는, 식생활을 유지하는 이면에는 엄청나게 많은 기술의 축적 · 도입이 보이며, 이들로 부터 많은 기술 혁명이 향상될 것이다. 예를 들면 식탁에 요리가 등장하기까지 식품을 생산 · 공급하고, 가공하고, 저장하고, 유통시키는 후드 시스템의 현장에서는 거의 많은 과학기술의 진전과 구조적인 변화가 있고, 여러 가지의 기술을 외부에서 도입하고 패스트 후드와 패밀리 레스토랑의 존재도 과학기술 없이 하기에는 불가능하다.

쇼와 40년대 초입에 시작한 콜드체인 시스템 확립을 위한 움직임은 가정용 냉장·냉동고와 냉장·냉동용 트럭·화물차 보급, 판매장에 저온·냉동 쇼 케이스의 정비를 가속하고, 단기간 내에 공장에서부터 가정에 도달하는 저온 유통의 체인을 완성시켰다. 콜드체인 시스템 완성은 쇼와 30년대 반부터 등장한 우수한 포장 자재의 도입과 연동하여 국민의 구매 행동과 식 행동, 가공식품의 내용에 커다란 변혁을 가져오게 하였다.

가정의 부엌에서도 냉장고와 냉동고뿐만 아니라, 전기나 가스의 취반기·가스레인지·전자레인지가 아궁이와 풍로에 대신한다는 화력 혁명이 진행하여, 더욱이 핫플레이트와 전자조리기, 저온냉장고 등등이 도입된다거나, 식품산업의 전개와 함께 어울려서 가정 식의 본연의 자세 그것에 상당한 변모가 오는 것 같이 보인다.

원료를 구입하고, 소비자의 요구에 맞는 제품을 대량으로 가공·제조하고, 제공하는 식품제조업에서는 대단히 많은 공정이 있어서 원료의 품질 체크·분쇄·건조·교반·혼합·여과·가온·가열·살균·냉각·미생물 제어·저장 해충의 방제·효소 이용·숙성·이물(異物) 체크·포장·저장·운반 등등 각각의 공정에 한 권의 책에 수록될 정도의 기술 개발이 진행하고 있다[15].

본 장에서는 식품의 가공·저장에 관계되는 다채로운 기술 속에서 단락을 짓는 시점의 역할을 하는 주요한 기술인 건조·막 분리·포장·식품산업에의 효소의 이용을 토픽으로 취급하여 과학기술과 식(食)과의 불가분의 관계에 대하여 고찰한다.

II. 식품의 건조

수분이 많은 소재와 가공품은 오랫동안 보존할 수 없기 때문에 건조시키는 것은 저장성을 높이며, 소재와 제품의 상품가치를 높이게 하는 유효한 수단이다. 식품을 가공하는 동안에도 일단 수분을 제거하여 분말 상태로 하는 편이 배합하기가 쉬운 경우가 많다. 그 때문에 식품을 건조시키는 조작은 식품을 처리할 때에 지극히 중요한 기본 조작의 하나이다. 식품을 건조시키는 데에는 종래의 천일건조가 일반적이고, 계속하여 화력건조·전열건조·가온 통풍건조·진공건조·드럼건조·분무건조·튀김(fry)건조·진공튀김건조·근적외선 건조 등 여러 가지 방법이 등장하였다. 이어서 등장한 진공동결건조와 마이크로파 감압건조의 응용에 의해 제품의 질은 비약적으로 개량되었다.

15) 본권 153페이지, 藤水 논문「[미래예측] 기술·시스템의 시점으로부터 생각한다.」를 참조

천일 건조는 마른 표고버섯 등, 말하자면 마른 것의 건조에는 가장 적절한 건조법이며, 태양광의 흡수에 의해 표고버섯에 함유되어 있는 비타민 D의 전구물질인 에르고스테롤을 자외선의 작용에 의해서 비타민 D로 변화시킨다. 이와 같이 태양광을 충분히 쪼인 표고버섯은 사람의 1일 분의 소요량을 만족할만한 비타민 D를 공급한다. 그러나 최근에는 환경의 악화나 경제성 중시 때문인지 시장의 말린 표고버섯의 대부분이 전열 건조에 의한 것으로 바뀌고 있는 것이 현실이다.

드럼건조[16], 분무건조[17]는 거의 분체(粉體)의 제조에 이용되어 왔다. 드럼건조는 열효율이 높으나 고온 가열되기 때문에 유제품은 갈변 화, 용해성 저하, 풍미 변성이 커서 근년에는 유제품의 건조에는 그다지 사용되지 않는다. 한편 분무건조는 분말 우유와 즉석커피 등의 제품에 사용되고 있다.

프라이에 의한 탈수 · 건조는 가정에서도 잘 아는 조리 조작의 하나로, 섭씨 150도 전후의 가열유지 중에 식품을 투입하여 급속히 가열하고 식품 중의 수분을 재빠르게 증발 · 탈수시키는 조작이다. 공업적으로는 전후(戰後)부터 미국에서 포테이토칩의 제조에 사용하여 왔으나 1958년(쇼와 33)에 인스턴트 라면의 개발에 응용되고, 건조와 동시에 전분의 호화와 다공질화가 이루어져 열탕을 넣기만 하여도 먹을 수 있는 「치킨 라면」이 탄생하였다. 메밀국수장국 한 그릇 10엔(생협 식당)의 시대에 한 봉지(袋)에 35엔에 팔려서, 1년에 1300만 식(食)을 생산하였다고 한다. 「치킨라면」의 성공은 그 무렵 등장한 플라스틱 필름과 TV 메디아의 활용으로 힘입은 바가 컸다.

고온에서 열 변성을 일으키는 소재에는 진공 프라이를 적응하면 진공도에 따라서 저온에서의 수분 증발이 가능하여 근년에 상압하에서의 가열건조에서는 색조와 풍미가 저하하는 과실(바나나, 파인에플, 포도, 멜론)과 채소(연근, 우엉)의 건조품 제조에 진공 프라이 법이 활용되고 있다.

진공 동결건조[18]는 동결된 식품을 진공에 가까운 조건하에서 흡인 건조시키는 방법

16) 드럼건조는 박막(薄膜)건조 또는 필름건조라고도말하고 가열한 회전 드럼의 표면에 슬러리(泥漿)상 액체를 박막(薄膜)상으로 흐르게 하여 부착시켜 신속히 연속적으로 건조시키는 방법이고, 매쉬포테토나 알파형 전분 주체의 인스턴트식품 등 과 같이 페이스트상으로 점도가 높은 고형물이 많은 것을 건조시키는데 이용한다.

17) 식품을 포함한 수용액 · 에멀션 · 현탁액을 분무기에 의해 10 ~수백 ㎛로 미립화하여 탑(塔)내에 분무하고, 열풍으로 단번에 건조시키는 방법으로 조작에 요하는 시간은 5~40초로 짧다. 건조한 분말은 콘상의 탑 밑으로 떨어뜨려 빼내고 폐 열풍으로 올라간 미 분말은 사이크론, 박필타 등의 수진기(收塵機)로 회수시킨다.

18) 물은 섭씨 0도, 4.6mmHg 이하에서는 얼음과 물수증기가 평형하여 얼음이 승화하는 물리현상을 이용한 건조법이다. 동결한 습윤 재료를 챔버에 넣고 진공상태로 전도 또는 복사에 의해서 열을 전달하여 동결한 재료중의 수분을 승화 건조 시키는 것이기 때문에, 승화한 수분은 마이너스 수십도로 차게 되어 콜드 드롭으로 얻게 된다.

으로 얹어 놓는 선반에 온도가 잘 유지되어도 재료가 완전히 건조하기까지는 물품의 온도는 올라가기 때문에 열에 민감한 식품의 건조에 적용하고 있다. 식품의 수분을 승화시켜 건조시키는 것이기 때문에, 식품의 형상을 그대로 유지시킨다. 저온에서 산소가 적은 상태에서 건조하기 때문에 식품의 색・풍미・영양 성분의 손실이 적다. 승화에 의한 다공질의 조직이 되기 때문에 급수 복원성이 대단히 신속하고 양호하지만 제품은 충격에 약하여 파괴되기 쉽고, 흡습, 산화가 일어나기 쉽다. 설비투자와 유지에 비용이 들기 때문에 사용은 부가가치가 높은 제품에 한정하고 있다. 즉석면의 건더기 재료・후리가께・과실의 건조품・즉석 된장국・참마가루 등외에 인스턴트커피의 고급품에도 사용되고 있다. 전통적인 동결 두부는 갑자기 온도가 내려가기가 어려워 공중에서 바람을 거칠게 불어 신주(信州)의 분지 등에서 만들어진 것이 있으나 이것도 일종의 천연 동결건조 기술이라고 말할 수 있을 것이다.

진공 동결건조의 결점을 보완하는 건조법으로서 마이크로파 감압건조[19]가 있다. 가정의 전자레인지를 더욱 크게 한 것을 상상하여 보자. 미리 재료를 동결하여 놓을 필요가 없이 내부에서부터 건조하여 가기 위해서 염분이 높아 동결하기 어려운 된장이나 메트화[20]를 방지하여 적색을 보존하고 싶은 식육건조제품, 변성된 질감을 부여하고자 하는 쌀 과자 반죽, 얇게 자른 근채류 등의 건조에 적용하고 있다.

III. 식품 공업에 있어서의 막(膜)의 이용

최근 실로 많은 종류의 맛좋은 사과가 등장하여 그 100% 과즙도 쉽게 입수 가능하게 되었다. 그런데 100% 과즙은 엷은 사과 색으로, 탁해서 어떻게 해도 사과즙이라는 느낌이 많이 든다. 이 과즙을 한외 여과막이라는 막으로 여과하여 얻어진 맑은 액체는 입에 머금을 때 처음에는 사람이 「무슨 맛인지」라고 말할 정도로 신선한 감각의 풍미

19) 300MHz～300GHz($3\times10^{8}\sim10^{10}$Hz 파장 약1m 이하)의 전자파를 마이크로파 또는 극초단파라고 부르나 마이크로파의 전장(電場)에 물을 함유한 식품의 유전체를 놓고 쌍극자를 전계(電界)의 방향으로 향하도록 하여 분자상호의 마찰이 일어나 발열한다. 이 발열은 재료내부에서도 일어나기 때문에 재료내부의 온도가 올라가게 되고 수분의 이동을 촉진시켜 수분 분포가 비교적 균일하게 된다. 따라서 감압을 시켜서 건조를 시키면 그때 마이크로파는 내부가열과 수분분포의 평활화(平滑化)의 역할을 한다. 즉 쌍극자 능률이 낮은 기름은 단독으로 가열되지 않는다.

20) 신선한 생육의 표면은 선 적색을 나타내나 이것을 공기 중에 장시간 방치하면 산화하여 갈색이 되는 현상을 메트화 라고 부른다. 이것은 식육중의 미오글로빈을 주성분으로 하는 햄 색소의 성분중의 철 원자가 2가에서 3가의 산화(메트)형이 되기 때문에 생기는 현상이다.

와 식감을 가지고 있다. 이것은 과즙 중의 찌꺼기가 완전히 제거되었기 때문에 찌꺼기가 있는 맛이 제거됨에 따라 texture(물성)가 변화한 것으로 완전히 이질적인 제품이 탄생하였기 때문이다.

예를 하나 더 들어보자. 대개 과실로 술을 만드는 것이 가능하나 배를 사용하여 배 와인을 양조한 경우, 그 과즙을 원료로 한 것만으로는 수분이 많은 저알코올 술밖에 되지 않는다. 왜냐하면, 배의 당 농도는 11~12%로 낮고 조잡함으로 알코올 농도 12%술을 만드는 데는 그 두 배의 당 농도를 필요로 하므로 그런 경우 부족한 당분을 원료에 보충하는 것이 보통이다. 그러나 역삼투막이라는 막을 이용하여 당분을 25도 정도까지 농축하면 당분의 보충 없이 아름다운 정식 정명(正直 正銘)의 배 wine을 양조할 수 있다. 바로 귀부(貴腐) wine에 있어서 귀부(貴腐)균 같은 역할을 한장의 막이 연출한 셈이다. 식품산업의 발전에 정밀 여과막(MF), 한외 여과막(UF), 역삼투막(RO), 탈기, 주기막(注氣膜)이라는 막 기술의 진보가 크게 공헌하고 있다고 말해도 과언은 아니다. 이러한 막은 선택 투과막을 사용하여 압력에 의해 막 투과시키는 여과에 사용된다.

정밀여과[21]는 액체나 기체 중의 미생물이나 미립자 제거를 목적으로, 보통여과와 한외여과의 중간에 위치한다. 생주(生酒), mineral water의 제조 등에 활용되고 있다. 정밀 여과막 중에 주로 제균을 목적으로 사용되는 막을 membrane filter라 부르고 있다. 무균水의 제조, 가열변성의 우려가 있는 용액의 제균, 가열에 적당하지 않는 극소량의 용액의 제균, biohazard[22] 방어시설로부터의 배수(排水)의 제균 발효조 취입용 등의 공기 제균에도 사용된다.

한외여과[23]는 미립자와 용해물질의 분리를 대상으로 하는 정밀여과와, 용매와 용질의 분리를 대상으로 하는 역삼투와의 중간에 위치한다. whey 단백질[24], 효소 등의 단백질의 분리, 정제, 과즙이나 당액의 청징화 등에 실용화되어 있다. 최근, 역삼투와 한외여과의 중간 영역으로서 분자량이 수백~수천의 용질을 분리 대상으로 하는 것을 nano filteration(nano 여과)으로 부르기 시작하고 있다. loose 역삼투라고 하고 조작

21) 정밀 여과 막의 공경(孔徑)은 1~1000nm전후, 조작압력은 0.01~0.3Mpa정도, 막 소재로서 cellulose, polyamide 등 많은 것들이 실용화되고 있다.

22) Bio hazard란 생물에 의해 일어나는 재해 혹은 장해, 세균, virus 등의 감염에 의해 일어나는 실험실내의 감염이나 병균에서 약제 내성균에 감염하는 병원 내 감염이 있으나 유전자 변환 체에 의한 감염도 포함한다.

23) 한외여과란 분자량이 수천에서 수십만 용질을 막에의해 저지하여 용매나 저분자 물질을 투과시키는 분리법으로 막의 공경(孔徑)은 3~10nm정도, 조작압력은 0.1~1Mpa정도이다. poly acryl-nitryl 등의 합성 고분자나 알루미늄, 실리콘 등의 무기재료로 만들어진 한외 여과막이 사용되고 있다.

24) Whey 단백질은 우유 혹은 탈지유에 rinet나 산을 가하여 생기는 curd(응고물)을 제거한 후에 배출되는 황 녹색의 액체 중의 단백질. 최근 그 영양성이나 기능성이 주목되고 있다.

압력은 1~5MPa(mega pascal) 정도, 아미노산 조미액의 저염화, 조미액의 탈색, 액체 식품으로부터의 불쾌 취 제거 등에 이용되고 있다.

<표 1> 막에 의한 분리기술과 식품 분야에의 응용

분리법	여과 막의 기능	분리대상물의 분자량	분리대상물의 size(nm)	압력 (MPa)	대상	식품분야에 응용
정밀여과법 (MF)	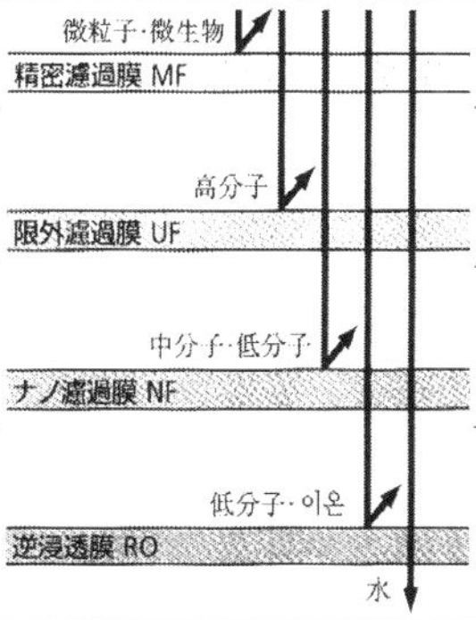 微粒子·微生物 / 精密濾過膜 MF	-	20~1000	0.01~0.3	미립자, 미생물	음료의 제균, 발효액의 2차 여과
한외여과법 (UF)	高分子 / 限外濾過膜 UF	1000~500000	30~50	0.1~1	단백질 colloid	cheese whey으로부터의 단백질 회수 과급의 청징화
nano여과법 (NF)	中分子·低分子 / ナノ濾過膜 NF	200~2000	1~5	1~5	올리고당 펩타이드 색소	조미액의 탈색 아미노산조미액의 탈염농축
역침투법 (RO)	低分子·이온 / 逆浸透膜 RO / 水	50~500	0.4~2	2~8	염류 아미노산 당류	과즙의 농축, 우유의 농축
전기투석법 (ED)					염류이온	식염의 제조, 조미액의 탈염

[농림수산省 식품종합연구소 식품공학부 반응분리공학실장 中嶋光敏氏 그림에 의해 작성]

용매분자는 통과하나 용질분자를 통과하지 않는 반투막을 사용하여 용질 농도가 다른 용액을 격리하면 용매가 막을 통과하여 순 용매(혹은 저농도)측으로부터 용액(혹은 고농도)측으로 이동한다. 이 현상을 삼투라 한다. 용액 측에 압력을 가하면 용매의 이동을 저지할 수 있다. 이 압력을 용액이 갖는 삼투압이라 한다. 용액 측에 삼투압 이상의 압력을 가하면 용매는 용액 측으로부터 순 용액 측으로 이동하고 용액 측은 농축되고 용매 측은 양이 증가하게 된다. 삼투가 거꾸로인 것으로 역삼투압이라 하며 조작(操作)에는 역삼투막이 사용된다.

용매의 이용에 주목한 응용 예가 해수의 담수化나 초 순수(純水) 제조이다. 농축 효과를 이용한 것이 보존이나 수송 효율을 높이기 위한 과즙이나 우유의 농축으로, 전술한 배 과즙의 당도 상승은 그 좋은 적용 예이다. 가열 농축 법에 비하여 역삼투법은 물에서 수증기로, 라고 하는 상(相)의 변화를 수반하지 않고 농축 가능하므로 증발 잠열이 불필요하고 energy 절약 차원에서도 유리하다. 가열이 필요하지 않아 flavor나 영양성분의 손실이 적고 색소의 갈변이나 분해, 가열취의 발생이 없는 등 농축물의 품질에 있어서도 우수하다.

가을에서 겨울에 수확된 밀감이나 포도를 착즙하는 과즙을 얻는다 해도 과즙이 주로 소비되는 것은 여름이다. 그때까지 과즙을 동결하여 저장시키지 않으면 안 된다. 그 때

수분활성을 낮추어 보장 안정성을 증가시키고 용적을 감소시켜 저장 cost나 포장 · 수송 cost를 저감시키므로 고농도로 농축할 필요가 있다. 과즙 농축 법으로서 최적 수단은 역삼투압법이지만 이 방법에는 농축 한계라는 결점도 내재하고 있다.

역삼투압법에 의한 농축의 기본원리는 삼투압보다도 큰 압력을 용액에 가하여 용액에서 물을 제거한다고 하나 용액의 삼투압은 용액의 농도와 더불어 증대하므로 농축 진행에 따라 용액 농도가 높아지고 그 삼투압이 용액 측에 가하는 압력과 동등하게 될 때까지 물의 이동은 정지해 버리고 만다. 조작 압력은 막이나 장치의 내압성의 제한으로 부터 60~70기압이 상한 되어 모델로서 glucose 용액을 생각했을 때 조작 압력과 삼투압이 동등하게 되는 이론상의 농축 한계는 30% 정도로 된다. 이 삼투압의 벽이 neck로 되어 범용(犯用)기술로서의 보급에 한계가 있다. 여기에 바람구멍을 열었던 것이 농림수산성 식품종합연구소에서 개발된 다단 역삼투 농축 장치(그림-1)로 역삼투막과 nano-filteration막을 조합시켜 농축 한계를 40%까지 올릴 수 있다.

gas는 통과하나 액체는 차단한다고 하는 탈기막이나 주기막(注氣膜)은 유(油)류나 청량음료수 · 꿀 · 차 · 커피 등의 탈산소, 식품공업용 탈기수(脫氣水)의 제조, 일반 식품용액의 탈포(脫泡) 등에 이용되고 있다. 이와 같이 한 장의 膜에 있어서도 식품 그 자체의 처리만으로 머물지 않고 식품공업 주변의 환경 개선에도 도움이 되는 여러 가지 개량이 계속하여 가해지고 있다.

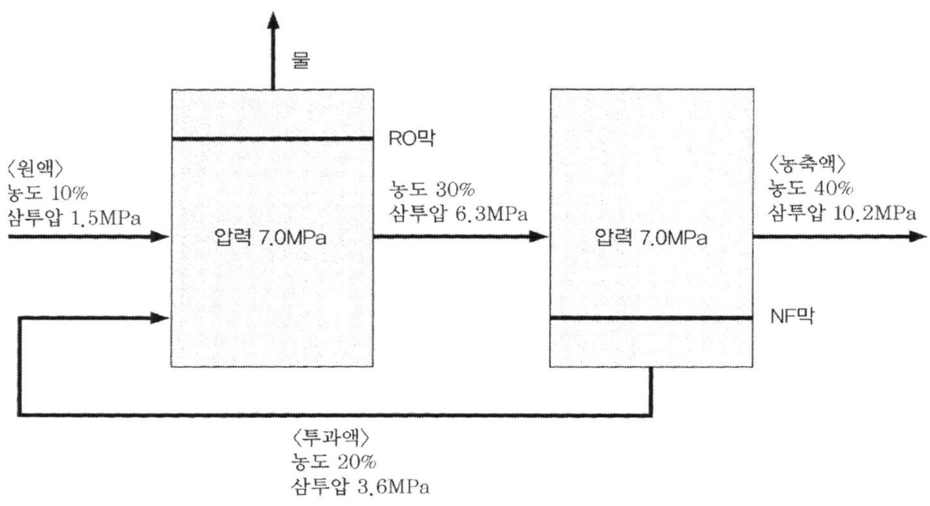

[중도광민(中嶋光敏)씨 원그림에 의해 작성]

<그림 1> 고농도 막 농축 시스템

Ⅳ. 식품의 포장기술

옛날과 현재에 있어서 크게 달라져 있는 것에는 식품의 판매 형태가 있다. 예를 들면 이전에는 한 홉들이 바탕 두꺼운 둥근 유리병으로 매일 아침 가정까지 배달되고 있던 우유도 현재에는 그 대부분이 1ℓ들이나 소형 종이 팩에 넣어져 슈퍼마켓이나 자동판매기에서 판매되고 있다. 예전부터 저울질해서 파는 것이 주류였던 된장까지도 아름답게 인쇄된 주머니에 넣어져 슈퍼마켓의 선반에 자리 잡고 있다. 사는 사람은 일일이 상점의 사람에게 묻지 않아도 인쇄된 설명을 읽어서 살 수 있고, 한편으로는 정말 편리하게 되었다. 이 편리성을 초래하게 된 것은 전후(戰後) 석유화학 공업에서 공급하게 되었다. plastic 포장 재료와 포장기기의 진보로 지탱된 포장기술의 전개이다. 이전에는 일부 통조림이나 병조림 외에는 신문지나 세로판지, 대나무껍질로 싸는 정도였던 가게 앞의 식품도, 최근에는 무포장의 식품 쪽이 귀하게 되고, 오늘날의 식품가공・유통으로부터 플라스틱을 떠나서는 생각될 수 없는 단계에 달해 있다.

살균기술의 창시자로서 약 2세기 전에 등장한 「통조림」은 오랫동안 개발 당시의 금속통의 재질보다 매우 개선되었으나. 전후에는 얇은 동판 등의 사용으로 경량化가 예측할 수 있게 되어[25], 통 따개 없이 통을 열 수 있는 easy-open 통이나 판자와 알루미늄호일이나 플라스틱 필름을 라미네이트(laminate)한 것으로서 통의 상하에 금속 뚜껑을 하는 조립식통도 개발되어 널리 실용화되어 있다.

1960(소화35)년경까지의 많은 일본인의 식생활은 재료를 사서 가정에서 조리하는 것이 보통의 모습이었고, 인스턴트라면(1958년)이나 인스턴트커피(1960년)가 개발되어 많은 가공식품이 식생활에 밀착하기 시작한 것은 1960년대부터이다. 이것은 석유화학공업의 발전에 의해 각종 plastic이 개발되어 polyethylen을 비롯한 많은 종류의 「plastic film sheet나 그것을 laminate(적층)한 포장재료」가 공급 가능하게 된 것에 기인하는 경우가 많다. 이러한 포장 재료는 종류에 따라 성질이 달라 수증기, 산소, 휘발성 성분에 대한 투과성・차단성의 정도나 물리적 강도 등 목적에 따른 소재를 선택할 수 있다. 성질이 다른 plastic을 서로 붙이는 것(라미네이트, 적층이라고 한다)이 용이해 목적하는 성질・기능을 지닌 포장 재료가 얻어진다.

포장 용기 내의 공기 즉 산소를 제거하여 제품의 보존, 수송, 판매 과정에서 식품 성분의 산화에 의해 변색・이취발생・영양소의 손실을 방지하는 「진공포장」이라고 하는

25) 통체와 상・하의 뚜껑으로 구성되는 three piece 통 외의 두께 80~100μm의 극히 얇은 동판이나 알루미늄의 얇은 판을 깊게 묶어 통체와 바닥이 일체로 되어 있고 상부에 뚜껑을 하는 구조의 투피스 통이 개발되어 주로 맥주나 청량음료수에 쓰이고 있다.

기술이 있다. 목적으로부터 말하자면 통조림은 전쟁 전부터 있었던 진공포장 제품이라고 한다. 그러나 통조림에는 통조림 취라고 말하는 일종의 독특한 냄새가 있어 맛이나 texture면에서도 한계를 가지고 있었다. 플라스틱 필름의 등장에 따라서 진공포장은 보다 진보된 기술로 되었다.

(크노르 식품(株) 제공)

<사진 1> 마요네즈 충진 line

프라스틱 필름의 경우 진공처리를 함으로써 용기 내의 공기를 완전히 제거할 수 있어 식품에 포장재를 밀착시킬 수 있으므로 정균(静菌) 효과가 기대되어 외관적으로도 상품성을 높이는 효과도 있다. 1960년 전후로부터 된장, 절임류, retort식품, 가다랑어포 등의 프라스틱 포장으로서 널리 활용되고 있다.

가루(粉体)의 산화방지나 호기성 미생물의 번식 억제를 위해 공기를 이산화탄소 gas나 질소 gas 혹은 양자의 혼합 gas로 바꾸는 치환포장은 다공질의 조직 · 구조를 가진 과자, 분유, 각종 nut류 차, 가다랑어포 깎은 것 등 진공포장하여서는 제품의 형태가 변형하는 것이나 진공 처리하기 어려운 물성의 식품인 경우에 적용되고 있다.

액체 식품을 효율적으로 무균화 시키는 열교환기의 개발과 알루미늄 호일과 플라스틱 필름을 적층(laminate)한 종이용기의 개발 및 멸균한 액상식품을 무균 충진하여 밀폐시키는 「무균 충진 포장장치」의 개발과 그러한 짜맞춤에 따라서 상온에 있어서도 미생물에 의한 변패, 부패의 우려가 없는 우유, 과즙이 등장했다. 이러한 제품은 LL우유, LL과즙이라고 부르며 1985년 후생성은 LL우유의 상온 유통을 허가했다.

1960년경에서부터 흡습성이 높은 실리카 겔과 방습성이 높은 플라스틱 포장 재료가 싸게 제공되게 되어, 생석회, 활성 알부민 등도 사용되게 되어 쌀과자(米果), 쿠키, 김 등의 흡습성이 높은 식품의 포장 건조제로서 널리 이용되기 시작하여 건조식품의 안정적인 유통이 가능하게 되었다.

산소 흡수능이 높고 싼 탈 산소제는 1973년 일본에서 처음으로 개발되었다. 통기성의 작은 주머니로 포장된 탈 산소제를 포장 용기에 동봉하여 밀폐하면 탈산소제 중의 미립자의 철분이나 ascorbic acid가 용기 중의 산소와 화합하여 산화하기 시작하여 반일~1일에 용기 중의 산소를 거의 완전히 흡수한다. 어느 정도의 보존성은 있으나 여름철 온도에서는 공기 중에서 미생물의 피해를 받는다거나 성분의 산화에 따라서 변질이 빠르게 일어나는 떡, 생면, 일본식과 서양식의 생과자, 그대로 말린 어개류, 저염 농도의 조림(佃煮) 등에 사용되어, 이러한 여름철에도 비교적 긴 shelf life(유효기간)[26] 상품으로서 유통을 가능하게 했다.

알코올의 살균작용은 옛날부터 알려져 있어 식염을 포함한 된장, 간장, 절임 등의 식품에의 2~5%의 첨가나 카스테라, 만두, 어묵 등에 spray함으로써 보존기간의 연장이 가능한 것이 확인되어 25년 정도 전부터 실용화가 시작되고 있다. 한편 1975년 전후에 비오라이트(沸石)에 알코올 흡착시킨다거나 고농도의 알코올을 micro 캡슐에 봉입한 알코올 발생제가 개발되었다. 알코올 발생제로부터 포장 용기 내에 알코올이 서서히 기화하여 그 알코올 증기는 알코올보다 수배 현저한 정균 효과를 나타낸다. 알코올 발생제의 동봉은 정균 효과뿐만 아니라, 호화의 노화방지, 지방 및 지용성 성분의 산화방지 효과도 기대되어 유망한 첨가제이다.

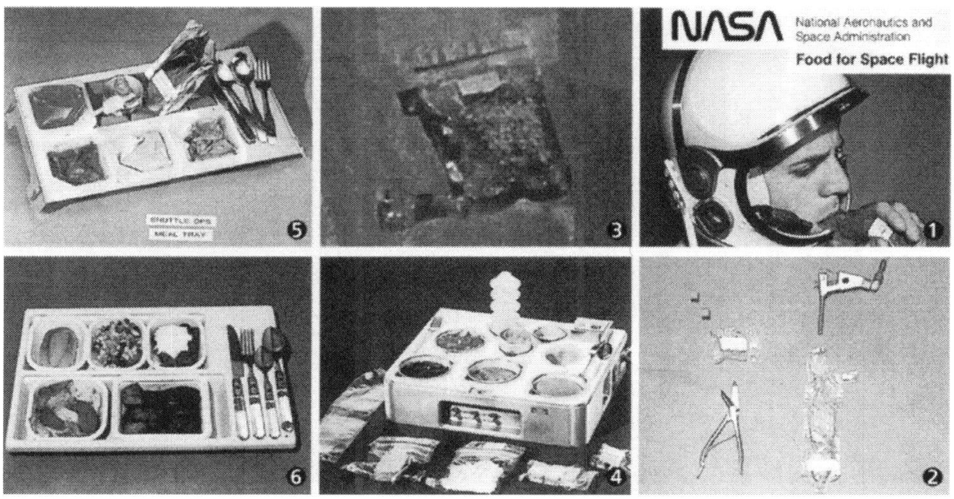

<사진 2> 우주식의 역사

① mucury 계획 (1961~63) ② 제미니 계획 (1965~66) ③ 아폴로 계획 (1968~72)
④ 스카이랩 계획 (1973~74) ⑤ shuttle 계획 (1981~) ⑥ space station 계획 (1998~)

(우주개발 사업단(NASDA) • NASA 제공)

26) 식품 특유의 광택, 맛, 향, texture를 가져 맛있게 먹을 수 있는 기간을 말한다.

V. 식품가공에 있어서 효소의 이용

자연계의 각종 반응은 효소에 의하여 촉매되어 자연스럽게 진행되고 있다. 이 효소는 단백질의 일종으로, 각각 특정의 반응만을 촉매하는 성질이 있다. 술 만드는 데도, 된장이나 간장의 제조에도, 누룩이나 효모의 효소 작용에 의한 것이다. 시람은 예로부터 모르는 사이에도 효소를 사용하여 왔다. 당(糖) 분야의 효소의 이용은 특히 현저하다. 풍부한 전분을 재료로 glucose에서 fructose로 전환시키는 isomerase라는 효소의 발견은 획기적인 사건으로 일본에 이성화 당 산업을 탄생시키는 단서로 되었다. 감미도가 glucose의 배인 fructose가 약1/2 이 혼재하는 액상 제품은 가격도 싸고 사용하기 쉬우므로 폭발적인 인기를 불러 청량음료를 비롯하여 널리 사용하게 되었다. 당초 50% 부근이었던 fructose에의 이성화율도 isomerase에 게르마늄을 가함으로써 90%로 되는 것도 판명되었다. 그 후 당(糖) 관련의 효소의 발견은 하나하나 계속되어 기능성을 갖는 여러 가지 올리고당이나 당알코올의 새로운 것이 등장하여 그 대부분이 실생활에 역할을 하고 있다. 근년의 유전자 공학의 진전은 효소의 분야에도, 새로운 효소의 검색에 멎지 않고 적극적으로 효소를 개변하여 우수한 성질의 효소를 만들어 내는 노력이 계속되고 있다.

냉동내성 빵효모의 발견은 제빵 산업에 있어서 획기적인 것으로 1차 발효를 마친 생지(반죽)의 냉동 보존을 가능하게 한 것은 이른 아침부터 업무를 시작했던 빵 제조를 일반공장 보통의 근무체계로 변하게 할 수 있는 매력있는 개발이었다.

효소를 기질을 포함한 용액 중에 넣는 것이 아니고 효소를 매체[27]로 고정하여 여기에 반응을 일으키도록 용액을 순환시킨다고 하는 idea는 bioreactor라는 장치로 결실(그림 2)되어 매체로서 거기에 적합한 효소의 연구가 집중적으로 행해져 산업계에서 생산되고 있다.

특히 효소와는 다르지만 효모를 산출하는 성분에서 모체는 없어지지 않고 기타 미생물을 반출 하는 killer물질을 활용하여 된장이나 무우(청)스시의 발효 제어를 행하는 시도도 실험 단계로 진행되고 있다.

27) Bioreacter란 생체 촉매를 사용하는 배양조 혹은 배양기. 구미에서는 주로 미생물이나 동 • 식물 세포를 배양하여 물질을 생산하는 장치를 가리킴. 일본에서는 고정화 효소나 고정화 증식 미생물을 사용하여 물질의 분해, 합성, 화학변환 등을 행하는 반응장치를 말하는 경우가 많다.

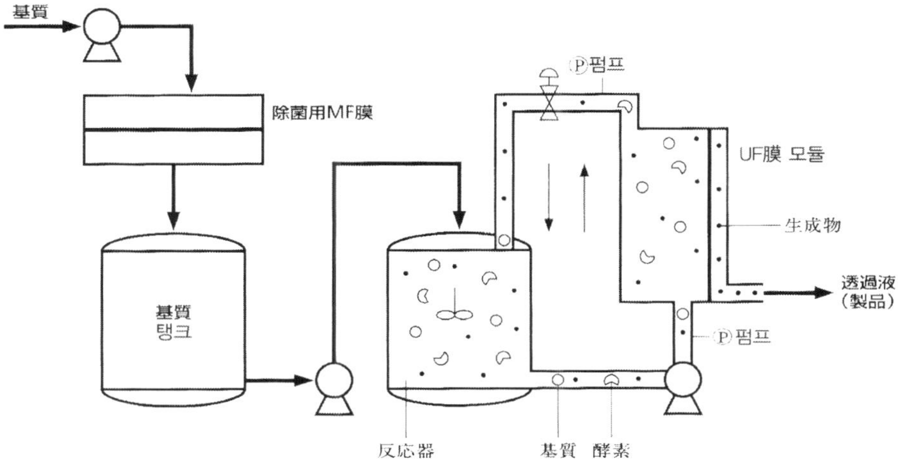

(그림 1과 같음)

<그림 2> 유리(遊離)형의 bioreactor

특징 * 고정화시키지 않고 연속생산, 효소의 재이용가능
* 유리효소를 이용하므로 고분자 기질의 반응계에 유리
* 고분자 기질과 저분자 생성물의 분리가 용이
* 효소의 고농도화에 의해 생산성 향상이 용이

실용화 상의 과제 * 화우링그(부착층 · 눈대중 등)에 의한 분리성능의 저하
* 넓은 막의 면적이 필요하여 규모확장에 비용이 든다.
* 고정화하지 않으므로 효소의 안정성이 문제
* 전단응력에 의한 효소의 실활
* 막과의 상호작용에 의한 효소의 실활

VI. 기술의 전개와 食의 미래

食에 있어서도, 과학 기술의 수단이 가해졌을 때에는 하나하나의 공정을 철저히 분석하고 과학적인 이해하에 효율과 안전성과 보기 좋음을 추구하는 경향이 있는 것을 우리들은 알아 둘 필요가 있다. 그 대부분은 식생활의 향상에 큰 공헌을 하여왔다. 과학기술이 식품의 가공 · 유통의 약한 부분에 도움을 주는 믿음직한 보조인이라고 할 수 있으나 食을 과학기술이 선도, 나아가서는 지배하여 경제의 도구로서 취급, 독주하기 시작하면 귀찮은 것이 일어나게 된다. 이성화 당(糖)도 양날의 칼, 싼 가격으로 사용하기 쉬운 이점에서 쉽게 사용되고 있으나 영양의 면에서 보면 fructose의 섭취 과잉은 금물로 편리함에 앞 뒤 생각 없이 넘치게 사용하는 것은 피하고 능숙하게 사용 · 처리해 가는 자세도 사용하는 기업의 예의라고 생각된다.

세계로부터 재료를 수입하는 현재의 일본에 있어서는 계절감이란 무의미하다는 설이 있다. 그러나 식품 재료에 대하여 어느 정도의 지식을 가지고 꼭 찾아오는 일본의 4계를 생각하여, 4계절마다 알맞은 식품재료를 조심스럽게 준비하고 있는 것으로 볼 때, 그 사람 혹은 그 가족의 인생은 보다 풍부하게 되는 것이 확실하다. 그러한 사람이 많아지면 가공식품이나 맞춤 조미료 등이 많이 사용됨과 더불어 우리의 식탁도 계승될 것이다.

식품의 맛난맛은 맛만을 지배하는 것이 아니고 texture(물성)도 크게 관계하고 있다. 결국 입안에서의 촉각, 씹는 감촉이 크게 관계하고 있다. 요리에는 먹는 timing이라는 것이 있어서 조리하여 적당한 온도일 때 바로 먹는 경우에는 재료의 맛난 맛이나 요리의 그릇(腕)을 그대로 즐길 수 있어 특별히 문제가 되지 않으나 조리가공 후 일단 식힌다거나 동결한다거나 하여 유통에 들어가 시장을 경유하면서부터는 불확정 다수의 소비자가 먹는 시점에서 그 조리식품의 texture를 막 조리했을 때의 맛난 맛으로 유지(保持)하는 것은 쉽지 않다. 그 목적을 달성하기 위한 방법은 현재 2개로 나누어진다. 그 하나는 엄선된 최고의 소재를 요리 전문가의 숙련된 기술로 조리하여 포장 재료에도, 저장법에도, 비싼 가격를 두려워하지 않고 최선을 다함에 있다. 그렇다 해도 특별한 경우를 빼고 이것은 현실성이 결핍된 선택이다. 비용을 가능한 한 억제하여 소비자가 납득하는 얼마의 판매가격을 유지하면서 동시에 소비자가 맛나다 하는 평가를 내리는 제품제조를 바라는 식품 산업[28]에 있어서 그 해결의 수단은 첨가물의 활용이다. 예를 들면 중화요리로 점성을 낼 목적으로 가해지는 녹말, 그것은 식품재료로 말하며, 첨가물이라 말하지는 않으나 물성을 보완하기 위한 「녹말」에 상당되는 정도의 여러 가지 성분이 개발되어 이용되고 있는 것이 현상이다. 그것 자체는 지장없는 것이나 인공적인 맛 첨가와 더불어 조리한 요리와는 다른 별도의 요리가 존재하여 가공정도가 진행될수록 부재료의 종류도 증가하는 경향인 것은 확실하다.

식품산업의 하나의 궁극적인 목적은 완벽하게 될 때까지 가정의 맛, 요정, 레스토랑의 맛에 근접한 조리완제품을 제공하는 것에 있다고 생각한다. 현실적으로 그 방향을 찾아서 커다란 이익이 생기기 시작한 동륜(動輪)도 있다[29]. 혹은 기술적인 점만으로 말하자면 그러한 조리완제품이 받아들여진 자동판매기의 등장도 가능할 지도 모르겠다. 그러나 만약 매일 식사의 전부가 가공식품으로만 채워진다고 하면 살아있는 몸과 인간 정신

28) 本券 189페이지, 山野井論文 「어느 食品메이커의 발자취와 전망---장인의 기술을 얼마나 따라갈 수 있는가」를 참조하기 바람.

29) OO hotel 레스토랑의 chef가 만들었다는 카레나 스튜의 레토르트 식품 등의 등장도 그 한 예이다.

이 그렇게 만족할 수 있을까? 하는 데에는 매우 의심되기도 한다.

식사라는 언어에는 숨어 있는 keyword에 「같이 즐겁게 먹는다」라고 하는 말이 있다고 생각한다. 어떠한 호화스러운 식품에 있어서도 몇몇 가공품만을 누구라도 알지 못하게 한 사람만이 먹는다고 한다면 그 정도 맛난맛은 느끼지 못하고 감격도 감소하지 않을까? 간편함의 강조가 지나치면 食의 본질뿐만 아니라 먹는다고 하는 것이 마음과 몸의 건강을 지킨다고 하는 2개의 목적이 있는 것이나 이럭저럭 안전하게 되는 경향으로 diet(餌)에 가까운 것으로 되어 버리고 만다. 식사에 의하여 얻어지는 진정한 만족감이라는 것은 가족이든 조리인이든 직접 사람이 우리를 위해서 조리해준 것을 먹었을 때 얻어지는 것으로, 이러한 기호, 정신상태, 몸의 상태에까지 배려된 식사라면 그 효과는 매우 크다. 물론 자신의 손으로 정중하게 만들어진 자신을 위한 식사 일지라도 그렇다.

食이 가진 역할의 또 하나는 잊어서는 안 되는 것으로 인간의 마음의 성장, 교육에 영향을 끼치는 효과가 크다고 생각한다. 큐슈(九州) 근방에는 옛날에 「주걱에서 키운다.」라는 말이 있다. 가정 內에서 부엌의 전권을 쥐는 것은 주부이며 나쁜 일을 했을 때의 어머니로부터 받은 식사량의 제재 정도는 아이들에게 느껴지는 것은 없었다. 철이 든 때가 전시중인 먹을 것이 부족한 시대에 성장했던 필자에 있어서도 食에 관한 관심은 매우 강하여 검소한 식생활이어서 드물지만 가족의 솜씨로 만들어진 계절감 넘치는 맛있는 음식이 나열된 식탁을 가족과 둘러앉았던 단락(団欒)했던 때는 마음의 성장에 탄력을 주어 무엇에도 대신하기 어려운 좋은 추억으로 되어있다. 현재에 있어서도 아이들의 마음속의 맛있는 음식으로서, 어떠한 호화스러운 배달서비스의 식사도, 백화점이나 편의점의 맛난 음식도, 바쁜 시간을 융통하여 어머니의 따뜻한 보살핌이 있는 손으로 정리된 소박한 식탁에 오르는 것만큼은 아니라고 생각한다.

간단히 혹시라도 싼 가격에 구입 가능한 조리 식품, 여러가지 연구가 응집되어 있는데, 최근 도시락류의 내용개선에도 눈을 크게 뜨고 있지만, 장래를 본다면 그러한 이용은 금후에도 높은 수준으로 유지되어 가정에서의 조리도 의연하게 지속된다고 하는 TPO에 부응한 적절한 사용 체제가, 극히 자연의 모습으로서 정착해 오는 것은 아닐까 한다.

<사진 3> 방금 수확한 채소가 놓여져 있다. 유통에 들어가지 않은
지역의 채소는 싸고 신선하다. 高知市내 추수근(追手筋)의 일요시장에서
(농산어촌문화협회제공)

〔문헌〕

(1) 堀井正治 1995「食生活の都市化と食品流通　加工技術の展開」高田公理・石毛直道 (編)『都市化と食』ドメツ出版 pp.88-96

(2) 五十嵐脩・小林彰夫・田村眞八郎 (編) 1998『丸善食品總合辭典』丸善

(3) 石毛直道・小松左京・豊川裕之 (編) 1989『食の文化シンポジウム'89 昭和の食』ドメツ出版

(4) 鍋谷浩志 1991「逆滲透壓法を用いた果汁の高濃度濃縮」『食品工業』34巻 24号 : 16-24

(5) 農林水産省農林水産技術會議事務局 (編) 1997『昭和農業技術發達史 第6巻食品加工編』農山漁村文化協會

(6) 奥村彪生 1998『進化する麵食文化』フーヂイアム　・　コミユニケイシヨン

(7) 先端的技術開發推進事業報告書 1990『マイクロ波による減壓乾燥技術の開發』富山縣食品研究所

(8) 山村弘之 1991「脫氣・注氣膜と食品用途への展開について」『食品工業』34巻 24号 : 45-50

(9) 横山理雄 1990「今後の食品包裝の動向」『食品工業』33巻 10号 : 20-32

2010년의 「먹는 일」 6

「식사는 가정에서」의 시대 ———— 마에카와 겡이치(前川健一)

현재까지의 식사 형태의 변화가 그대로 2010년까지 계속된다면 홀로 먹기나 외식이 증가한다고 하겠으며 당연히 그렇게 될 것이다.

2010년은 1950년에 태어났던 사람이 60세가 된다는 것이다. 소위 베이비붐 시대에 태어난 세대라 불리는 전후 babyboom의 세대가 일시에 정년을 맞이하는 것이 2010년 전후이다. 그렇게 생각하면 지금까지 주식은 물론 석식도 외식으로 해온 남편이 「하루 중 집에서 3끼 식을 함께 먹으면 처에게 한심스러운 존재로 된다」고 알려졌다. 처는 culture school이나 봉사활동 등에 나가게 되고 부부가 함께 가정에서 식사를 하는 기회는 샐러리맨 시대보다도 증가할 것이다. 지금까지 주 5회 점심을 외식으로 하고 있던 샐러리맨이 가정에서 점심식사가 takeout 도시락으로 되었다던가 하는 일도 있게 될 것이다. 외식은 감소하고 부부가 함께 가정에서 식사하는 기회는 많아진다고 예상할 수 있다.

우리의 자녀들은 어떻게 될까, "자녀수가 적어진다"라고 하는 것은 독신생활을 하는 젊은이의 절대 수가 감소하는 것이 되며, 경제 불황이 길어지면 자택에서 통학하는 학생이 증가하게 되고, 가족이 뿔뿔이 흩어져 식사한다 하더라도, 외식하는 사람의 절대수가 감소하게 된다.

경제 불황이라면 1997년에 경제 위기에 빠졌던 타이와 비교해 보자. 타이에서는 경제 위기 이후 일시에 이동식 포장마차나 노점이 증가했다. 실업자와 그 가족이 수입을 얻으려고 먹거리 장사를 시작한 것이다. 타이의 도시에서는 원래 외식을 좋아하는 습관이 있어 반찬만을 사서 집에서 지은 밥으로 식사를 하는 것도 매우 일상적이었다. 아파트에는 부엌설비가 없는 곳도 있어 식구가 적은 가정에서는 자택에서 요리하면 오히려 비싸게 친다. 통계 등의 자료로 확인되지는 않았지만 이동식 포장마차나 노점이 증가함에 따라서 외식이나 반찬이나 밥을 자택으로 사가는 소위 조리식품이 증가하는 것이 아닐까라고 상상할 수 있다.

한편, 일본에서는 불황이 심각화하면 할수록 외식하는 회수나 사용 금액이 감소했을 것이다. 일본에서는 실업자가 차례차례 이동식 포장마차를 낸다고 하는 발상도 없고, 그것을 허락하는 사회체제도 아니다. 2010년에 불황이 함께 심각하다면 「식사는 자택에서」 하는 경향이 보다 강하게 될 것이다.

그러면 2010년 이후는 어떻게 될 것인가, 자택에서 식사하던 정년퇴직자 부부는 어느 시기에서부터는 독신자 생활에 들어간다. 2020년경부터 일본에서는 방대한 수의 독거노인이 출현하게 된다. 그러면 외식, 조리식품, 혼자 먹는 사람도 증가하게 된다. 혼인을 하지 않았거나 이혼에 의한 독신 생활자도 증가하면 노인 혼자서 식사하고 있는 미국의 커피숍 같은 광경이 일본에서도 매우 흔하게 될 것이다.

제3장 어느 식품 메이커의 발자취와 전망 - 장인의 기술에 얼마나 따라갈 수 있을까

야마노이 아끼오(山野井昭雄)

I. 가정의 부엌과 식품산업의 탄생

식품산업은 몇 개의 업태를 포함하고 있으나[30] 본고에서는 그 중에서 핵심이 되는 메이커(식품제조업)를 중심으로 서술하고자 한다.

식품산업의 원점은 가정의 부엌에 있다고 생각한다. 식품산업탄생 이전부터 그것은 존재하고 있었기 때문이다. 그곳에서부터 몇 개의 아이템을 가지고 가내공업을 포함하여 공업화하는 형태의 산업으로 분리・독립하였다고 생각할 수 있다.

시작의 단계에서는 가정의 부엌에서 만들고 있는 여러 가지의 아이템(메뉴)이 모여서 공업화가 되었기 때문이 아니고 보존이 효과적이었다고 하는 커다란 특징을 가지는 몇 개의 아이템에 한하여서 공업화되고 있었다. 그 이유는 만들때부터 먹을 때 까지 유통을 통과하기 때문에 상당한 시간이 걸리고 부패・변질의 위험성을 피할 필요가 있었기 때문이다. 예를 들면 절임음식으로 대표되는 염장, 초절임, 과자 등의 사탕절임, 건조품, 훈제품 또는 염분이 진한 된장, 간장 등 현재 알고 따르는 [수분 활성이 낮은] [삼투압이 높은] 또는 [pH가 낮은] 등의 오염미생물의 생육에 부적합한 요건을 갖게

30) 식품산업이라고 하는 것은 개념에서는 식품유통업 및 식품서비스업 등의 업태를 포함하고 있으나 여기에서는 식품제조업을 하고 있는 메이커를 중심으로 식품산업의 단어를 이용하여 논하고자 한다.

하려는 것이다. 또한, 한천과 곤약 같이 통상 그 자체가 미생물에 분해 되기 어려운 성분의 것도 아이템에 포함되어 있기 때문일 것이다. 이들의 식품산업 상품은 그와 같이 그 때마다 가정에서 수고 할 필요가 없어져서 소비자에게는 간편성이라고 하는 커다란 편리를 주게 되었다.

시간이 경과되면서 간편성이라고 하는 장점을 기초로 하여 아이템은 점점 확대되고 있었다. 가정에서는 보존식으로서 또는 결과적으로 보존성을 갖도록 된 아이템 뿐만 아니라 그 자체가 부패하는 것까지 점차 확대되고 있었다. 이 아이템확대를 지지하는 기술개발에는 당연히 보존성을 확보하는 기술, 특히 좋은 맛을 손상하지 않도록 연구된 보존성 확보기술이 가장 중요한 것이었다. 후술한 것처럼 보존성을 확보하는 것과 식품으로서의 품질, 특히 중요한 좋은 맛을 갖는 것은 트레이드 · 오프의 관계에 있기 때문이다. 게다가 근년에는 식품의 구비수단의 하나의 특성으로서 건강의 유지 · 발전에 좋은 것을 구하려는 요구가 커지고 있다. 식품산업의 상품에도 이 특성이 요구되는 것은 당연한 결과이다.

이상을 마무리하여 보면 당초, 가정의 부엌에서 만들었던 보존성이 있는 아이템을 중심으로 시작한 식품산업은 보존성 확보 기술의 진보와 표리일체의 관계에서 아이템을 크게 확대하고 현재와 같이 간편성이라고 하는 편리성에 건강에 유용하다고 하는 특성과 좋은 맛을 만족하는 양질의 품질이 합쳐서 <간편 · 건강 · 품질>을 키워드로 하는 각양 각종의 것으로 발전하게 되었다.

그런데 식품산업의 상품을 성립시키는 보존성 확보기술에는 어떤 것이 있을까, 최근에 진보된 것을 포함하여 다음에 기술한다.

II. 보존성 기술과 품질(좋은 맛)과의 관계

보존성의 확보와 품질저하와는 밀접하게 연결되어 있어, 그 결과 보존성에 대하여는 고려할 필요가 없으며, 완성품을 제공하는 것이 상식적인 수제품의 아이템, 특히 품질면에서 가정에서 만든 것 보다 훨씬 진화, 고도화되어 있는 형태, 요리인의 장인기술에 의한 작품에 비하여, 식품산업의 아이템은 처음부터 보존성확보를 위한 조작에 의하여 품질저하라고 하는 커다란 핸디캡을 가지고 있다.

아지노모토 주식회사의 실험 예가 있다.

그림 1은 옥수수를 넣은 스프를 제조할 때 가열상황을 보여주는 것으로 Co값은 열

량을 표시하고 있다. 수제품은 요리장인이 만들때의 데이터로 가장 맛좋은 가열조건이 되고 있다(단지, 만약 이 조건으로 만들어 유통한다면 틀림없이 부패한다). 한편 액체·고형물별 살균이란 액체부분과 옥수수를 별도로 살균하고 무균적으로 함께 충진하는 경우가 있고 액체·고형물 동시 살균은 문자대로 옥수수를 넣은 스프의 상태로 살균한 것도 있다. 동시살균은 별도 살균에 비하여 열량이 많은 것은 이 상태에서는 액중의 옥수수의 내부까지 충분히 살균효과를 얻도록 열이 전달하기에는 보다 강력한 가열이 필요함을 나타내고 있다. 옥수수를 넣은 체로 포장용기에 넣고 용기를 살균한 것이 레토르트 살균이다. 요리사(셰프) 제품 이외에는 전부 보존성이 있는 것이기 때문이지만 한편 분명한 것은 수제품에 비해 2~15배의 열량이 필요한 것을 알 수 있다. 수제품의 열량은 요리사가 품질에 있어서 가장 바람직하다고 판단한 말하자면 best of cooking의 조건이지만 보존성 확보를 위해서는 더욱더 다량의 열을 가할 필요성이 있다. 그만큼 품질 상 커다란 결함을 주는 것이다. 따라서 보존성 확보를 위한 조작은 식품산업의 상품에서 불가결하나 이 면의 기술개발의 포인트는 어떻게 품질에 손상을 극소화할 수 있을까에 있다고 하겠다. 새로운 기술을 중심으로 요즈음의 사정을 하나의 표로 정리하여 보았다(표 1). 몇 가지에 대하여 간단히 설명한다.

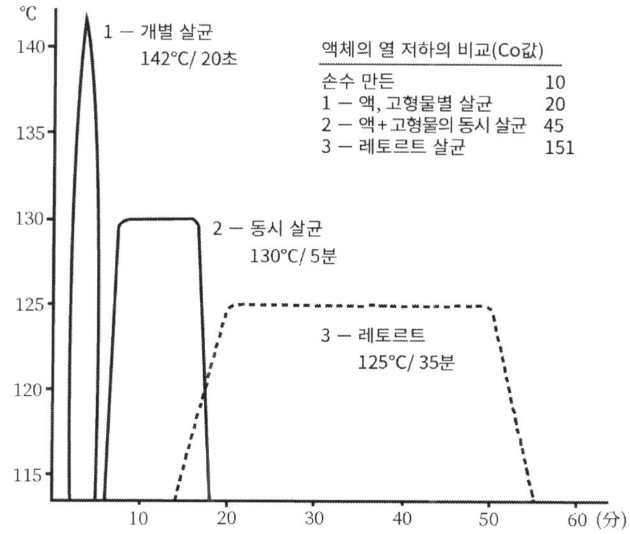

<그림 1> 옥수수를 넣은 스프의 살균곡선

<표 1> 최근의 보존기술의 예

가열에 의한 품질 저하	· 무균포장 충진 기술 · 고온단시간 가열(UHT)기술 · 초고압 살균기술 · 오미크 살균기술 · 트랜스글루타미나제 이용기술
수분활성 저하	· 냉동건조 기술 · 막이용 기술
냉동 변성 억제	· 글라스 전이 · 수분속박물질

가열살균은 실제로 공업화로 성공한 것 중에, 일본풍의 풍미를 갖는 액체조미료의 경우 순간고온살균과 무균충진 포장기술을 조합하여 장인기술의 1.3배의 가열로 충분히 만족할 수 있는 보존성과 프로의 세계에서 높은 평가를 받는 품질레벨의 양립을 달성하는 것이 가능하게 되었다. 열량을 수제품에 가깝도록 하는 데는 상기와 같은 몇 개가 합친 기술이 유효하다.

새로운 가열살균법으로서는 호텔의 연회용 등의 대량조리에 이용되고 있는 [진공조리법][31], 전기에 의한 특히 고형재료가 들어가는 스프 등에서 유효하다는 전기저항에 의한 발열을 이용하는 [오미크법][32], 또는 가열은 하지 않거나 또는 될 수 있는 데로 마일드하게 하고 그 대신에 수천 기압의 압력을 가하는 [초고압 살균법][33] 등이 있다. 어느 것이나 보존성과 품질보존이 양립하도록 개발된다고 하나 식품산업이 필요하다고 하는 기간을 보증하기 위하여 보존성 확보라고 하는 면에서는 더욱이 검토의 여지가 있다고 판단하고 있다. 즉 초고압 살균법으로 만든 성공적인 상품으로 잼이 있으나 이것은 잼자체, 당분이 많고 수분활성이 낮은 상온보존성이 있는 것이기 때문에 살균법으로서의 이용과 더불어 가열에 의한 과잉의 풍미변화를 극소화시키는 목적으로 받아들일 수도 있다고 생각할 수 있다. 사실 잼은 과일 풍미가 뛰어난 상품이다.

다음으로 수분활성을 낮추어서 부패를 방지하는 방식 중에 잘 알려지고 있는 것은

31) [진공조리법]은 best for cooking의 조건으로 조리한 아이템을 즉각 진공 포장하여 보존하는 방법. 품질저하의 원인이 되는 오염미생물은 거의 호기성이기 때문에 진공상태에서는 육성되기 어려운 것을 이용하고 있다.

32) [오미크법] 은 전기로 고형물 내부의 전기저항에 의해 내부발열을 유발하여 이 열로 살균하는 방법. 정확히 니크롬선 전기저항에 의해 발열하는 원리와 동일함.

33) [초고압살균법]은 상온이나 가능한 한 섭씨 50℃-60℃정도의 대단히 마일드한 조건하에 수천 기압의 압력을 가하여 이 압력으로 균체의 단백질과 그 외의 것을 변성시켜서 살균하는 방법.

건조법이다[34]. 이것은 가정의 부엌에서 건조하는 것과 원리적으로 동일한 것이다. 단 인스턴트커피 등 향미가 생명인 아이템은 될 수 있는 데로 오프 플레버(off flavor)를 적게 하면서 수분을 증발시켜 최종적으로 분말화 하기 까지가 포인트이다. 냉동건조법은 향미의 재빠른 휘발(逸散)과 변질을 극소화하기 위한 연구결과 탄생한 것이라 한다. 바꾸어 말하면 뜨거운 물을 가해서 본래대로 되돌릴 때 본래의 추출하는 것과의 차이를 어느 정도 적게 할 수 있을까가 건조기술의 포인트가 된다. 이와 같이 본래 액체로서 마시는 향미가 중요한 품질인자로 되는 아이템이고, 보존상의 필요 때문에 분말화·과립화 또는 페이스트화 하지 않으면 안 되는 것, 예를 들면 스프 등의 제품도 똑같은 것이다. 냉동식품의 경우는 조리시의 가열량이 수제품과 원칙적으로 동일하나 이점은 가열살균법과 건조법보다 품질저하를 극소화하므로 품질이 우수하다. 그 후에 계속되는 냉동에 의해 오염미생물생육을 저지시키기 때문이다. 단지 식품성분 중에 냉동변성을 일으키는 것과 수분의 결정에 의해 조직을 파괴시키는 것이 있고 아이템에 의해 식감을 현저하게 손상시킨다는 어려운 점이 있다. 전자의 예는 두부이고 후자의 예는 채소이다.

이상은 수제품에 비하여 식품산업의 아이템이 맡지 않으면 안 되는 품질상의 핸디캪과 그것을 극복하고 보존성과 품질을 양립하기 위한 기술개발에 대하여 기술하였다. 단지 이 문맥에서 두 가지의 다른 범주의 아이템군이 있는 것을 기술하여 본문의 끝맺음으로 하고자 한다. 하나는 가정의 부엌으로부터 식품산업이 탄생할 때 본래 보존성을 지니고 있던 아이템군, 그 후 특별한 보존기술의 개발과 링크하는 것도 없이 품질의 보존·향상을 진전시킨 것이라고 생각한다. 또 한 가지는 수제품을 대상으로 하여 보존성을 부여하여 공업화에 성공한 아이템이 그 후 본래의 수제품의 아이템으로부터 떨어져 나가서 하나의 새로운 아이템 군으로서 장르를 형성하여온 예로서, 예를 들면 "컵라면"은 전후에 일본이 개발한 세계적 상품이지만 과연 라면일까, 혹은 라면을 원점으로 하면서 아주 새로운 카테고리의 식품으로서 발전하여 온 것일까 하는 문제이다.

금후도 이러한 식품산업이 생겨나서 수제품과는 다른 새로운 장르의 아이템이 등장할 가능성이 있다.

34) 본권 172페이지, 堀井論文 [식품가공기술과 식]을 참조

III. [장인기술]의 세계와 식품산업

가정의 부엌을 원점으로 분리 · 독립하여 간 지금 하나의 흐름으로 조리장과 요리인, 말하자면 [장인기술]의 세계가 있다. 가정 주방의 조리기술을 진화 · 고도화한 프로의 영역이다.

그런데 원점은 같으나 현재는 식품산업과 [장인기술]의 세계는 크게 벌어져 왔다. 사고방식의 기본이 서로 다르다고 생각한다. 식품산업에서는 좋은 맛의 추구는 당연한 일이고 아이템 확대를 향해서 유통 중의 보존성 확보의 기술개발에 노력하고 또한 대량생산의 숙명으로부터 과정의 체계화 · 효율화 · 합리화의 추구와 구체화가 기본자세가 된다. 한편, [장인기술]의 세계에서는 제품제공이 기본이기 때문에 재료선택, 조리의 과정 · 디자인 등 모두가 최고의 맛을 추구하기 위하여 풍부한 경험을 기본으로 하고, 말하자면 단어와 방정식 등으로는 표현이 되지 않고 손발을 사용한 기능집중의 모양으로 효능화 · 체계화 지향이 아니고 필요할 때 적절한 시간을 들여서 전개된다. 과학적 관점보다는 경험을 기본으로 대량생산과 상용품이 아닌 쪽이다. 식품산업 측에서 보면 수제품세계의 것이기 때문에 비효율적이고, 과학적이라기 보다는 경험을 기본으로 한 것이기 때문에 대량생산과는 상호 허용되지 않는다고 생각된다. 역으로 장인의 세계에서는 식품산업품은 아무래도 기계장치를 사용한 과학기술을 기본으로 한 조직화 · 효율화의 산물이고, 조리기능에서는 부분적인 희생이 강하다는 점에서, 동일한 아이템이라도 맛 · 풍미 · 식감 등의 품질이 같을 필요가 없으며, 또한 같게 되지도 않는다라고 하는 인식이 있다는 것이 사실이다.

새로운 아이템의 개발 또는 기존 아이템을 개량할 때에 종합평가를 하는 방식[35]에도 양자가 서로 다르다. 식품산업은 개발하기 전에 조사를 하여 시장동향을 탐색하고 기본 컨셉을 결정하며 시제품을 만들어 관능평가 시스팀을 거쳐서 어느 정도의 사람들이 인정하는지를 검토한 후 좋지 않다는 이유는 무엇인지 개량 포인트는 무엇인지 등등을 검토하여 채택 여부를 결정하는 방식으로 하는 것이 일반적이다. 한편 [장인기술]의 세계에서는 요리인 자신이 만족하는 내용의 것인지 아닌지가 키포인트로서 자기가 만족하지 않는 것은 손님에게 내지 않는다는 입장이며, 정말로 전문가적인 자세이다. 또는 과학적 과정과 체험적 · 번뜩이는 직감의 과정과는 다르다고 말할 수 있다.

문제는 생활수준의 향상 · 여유 · 풍요로운 현실과 함께 소비자의 외식기회가 늘어나고 일류레스토랑의 맛을 즐기는 것도 진귀하지도 않게 되면서 그 결과 [장인기술]의 작품의 품질에 대한 훌륭한 식견이 늘어나고 식품산업의 상품에 비하여 가격은 훨씬 높으나 틀

35) 제3권 所收藤木正一논문 [가공식품산업의 발달과 가정의 식]의 399페이지, 그림7 [신제품의 {상품기획}평가]를 참조.

림없이 맛좋고 만족하다고 하는 경험이 증대하여 왔고 또 증대하여 간다는 것이다. 기호의 문제가 있기 때문에 장인의 작품은 고급이고 메이커제품은 그렇지 않다고 한마디로 결정할 수 있는 것도 아니다. 그러나 식품산업의 측면에서 장인의 작품은 예외이므로 이것을 공업적으로 만드는 것이 의미가 없다고 하는 자세가 좋은 것일까하는 것이다.

장인의 세계와 식품산업이 생각하는 방법과 가치관의 포인트가 서로 다르기 때문에 식품산업 측이 생각하는 방법으로 장인기술로 접근하여 도전하기에 이미 늦어 버린 것으로 생각할 필요는 없다고 생각한다. 또한 충분히 서로간 연결 가교를 설치할 수 있다. 이 방향으로의 성공 예를 나중에 기술하겠다.

IV. 요소환원(要素還元)주의와 [장인기술]

식품산업의 기술적 측면에서의 사고방식을 별도의 단면에서 본다면, 즉 요소환원주의를 기본으로 하고 있는 것을 들 수 있다. 메이커에서는 업종을 따지지 않고 자연과학을 기본으로 하는 기술로 전개하는 이상, 공통이므로 식품산업에만 제한할 수 없다. 심신 이원론으로 시작하는 자연과학의 특징인 「대상을 요소로 세분화하여 진리를 해명하여 가는 자세」이다.

이러한 사고방식으로 아카데미아와 더불어 식품산업의 식품연구・개발이 지금까지 많은 성과를 올려놓은 것은 주지의 사실이다. 몇 가지의 예를 들어보면 정미(呈味)에 대한 해석에서는 5가지의 원미를 요소화 하고 고미(苦味)를 제외한 4원미에 대하여는 각각의 조미료로서 식생활의 필수 물질이 있다. 즉 단맛에 설탕, 짠맛에 식염, 신맛에 식초, 감칠맛에 글루타민산 나트륨이 대표되는 것이다. 또한 식품이 가지고 있는 생존하기위한 중요기능인 영양에 대하여도 3대 영양소와 비타민, 미네랄 등의 미량영양소, 향기에 대한 많은 종류의 성분의 분리 동정, 즉 효소・기능성성분[36]의 발견과 이용 등 일일이 열거할 수도 없다. 최근에는 더욱더 원류로 거슬러 올라가서 소재작물에 대하여 유전자조작 등에 의해 해충과 농약 등에 내성을 갖게 하는 것만이 아니라 영양성분에 관하여 바람직한 방향으로 밸런스를 양질화하여 가는 것을 창출하는 것도 제조업의 성과이다. 게다가 성분해석과 활용만이 아니라 제조과정에서 제조기계의 설계와 발효・양조와 같은 유용 미생물의 분리 동정 및 유효이용법의 전개 등 요소환원주의에 기초를 두는 식생활의 진보와 식품산업발전에서의 성과는 진실로 위대한 것이다.

36) 기능성 성분이란 인간의 건강 증진과 질병 예방에 유용한 역할을 하는 식품에 함유되어 있는 성분.

그런데 한편 식품에는 외관 · 향 · 맛 · 식감 등이 조합된 맛있음, 맛없음, 그 위에 좋다, 싫다라고 하는 기호면도 있다. 결국 요소환원주의에서 얻어지는 부분 부분의 결과의 수집만으로는 불충분하고 총합된 가치판단이 실제 식사시에는 중요한 의미를 갖는다는 것은 말할 필요도 없다. 이것을 예를 들어 보면 요소환원주의에서 얻어진 데이터는 말하자면 렌토겐(방사선)사진과 CT스켄의 화면에 있어 장인기술을 정점으로 하는 전체감은 포토리트그래피(photolithography 사진석판)에 상당한다고 말하면 어떨까. 방사선 사진과 CT스켄의 화면에서는 맛선 사진의 기능을 하지는 못한다. 요리의 가치 · 맛좋음은 단순히 향 · 맛 · 식감 등만이 아니다. 접시디자인과 그 위에 배열하는 방법, 색의 배합, 소스를 뿌리는 방법 등에 따라 이미지가 크게 변화를 준다는 것은 주지하는 바이다. 장인기술의 세계에서는 특히 이것도 중요한 포인트로 한다. 한편 식품산업측은 대량생산이 숙명이지만, 전적이라고 말해도 좋을 정도로 이러한 면을 배려하지 않으며 또는 배려가 곤란하기도 하다.

이상의 내용을 정리하여보면 식생활 및 인체의 건강, 영양면의 충실 · 향상위에서 요소환원주의가 초래한 성과는 상당히 크지만, 기호에 관계되는 면에서는 요소환원주의만으로는 말할 수는 없다는 것을 보여주고 있다. 그림 2는 이것을 정리한 것이다.

<그림 2> 식품의 연구개발의 두 가지 흐름

요소환원주의 (과학적 접근)	[음식물]로서의 기호 (감성적 접근)
3대영양소 (구조, 생리적 의미) 미량영양소 (구조, 생리적 의미) 필수화합물 (필수아미노산, 비타민, 미네랄 지방산 등) 5원미(단맛, 신맛, 짠맛, 쓴맛, 감칠맛) 구수한맛은 글루타민산, 이노신산, 구아닌산, 호박산 생리기능화합물 효소 유용미생물 유전자조작 작물 장인기술의 해석	맛 · 향 · 식감 · 외관의 좋음과 나쁨 ↓ 좋음 · 싫음 장인기술
<형식지(形式知)>	<암묵지(暗默知)>

V. 식품산업의 기술은 [장인기술(직업인의 고도 기능)]에 어디까지 추격할 것인가

표제는 식사시에 식품산업의 상품은 장인기술의 작품과 같은 수준의 상품가치(품질)를 갖는 것이 가능할까 라고 바꾸어 말할 수 있다. 이를 위해서 3가지의 단계가 필요하다고 생각한다. 이미 부분적으로는 지금까지 논하여 온 것이지만 정리하면 다음과 같다.

(1) 실험실의 단계에서 장인기술의 작품을 식품산업기술(食品産業得意技)의 요소환원주의에 의해 여러 가지 측면에서 잘 해석하고 그 좋은 맛의 비밀을 될 수 있는 데로 많은 항목으로 분명하게 하는 것. 식품이라고 하는 지극히 복잡한 것을 대상으로 하기 때문에 상당히 어려운 일이지만 결코 해석 불가능한 것이라고는 말할 수 없다. 이 단계에서는 장인기술(셰프・요리인)과 식품과학자의 공동작업이다. 즉 아이템을 만드는 사람과 해석하는 사람이다.

(2) (1)에서 얻어진 지식 안에서 모두라고 까지는 아니지만 장인기술 제품의 품질을 표현하고 그 위에 중요하다고 판단하는 항목에 대하여 그 특징이 부여되도록 대량생산에 적절한 장치를 개발하는 것. 이 장치를 이용하면 이론 위에 장인의 기술과 같은 특징이 있는 고품질의 제품이 대량생산 될 것이다. 이 단계는 식품과학자와 식품기술자의 공동작업이다. 즉 전자를 해석한 결과를 후자가 장치 화하는 단계이다.

(3) (2)에서 얻어진 고품질상품을 가능한한 손상되지 않도록 머리를 쓴 보존성확보를 위한 기술개발, 혹은 기성기술의 좋은 조건설정과 조합에 의해 유통 되도록 상품으로서 마무리하는 단계. 이 문제의 어려움의 정도는 모두 전술하였으나 이것이 연결되지 않으면 (1)과 (2)의 성과는 생존할 수 없다.

이상의 사고에 기초를 두고 아지노모도(味の素)주식회사 식품종합연구소에서 행한 연구개발의 내용과 성과에 대한 실제 예를 대략 서술하면 다음과 같다.

하나는 화이트소스의 개발이다. 우선 장인기술의 작품과 식품산업의 제품으로서 시판되고 있는 것의 비교를 그림 3에 표시한다. 화이트소스 자체는 밀가루, 버터, 우유로부터 만들어지는, 재료로는 단순한 것이나 단순하기 때문에 솜씨의 차이가 명확히 난다. 연구실에서 일류의 조리장과 연구자 다수가 같은 재료・같은 비율로 만든 것을 관능평가를 한 결과 큰 차이가 났다.

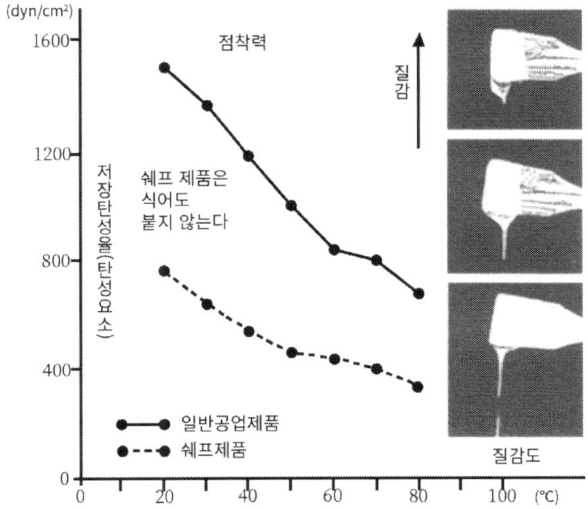

<그림 3> 소스 질감의 물성 비교

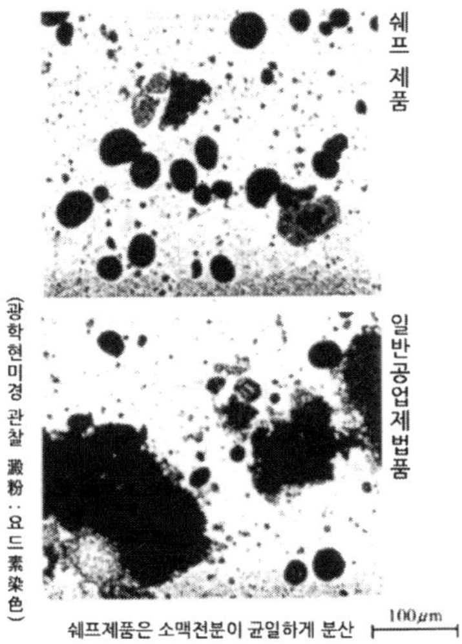

<그림 4> 소스 중 밀가루 전분粒의 분산상테 비교

한마디로 말하여 조리장의 작품은 음식이 목으로 넘어가는 맛이 좋아 굉장한 맛이 나는 것에 대하여 연구자들의 것은 질감이라든가 밀가루냄새가 난다든가하여 맛이 좋지 않다.

이 양자를 현미경으로 관찰하여보니 (장인의 세계에서는 결코 이와 같이 현미경으로 해석하지 않는다. 체험으로 습득한 [기술]의 결과인 것이다.) 그림 4에서 보는 바와 같이 전분립자의 분포에 커다란 차이가 있다. 즉 조리장제품은 전분립이 허물어지지 않고 예쁘게 분산하여있다. 한편 공업생산품은 또는 실험실에서 일반인이 만든 것은 전분립자가 파열되어 분산도 넓고 지극히 불충분하다. 거기에서 전분립자 크기의 분포와 분산을 메르크말 (Merkmal 표지, 지표)로 제품장치를 고안하여 이것에서 만든 것의 특징이 조리장 작품과 거의 동일한 성질을 나타내는 것을 알았다.(그림 5·6).

이렇게 제품된 화이트소스는 엄격하게 프로의 눈으로 체크하는 관문이 있는 대형 외식산업으로부터 높이 평가를 얻어 단시일에 채택되었다.

또 하나는 이것도 식감·풍미를 훌륭하게 내는 것이 대단히 어렵다고 하는 냉스프인 vichyssoise에 대한 예가 있다. 동일한 프로세스를 밟아서 조리장의 작품과 다른 시작품 또는 식품산업의 제품을 해석하였다. 이 경우 조리장작품의 특징은 화이트소스 경우에 있었던 전분립이 아니고 그 위의 단위로서 한단계 위의 세포(마령서)가 모양을 보존한 채로 잘 분산하고 있어 특징이 명확하고 다른 작품은 부분적으로 세포가 파괴되어 알맹이가 유출되고 있는 것을 알 수 있었다. [형태를 보존한 세포의 분산]이 vichyssoise(비시소와즈 : 냉스프의 일종) 특유의 약간의 깔깔한 느낌을 가지고 있으면서도 매끄러움을 갖는 어떤 절묘한 식감이 있음을 알 수 있었다. 이 해석의 결과에 의거하여 이 세포분산상황을 재현하는 제조법을 연구하여 공업적으로 제조된 것이 동일한 엄격한 평가를 거쳐서 고품질이라고 하는 호평을 받아 정식으로 대형 외식산업에 채택되었다. 해석의 결과를 그림 7・8・9 및 표2에 나타내었다. 또한 장인기술의 해석을 기본으로 한 새로운 제법으로 공업적으로 제조한 제품은 세포의 분산 및 물성에서 화이트소스의 경우와 같이 조리장제품과 거의 일치하고 있다.

이 페이지를 정리하면 식품산업과 [장인기술], 이 두개의 세계는 크게 괴리(乖離)된 형태로 상호 별개라고 하는 가치판단으로 교류도 전혀 하지 않았으나 식품산업 측면에서 고품질화를 추구하는 중요한 방책의 하나로서 가교가 된 노력 및 성과획득은 아직은 가능한 거리에 있다는 것을 실 예를 들어 나타내고 있다.

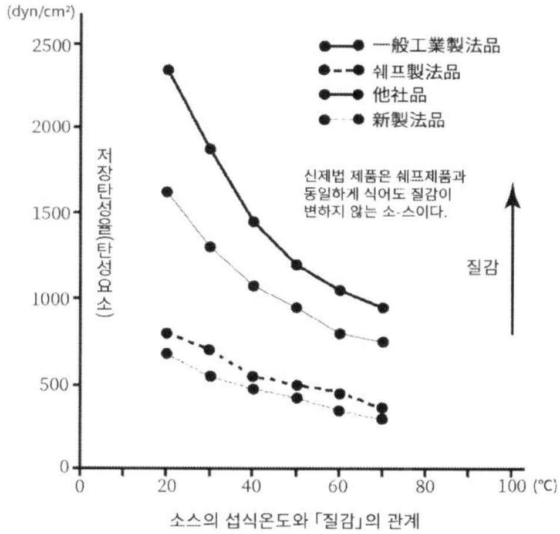

<그림 5> 신제법품의 [질감] 물성 평가

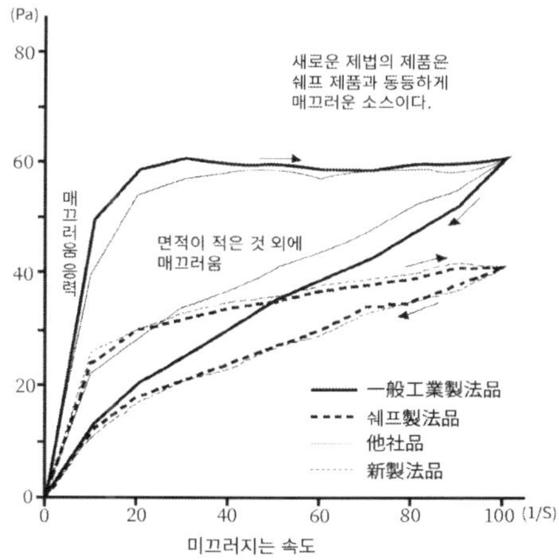

<그림 6> 신제법품의 [매끄러움] 물성평가

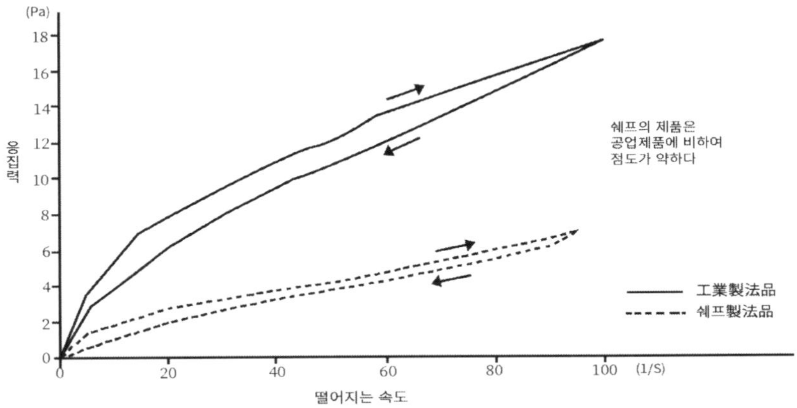

<그림 7> 셰프의 제품과 공업 제품의 비교

		셰프제품	공업제품
감자의 용출전분량		2.2	6.6
관능평가	점도	○	× (지극히 강함)
	입자감	○	× (대부분 없다)

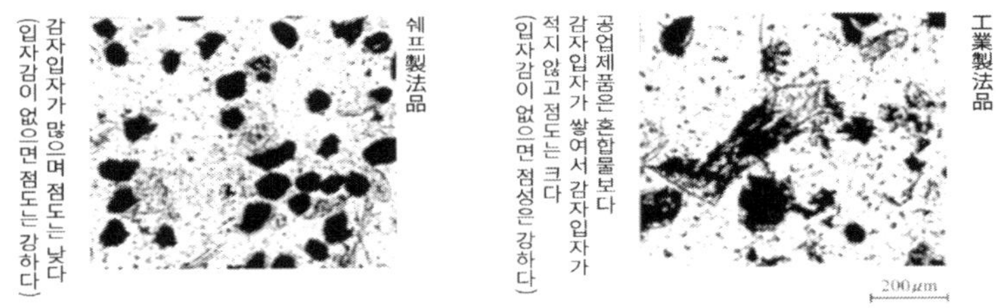

<그림 8> 셰프의 제품과 공업 제품의 평가 1
비시소와즈 중의 감자 입자의 상태

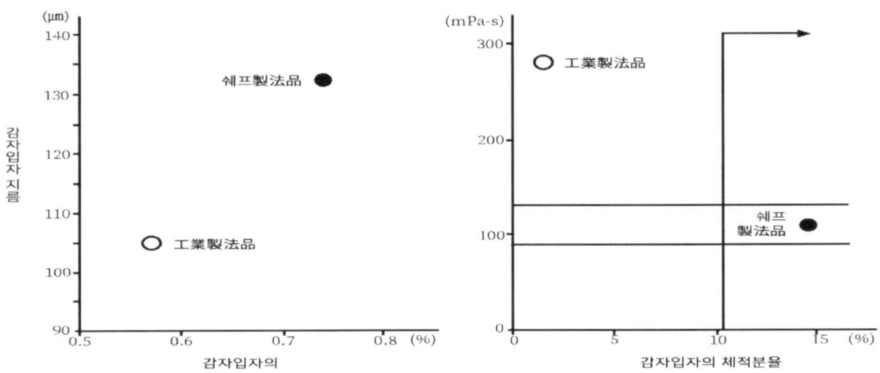

<그림 9> 셰프의 제품과 공업 제품의 평가 2
유동 특성과 감자 입자 특성

VI. 「건강하게 장수」로의 공헌 — 요소환원주의의 심경(深耕)과 확대

식품이 하는 역할 중에서 좋은 맛과 더불어 중요한 포인트로 「건강하게 장수」하기 위해서 어떻게 공헌할 것인가 하는 것이다.

「건강하게 장수」의 의미에는 질병의 예방 기능 및 식품으로부터의 위험성 제거(=안전성 확보)도 포함된다. 고령화 사회의 도래와 의료비 억제의 흐름 속에서 식품에 부여되는 이러한 기능은 점점 중요하게 된다. 물론 이러한 모든 기능은 명확한 과학적 근거를 가지지 않으면 안 된다.

이 분야는 요소환원주의를 바탕으로 당연히 심경과 확대가 필요해 진다. 바꾸어 말하면 식품에 함유된 미지의 면역력 증강에 유효한 기능성 인자의 발견이나 그 기능의 해명과 이용법의 확립, 또 조리중에서의 변화, 동태의 파악, 보다 유효하게 섭취할 수 있는 조건 설정, 혹은 유통 중의 경시 변화 등을 해명하여 실현하면 건강의 유지 증진 및 질병 예방에 크게 공헌할 것으로 예측할 수 있다. 또 그 성분의 인체 내의 기능이 메카니즘 해명을 통해 식품산업도 식품을 섭취하는 인체의 생리기능과 식품과의 관계를 더 아는 것도 중요한 포인트로 되어 있다.

요소환원주의에 의해 지금 한 가지 대처해야 하는 중요한 일은 식품의 안전성 확보인 것이다. 근년 O-157이나 EDC[37](내분비 교란 화학물질, 소위 「환경 호르몬」), 프리온[38] 등 건강에 있어서 중대 위험(hazard)한 문제가 계속하여 표면화되고 있다. 앞으로도 새로운 위험물이 나올 가능성도 충분하다고 보지 않으면 안 된다. 이러한 것이 혼입되는 것으로부터 식품을 어떻게 지킬까? 원료에서부터 최종소비자의 입에 들어가기까지의 모든 과정에 걸쳐 방어 또는 제거 법을 확립하지 않으면 안 된다. 식품은 안전한 것이 철칙인 이상 당연한 일이다. 산・관・학의 긴밀한 협력이 필요한 분야이다.

이상, 이 항에서 말하는 것은 하나의 예시에 지나지 않지만, 어느 것이나 장인기술의 세계나 개인이 대응해야 할 내용은 아니고, 식품산업이 아카데미와 협력하면서 주체적으로 대처해야 할 일이다.

---

37) EDC Endocrine Disruping Chemicals(내분비교란물질) 호르몬 작용을 가지고 있는 것.

38) 바이러스 보다 작고, 유전자를 가지고 있지 않지만, 증식하여 감염력이 있는 단백입자. 광우병의 병원체. 영국정부가 광우병은 인간에게도 감염할 가능성이 있다고 발표하여 문제화되었다.

VII. 식품산업 금후의 전망 – 식품산업의 사명(mission)을 중심으로

소비자가 식생활의 전부는 아니어도 조리의 간편성을 요구하는 소리는 앞으로 강해지긴 해도 약해 지지는 않을 것이다. 특히 여성이 소비자로서의 행동상, 이것은 충분히 예측 가능한 일이다. 식품산업의 제품은 가정에서의 수제품에 비해 간편이라고 하는 편리성을 가지고 있는 것은 서두에서 말하였다. 따라서 앞으로 이 위에 어떠한 내용을 부가시켜 나가야 할 것 인가이다. 이 일은 식품산업이 상품을 통하여 달성해야 할 사명인 것이다. 그것은

(1) 맛난 맛 추구의 深耕– 아이템에 의하지만 가능한 광범위하게 장인기술 작품의 고품질의 비밀을 밝히고, 이것을 새로운 장치・센서 등의 개발로 연결해서 공업화하는 일에 매진한다.

(2) 요소환원주의의 대상 범위 확대와 심경_ 유효하면서 새로운, 예를 들면「진한 맛」을 나타내는 신물질의 해명과 이용, 신규의 생리기능을 나타내는 인자의 발견・이용, 저칼로리의 신소재 등, 그리고 유해한 것, 예를 들면 식중독균이나 EDC의 제거 및 방어, 한편으로는 식품성분과 인체의 생리・대사와의 관계 파악, 기타.

(3)「장인기술」의 좋은 맛과 요소환원주의 지견(知見)의 결합(docking)– 장인기술 작품 수준의 것을 대량생산하는 일과 그 중 맛 성분에 요소환원주의의 심경(深耕)・확대로 얻어진 새로운 지견을 일사천리로 종합할 것. 즉 암흑기적인 예술작품과 과학기술의 최신지견이 도킹한 식품 아이템의 제공. 이상의 관계를 정리한 것이 <그림 10>이다.

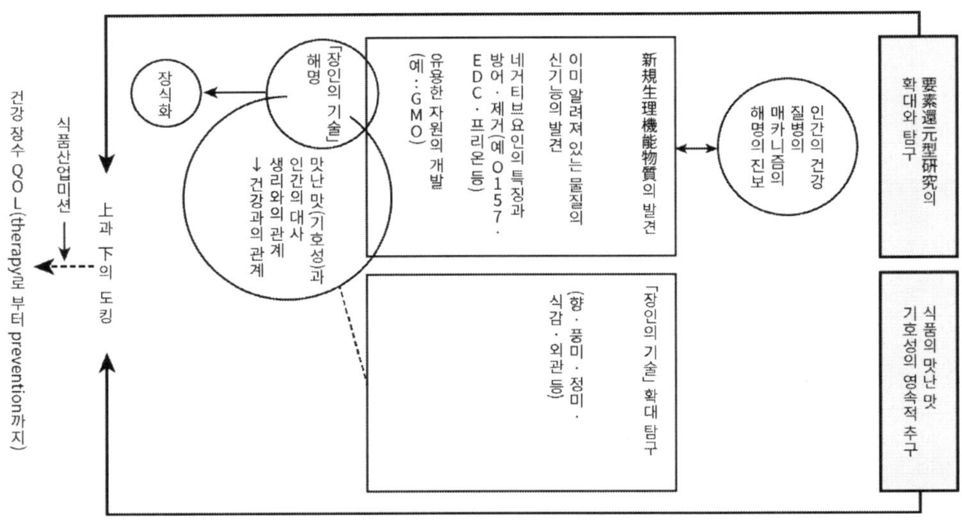

<그림 10> 식품연구개발의 금후의 방향

VIII. 요약

간편성 및 좋은 맛을 기본으로, 「건강하게 장수」를 향하여 복잡한 성분으로 되어 있는 식품의 상호 교환(거래) 관계에 있는 사항을 잘 융합시켜서 뛰어난 내용을 종합한 아이템 그룹을 가지고 풍요하고 충족감이 있는 식생활을 지원한다. 그렇게 고도의 사명을 식품산업이 책임을 져야 한다.

일반적으로 식품산업은 자신도 포함해서 로-텍(low tech)산업도 포함하고 있다는 의견이 있지만, 앞으로 최신의 생명과학・물리학・화학의 지식을 동원해서 새로운 식품성분의 파악은 물론이고 인체기능과의 관련 해명, 새로운 소재의 개발, 그리고 장인기술의 비밀 규명을 통하여 메카트로닉스 기술과의 공동으로 새로운 장치의 개발 등, 그 내용의 고도화를 꾀하면서, 아카데미는 물론이고 소위 하이텍 분야와의 제휴가 필수이다. 또 식품산업 자체 하이텍 산업화를 하려는 개념을 가지고 그 방향으로 나가는 것이 많은 소비자에게 지지받으며 기대되는 존재가 되고, 따라서 세계 수준의 경쟁 속에서 승자가 될 수 있는 길이라고 생각한다. 현재에도 식품분야에서 세계적인 대기업은, 식품산업은 총합적인 하이텍 산업이며, 따라서 장래 발전 여지가 큰 매력 있는 영역이며, 또한 하이리턴 산업이라고 생각하여 사업을 전개하고 있다고 인식하고 있다.

앞으로 흔히 말하는 발전도상국의 생활수준 향상은 물론, 고령화로 진입하는 선진국에 있어서 한층 더 식생활의 질 향상(quality up)도 포함해서, 풍요롭고 건강한 생활의 발전을 위해 식품산업이 져야 할 책무는 더욱더 무거워지고 있음은 틀림이 없다.

2010년의 「먹는 일」7

국제화 · 규제완화 · 청결 ———— 식사예절의 구조 — 미나미 나오토(南直人)

20세기 후반의 일본인 식생활은 국제화의 진전과 규범 · 예절의 해체라고 하는 큰 변화를 경험하였다. 10년 후를 생각하면서 참고가 되는 것은, 이전 식사예절에 관한 「식문화 포럼」에서 이노우에(井上忠司)씨가 제시한 일본인 식사예절의 밑바탕에 있는 삼층 구조이다. ① 오래된 계층(古層)으로서의 「清淨感의 美意識」, ② 중간인 무사의 예의를 규범으로 하는 「道의 美意識」, ③ 상층으로서 근대 서양과의 접촉에서 생긴 「하이칼라의 美意識」으로 요약 되어진다.

음식에서 규제완화와 국제화의 조류는 ②와 ③과 관련된다. 「道의 美意識」으로 지탱되는 전통적인 식사규범은 앞으로 약해지고, 젓가락 잡는 방법 등에 보이는 윤리주의적 식사예절관은 소멸해 갈 것이다. 식사공동체로서의 가족의 기능도 변용되어, 고식화(孤食化) · 식사시간과 회수의 유동화 · 식사의 외부화, 남자가 조리하는 경향은 강화된다. 한편 국제화라고 하는 것에서는 구미보다 아시아 지향이 강해지는 것은 아닐까? 다른 문화로서의 「Japanesque(일본식의)」가 재발견 될지도 모른다. 전통회귀가 아니라, "multi-culture"적인 식사예절의 다양화로서.

①의 「청정감」에 대해서는 근년의 「청결증후군」에 나타나는 바와 같이 근대사회에서 공통의 위생 · 건강지향 속에서 오히려 고층(古層)이 강화되어 있는 것 같이 보인다. 일본 형 「滅菌社會」로의 길이라고 할까?

구체적으로 3개의 예측으로 보자. 우선은 젓가락과 밥공기의 예절에 대해서. 식사풍경에서 그 중요성은 변하지 않지만 사용법은 많이 변화한다. 개인그릇 등에서 보이는 일본적 독자성은 희미해지고, 중국과 한국의 예절과 혼합되어가고 있다. 한편, 젓가락 문화는 일본식과 함께 유럽에 수출 · 디플로맷(diplomat)이 되어 나이프 · 포크가 공존되어 간다. 글로벌 – 표준화이다.

역으로 식사자체는 명명선(銘銘膳)이 부활한다. 전통회귀가 아니라, 고식(孤食) · 유동화 하는 식사시간 · 청결감각 강화라는 경향이 예측된다.

또 아시아(특히 인도 · 이슬람세계)와의 접촉 확대로 인하여 수식(手食)의 기회가 확대된다. 스낵 푸드가 아니고 보통의 식사에 수식(手食)의 매너가 들어간다. 다만 「청결감」을 잃지 않는 형태가 아니면 안 된다. 어떻게 하면 「청결한」 수식이 가능할까? 이것은 독자 제현(讀者諸賢)의 지혜를 빌리고 싶다

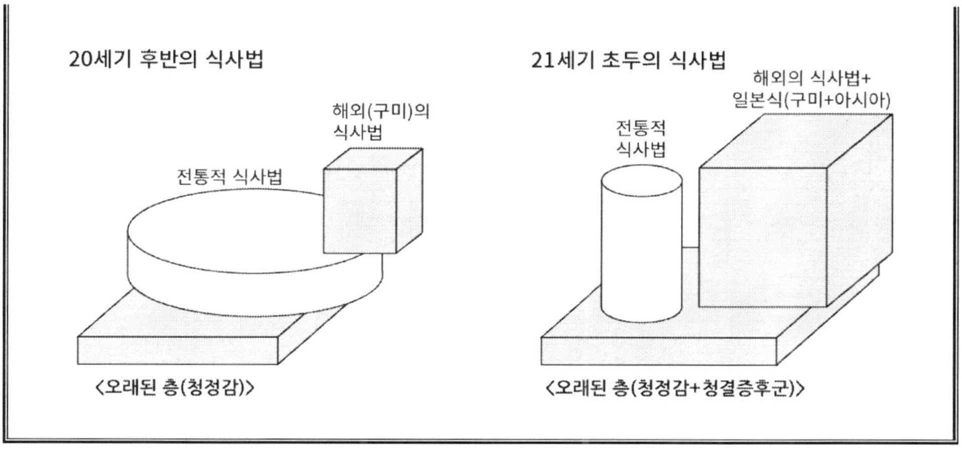
20세기 후반의 식사법
해외(구미)의
식사법
전통적 식사법
〈오래된 층(청정감)〉
21세기 초두의 식사법
해외의 식사법+
일본식(구미+아시아)
전통적
식사법
〈오래된 층(청정감+청결증후군)〉

제4장 자발적인(voluntary) · 라이프 · 비즈니스의 등장

사이토우 타카시(齋藤 隆)

I. 생활자가 자립하는 사회

근 · 현대에 들어와서 2개의 큰 시스템의 변화가 일어났다.

제1은 18세기 말 영국의 섬유생산 혁명을 거쳐, 20세기 초에 완성한 생산 차원 시스템 혁명이다. 포-드는 같은 형의 차를 저렴하게 생산하는 오토메이션 · 시스템을 완성시켰다. 뒤에 크라이슬러는 모델 체인지를 하면서 대량생산하는 오토메이션 · 시스템을 완성시켰다.

「생산차원의 시스템 혁명」이 20세기의 자본주의 시장을 비약적으로 발전시켰다.

다음으로 「판매차원의 시스템 혁명」이 일어났다.

19세기 말기에 체인-오퍼레이션이라는 경영 시스템이 개발되어 대규모 소매 체인을 탄생시키는 계기를 만들었다. 그 후 self · selection 2개의 시스템 기술이 슈퍼마켓을 탄생시켰다. 슈퍼는 1920년대의 세계 공황이라고 하는 생산차원의 시장불황을 타개하는 유통 혁명아가 된다. 슈퍼는 판매차원의 오토메이션 · 시스템의 집단이다. 그 절정이 POS(판매시점 정보관리) 시스템[39]이다.

39) Point Of Sale (판매시점정보관리) 의 마케팅정보시스템. 식품이나 일용잡화에 대하여 있는 바코드 정보를 바탕으로, 수 · 발주 에서부터 판매촉진에 이르기까지의 여러 가지 단품을 관리 하는 시스템.

판매차원의 시스템은 현재 정점에 달하고 있다. 그러나 한편으로 판매 시스템의 구조적인 폐해가 나오기 시작하고 있다. 효율적이지만 감동 없는 판매장이 만연하고, POS에 남용된 상품은 단명화 되고, 판매 측 중심의 획일적인 상품개발이 소비 부진의 근본적인 원인이 되었다.

21세기, 정보사회의 도래(到来)이다. 정보사회에서는 새로워진 차원의 시스템 혁명이 일어난다.

「생활차원의 시스템 혁명」이다.

생활차원의 시스템 혁명은 말하자면, 소비가 자동화된다든가, 생활이 획일화되는 것을 의미하는 것이다. 확실하게 한 걸음의 정도의 차이지만, 본질은 결코 그렇지 않다. 소비자가 단지 물건이나 서비스를 소비하는 것만의 입장에서부터 생활의 가치를 스스로 생산한다. 그러기위해서 생활을 시스템화하는 것이 본질이다. 예를 들면 매일의 식생활을 통해서 스스로 건강관리를 한다든가 자신이 필요한 상품을 현명하게 쇼핑하고, 환경에 좋은 사용 방법을 실천한다. 혼자 사는 노인이나 장애를 가진 사람들 등, 보통의 생활을 보통으로 할 수 없는 생활자가 쾌적하게 살아가는 생활 시스템을 만든다.

생활자가 자립한 살림을 할 수 있는 방법이 21세기 사람들의 큰 관심사이다. 21세기는 생활 차원의 시스템을 구축하고 활용하는 시대이다.

II. 생활 시스템화의 열쇠를 쥐는 바코드

생활 시스템 혁명에 필요한 하나의 요소기술을 제안한다.

「바코드」이다. 단 여기서 말 하는 「바코드」는 비유적 표현이라고 말하는 것도 현재 바코드 정보는 다음 항에서 기술하는 바와 같이 너무 빈약하여, 헛됨과 혼란이 지나치다. 바코드는 상품을 실체화시키는, 2개의 힘(force)을 가지고 있다.

상품의 사회적 아이덴티티[40](自己同一性)을 보증한다.

변화하는 상품의 사회적 가치를 높이는 힘을 보장한다.

첫 번째의 실체화의 힘은 상품이 어떤 메이커에서 생산되어, 어떠한 품질과 가치를 가지고 있는가를 보증하는 힘이다. 상품의 자기 동일성=아이덴티티(identity)를 증명한다.

40) 상품에 바코드가 붙여 있다는 것은 이 물건이 어떠한 것인가를 자신이 증명하고 있다는 것이다. 즉, 바코드는 상품의 자기 동일성(변하지 않는 가치)을 보증한다.

두 번째의 실체화의 힘은 상품의 사회적, 역사적인 가치의 연속성을 보장하는 힘이다. 바코드는 상품이 생산에서부터 폐기에 이르기까지의 여러 가지 사회적 단계에서 변화하는 가치와 연결하여, 그것에 의하여 상품이 변하는 가치 연쇄(連鎖)[41]를 보장한다. 바코드는 상품의 사회 가치 연쇄의 인프라가 되는 가능성을 포함하고 있다.

한 개의 상품의 생명을 더듬어 가면, 그 물건은 생산 단계에서는 생산물로서의 가치가 있다. 좋은 재료를 사용한다든가, 정교한 기능을 갖도록 하기 위해 바코드를 사용해서 효율적인 원재료 조달 시스템과 생산 시스템을 묶을 수가 있다. 옮기는 단계의 상품은 유통물로써의 가치가 있다. 바코드를 사용해서 적정한 배달 시스템을 편성할 수가 있다.

매장에서는 상품으로서의 가치가 있다. 매력적인 디자인이나 품질을 소비자에게 알린다.

그 결과, 어떤 상품이 마음에 들었는가를, 바코드로부터의 POS정보에서 신속하게 읽어내어 판매 찬스를 놓치지 않도록 다음 상품개발에 활용한다.

개인에게 소유된 상품은 생활재로서의 가치가 있다. 소비자는 디자인은 좋지만 사용면에서 품질에 불만을 가질지도 모른다. 그러나 현재는 생활 장면(場面)에서 바코드가 사용되는 일은 없다. 제조업자나 유통업자는 소비자의 불만을 바코드에서 알 수 있는 기술을 가지고 있지 않다.

최후의 단계에서는 폐기물로서 마이너스의 가치가 나온다. 그러나 제조업자와 유통업자, 소비자는 개개의 상품이 어떻게 됐는가를 알 도리가 없다. 21세기에는 사이클법이 시행된다. 그러나 소비재의 리사이클 · 시스템은 인프라 되어 있지 않다. 리사이클에 대한 부담은, 기업은 물론 소비자에게 있어서도 앞으로 확실히 커진다.

이와 같이 상품은 여러 가지 사회적 단계를 거치면서 가치를 변화시킨다. 상품은 자기 동일성(변하지 않는 가치)과 역사적 연속성(변하는 가치)의 양방을 가지고 있으므로서 사회적, 역사적 연속성을 지킬 수가 있다. 이러한 사회적 단계에서의 가치 연쇄를 강하게 하는 힘이 바코드에 숨겨져 있다. 바코드를 잘 사용하면 사회에 여러 가지 장점을 주게 된다.

---

41) 생산 현장에서부터 매장까지 상품의 흐름을 flow · slue하는 개념으로 로직스틱스((logistics, 兵站)가 있다. 최근은 사프라이첸 · 메니지먼트(management)라고 말하고 있다. 이에 대하여 사회가치연쇄(사회적가치의 솟구치는 힘)는 로직스틱스의 범주에서부터 새어나오고 있다. 소비현장, 폐기 · 리싸이클(recycle)까지를 포함한 상품 컨트롤 · 시스템 개념. 종래의 마케팅은 오래된 것을 새로운 것으로 교체하는 것을 콘-셉으로 할 수 있었다. 그것에 반하여 오랜 된 가치와 새로운 가치를 양립시키는 마케팅 · 콘-셉을, 저자는 혁신적 아이덴티티라고 부르고 있다.

III. 코드의 기술적 · 제도적인 문제점

현재의 바코드는[42] 여러 가지 기술적 제도적인 문제를 안고 있다.

첫 번째의 문제는 입력되어 있는 정보가 흩어져서, 인프라 · 네트워크가 정비되어 있지 않다는 것이다. 현재의 바코드는 일단 국제기준이 있다. 그러나 들어가야 할 내용기준이 나라마다, 기업마다 통일되어 있지 않다. 상품과 가격 등 정보 내용이 빈약하다. 현재의 바코드는 겨우 13줄 정도의 정보 밖에 넣을 수 없다. 내용은 제품명과 가격, 형태, 양적 정도이다. 이에 반하여 2차원 코드[43]와 IC[44]칩을 이용한 코드 등 정보량이 비약적으로 많이 들어가는 코드 방식이 여러 가지 개발되고 있다.

둘째 문제는 바코드의 부여 방식이다. 현재 코드는 OCR[45], 바코드를 포함한 패키지 상품에 만들어져 있다. 패키지 상품 이외에는 코드를 인프라 해서 정비하는 방법이 확립되어 있지 않다. 농림수산성이 실험하고 있는 생선(生鮮) 식품의 코드화 사업의 최대과제는 코드의 부여 방법이라고 말하고 있다. 생선식품 어디에 어떻게 코드를 붙이면 생산에서부터 소비까지 연결할 수 있을까가 알 수 없지만 생선식품 유통의 전자화(EDC)[46]의 큰 벽에 부딪치고 있다. 그러나 유기농산물의 보급 등 농산물의 품질기준

---

42) 현행 바코드의 정보내용
「13줄의 숫자 중 처음의 두 자리는 국명, 다음의 다섯 자리는 회사명, 그 다음의 다섯 자리가 상품명을 나타내며 맨 마지막의 한 줄은 숫자(코드)의 에러를 체크하기 위한 숫자. 가격은 별도로 표시된다」. 「현대용어의 기초지식」 1999, 자유국민사

43) 2차원 코드는 바코드 이상으로 정보량이 저장할 수 있는 코드의 기술의 하나. 현재의 바코드의 100배(영문자 4,300자, 한자 1,800문자)의 정보가 저장되어 고밀도로 정보를 넣을 수가 있다.

44) IC(Integrated Circuit) = 집적(集積)회로. IC는 그의 집적도(1칩의 윤리회수의 수)에 의해서 구분되어 있다.

45) OCR(Optical Character Reader) 광학식 문자 독해 장치. 이 장치에서 인쇄된 문자를 읽어, 바코드와 다름없는 단품 관리에 사용. 최근에는 손으로 쓴 서류와 전표를 읽어내는 장치도 개발되고 있다.

46) EDI(Electronic Data Interaction) 전자매체교환 정보시스템. 컴퓨터 · 네트워크에 의해 수 · 발주를 종이 없이(paperless) 한다든가, 시기에 맞게 행하는 마케팅 정보시스템 개념.

이 국제적인 문제로 되어 있는 지금, 생선식품으로의 코드 부여는 긴급한 과제이다. 인간의 육안으로는 볼 수 없는 바-코드와 비접촉형의 IC코드, 내구성이 높은 코드 등 새로운 코드 기술의 개발이 필요하다.

셋째는 코드를 통일성 있게 관리하는 체계와 제도가 없는 것이다. 현재의 바-코드는 개개의 기업이 부엌에 정보를 넣기 위해 지나치게 쓸데없는 것이 많고, 공통의 데이터베이스는 만들 수가 없다. 국제 브랜드의 상품은 JICFS[47] 베이스만이 슈퍼 등의 PB[48] 상품의 바-코드는 기업에 의해 제각각이다. 상품코드・마스터 만들기에 쓸데없는 노력이 지불되고 잇다.

앞으로 상품에 관계하는 정보는 비약적으로 고조되는 것이 틀림없다. 상품의 인증과 동시에, 코드의 정비와 동일화를 도모하는 세계 기준을 진전시키는 조직을 조급하게 설립하여야 한다.

최대의 문제는 현재의 바코드에는 소비자에게 도움이 되는 정보 등이 없고, 꺼내는 장치가 없다는 것이다. 소비자 입장에서 보면, 바코드는 슈퍼의 계산대를 통과할 때, 현재의 바코드 정보는 생산이나 유통의 효율화에만 사용되고 있다. 소비자나 사회를 위해서는 전연 사용되고 있지 않다. 그러나, 바코드의 부담은 최종적으로는 소비자가 지고 있는 것이다.

「바코드는 생활자의 것으로는 안 될까?」

「바코드는 사회 전체의 공유재산으로는 안 될까?」

IV. 인터-코드

사회 단계에서 변하는 상품의 가치의 강한 힘을 생태학에 컨트롤하기 위해서는 소비자나 사회가 코드를 능숙하게 사용하는 생활 시스템이 필요하다. 코드를 사용한 「장(場)의 기술」을 인터 코드[49]라고 부르고 있다.

---

47) JICFS(Jan Item Code File Service)라는 것은 JAN코드 상품정보 데이터베이스의 약칭이며, JAN코드와 이것에 부수하는 상품정보를 일원적으로 관리하고 있는 데이터베이스의 서비스・시스템이다. JICFS는 소매업에 있어서 POS・EOS 등 유통정보 시스템 도입에서 필요한 상품 마스터(상품코드의 데이터베이스)의 정신작용, 소매업과 도매업간의 온라인 수・발주처리에 이용되는 상품정보 등 유통정보화에서 작성작업 부하(負荷)가 큰 상품 마스터 정보를 수집하고, 누구든지 저 코스트로 신속하게 정확한 정보를 얻을 수 있도록 하는 것을 목적으로 하고 있다.

48) PB(Private Brand) 자가(自家) 상표. 수퍼나 백화점 등의 크고 작은 소매업이 기획생산, 독자적으로 상표를 붙여서 싼 가격으로 판매하는 상품.

「인터넷」은 여러 가지 네트워크를 네트워크 한다고 하는 의미로 명명되어 있다. 이것과 똑같이 여러 가지 코드를 네트워크하고, 「코드 속의 코드」라는 의미로 인터코드라고 필자 나름대로 명명하였다.

정보 차원의 인터넷과 에너지 차원의 인터 코드가 융합하면, 사회의 다양한 실체의 가치 연쇄가 활성화하고, 바람직한 순환 시스템이 실현될 수 있다.

V. 생활이 자립하는 사회 시스템과 식(食)

인-터 코드는 생활자의 살림이나, 기업, 사회, 지역의 활성화에 크게 기여한다. 상품의 인-터 코드를 이용한 사회 시스템을 식생활 분야에서 그림으로 그리면 그림 1과 같다.

그림의 백지 블록은 식생활에 관한 현재의 활동 주체를 나타내고 있다. 식품 메이커, 식품 매장, 약국 등이 있으며, 사회기관에 보건의료기관, 초등학교 급식 등이 있다. 비즈니스·시스템으로는 생산에서부터 판매까지의 시기적절한 유통을 짊어진 비즈니스·로지스틱스[50] 기술이 있다.

현상에서는, 생활 차원의 시스템은 미정비(未整備)다. 그래서 그림에 생활자가 활동 주체로서 명기되어 있지 않다. 그러나 인-터 코드가 생활 시스템으로서 도입되면 새로운 활동 주체, 그것을 받들어주는 새로운 사회 시스템이 탄생한다. 그것을 그림의 그물 모양의 블록으로 표시하고 있다.

---

49) 물건이나 서비스의 본질을 나타내는 코드를 만들고, 그 코드를 네트워크하여 관리하는 기술. 인터넷은 개개의 정보 네트워크를 더욱 더 네트워크 하는 기술로서 개발되어 있다. 그에 대하여 개개의 코드를 힘 있게 하는 네트워크 기술로서 「인터코드」를 생각한다. 필자가 생각한 개념이다. 상세하게는 졸저 『인터코드가 시장을 변하게 한다』(NTT출판)을 참조하기 바란다. 21세기는 인터넷이라고 하는 정보기술과 인터코드라고 하는 에너지(본질가치) 기술이 융합함으로서 정보혁명이 일어난다고 생각하고 있다. 코드에는 물건의 존재가치와 에너지를 끄집어내고, 촉매로서의 의미도 포함되어 있다. 필자는 상품의 본질적 가치를 끄집어내는 힘이라고 하는 의미로 코드를 에너지 차원의 기술로서 파악하고 있다.

50) 로지스틱스(logistics)는 병참(兵站)이라는 의미로. 바꾸어서, 기업의 물류의 합리적 관리를 말한다. 본래 로지스틱스의 포인트는 싸움터가 스타트(start)이고, 공급지가 골(goal)점으로 즉 전선이 강 위고, 생산이 강 아래가 된다. 기업에서 말하는 로지스틱스의 현상은 공장에서 매장까지의 가치연쇄를 보장하는 시스템밖에 되지 않는다. 이것을 일반적으로 비즈니스 로지스틱스라고 부른다. 그림1의 장치에 있는 사회·로지스틱스는 사회가치연쇄(생산에서부터 폐기까지의 물건·가치의 흐름)를 위해 인프라를 가리킨다. 어느 것이나 필자가 명명한 개념.

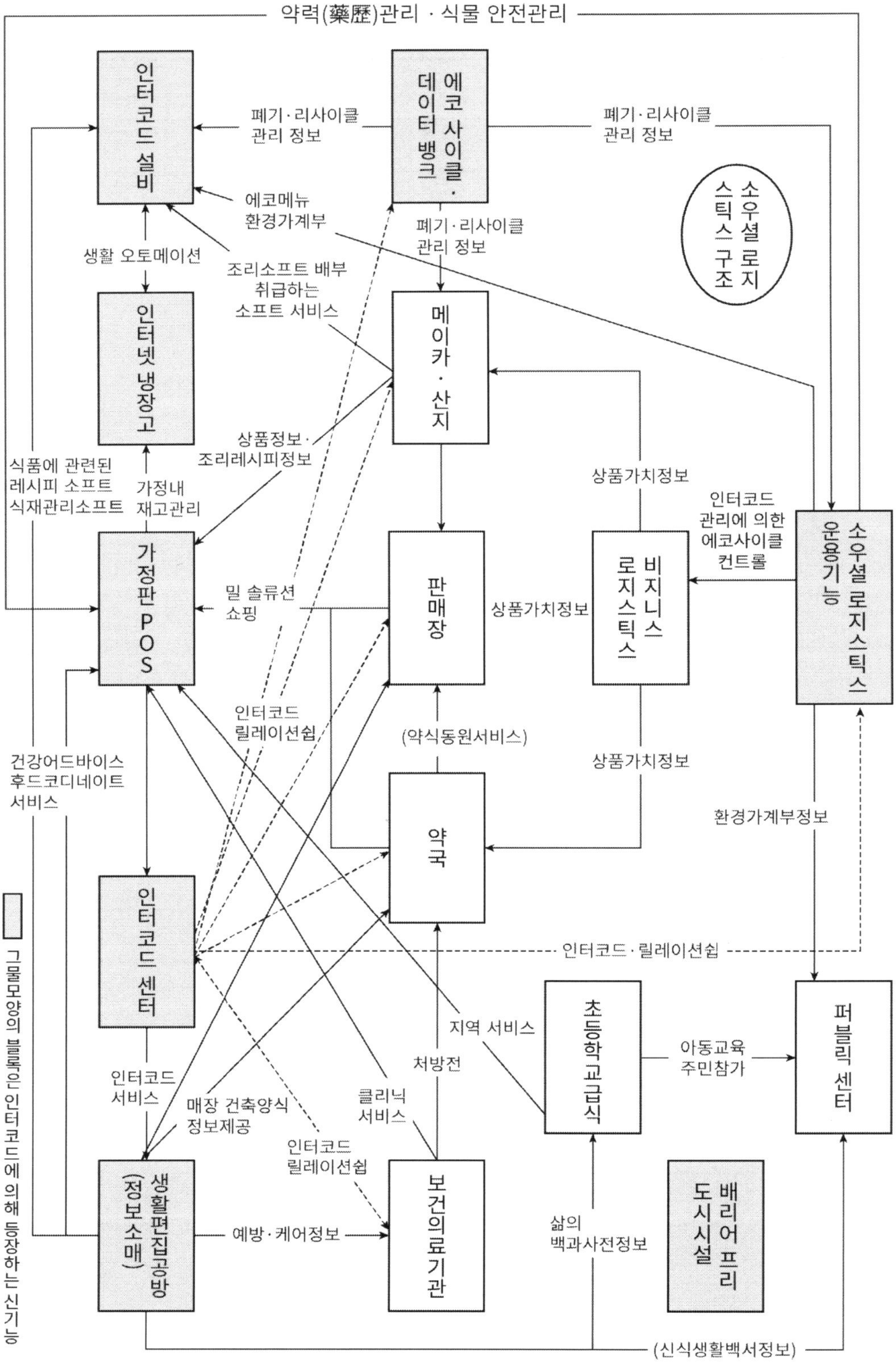

<그림 1> 인터코드에 의한 생활 시스템

5.1 생활자에 있어서의 장점과 새로운 역할

생활 시스템 기반으로 가정이 정보 무장화 된다. 그 코어 기능을 「가정판 POS」가 담당한다. 「가정판 POS」란 현재 위력을 발휘하고 있는 「팔기 위한 POS 시스템」의 가치를 「생활가치」로 180도 전환시킨 의미로 사용되고 있다. 「가정판 POS」는 정보 무장화한 비행기의 조종석과 같은 것이다. 생활을 조종하는 나침반이나 조종 엔진 역할을 한다. 생활에 필요한 정보나 상품을 찾아 능숙히 사용하고, 환경에 우수한 생활을 자립적으로 실현하기 위한 시스템이다(그림 2).

「가정판 POS」에 연결되어 있는 스캐너로 상품 코드를 스캔하면[51] PC화면과 TV화면에서 상품에 관한 자세한 정보와 사용 방법 정보를 얻을 수 있다. 모니터 화면에는 식품의 알고 싶은 원재료나 영양 성분이 표시된다.

예를 들면 어린이들이 아토피로 고민하고 있는 부모가 있다고 하자. 지금의 판매처에서는 어느 식품이 자기 아이에게 좋은 식품인지까지는 알 수가 없다. 아토피를 걱정한 나머지 영양이 한쪽으로 편중되어 버린다. 현재의 판매처는 물건(기본적인 정보)이 배열되어 있을 뿐이다. 식품이라 해도 고작 신선, 좋은 맛, 값싼 것이라는 차원에서 밖에 선택을 할 수가 없다. 어린이 아토피에 좋은 식품이라는 생활 차원에서 상품을 선택하는 것은 곤란하다.

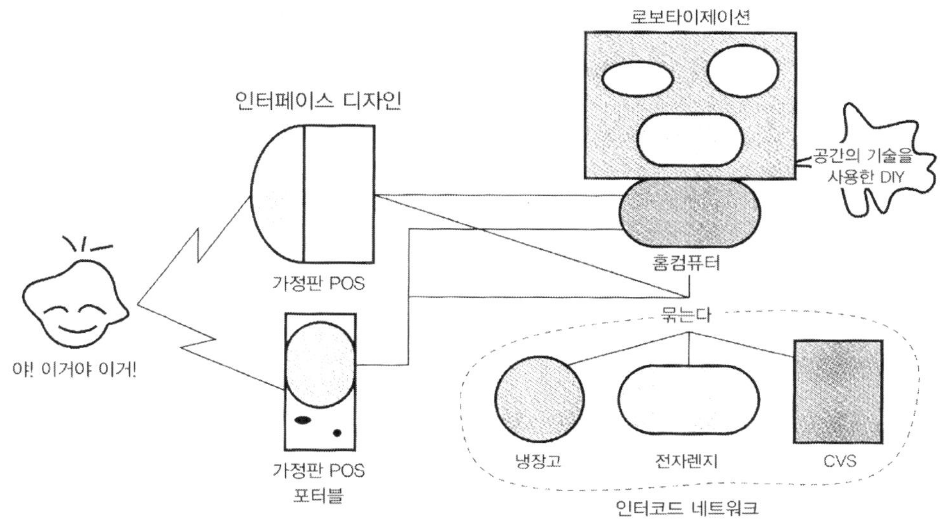

<그림 2> 간단하게 할 수 있는 본인 사양의 수제(手製) 생활을 실현하는 가정판 POS 백업 시스템 이미지

51) 본 권 170페이지, 「21세기의 징조 2」의 사진 참조.

「가정판 POS」에서 「어린이 아토피에 좋은 식품」을 지정하면, 모니터 화면의 판매처에 아토피에 좋은 식품의 브랜드가 표시된다. 어린이 영양 밸런스를 고려한 식품 구매리스트와 일주일간 메뉴 조리법이 표시된다. 가정판 POS에서 배달 기능에 연결하면, 택배도 가능하다. 식품에 붙어 있는 인터 코드를 전자레인지나 오븐 등의 조리기에 연결되어 있는 스캐너에서 스캔하면, 식품 메이커나 가전 메이커의 조리 데이터베이스에 엑세스되어, 계절에 맞는 조리 프로그램이 가정 조리기구에 다운로드 되고, 어린이 아토피에 좋은, 매우 간편하고 맛있는 요리가 완성된다, 조리 소프트는 인터코드를 주소화하여 인터넷을 경유하여 수시로 새로운 것(메뉴)으로 바꿀 수가 있다. 조리 개념이 변하는 것이다.

인터 코드와 인터넷에 의한 물리적 제약이 전혀 없는 「가정판 POS」 판매처가 생기면, 필요한 상품 정보를 인터 코드로부터 인출하여 편집하고, 자신의 생활에 맞는 판매처를 만들 수 있다. 「어린이 아토피에 좋은 식품 판매처」와 같은 경우이다. 밀솔루션형의 쇼핑의 절정이다.

생활자의 기호나 라이프스타일, 건강 상태라는 생활 차원에서 상품이 선택 가능해지면, 소비자 선택의 질은 비약적으로 높아진다. 잠재화된 시장이 눈을 떠 활성화된다.

「가정판 POS」와 연동하게 되면 냉장고는 가정의 배달 포인트[52)]가 될 것이다. 현재의 냉장고는 식품 보존을 위해서 사용되고 있다. 인터 코드를 통해서 냉장고가 소매점이나 산지와 연결되어 네트워크화된다. 구입품 코드를 읽어내어, 식품의 신선도 관리나 재고관리는 물론, 재고관리와 연동하여 서로 주고받는 주요 기능을 가진다, 메이커나 도매상 물류 기능이 저장 기능에서 물류 기능으로 변신했듯이 가정 냉장고도 저장 기능에서 물류 기능으로 대변신하게 된다.

병원이나 건강관리 기관과 네트워크되면, 집에서 영양, 건강관리가 가능해진다. 택배 기능이나 급식 기능과 연동할 수도 있다, 재택 간호 서비스가 확충된다.

판매처의 개념도 변한다. 예를 들면, 식료품 가게와 약국은 서로 판매소가 다르지만, 건강이라는 선택 기준으로 묶여진다. 약국과 식료품을 똑같은 개념으로 취급하는 가게도 등장한다. 당뇨병으로 고생하고 있는 생활자에 대해서 약국이 당뇨병에 좋고, 기호에도 맞는 일주일분 처방전을 제공하고, 아울러 식료품 가게에서 식품이나 조리 서비스가 제공된다. 현재, 유통업계가 열을 올리고 있는 카테고리 메니지먼트[53)] 기술에서는 절대로 불가능한 방법이다. 이런 판매소가 가정 내 PC나 TV화면으로 이용할 수 있

52) 집배기능시설, 배송센터, 물류시설 등이 해당된다.

53) 1980년대 후반에 미국 식품업계를 중심으로 일어난 「효과적 고객대응(Efficient Consumer Response)」에서의 상품제공 기술. 기업이익의 관점과 소비자이익의 관점을 양립하기 위한 상품의 카테고라이즈와 매장 전개 기술. 현재 이것을 완성시키고 있는 기업은 거의 없다고 할 수 있다.

다는 것은 소비자 요구에 맞는 가게가 직접 가정에 뛰어드는 것과 같다.

물론 실재 현실의 판매소, 즉 가게들은 건재하다. 현실의 가게들은 직접 눈으로 상품들을 발견하고 쇼핑을 즐기는 판매소가 될 것이다. 미래의 판매처는 소비자에게 꿈이 있는 생활을 제안하는 영업 형태로 특수화된다. 두 가지 매력적인 판매처를 가지는 행복한 시대가 도래할 것이다.

A-주택형

B-편의점형

C-시설형

<그림 3> 각 시츄에이션에 의한 생활 편집 공방[50]의 이미지

54) 생활 편집 공방은 생활자가 「자립적으로 생활 가치를 생산하기」위한 정보 네트워크 서비스이며, 생활자 자신이 직접 생산, 유통활동에 참가하는 볼런터리 비즈니스(voluntary business)이기도 하다. 장소, 기능에 따라 여러 가지 형태를 가진다. 일반 주택이 공방이 되기도 하고, 마을의 편의점이 공방으로 변신한다. 또한, 마을 중심지의 공공시설 안에도 종합카운터 기능으로 배치된다.

A 주택형 = 볼런터리 비즈니스의 거점. 생활 리더들이 서로 상호간에 네트워크 하여, 자기사양의 상품 서비스를 개발하거나 생활자와 기업 커뮤니케이션 파이프 역할을 한다.

B 편의점형 = 생활편집 공방에서 제공되는 상품, 서비스를 주고 받는 장소. 타겟은 싱글즈, 도시형 생활자, 일반 소비자.

C 시설형 = 행정과 생활자의 협동활동의 장소. 소시얼 로지스틱스 개발의 장.

5.2 뉴비즈니스 시스템의 등장

「가정판 POS」를 가능하게 하기 위해서는 예를 들면, 어린이 아토피에 좋은 식품은 무엇인가 하는 정보가 인터코드에 부여되어야만 한다. 또는 인터코드를 미디어화하여, 필요한 정보나 활용 소프트를 입수할 수 있어야만 한다. 정보와 이용 소프트를 생산지나 가공자로부터, 또는 공적기관에서 입수하여 상품들을 갖춘다. 말하자면 「정보도매상」이 탄생한다. 21세기의 뉴비즈니스 시스템인 것이다.

현재의 인터넷 쇼핑 결재의 안전성을 보증하는 인증기관과 같은, 정보나 소프트의 안전성을 심사하고 내용을 보증하는 새로운 공적 기능도 탄생될 것이다. 「정보 도매상」이나 공적 승인기관은 메이커나 유통업자와 인터코드를 매개로 하여, 사회가치 연쇄를 실현하는 릴레이 쇼핑을 구축한다.

「가정판 POS」는 가정에만 설치되는 것은 아니다. 정보 도매상이나 공적 인증기관으로부터 정보를 얻어, 생활자에게 필요한 정보나 서비스로 변환하여 제공하는 새로운 비즈니스가 등장한다. 즐겁고 건강하며 맛있는 생활 기회를 제공하는 「정보 소매업」이다. 이것을 「생활 편집 공방(工房)」이라고 부르고 있다. 「생활 편집 공방」은 메이커나 판매처에 대해서, 생활자 정보를 제공하는 기능을 담당하고 있다. 「생활 편집 공방」은 인터넷 등의 가상의 판매처와 현실의 판매처를 공존시키는 새로운 비즈니스 시스템이다(그림 3). 잠재화된 소비자 욕구를 실제적로 드러내어 현재화시켜, 상품이나 서비스를 가치 있는 틀로 제공하는 생활기회 제공 산업이 등장한다.

5.3 기업에서의 장점과 새로운 역할

생활자 시점의 시장을 전제로 하면, 현재의 기업 상품 개발 구조를 바꾸지 않으면 안된다. 인터코드와 인터넷이 융합하면, 기업과 소비자의 관계에 새로운 가능성이 생겨난다.

현재, 기업은 매스컴을 통한 선전 방법으로 소비자에게 정보를 전달하고 , 마케팅 조사나 POS 데이터로부터 소비자 요구를 찾아내어, 간신히 커뮤니케이션을 유지하고 있다. 그러나 각각의 커뮤니케이션 네트워크는 제각기 산발적으로 흩어져 있다.

치명적인 것은 생활 현장과 연결되어 있지 않다는 것이다. 현재, 기업과 생활자가 서로 연결되어 있는 곳은 거래장(판매소)뿐이다. 그 거래장을 판매소에 일임하고 있는 메이커의 경우, 생활자와의 접점은 없는 것과 같다. 인터넷을 사용한다 하더라도, 각각 제각기 흩어져 있으므로 가상적인 커뮤니케이션 네트워크를 실현할 수 없다.

생활자와 기업이 인터코드를 미디어로 하여 생활현장과 생산현장, 그리고 유통현장에 다중적으로 쌍방향적인 관계를 맺으면 어떻게 될까(그림 4).

광고, 선전, 홍보는 상품을 미디어로 한 이용 서비스나 조리 어드바이스로 변신한다. 정보 도매상이나 생활 편집 공방을 통해서 식단 서비스나 건강 카운슬링, 현명한 쇼핑 어드바이스, 음식재료 관리 서비스 등의 제공이 가능해진다. 식품 메이커나 유통업은 물품뿐만 아니라, 생활 노하우나 생활 기회를 제공할 수가 있다. 제공 서비스의 담보로서, 생활현장의 소비자 정보를 얻을 수가 있다. 거기서 새로운 비즈니스가 탄생한다. 생활현장이 새로운 생활 기회를 창조하기 위한 테스트 마케팅의 장으로 변신한다.

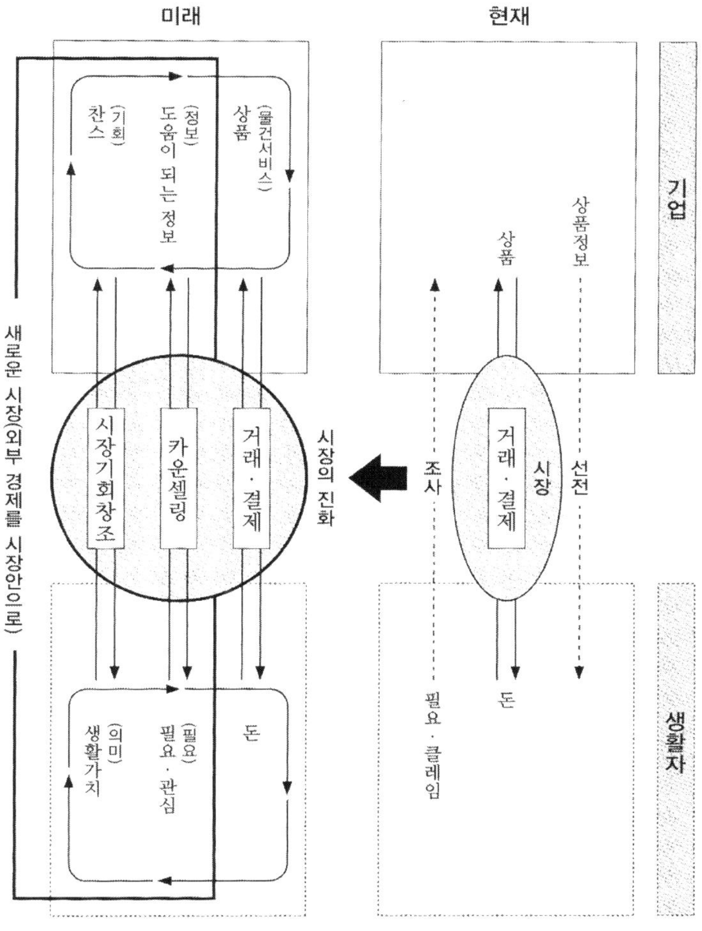

<그림 4> 가정의 정보화에 변화하는 기업과 생활자의 관계 개념도

5.4 사회에서의 장점과 새로운 역할

생활자가 사회 인프라를 적극적으로 활용하는 시대가 도래한다. 사회 인프라가 생활 시스템으로 정비되는 시대가 온다. 그러기 위해서 인터코드가 활용된다. 최대의 활용 영역은 재활용과 환경에 친화적인 소비생활을 손꼽을 수 있을 것이다.

21세기 초에 재활용법이 시행되었으며, 그 비용을 민간기업은 물론, 생활자 자신이 부담해야 한다. 시장에 범람해 있는 식품 용기는 제조 비용보다 재활용 비용이 더 비싸다. 제조할 때에 환경에 미칠 영향, 식품 낭비도 포함하여 소비할 때에 환경에 미칠 영향, 더구나 폐기물이나 재활용 할 때에 환경에 미칠 영향 등…. 이것 모두를 합산하면, 상품 회사 비용은 엄청난 숫자가 된다. 이들을 소비 부가가치세로 하지 않고 「환경 부가가치세」로 징수해야 하는 시대가 올지도 모른다.

「가정판 POS」가 가정에서 나오는 음식물 쓰레기나 생활폐기물의 감량화, 재생산화를 촉진한다. 상품에 붙어 있는 코드로부터 적당한 재활용 네트워크에 생활폐기물을 유통시키는 구조가 완성된다. 식품업계나 가전업계에서 인터코드의 적극적인 활용 방법을 고안해내면, 생활자가 스스로 환경을 매니지먼트한다. 획기적인 시스템이 생기는 것이다.

예를 들면 인터코드를 내장한 가전제품이 생겨나면 재활용(리사이클) 시스템을 전제로 한 상품 개발이나 유통 시스템이 가능해진다. 망가진 가전제품에 붙어 있는 인터코드를 스캔하면 간단한 수리 방법을 알 수 있으며, 제품 교환 방법을 알 수 있다. 최종적으로 제품은 재활용이나 폐기 시스템을 관리하는 「환경 재활용(에코사이클) 데이터뱅크」라는 공적 인증기관을 통해서 재활용 공장이나 폐기공장으로 운반된다. 재활용 공장에 들어가면 상품에 붙어 있는 인터코드를 읽어내어, 효율적인 재활용 시스템이나 폐기 시스템으로 구분된다.

그림 1에 있는 「에코사이클 데이터뱅크」는 환경에 중대한 영향을 주는 상품이나 서비스의 재활용 시스템 정보 등록이나 평가 등 인터코드를 관리하는 기관이다. 「social logistics」는 이익 중심의 비즈니스 로지스틱스 활동을 자원 유효 이용이나 환경 보전이라는 관점에서 콘트롤하는 오퍼레이션(operation)기관이다(그림 5). 에코사이클 데이터뱅크나 social logistics는 공적기관의 역할이 크다. 공적기관은 현재의 수직적 행정을 사회가치 연쇄로 묶는 역할을 한다.

인터코드는 현재 짐스러운 가치인 폐기물을 바른 가치로 전환하는, 말하자면 생활현장의 생산・유통 시스템이다.

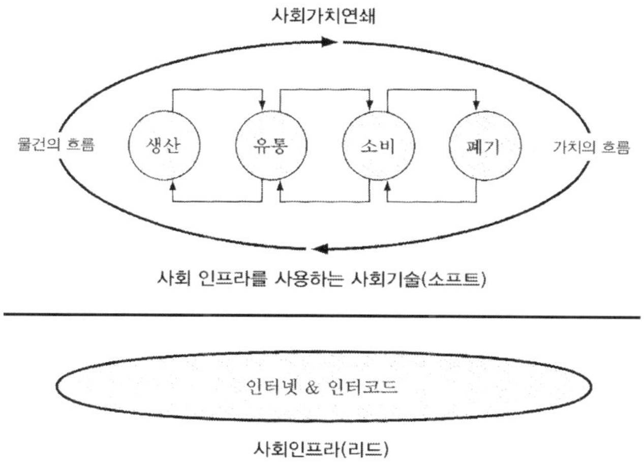

<그림 5> 소우설 • 로지스틱스의 개념

소우설 • 로지스틱스는 비즈니스 • 로지스틱스보다 넓은 범위이며, 가치연쇄를 실현하는 사회 시스템이다. 생산에서부터 유통, 소비, 폐기 등, 사회에는 여러 가지 단계가 있으며, 각 단계에서 상품이나 서비스 가치를 보증하는 주체가 다르다. 중요한 것은 물건 차원의 상품은 생산지에서 소비자, 폐기지로 흐르지만, 가치차원의 상품은 반대로 폐기지에서 생산지로 흐른다고 하는 점이다.

5.5 가정판 POS의 원형(prototype)「食MAP(음식지도)」

NTT 데이터 통신 주식회사에서는「음식지도」라는「가정판 POS」의 prototype를 개발하고 있다. 현 단계의「음식지도」는 소비자에서 기업으로 정보가 흐르는 일방적 관계이다. 그렇기 때문에 기업의 마케팅 정보 시스템으로 사용되고 있다. 이「음식지도」가 기업에서 생활자로의 방향으로 정보가 흘러 들어가게 되면, 기업이나 판매소, 지역의 여러 가지 정보나 서비스를 네트워크로 하는 생활 시스템으로 발전하게 된다.「정보 도매상」이나「생활 편집 공방」의 역할을 담당할 수가 있다.

예를 들면,「음식지도」를 사용하여, 매일 매일 사 온 식품 코드를 스캔하고 그날 당일 어느 요리를 누가 먹었는지를 입력한다. 그 결과, 가정 내 식품의 재고 관리가 가능해진다.「음식지도」에 영양관리 소프트를 인스트롤 하면, 가족 건강관리가 가능해진다. 우리 집의 홈닥터가 되는 셈이다. 판매처와 링크하면 앞에서 말한 두 번째의 판매장(컴퓨터 화면의 판매장과 현실의 판매장)이 가능해진다. 소비자의 구매 선택의 질이 비약적으로 높아진다. 보건 의료기관과 링크한 케이터링(catering)이 재택 간호를 용이하게 한다. 재활용 시스템과 연동하면, 환경에 친화적인 생활 시스템이 완성된다.

5.6 자발적 라이프 비즈니스(voluntary life business)

인터코드는 지역 개발의 발상도 크게 변화시킬 것이다.

「가정판 POS」와 지역이 연결되면, 시민 참가의 새로운 도시 만들기가 가능해진다. 예를 들면 초등학교가 지역의 서비스센터가 될 수 있다. 현재의 초등학교는 아동 수의 감소로 통폐합될 운명에 처해 있으며, 지역과의 관계가 새롭게 문제시되고 있다. 특히 초등학교의 영양사들에게는 여러 가지 고민이 있다. 아무리 아동들의 식생활 지도를 하려 해도, 가족의 식사 상황을 모르고는 적절한 지도를 할 수 없다. 한편, 아동 수 감소 등에 따라 급식 시설이 유휴화(遊休化)되며, 그 유효 이용을 생각하지 않으면 안 된다. 따라서 지역 노인 대상의 급식 서비스 등을 실험적으로 실시하고 있는 초등학교도 있다.

「가정판 POS」로부터 각 가정의 식사 상황이 파악되면, 초등학교 영양사는 지역의 영양사로서 적절한 영양지도를 할 수 있다. 동시에 가정과 학교의 새로운 네트워크가 가능해지며, 여러 가지 커뮤니케이션 서비스도 가능해진다. 예를 들면, 노인 가정이나 간호가 필요한 가정에 대한 택배 서비스 등이다. 병원과 연결되면 새로운 의료 서비스나 보건 서비스가 가능해진다. 이 서비스들은 시민이 참가하는 마을 만들기 활동이다. 「자발적 라이프 비즈니스(voluntary life business)」가 탄생하게 된다. 생활자 시점의 뉴비즈니스인 셈이다.

기업 주역의 회사로부터, 시민 주역의 회사가 탄생하려고 하고 있다. 생활자가 자립적으로 생활을 생산하는 시대가 등장한다, 그때 일본 문화는 새로운 혁신을 일으킬 것이다. 그리고 새로운 사교장이 탄생한다. 거기에서 새로운 식문화가 탄생될 것이다.

2010년의 「먹는 일」8

서민들 부엌의 식사 해결책(meal solution) ——— 모테키 미치코(茂木美智子)

20세기는 100년의 실험 공장

20세기의 100년간을 돌아보는 다채로운 영상 중에서 BBC World의 「People's Centry(시민의 세기)」이라는 다큐멘트가 있다. 이 필름에서 두 번에 걸친 세계대전을 경험할 수 있었던 한편, 전세기(前世紀)로부터 서구 사회가 이루어 온 시민생활의 성숙이라는 점에서 시대가 가지는 필연성이라는 것을 느낄 수가 있다. 그에 비해서 일본의 100년을 뒤돌아보면, 서구형 모델을 쫓아 급하게 지은 실험 공장에서 그 예를 찾을 수 있다. 음식의 양식(様式)도 또한 이 실험 공장의 산물이며, 숙성시킬 틈도 없이 모델 체인지를 반복하는 선택을 해 버리고 만 것 같다.

먹는다는 행위는 물질로서의 음식과 그것을 음식이라고 인식하는 사람의 관계에 의해 성립된다. 이 관계 형성의 과정은 항상 최선책으로 운영되고 있는 것은 아니다. 식생활 운영이 언제나 최선책은 아니며, 차선책이 되어야만 하는 상황을 규정하는 요인에는 경제, 기술, 시간, 기호 등이 있으며, 때때로 사회 경제 상태에 의해 요인의 무게는 달라진다. 또한, 관계 성숙에는 그 나름대로의 역사적 시간을 필요로 한다. 수제(手製)의 개념은 손으로 만들지 않은 음식이 생겨나 섞이게 되면서 처음으로 존재한 언어이겠지만, 적어도 현재의 수제(手製)의 논의에 있어서는 항상 최선책을 구한다는 것은 무리이며, 단지 옛것에 대한 향수만이 보일 뿐이다.

새로운 시대에서 수제(手製)의 해답을 구하는 방법

100년간 실험 공장에서 얻은 것이 돈이며, 잃은 것은 시간과 여유이다. 결과적으로는 무언가 넉넉하거나 풍족하다는 느낌이 없어져 버린 현재의 우리들 생활양식은, 그림에서도 보이듯이 시간 인자가 매우 결핍된 상태에 있다. 아이러니하게도 경제 성장이 둔화된 덕에, 겨우겨우 시간의 여유를 찾게 되었지만, 손으로 만들지 않은 음식(非手製)이 제공하는 합리성에 익숙해져서 혀가 거기에 길들여져 버렸다는 사람들이, 예전의 수제(手製)음식의 맛을 되찾아 회복하기란 어렵다. 그러나, 상대방의 입맛에 맞춰서 음식을 손으로 직접 만들어, 함께 먹을 사람과 즐거움을 나누고 싶다라고 하는 정신성은 언젠가 곧 회복될 것이며, 취미로서의 수제(手製)가 활발해질 날도 있을 것이다. 그리고, 비록 대중적인 공장이 만들어낸 음식이 식탁 위에 놓여도 좋고, 사람들이 모이는 식탁이 있다면 그것이 최고의 성찬이며, 그것이 바로 수제(手製)의 해답이라 여겨진다.

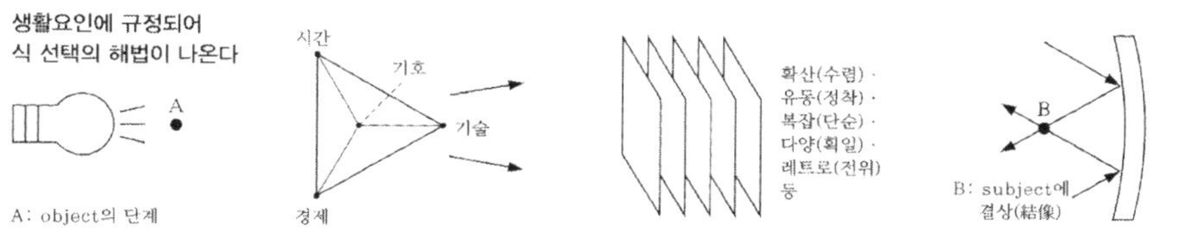

생활이라는 이름의 광원 / 식생활 운영의 기본인자 프리즘 / 시대양식의 필터 / 정신성의 오목렌즈

제5장 생물(生物) 생산과 식(食)

타무라 신바치로우(田村眞八郎)

I. 과거와 현재

인류도 오랫동안 다른 모든 생물처럼 지구상에 있는 물자(物資)를 이용해서 살고 자손을 남겨 왔다. 물자에는 식물, 동물 등의 생물계의 것과 대기, 물, 암석 등의 비생물계도 있다[55].

인류도 대기를 호흡하고, 물을 마시고, 식물과 동물을 먹고 생활해 왔다. 비생물계와 생물계, 쌍방을 이용해 왔던 것이다.

인류의 식료자원(음료를 포함해서)의 대부분은 비생물계 물자인 수분을 제외하면 생물계의 물질이다. 식염은 비생물계의 물질로써 공급되어지고 있지만, 이것도 최소한의 필요량은 동물성 식품에서 섭취 가능한 것이다.

따라서 식료자원의 공급은, 물 이외는 생물계 물질의 확보의 문제이다. 실제로도 약 1

55) 무엇보다도 현재의 대기 중의 산소가스는 비 생물계 물질에는 없고 생물계의 물자에는 있다는 견해도 있다. 지구형성 초기의 원시 대기 중에는 산소 가스는 거의 없었는데 엽록소를 가진 조류(藻類)의 발생 후 그 탄소동화작용에 의해 산소가 생겨났다고 추정되어왔기 때문이다. 같은 양상으로 현대의 인류가 대량으로 이용하고 있는 석유와 석탄도 그 기원은 생물기원인 것이다. 그러나 좁혀 말하면 대기(大氣), 석유, 석탄 등은 비생물계의 물질로 구분한다.

만년 이전에 수렵채집시대부터 농경목축시대로 이행한 인류는 그 이후 현재까지 야생식물을 작물화하고, 야생동물을 가축화하고, 생물계물자의 생산에 노력해 식량을 확보해 왔다. 또는 오히려 확보 가능한 식량에 알맞은 인구가 증가해 왔다고 할 수 있겠다.

작물, 가축의 생산은 식용 물자를 위한 것만은 아니었다. 의복 재료를 위해 면, 마, 견, 양털, 모피 등이 이용되었고, 주택 재료에도 나무, 골풀, 띠(짚), 털가죽 등이 이용되었다. 또 연료용이나 조명용으로서도 목재나 동물의 유지, 식물의 유지도 이용되었다.

결국 농경 문명 시대의 인류는 생활의 필수품인 옷, 음식, 주택, 연료 중에 음식에 대해서 거의 전부를 생물자원에 또는 의류, 주택, 연료 중 대부분에 대해서도 생물계 물자에 의존해 왔다고 말할 수 있겠다.

그런데 이제부터 200년 정도 전의 18세기 후반부터 서유럽을 중심으로 일어났던 산업혁명 이후 상황이 변했다. 결국, 농경문명에서 공업문명에로 이행되고 있는 근대사회에서는 필수 물자 중에 식(食) 이외의 분야, 즉 의, 주, 연료의 분야에, 비생물계의 물자가 진출해왔던 것이다[56]. 그렇지만 식품 분야에 대해서는 변함없이 생물계의 물자(식물, 동물, 미생물)에 의존해 왔고, 장래에도, 거의 영구적으로 생물계의 물자를 중요한 식량자원으로 사용하지 않으면 안 된다고 생각되어지고 있다. 왜냐하면, 인류는 다른 동물과 같이 비생물계의 자원을 소화・흡수・이용할 수 없기 때문이다.

II. 식물・동물・미생물

장래의 인류도 식료의 분야만은 기본적으로 생물계 물자를 식용으로 사용하지 않으면 안 된다고 생각된다.

의, 주, 연료의 분야에는 생물계의 물질, 다시 말하면 생물체에 포함되어 있는 화학

56) 의(衣) 분야에서는 20세기가 되어서부터 나이론, 테도론 등 합성섬유가 진출되었다. 또는 의복을 예쁘게 염색하기 위하여 염료의 분야에서는 쪽(藍), 꼭두서니(茜) 등의 염료식물의 이용을 대신해서, 인디고와 알리자린 등의 석유, 석탄을 원료로 해서 만들 수 있어서 합성염료가 쓸 수 있게 되었다. 또 주(住)의 분야에서는 철, 콩크릿트, 유리 등이 대량 진출하였다. 이런 것들의 대량생산은 연료가 생물계의 목재와 탄에서 비생물계의 석탄과 석유로 대신하는 것에 관련하고 있다. 연료의 분야에서는 생물계 물자에서 비생물계 물자로 이동이 빨라졌던 분야이다. 산업혁명이 석탄을 태워서 얻어낸 열에너지를 동력으로 변환 시 그것에 따라 배수펌프를 움직여 물을 품어내어 다시 깊은 탄광의 석탄을 파내는 에너지 혁신의 성격을 가지고 있기 때문이다. 그래서 현재 연료에너지원에 따라서는 석탄, 석유, 천연가스, 전기 등을 풍부하게 공급시켜 적어도 선진제국에서는 종래의 생물계 물자를 구축해버린 것이다.

물질 그것이 꼭 필요한 것은 아니다. 그러나 식용물질에 대해서는 구성물질이 생물계 물질에 포함되어 있는 화학물질과 같지 않다면 인간은 이용할 수 없는 것이다[57].

그러므로 기본적으로는 생물 생산이 좋다고 말할 수 있겠다. 식료자원으로는 생물계 물질이 필요하지만, 이 경우 물자로서는 식물체, 동물체, 미생물체 어느 쪽도 좋다고 할 수 있다. 기본적으로는 생물체를 구성하고 있는 화학물질의 종류는 식물, 동물, 미생물이 그렇게 크게 다르지 않기 때문이다. 덧붙여서 동물의 필수영양소로 말하자면 동물체에 포함되어 있고 식물체에는 포함되어 있지 않는 것은 비타민 B_{12}뿐인 것 같다. 그러나 B_{12}는 동물도 식물도 생합성할 수 없는 것으로서 동물은 토양 미생물과 해양 세균 등이 합성한 비타민 B_{12}를 먹고, 체내에 축적하고 있을 뿐이다. 현재도 역시 미생물에 의한 공업 생산으로 비타민 B_{12}가 싼 가격에 생산, 공급되고 있다.

먹는 입장에서는 식물이든, 동물이든 상관없지만, 생산, 공급하는 입장에서 보면, 식물 생산과 동물 생산은 근본적으로 다르다. 극단적으로 보면, 식물 생산은 식료의 생산이라고 하지만, 동물 생산은 식료 생산이라고 말하기 어려운 부분이다.

지금, 식용으로 필요한 생물계 물자의 내용을 화학물질 수준으로 생각해 보면, 과반을 차지하는 무기물질인 수분을 없애면, 대부분은 유기물질이다. 인간도 포함해서, 동물이 식용으로 원하는 물질은 생물계 물질의 안에 포함되어 있는 유기물질이지만, 태양 광선의 광에너지를 이용해서, 공기 중의 이산화탄소와 뿌리부터 빨아올린 물, 염류 등의 무기화학 물질부터 유기화학 물질을 생산할 수 있는 것은 엽록소를 가진 고등식물 뿐이다. 그래서 식물 생산만이 참된 의미의 식료 생산이라 불리는 것이다.

동물 생산의 경우는 우유, 계란, 육류, 어류 등 인간의 기호에 맞는 식품을 만든다는 의미에서 중요하다. 그렇지만 동물은 사료 속에 포함되어 있는 유기물질의 일부를 동물체 안에 과하게 축적하지 않고, 무기물질로부터 유기물질을 만들지는 않는다. 따라서 진정한 의미의 식료 생산, 유기물질의 생산이라고는 말하기 어렵다. 물론 양질의 단백질을 포함한 맛있는 식품이 되기 때문에 인류가 식생활을 영위하는 일부로서 중요한 역할을 차지하고 있는 것은 틀림없다.

---

57) 의료용으로 쓰이는 목면을 구성하고 있는 화학물질은 셀루로즈이다. 양모를 이루는 화학물질은 단백질이다. 의료로서 셀루로즈와 단백질이 필요한 것이 아니라 그것들의 화학물질이 가지고 있는 촉감과 흡습성 등이 필요할 것이다. 같은 모양에 주거용과 연료로서 목재를 이용할 경우에도 목재로 구성되어있는 화학물질 리그닌과 셀루로즈 그것들을 필요로 한 것은 아니다. 그것들의 물질의 단단한 강도 또는 연소할 때 나오는 화열이 필요한 것이다.
그러나 석유, 공기, 암석 등을 원료로 해서 근래의 과학기술로 만들어진 나이론과 폴리에스테르는 충분히 옷감으로 사용되어지고 철과 시멘트가 주택재료로써 쓰여 지고 있다. 나이론과 폴리에스테르에는 벌레가 먹어도 영양이 안 되기 때문에 그 점에서는 양모보다는 해충에 먹히지 않는다는 이로운 점도 있다. 그러나 식용물자란 구성하고 있는 화학물질이 변해버리면 소화, 흡수, 이용할 수 없으므로 화학물질 그것들이 필요한 것이다.

미생물 생산은 식물 생산과도, 동물 생산과도 약간 다른 입장에 있다. 무엇보다 현실적으로 인류의 식생활 안에는 미생물체 이것 자체를 식용에 사용하는 경우는 버섯 정도로, 생물계 물질 가운데에서는 무시해도 좋다. 그러나 미생물을 이용하는 가공품의 제조에는 빵, 된장, 간장, 치즈, 청주, 와인 등 중요한 식품이 있으므로 미생물 생산이라고 말하기보다는 미생물 이용 생산이라고 하는 편이 나을지도 모르겠다.

미생물에는 다종다양한 종류가 있기 때문에 한마디로 말하기는 어렵지만 대충 파악하면 동물 생산과 닮아 있고, 식료자원의 실제 생산은 아니지만, 기호면에서는 양호한 식품의 제조에 도움이 되어지고 있다.

그러나 영양 면으로는 약간 다른 점도 있다. 특별히 지금까지의 발효식품 제조와 약간 다른 면이지만, 20세기가 되면서 발전해 왔던 미생물 이용 공업에서는 당류 등을 원료로 이용해서 동물의 필수영양소 안의 비타민과 필수아미노산 등으로 변환시키는 일이 가능하다. 이들 변환생산을 동물은 할 수 없다. 물론 대부분의 적은 양의 영양소는 화학합성도 생산 가능하다. 현재 일본에서는 인간이 필요로 하는 각종 비타민류 전체의 1인 1일분을 100원 정도의 가격으로 화학 합성과 미생물 이용을 조합해서 공정생산 가능한 과학기술을 갖고 있다.

또한, 인류가 즐기는 정미물질, 예를 들어 단맛 물질, 맛있는 물질, 신맛 물질, 또는 에탄올 등을 미생물에 의한 것보다 효율적으로 만들어 내는 기술도 있고, 이 기술의 응용에서부터, 현재의 음식은 옛날보다는 현저히 맛있어졌다고 생각된다.

그러나 인류에게 필요한 식료의 대부분을 차지하는 에너지원 식료[58]로서 중요한 당질, 전분 등의 생물계 물질을 공업적 생산으로 공급하는 일은 이 이후로도 곤란하다. 이것은 필요량이 년간 10억 톤 단위의 대량이고, 당류는 화학물질에서도 입체 이성체가 많고, 효율적으로 공업 생산하는 일은 어렵다고 생각되고 있기 때문이다.

따라서 식량자원의 공급에 있어서 식물 생산이 압도적으로 중요한 일임을 과거, 현재, 미래를 통해서 다름없는 사실이라고 생각된다.

---

58) 인간 한 사람이 1일 입으로 먹을 수 있는 식료를 단순화하여 생각해보면 수분이 2.5kg, 그중 무기물질인 수분이 가장 많고 대략 2kg(2ℓ) 쯤 이고 이것은 음료와 식료에서 섭취하고 있다. 식료의 실질은 무수물로 대략 1일 500g될 것이다. 이중에 몸을 만들어 가기 위해서 필수적인 단백질이 최저한 50g이 필요하다면 남은 450g 즉 90%가 에너지원 식료이다. 그래서 식료자원의 대부분은 에너지원 식료라고 말할 수 있다. 또 에너지원으로는 별도로 필요한 단백질도 체내에서 최종적으로는 에너지원으로 이용된다. 덧붙여 말하면 단백질도 포함되어 1일에 필요한 식료의 실질 500g의 발생에너지양은 그람 당 4kcal라 한다면 2,000kcal, 지방이 20% 포함되어있으므로 그램당 5kcal라 한다면 2500kcal가 된다.

III. 식물(植物) 생산

지구상의 식물 생산을 생각해 보면 먼저 진술한 바와 같이 녹색식물만이 실제 참의미의 생산자이다. 녹색식물 이외의 생물, 인간도 포함한 동물 및 미생물은 기본적으로 소비자일 뿐 생산자는 아니다. 인류도 녹색식물에의 기생자라고 생각해도 좋다.

따라서 첫 번째로 필요한 일도 식물(植物) 생산에 있다. 1만년 정도 전에 시작한 수렵 채집시대로부터 농경 목축시대에의 이행 이후, 각 지역의 인류는 많은 야생식물을 작물화하기 위해 노력해 왔다. 어쩌면 수천 종류의 식물이 다루어졌었겠지만, 현재 식용작물로 생각되어지는 것은 수백 종이 있다. 그중 대부분은 채소로 분류되는 것으로 채소의 종류가 많은 일본에서는 200종류 정도가 재배되고 있다(그림 1). 인간은 여유가 있는 경우에는 여러 가지 것을 먹어보고 싶다는 욕망을 갖게 되고, 현재의 일본은 옛날과 비교해 보면, 포식, 풍식(豊食)이라 불리 우는 상태에 있고 그 안에서의 식생활 다양화의 희망으로 일본의 채소 생산이 대응하고 있기 때문이 아닐까.

한편, 식료자원의 중심에 있는 에너지 식료에 대해서는, 인류는 벼과작물에 겨우 수종류에 불과하지 않은 곡류에 의지해 왔다. 현재에는 밀, 벼, 옥수수가 인류가 보유하고 있는 3대 작물이고, 보리가 여기에 속한다. 이것은 수천년간에 걸쳐 각지의 인류가 여러 작물과 함께 해 온 경험 속에서 이런 작물의 우수성이 확립되어진 것이라 생각되어진다[59]. 재배, 저장, 가공, 이용 등의 각종 특성을 종합적으로 판단한 결과, 단자엽식물의 전부가 벼과에 속해, 이것들의 작물이 우수하다는 것이 인정되어진 것이다.

소수 정예의 밀, 벼, 옥수수 등의 곡물과 수백 종류의 다양성을 자랑하는 채소류 사이에 콩류, 감자류, 과일류 등의 작물군이 있고, 그 위에 채소류의 외측에는 차, 커피, 코코아 등의 기호품 생산 작물 또는 향신료용 작물, 그 위에 담배[60], 마약용의 작물 등이 펴져 있다.

59) 실제로 인간의 에너지원으로는 50% 이상을 전분질에서 취하는 것이 좋다 생각하고 있고 그 점에서 인류의 주요 식료자원으로서 전분질 종실인 벼과의 곡류가 선택되었을 것이다. 또 식물은 동물에게 먹혀서는 곤란하기 때문에 먹지 못하게 연구를 하고 있다. 단단한 껍질과 독 등을 만들어 먹지 못하게 하는 물리적인 방법과 유독물질과 맛없는 물질을 만들어 먹지 못하게 하는 화학적인 방법도 있다. 벼과의 식물은 벼와 보리로 알고 있는것 같이 단단한 껍질과 까끄라기(芒)를 갖고 있어 물리적인 방어법을 갖고 있다. 그래서인지 벼과 식물의 종자, 곡물은 그다지 유해물질을 포함하고 있지 않기 때문에 다른 식물보다 주식으로 대량으로 먹기에 적합하게 되었다. 제1권(인류의 식문화)의 119페이지에서 나카오 사스케(中尾佐助)씨는 다음과 같이 말하고 있다. "콩류도 전분이 없지 않으나 곡류정도로 많이는 없다. 벼과에는 전분이 많이 있고, 그 위에 벼과는 무독하다. 그것에 비해서 야생의 콩과의 대부분은 유독하다." 그 위에 재배를 하면 벼과는 풍매화이기 때문에 선단에 나오는 이삭에 집합해있는 꽃이 같은 시기에 결실하여 수확하기 쉽다는 잇점이 컸었다는 것이다.

60) 끽연의 습관은 현재 "백가지 해가 있고 한가지 이로움도 없다"는 것으로 비판되어 내려오고 있다. 그러나 예전부터 담배는 중요한 상품작물이었다. 그런 관계로 담배 식물의 연구가 광범위하게 행

인류의 감미 자원의 대부분을 차지하는 설탕을 생산하는 두 가지의 작물, 사탕수수(벼과), 사탕무우(명아주과)가 설탕이라고 말하는 중요한 기호품 생산 작물이라고 한다. 단 설탕은 인류의 에너지원 식료이고 상당한 무게를 가지고 있다. 현재로서는 양쪽 작물에서 생산되는 설탕은 일년간 일억 톤을 넘고 있으며 설탕은 거의 무수물이기 때문에 수분이 적은 곡물에 필적하는 에너지원 식량 자원이다. 밀, 쌀 각각 연간 5억 톤 전후의 생산을 하기 때문에 설탕은 밀이든 쌀이든 5분의 1에 달하는 에너지원 식료이다. 더욱 설탕은 결정화되어 정제하므로 현재 인류가 가지고 있는 식료 중 최고로 유해물질에 오염되지 않는 자원이라고 추정할 수 있다.

지금까지 인류는 일만 년이 지나도록 야생식물의 개량작물에 가장 노력해왔다. 그 노력의 큰 방향은 두 가지다. 하나는 가식부의 양을 증대시키는 것, 또 하나는 가식부의 질을 향상시키는 것이었다.

양의 증대, 즉 수확량을 높히는 과거에 있어서 최대 관심사뿐만 아니라 현재로도 최대의 관심사로 계속되고 있다. 야생식물의 열매는 완전히 익으면 줄줄 흩어져 떨어지므로 수확량이 비교적 소량이다. 인류는 큰 종자를 남겨서 종자용으로 하는 등 큰 곡립이 되도록 개량해 왔다. 밀, 쌀, 옥수수는 모두 그 외의 잡곡들(조, 수수, 피) 등에 비교하면 곡립이 크게 되었다. 또한, 잘 흩어져 떨어지지 않는 이삭의 종자를 선정해 왔기 때문에 현재의 곡물은 벼에서 탈곡할 때까지 열매가 떨어지지 않는다. 특히 옥수수는 큰 알맹이로서 옥수수 자체를 잎이 여러 겹 감고 있는 형태이므로 인간이 벗겨주지 않으면 종자가 떨어지지 않는 형태로 개량해 왔다. 이것은 옥수수 자체를 보면 나쁘다고 할 수 있다. 하지만 현재의 옥수수가 그대로 지면에 떨어질 경우 수백 개의 낟알이 좁은 장소에서 밀집하여 발아 하므로 공멸하고 다음 세대 자손을 남기지 못하는 가능성이 크기 때문이다.

질의 향상 면에 있어서는 먼저 유해물질과 맛없는 물질을 줄일 수 있는 방향으로 노력해 왔다. 그 노력의 성과가 크므로 현대의 인류 주요 작물을 역사적으로 볼 때 유해물질이나 맛없는 물질이 적어졌다고 말할 수 있다.

해져 그 중에서 생물학상 중요한 발견이 얼마든지 행해지게 되었다. 그 하나는 작물육종이 공헌한 식물의 광주성(光周性)의 발견(가나, 아라도 1920)이다. 또는 우이르즈 중에서 다바코・모자이크・우이르즈의 결정화(스탈레 1935년)가 최초로 행해져서 현재의 분자생물학발전의 돌파구가 되었다. 또 담배는 가지과식물로 실험용 식물로 취급하기 좋기 때문에 현재에도 연구대상으로 중요시하고 있다.

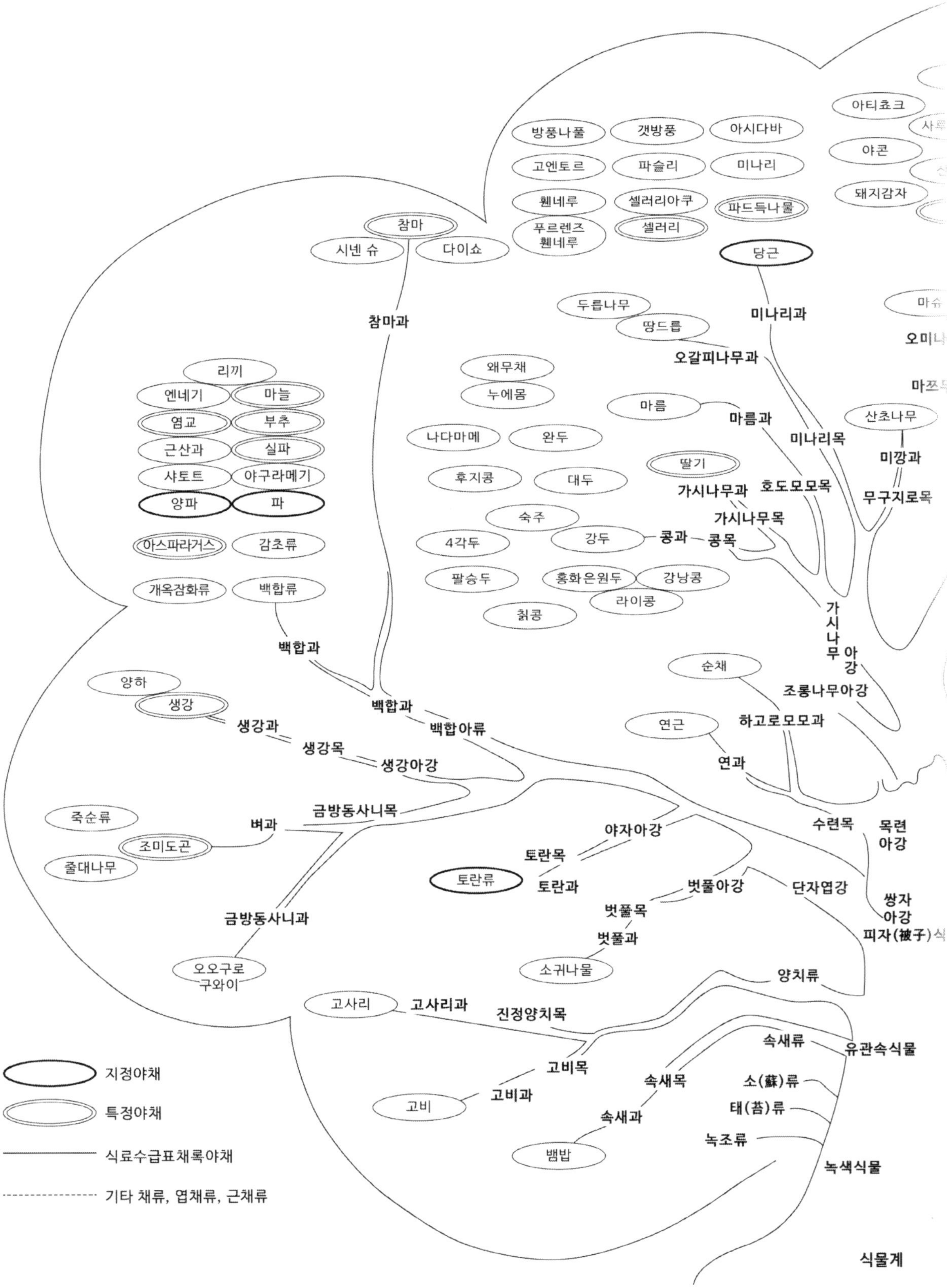

방풍나풀
갯방풍
아시다바
아티쵸크
야콘
돼지감자
고엔토르
파슬리
미나리
휀네루
셀러리아쿠
파드득나물
푸르렌즈 휀네루
셀러리
참마
시넨 슈
다이쇼
당근
참마과
두릅나무
땅드릅
미나리과
오갈피나무과
리끼
엔네기
마늘
염교
부추
근산과
실파
샤토트
야구라메기
양파
파
아스파라거스
감초류
개옥잠화류
백합류
왜무채
누에몸
마름
마름과
미나리목
산초나무
미깡과
무구지로목
나다마메
완두
딸기
후지콩
대두
가시나무과
호도모모목
가시나무목
숙주
4각두
강두
콩과
콩목
팔승두
홍화은원두
강낭콩
라이콩
칡콩
가시나무아강
백합과
순채
조롱나무아강
양하
생강
백합과
백합아류
생강과
생강목
생강아강
연근
하고로모모과
연과
금방동사니목
수련목
목련 아강
죽순류
벼과
조미도곤
줄대나무
야자아강
토란목
토란류
토란과
벗풀아강
단자엽강
벗풀목
쌍자 아강
벗풀과
금방동사니과
피자(被子)
오오구로 구와이
소귀나물
양치류
고사리
고사리과
진정양치목
속새류
유관속식물
고비목
속새목
소(蘇)류
고비
고비과
태(苔)류
속새과
녹조류
뱀밥
녹색식물
식물계
지정야채
특정야채
식료수급표채록야채
기타 채류, 엽채류, 근채류

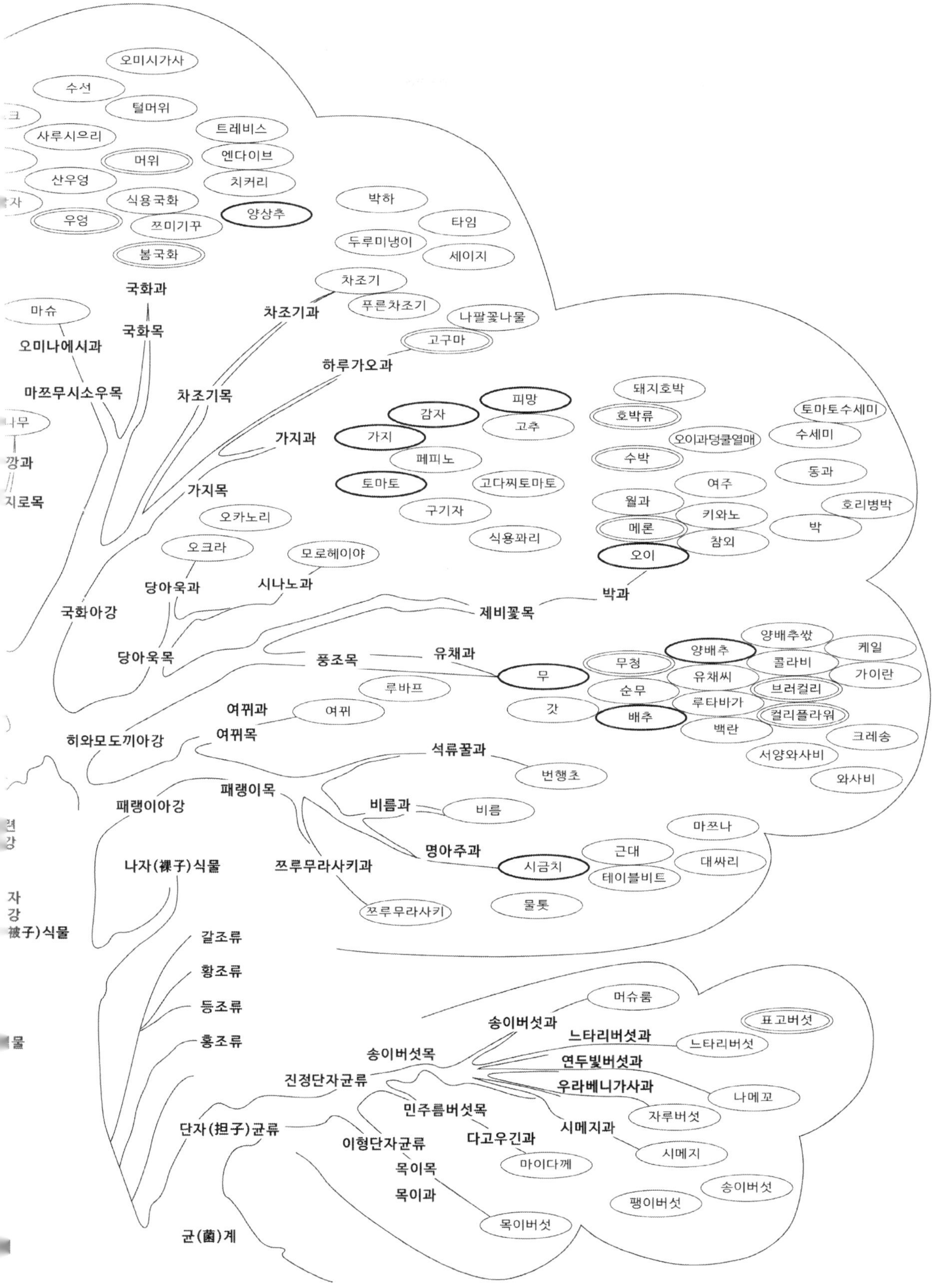

그림 1 일본의 야채 종류(1997.I., 1998. 수정)(원야채시험장 제공)

사견이지만 인류의 생존을 위하여 중요한 작물로써 에너지원 식료, 단백질원 식료[61]로도 벼과의 곡물이 80% 정도, 다음에 콩류의 단백질 원료로도 약 10%, 또 감자류의 에너지원 식료로서 약 10% 정도의 중요성을 차지하고 있다고 본다. 개별 작물의 베스트 10을 보면 밀, 쌀, 옥수수, 보리, 콩, 낙화생, 감자, 고구마, 사탕수수, 사탕무 등 이들 작물은 인류의 노력이 집중되어 왔기 때문에 모두가 우수한 작물이라고 할 수 있다.

그렇지만 콩류 중에 중요 작물 중의 필두는 대두인데 동물의 소화 능력을 해칠 수 있는 트립신 인히비터 등이 남아 있고, 감자류의 필두는 감자인데 유독한 알카로이드의 솔라닌이 제거되지 않아서, 발아기가 되어 눈을 제거하지 않고 먹었을 때 식중독을 일으킬 수 있다. 중요한 작물에 있어서도 이러한 상황이므로 기타 수백 종에 달하는 식료작물에 있어서도 같은 상황이라고 생각하여도 좋다. 그러므로 하나의 작물을 대량으로 먹는 것을 삼가는 것이 좋다[62].

한편으로는 반대의 개념을 가지고 있다. 그것은 비교적 유해 성분이 남아 있다고 하자. 작물에 포함되어 있는 유해 성분이 원래의 자연의 야생보다 훨씬 적어졌다. 그러므로 인간으로서 먹기 쉬운 조류, 짐승, 곤충들의 동물도, 곰팡이, 박테리아 등의 미생물도, 먹기 쉽게 되어 있다고 말하고 있다. 그러므로 인간이 작물을 지키는 방책을 만들어 내지 않을 수 없었다. 그 방책은 야생식물이 동물에게 먹혀지지 못하도록 몸을 보호하는 방법과 같다. 물리적 방법과 화학적 방법이 있다. 물리적 방법으로는 해로운 동물이 가까이 오지 않도록 그물을 치는 방법이 주체였었다. 하지만 치밀한 망을 사용하면 곤충은 막을 수 있으나 까치 등은 완전히 밀봉하기까지는 곤란하다. 식물은 대기 중 함유되어 있는 이산화탄소 중 탄소 원자를 사용해서 당류, 단백질 등을 만들 수 있으므로 대기의 유통이 없으면 살아갈 수 없기 때문이다. 그러므로 물리적 방법에서 곰팡이, 박테리아 등 미생물에 의한 병해는 막기가 어렵다. 그래서 등장한 것이 화학적 방법, 즉 농약이다. 그렇지만 농약은 잔류되거나 환경오염에 연관 될 염려가 문제이다.

---

61) 곡류는 10% 전후의 단백질을 함유하고 있다. 이 양은 인간의 단백질 필요량에 충족되는 정도가 아니지만 절대 미량은 아니다.

62) 작물에서는 없고 야생식물의 예에 있으며 또 인간에는 없는 東로-란드고리라의 이야기지만 <원숭이는 무엇을 먹고 사람이 되었을까> (山極寿一, 1994년, 여자영양대학출판부)의 114P에는 다음과 같이 기술되어 있다.

> 열대우림에서 생육하는 식물에는 동물에 의한 식해(食害)에 저항하는 방위기구가 발달하고 있다. 특히, 성숙한 잎이나 미성숙한 과실에는 탄닌, 리그닌 등 소화저해물질과 알칼로이드, 사포닌같은 독성성분이 함유되어있어 동물은 대량으로 먹을 수가 없다. 따라서 영장류는 소량씩 몇 종류의 잎을 먹고 완숙한 과일만을 손으로 집어 먹어서, 이것들의 화학성분의 유해한 작용을 받지 않게 하지 않으면 안 된다.

인류의 작물 육종의 노력에 따라 크게 개선되고 있는 것은 사실이지만 여전히 이러한 기본적인 구도가 남아 있다고 생각하지 않으면 안 된다.

결국, 현재의 인류는 유해물질을 줄여온 작물, 질 좋은 식료를 대량으로 취득하기 위하여 어느 정도 농약을 쓰지 않을 수 없는 기본적인 모순을 안게 되어버린 것이다[63].

물론 연작을 피하고 윤작을 하던지 병충해를 어느 정도 인정하면서 그 전염을 방지할 수 있는 다종류의 작물을 혼작 등의 재배 방법을 공부하여 어느 정도 병충해를 경감하게 되었다. 하지만 살충제, 살균제, 제초제 등 농약을 전폐하면 현재와 같은 식료 생산이 곤란하다고 필자는 생각한다. 인류의 식료를 확보하기 위하여 식물 생산에 의존해야 하지만 그 식물 생산이 질의 확보, 양의 확보 사이에는 간단히 양립하기 어려운 현실적 문제가 있고 당분간 균형 감각을 가지고 간간이 노선을 밟지 않으면 안 되지 않겠는가 싶다.

Ⅳ. 바이오테크놀로지와 생물 생산

지금 20세기에서 21세기로 이행점에 와있으므로 21세기의 식물에 관해 두세 가지 걱정이 있다.

한 가지는 21세기의 인류가 먹고 있는 필요한 충분한 양의 식료 생산이 가능할 것인가 하는 점이다. 21세기의 중반에 100억 인구의 전후로 증가하면 예상하고 있는 인류의 총 인구 중 어느 부분이 기아에 시달리는 아픔이 걱정된다. 특히 일본의 경우는 식료 자급률이 50% 이하로 낮으므로 더욱 걱정이 크다. 또 한 가지는 20세기의 인류가

63) 같은 모양의 일이 美味의 추구 중에도 있다.
양질의 하나로서 현재의 일본에서는 美味(맛있는 맛)을 구하고 있다. 양질의 맛좋은 쌀 <고시히카리> <사사니시기> 등에 관련된 제2권 "주식문화로서의 곡물"의 87페이지에 츠쿠바(筑波常治氏)씨는 다음과 같이 말하고 있다.

...인간들이 개량시킨 양질의 품종이라는 것은 재해의 저항력이 없는 것이 일반적 경향이었다. 그래서 질병을 방지하기 위한 농약을 많이 이용할 수 밖에 없게 된다. 이것이 또 소비자의 반발을 일으키고 있다.

품종에 따라 맛이 다르다는 정보가 소비자에게 전해졌다. 한편, 농약이 건강에 좋지 못하다는 정보도 전해졌다. 그러나 그것들의 상호관련에 통하는 정보는 전해지지 않는다. 그러므로 모순이 요구되고 모순의 의식이 없는 그대로 다음다음으로 충돌되어 온다. 정보화 사회라 말하면서 정보만이 범람되고 있다는 상징적 사례이다.

그 외의 경우이지만 필자의 느낌에도 상호 모순인 요망이 나가게 되는 경우가 많다고 생각된다. 말하자면 지속적 생산을 요망하면서 비료의 충분한 량의 투입을 거부하는 등이다. 이래서는 장기적인 물질순환이 이루어지지 않고 식물생산이 지속하지 않을 것이다. 또 제1의 요구가 충족되면 제2의 요망 때문에 제1의 요망을 충족한 기술을 기피하기도 한다. 말하자면 야채생산에는 2월, 8월 말기의 공급이 제1의 요구였다. 그러나 시설재배 등의 노력으로 이런 점이 충족되면 시설재배는 과연 플러스가 되었을까 등의 논의가 나오는 것이다.

생활 향상을 위하여 개발한 공업 생산과 농업 생산에 도입하여 이용된 근대 화학기술 그 이면에 공해, 환경오염 등 마이너스 면이 있고 현재로서 장래에 걸쳐 공급하여야 할 식료 그 자체가 안전하겠느냐 하는 것이 의문이다.

처음에 식량자원 문제에 관하여 본 강좌 제1권 키라 타츠오(吉良龍夫) 씨에 의하면 이론면에 해설이 되어 있다[64]. 그에 따르면 지구의 정원이 밀어넣는 게임바람(つめこみゲーム風)으로 무리를 하여 200~300억인이라고 말하는데 필자도 전혀 이론(異論)은 제기하지 않는다.

현재 21세기의 식량자원 문제와 환경 문제를 분리해서 생각해서는 안 된다. 그러므로 필자는 식물 생산의 실제 면에서 고찰해 보기로 한다.

제2차 세계대전이 1945년(쇼와 20)에 끝이 난 후 20세기의 후반 50년은 30억 인구부터 60억 인구로 증가해 온 인류의 식료(주로 곡물이다)를 공급해온 방책을 집약해보면 둘로 나누어 볼 수 있다. 하나는 농경지의 확대이고 또 하나는 단위면적당 수확량의 증대라고 할 수 있다.

농경지의 확대를 가능케 한 기술 체계는 트렉터 등 토목공사용 기계의 대형화, 강력화와 넓은 면적의 농지를 기계화 재배가 용이하게 한 cultivator, combine 등 대형 농기계의 도입이다. 또 물 부족 지역에 있어서는 수리용으로 가능한 댐이나 관개수로의 구축이었다. 하지만 이런 기술은 농업 혁명 이후의 에너지 다용(多用) 기술의 일환이었다. 단적으로 말하자면 힘에 의존하는 기술, 에너지 의존 기술이다. 따라서 지구 온난화를 방지하지 않으면 안 되는 21세기의 지구에서는 추진하면 좋다고는 말하기 어렵다.

지금 하나의 단품종의 수확이 대폭 증대되었다는 것은, 근대 유전학의 발전을 현실에 적용한 고수확 품종 육성이 기반이 되었다고 확실히 말할 수 있으나 재배의 실제에는 화학비료, 특히 암모니아, 질산 등의 요소 비료의 투입의 효과가 특히 크다[65]. 또 넓

---

64) 제1권, 吉良龍夫論文 "지구의 사람의 정원(定員)" 의 174~175P에 아래와 같이 기술되어 있다. 정원 5인의 중형차라도 밀어 넣는 게임을 하면 몇 십명도 탈 수 있다.

지구의 정원 2~300억인 등으로 말하는 것은 그것에 상당하는 숫자로. 진정한 의미의 정원은 아니나, 그래도 현재 세계인구의 수배에 지나지 않는다. 정원을 얼마로 하는가는 사람이 장래의 식생활에 어떠한 메뉴를 선택하는가에 따라서 결정된다.

나의 세대에서는 전쟁 중에 점점 식사의 레벨이 내려가 있었던 경험을 갖고 있다. 사람은 머리를 부딪칠 때까지는 오랫동안 종래의 생활을 바꾸지 않으나 식량의 절대량이 충족하지 않으면 어떠한 노력도 고안도 할 수 있을 것이다. 그러나 메뉴가 평온한 결정을 할 수는 없을 것이다.

실제로 300억인이 먹고 살 경우 1일당 곡물만 800g이라고 말하는 메뉴에는 강제적이지 않는 한 누구라도 받아들일 수 없을 것이다.

65) 식물의 뿌리가 흙에서 흡수할 필요가 있는 것은, 무기물만으로 유기물은 필요치 않다. 이 "식물의 무기영양설"은 처음으로 리빗히에 의해 제창되어 10세기 후반에 잭스, 크놉 등에 의한 무기수경법의 확립에 따라 실험적으로 증명되었다.

<식물생리학>(増田芳雄. 菊山宗弘, 1996년, 방송대학교육진흥회)의 35~36페이지에서 다음과

은 농지에 단일작물을 재배하는 경우 해충과 병균의 폭발적인 대발생을 방지하여야 하며 농약에 따른 피해 경감 기술의 기여도 적지 않다. 그러므로 농약과 비료의 대량 생산, 대량 투여는 근대 특히 20세기가 되고나서 발전한 근대 화학산업, 석유화학산업의 일환으로 개별적인 지역 오염과 동시에 지구 규모의 오염, 게다가 근년에 급부상하여 온 소위 환경호르몬(외인성 내분비 교란물질) 오염 등을 내재하고 있던 기술 시스템을 생각하지 않을 수 없었다.

무엇보다도 화학 질소비료의 경우 그 암모니아와 질산은 식물이 뿌리에서 흡수하여 단백질을 만들어 내는 정상적인 성분이고 화학 질소비료를 이용을 하지 않으면 현 지구상의 식량 생산은 반 정도 줄었을 것으로 추정되기 때문에 향후 그 이용을 피할 수 없다고 생각한다.

그러나 어쨌든 전체적으로 고찰해 볼 때 20세기 후반에 약 30억 인구 증가를 먹여 살리는데 크게 공헌하였다고 보는 두 가지 기술 시스템, 기계화 및 화학화는 21세기에는 20세기 후반 정도의 순조로운 증산 효과를 내지 않는다는 것이다. 양자 함께 효과 체감의 시기에 접어들었기 때문이다. 또, 지구 온난화와 이른바 환경호르몬 문제의 해결을 위해서도 화학 질소비료같이 등(背)으로 배(腹)는 되돌아 갈 수 없으므로 사용하지 않을 수 없다고 생각되는 것도 포함해서 주의상에서도 주의하여 사용하지 않을 수 없다고 생각되기 때문이다.

따라서 21세기의 전반인 현재의 60억 인구에서 100억 인구로 40억인이(이것은 20세기 후반의 30억인보다 10억이 더 많다) 증가될 것으로 예상되는 인류가 먹기 위해 충분한 식물 생산 달성을 위하여 갖은 노력과 연구가 필요하다고 생각한다.

같이 기술되어 있다.

지구상에 존재하는 천연의 원소에는 약 90종이 있으나 식물체에 포함되는 원소에는 그것의 약 2/3인 60종이 있다. 이속에 식물의 육성에 있어서 불가결한 것은 16원소이다. 그것은 탄소(C), 수소(H), 산소(O), 질소(N), 인(P), 칼리움(K), 칼슘(Ca), 마그네슘(Mg), 유황(S), 철(Fe), 망간(Mn), 아연(Zn), 구리(Cu), 몰리브덴(Mo), 붕소(B), 염소(Cl)가 있다.

그중 물로 해서 얻을 수 있는 H와 O, 공기에서 얻을 수 있는 C와 O의 3원소를 제한 13원소는 무기영양소(mineral elements)라 불리는 토양 중에 존재하는 것이 뿌리를 통하여 흡수된다. 식물체에 함유된 무기물의 함유량은 건조량 당 약 5%정도라고 하며 그 대부분이 K, Ca, Mg, N, P, S, Cl, Si(규소, 필수원소는 아니지만 비교적 많이 함유되어있다. 벼과식물에는 특히 많아 준필수라 생각할 수 있다 필자 注)의 8원소로 되어 있고 기타 원소는 미량이다.

대부분 8원소 중에 K, N, P의 3원소는 부족하지 않아서 카리, 질소, 인이 비료의 3요소로 되어있다. 특히 질소는 곡물중의 단백질에 상당히 함유되어 있으므로 밀, 쌀, 옥수수 등의 곡물을 수확하면 농지와 토양에서 잃어가고 있다. 그래서 곡물의 단수(單收)를 증가시키고 지속시키기 위해서는 화학질소비료가 매우 유효하다. 그렇기 때문에 콩과 식물의 뿌리에 붙어있는 뿌리혹균과 토양 중의 질소고정박테리아가 공기 중의 질소가스(N_2)를 암모니아와 질산으로 변환해서 식물에 이용하게 된다. 그러나 이들의 미생물의 능력은 현재의 형편에는 약해서 증대해버린 인류인구를 부양시키기 위하여는 화학질소비료에 의존하지 않을 수 없는 실정이다.

현재 새로운 과학기술로서 바이오테크놀로지(바이테크)가 등장하였다. 이것은 종래 기술을 [기계화], [화학화]에 대비되는 의미로 [생물화]라고 말할 수 있겠다. 광범위하게 볼 때 20세기에 전개된 농업기술의 대부분이 바이오테크 안에 들어 있다고 생각되며 현재의 바이오텍크를 20세기 후반에 발전한 분자생물학, 특히 DNA의 해석, 조작 등의 기반을 가진 바이오테크, 즉 뉴바이오테크라고도 말할 수 있다는 것이다.

현재의 세포 융합, 세포배양, 기관배양, 개체배양 등을 포함한 넓은 조직 배양기술(직접 DNA를 조작하는 뉴바이오테크에 대한 올드(old) 바이오테크라고 말하고 있다), 효소와 미생물 등을 칼람 등의 공학 장치 안에 이용되는 바이오리액터기술, DNA, RNA 등을 조작하는 유전자 재결합 기술의 세 가지가 중요한 분야이다.

이들 뉴바이오테크에 관해서는「20세기 말에 인류가 간신히 연구에 도달한 훌륭한 미래의 가능성을 보인 과학기술이다」라는 견해와「어쩌면 지구 인류를 멸망시키게 할지도 모르는 재앙의 과학기술」이라는 견해도 있다. 그 대립이 앞으로 어떻게 될지는 말하기 어렵다.

식료 생산에 직결하는 작물의 유전자 기술의 응용[66]으로서는 아메리카 중심으로 토마토, 콩, 감자, 유채씨, 옥수수 등의 조합 변형작물이 재배되어 일부 시장에 출하되고 있다. 또 인류의 2대 식용 곡물인 보리, 쌀에 대해서도 연구개발이 진행되고 있다. 종래의 육종기술에서는 상당히 근연(近緣)종 생물 끼리의 교배 육종이 될 수 없었다. 그러나 유전자 재결합 기술에 있어서는 원리적으로는 모든 생물(식물, 동물, 미생물) 사이의 유전자를 옮기는 것이 가능하였다. 실제 동물인 개똥벌레의 유전자를 식물에 넣어서 광 나는 식물로 만들어지고 있다.

유전자 재결합 기술이 위험하다는 의견에는 현재 예측할 수 없는 피해가 나오지 않을까 하는 불안감이 있고 그 불안은 100% 해소하기는 어려울 것이다[67].

---

66) 보통의 식물(植物)이 가지고 있는 필수아미노산의 합성계를 파괴함에 의해 거의 모든 식물을 말리는 강력한 제초제가 있다. 동물은 필수아미노산의 합성계를 가지고 있지 않아서 동물에 대해서는 무해하다고 생각된다. 이에 대해 내성을 갖게되어 미생물이 갖고있는 식물과는 다른방식의 아미노산의 합성유전자를 도입한 품종이 개발되고 있다. 또 특수한 미생물이 만드는 특정의 해충을 죽이는 독성물질을 만드는 유전자를 넣은 품종 등이 연구되고 있다. 또 토마토는 저장 중에 연화를 일으키는 원인효소를 만드는 유전자를 제거하여 저장성을 좋게 하고 유통시의 손실을 방지하여 간접적으로 식료자원의 확대에 기여하는 품종이 만들어지고 있다.

67) 과거에도 인류의 복음이라 말해졌던 DDT와 PCB와 푸론(우라늄) 같이 꿈의 물질이라고 까지 말해 온 것 중에는 환경오염을 일으키는 예도 많았다.
또 20세기를 리-드한 미국 문명의 심볼인 my car는 헨리 포드(1863~1947)가 양친의 슬하를 떠나 활동하던 소년시대에 철도와 승합마차밖에 없었기 때문에 어머니 사망에도 가보지 못하고 어디라도 자유로히 타고갈 수 있는 my car가 있으면 하고 생각되어 대량생산방식, Ford system을 개발하여 생산, 공급한것이라 한다. 그러나 현재의 일본안에서도 매년 일만명 정도의 교통사고사(死)가 있어 아침에 활가차게 나갔던 가족이 밤에는 죽어서 돌아오는 원인이 되었다. 이것은 예광의의 조직 배양기술에 포함되어 있다고 생각하지만 축산분야에서는 암・수 생산기술이 개발되어 있다. 이것 역시 인간의 남・여 생산 분야에 직결되는 분야의 기술이다. 일본 사회에서는 남녀로 나누는 생산기술은 금지 되어있지만, 지구상의 어딘가에는 그것을 가능하게 하는 병원이 있다면 이용할 것이다. 성비가 변할 가능성을 생각하여야 한다. 일본에서는 남자아이보다는 여자아이를 좋아하는 부모가 늘어나고 있으므로 여성이 남성보다 많아질는지도 모른다.

이러한 동물에의 바이오테크 기술은 항시 인간 사회에 끼칠 영향을 걱정하지 않을 수 없다. 체세포 클론기술도 같지만 이 경우 기관배양의 발전이 결합되어 본인의 체세포 배양보다 전혀 거부반응에 염려가 없는 당사자와 같은 클론의 이식용 심장, 간장 등을 만들어 내게 될 가능성이 있다[68]. 이 현상은 뇌사인 사람이 나올 것을 기다리고 있는 사람이 생길 것이다. 또 기관배양기술의 발전은 거위의 간장(프아그라), 아귀의 간장(안기모)을 공장에서 생산해서 식용화로 할 수 있는 가능성이 있을지도 모른다.

장래를 확실하게 예측하기는 불가능하다. 필자의 독단적인 예상으로는 21세기의 제2・4반기(2026~2050) 정도에서부터 지구 인류의 식료 수급은 서서히 어려워질 것으로 생각한다. 거기에 더불어 식물(植物) 생산을 효율적으로 할 필요가 크게 되어 미국이외에서도 유전자 조합 변형 작물도 광범위한 사용이 붐을 이룰 것이다. 그리고 더욱 더 수십 년 후가 되어 유전자 조합 변형 작물의 대부분이 과거의 DDT, PCB나 푸론과 같이 사용하지 않았으면 좋겠다고 금지시키는 것이 될까? 현재의 자동차 산업의 문제점을 안고 있는 것과 같이 21세기 이후의 인류 문명을 지탱해 나갈 수 있을지 현재로서는 예측하기 어렵다.

상하지 못한 해(害)이다. 그러나 my car에는 많은 버리기 어려운 편리성이 있어 선진제국민의 대부분의 지지를 받아 발전도상국에서는 동경적으로 되어있다는 것이 현실이다.

68) 제레미・류킨(1999) <Bitech・Century> 鈴木主稅(역) 集英社 참조

본고의 집필에 있어서는 西貞夫・元農林水産省野菜試驗場의 조언을 받았다. 기록에 감사드린다.

제6장 기술 · 시스템과 식(食)의 미래

타카다 마사토시(高田公理)

I. 식의 「간편화 · 취미화」와 과학 · 기술 · 시스템

제2차 대전 후 일본에서 식문화 변화의 방향성은 한편으로는 「간편화」와 다른 한편으로는 「취미화」로써 특징 지을 수 있다[69]. 이는 세계의 식문화에도 적용된다. 예를 들어 1961년에 소련이 유인(有人) 인공위성을 발사하는데 성공한 후에, 보존과 휴대에 편리하며 인간의 생존에 필요한 영양을 충족시키는데 주안점을 둔 「우주식」이 「미래식」의 이미지를 형성한 시기이다. 그러나 곧 이 우주식도 「가능하다면 지상식에 가까워지기 위해 노력」하게 되었다[70].

이러한 변화의 배경에는 식을 둘러싼 과학 · 기술과 시스템의 혁신이 있었다. 예를

---

69) 이 점에 대해서는 제5권 219쪽 「정보화와 식의 문화」에 상세히 기술되어 있다.

70) 무중력 상태에서는 고형물도 액체도 공중에 흩어지고 말기 때문에 음식물은 뚜껑이 있는 용기로 스트로(straw)로 빨아들일 수밖에 없다. 이 때문에 초기의 우주선에서는 페이스트(paste : 고기, 채소 등을 으깨어 부드럽고 무르게 만든 음식)상태의 음식을 튜브에 넣어 먹던지 건조식품에 한정 할 수밖에 없었다. 이러던 것이 아폴로 계획 무렵부터 점차 늘어 현재에는 약 150종류의 식품이 준비되어 있다. 이들은 ①물을 첨가해서 원래대로 되돌리는 가수식품 ② 레토르트 식품,③ 반 건조식품 ④ 과일, 빵, 쿠키 등 그대로 먹을 수 있는 것 ⑤ 쥬스, 커피 등의 음료수로 크게 나눌 수 있다. 우주 비행사는 테이블 대신 쟁반을 몸에 고정시키고 지상에서와 같이 나이프, 포크, 스픈, 젓가락 등을 이용해서 먹기 때문에 당연하게 스크램블 에그 나 각종 스튜 등도 메뉴에 넣을 수 있다. 그 배경에는 지퍼가 달린 플라스틱 주머니의 개발과 냉동냉장기술과 전자레인지의 이용 등이 있다.

들면 「식의 간편화」를 초래한 인스턴트식품이나 레토르트식품의 제조에는 본 장의 호리(届井) 논문(172쪽)에서 지적한 동결 건조 기술이나 새로운 포장 소재 개발이, 또한 그 유통을 합리화시키기 위해서는 후지키(藤木) 논문(153쪽)에서 지적한 교통 · 통신 기술의 발달과 이와 연동하여 재편성된 조리시스템의 확립이 각각 필요불가결한 것이었다. 이렇게 탄생하여 보급된 간편 식품의 일종인 「취미화 = 미의 고도화」를 위해서도 새로운 연구와 기술개발이 시도되었다. 야마노이(山野井) 논문(189쪽)에서 지적한 「식에 대한 장인기술」을 레토르트식품과 같은 보존식품에 활용한 연구나 기술 등은 그 사례이다. 여기에 식품산업이 생산과 유통 과정에서 더욱더 나아가 소비와 폐기에 이르기까지 관여할 가능성은 사이토우(齊藤) 논문(206쪽)에서 지적한 바와 같이 컴퓨터와 데이터 통신기술의 발달에 유래하고 있다.

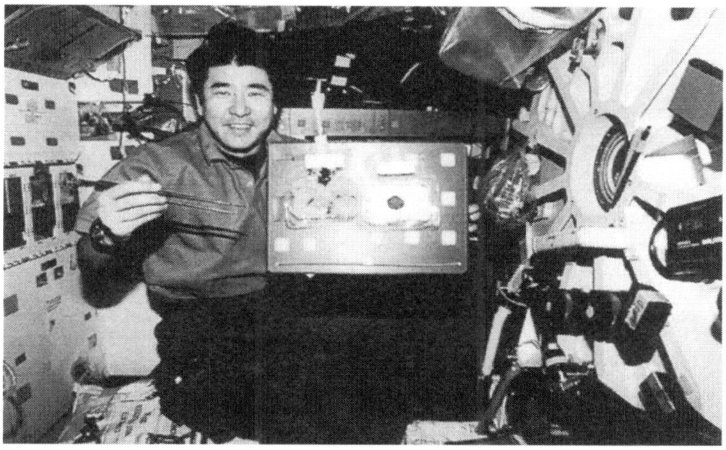

<사진 1> 젓가락으로 먹는 우주식

스페이스 셔틀 안에서 「히노마루 도시락」을 들고 있는 우주비행사 도이씨(1997)

(우주개발사업단(NASDA) · NASA 제공)

반면에 과학 · 기술과 시스템의 혁신은 식(食)에 대한 부정적인 영향도 초래하였다. 채소의 하우스 재배가 보급되어 식품의 제철이 없어졌다. 여러 관점에서 복수의 가치평가가 있을 수 있는 문제는 제외하더라도, 인공의 물질로 인하여 환경오염에 수반된 식품 위험성의 증대, 선진국에서의 과잉 영양과 개발도상국에서의 기아의 만연, 지구 수준의 식량 생산의 핍박과 그 분배의 불균형 등은 국내외의 사회 시스템과 함께 과학 · 기술 발달로 초래된 문제이기도 하다.

이렇게 조사해 가면 차후에도 기술과 시스템의 혁신이 새로운 식문화를 탄생시키는 동시에 그 부정적인 측면을 극복하는 과학 · 기술과 시스템의 혁신이 진행될 것이라고 예측할 수 있다.

II. 과학 · 기술의 진보와 전통문화의 재평가

다음으로 생각할 점은 「기술 · 시스템이 발달하면 전통문화가 재평가된다」는 일종의 역설이 현실화된다는 점이다[71].

예를 들면 쌀을 기본으로 고기보다 생선을 중요시하고 채소를 비롯한 다양한 식품을 섭취해 온 지방(脂肪)이 적었던 전통적인 일본의 식문화가 우수하다는 견해는 영양학의 발전으로 인해 유도되었다. 이와 유사한 것으로는 여러 가지 의미에서 유통 혁명의 끝으로 일본의 도시에서 옛날부터 존재했던 「음식 배달」이라는 업종이 「케이터링」이란 이름으로 다시 생겨나고 있는 것, 닭고기를 저렴하게 공급할 수 있었던 브로일러 공급의 끝에 값이 비싸지만 맛이 좋은 「백일 닭」이나 「집닭」이 시장에서 인기를 끌고 있다는 것 등은 혁신의 끝에 전통문화가 되살아난 사례라고 해도 과언이 아니다.

이와 유사한 것으로는 관개기술이나 환경 보전기술 등이 있다. 예를 들면 인공적으로 만든 가가와현(香川縣)에 위치한 만농(滿濃) 연못의 물은 바다로 흘러들어가기까지 3개월 동안이나 대지를 적시는 뛰어난 관개 시스템이며, 고도 경제성장기에 농지를 보호하기 위해 매립한 비와(琵琶)호 연안의 안쪽 호수는 호수로 흘러가는 배수를 정화하는 기능을 지니고 있다는 사실이 최근 밝혀졌다. 이들은 농어업 생산에 직결되는 근대적인 대규모 토목공사기술의 발전 끝에 재발견된 전통의 중간 기술이다.

이러한 재발견이 차후에도 식문화와 그 주변에서 행해질 것이다.

III. 과학 · 기술이 식문화에 미치는 영향

한편, 새로운 과학 · 기술의 진보는 새로운 식문화를 등장시켰다. 식품제조 분야에서만 보더라도 게어묵과 인공 토리유흐 등 이미 개발된 copy 식품도 적지는 않으나 그러한 신제품이 계속하여 증가할 것이다. 특히 공업식품에 색 · 향기 · 소재감(素材感) 등을 첨가하는 다양한 와인 · 케미칼 분야의 기술 혁신은 한층 더 계속된다. 또 영양학의 진보는 이전에 영양소로 인정받지 못하던 식물섬유소를 「제6의 영양소」로 인정받게 만들었으며, 아연 등 미량영양소의 생리적 기능을 해명한 「발견」이 차후에도 행해질 가능성이 있다[72].

---

71) 본 권 144쪽에서 설명한 [유희화 곡선]의 종축이 이름을 [전통 · 혁신]으로 바꾸면 여기서 말하는 의미가 한층 명확해 진다.

이것만이 아니다. 과학・기술의 진보는 식품 생산에도 큰 영향을 미친다. 이에 대한 과학기술청의 『제6회 기술예측조사[73)]』는 유전자 조작에 의한 농작물의 품종개량 등을 비롯해 몇 가지의 재미있는 점을 지적하고 있다. 이것을 현실적으로 기대되는 연도순으로 열거해 보면 다음과 같다[74)].

2004년 … 유전자 조작으로 인한 작물의 품종개량이 추진되어 수량・내병성・내한성 등이 개선된다.

2009년 … 벼 등 작물의 모든 DNA배열이 해명되어 유용유전자가 단리(單離)된다.

2013년 … 기후변동과 수산자원변동과의 상관에 대한 수치(數値)모델이 개발된다.

2016년 … 주요 어업자원의 장기(10~20년)변동예측이 가능해지며 자원 및 어업관리를 위한 생산조정시스템이 개발된다.

2017년 … 식량증산을 위한 광합성 기능을 비약적으로 향상시키는 기술이 개발된다. 이러한 과학・기술의 진보는 한편으로 식품생산과 소비를 둘러싼 환경 안전성의 향상과 본 권 제1장에서 언급한 현대 일본에서 발생되는 대량의 「남은 음식」의 폐기를 둘러싼 문제 개선에도 일정한 효과를 가져올 것으로 기대하고 있다. 예를 들어 『제6회 기술예측조사』에 의하면

2010년 … 바이오테크놀로지를 활용하여 가정에서도 사용할 수 있는 경제적인 배수처리 시스템의 개발로 난분해성・유해물질의 고효율 처리가 보급된다.

2012년 … 토양오염, 지반침하, 개발에 따른 해안과 산림의 환경 파괴에 대한 사회적・경제적 손실의 평가방법이 확립되어 이를 방지하기 위한 규제시스템이 보급된다.

2013년 … 해저에 있는 유해퇴적물의 안전하고도 경제적인 제거 기술과 무해화 기술이 개발되어 어장의 정화, 회복 방법이 보급된다. 미생물과 식물에 의한 바이오플라스틱 생산이 보급되어 전 세계 플라스틱 생산량의 10%를 차지한다.

---

72) 예로부터 '3대 영양소'라고 하면 [탄수화물, 지방, 단백질]을 의미했다. 여기에 [비타민, 미네랄]을 더해서 '5대 영양소'라고 한 것이 떠오를 것이다.

73) 과학 기술 청 과학기술정책연구소 기술예측조사연구팀 1997 [제6회 기술예측조사 – 일본에 있어서 기술발전향상에 관한 조사] 같은 팀

74) SF작가 꼬마쯔(小松左京)씨로 부터 들은 이야기에 따르면 연료로 소비되고 있는 석유의 극히 일부분으로 부터 석유단백질을 합성하는 것으로 인류의 단백질 수요를 충족시킬 수 있다고 한다. 국제연합 [에너지 통계연감]에 따르면 현대 세계의 석유소비는 연간 약 30억 톤에 이르지만, 그 13%인 4억 톤에서 2억톤의 석유단백을 합성해 낼수 있다면 평균적으로 매일 60억 명에게 90그람 이상의 단백질 식품을 제공 할 수 있기 때문이다.

2018년 … 호소(호수와 늪)와 내만(內灣)의 환경악화에 대하여 생태계와 생물기능을 이용한 환경 회복 기술이 개발되어 오염 부담을 거의 완전하게 제거할 수 있는 시스템이 실용화된다. 또한, 이산화탄소의 회수, 폐기물의 무해화 등의 기술개발이 진척되어 전 세계적으로 지구환경 보전대책이 보급된다.

그렇게 보면 이미 대형 편의점을 중심으로 팔다 남은 「도시락」을 회수하여 이를 유기비료로서 재활용하는 시도가 시작되고 있다. 이러한 동향이 가속되어 소비자의 찬동이 얻어지면 「남은 음식」문제는 완화되어 갈 것이다. 그러나 고도 경제성장기 이후 계속되어 온 인공 화학물질의 개발과 보급이 식(食)을 둘러싼 환경에 미치는 유해한 영향은 차후에도 계속 심각한 문제일 것이다[75]. 이 문제를 극복하는 데 있어서도 또한 과학・기술의 진보가 해결해 줄 것으로 기대하고 있다.

Ⅳ. 기업 간 경쟁과 기업의 사회적 책임

식(食)을 둘러싼 환경에 대한 안전성의 문제는 고도 경제성장기 이후 치열하게 경쟁해온 기업 활동, 특히 연이어 개발된 신제품의 개발로 인하여 기인되었다[76]. 이는 신제품이 새로운 화학 소재의 개발을 동반하였기 때문이다[77]. 이러한 상황 속에서 1970년대 이후 이른바 기업의 사회적 책임이 화제에 오르기 시작하였다[78]. 그리고 독일과 북유럽 등 환경에 대한 관심이 높은 지역을 중심으로 환경에 대한 배려를 비롯한 기업의 사회 공헌도가 소비자의 기업에 대한 평가뿐 아니라 그 기업의 상품 시장성을 좌우하는 상황을 가져왔다.

75) 예로부터 심각한 건강불안을 일으켜오던 유기수은이나 다양한 중금속화합물에 따른 소위 공해문제 외에 [빼앗긴 미래](샤・고루본 외 長尾力[역] 1997 翔泳社)의 발간을 계기로 주목을 받기 시작한 염화비닐 등의 연소 시에 배출되는 다이옥신류를 비롯하여 소위 [환경호르몬(내분비교란물질)] 등이 여기에 해당한다. 더구나 환경호르몬의 경우는 더욱 심각해서 [1조분의 1]의 화학물질의 혼입이 악영향을 초래하는 등 문제의 해결은 놀랄만큼 어렵다.

76) 이러한 것은 식품관련 산업에 한정된 문제는 아니다. 모든 산업의 신제품이 많게 혹은 적게 환경의 안정성에 악영향을 미치는 물질을 배출했다고 보아야 할 것이다.

77) 물론 타 지방에서 1970년을 전후로 심각한 문제가 된 다양한 [공해]의 극복이 기업의 손으로 시도되어 나름대로의 성공을 거둔 점도 잊어서는 안 된다.

78) 기업의 사회적 책임을 법률로 정한 것 중의 하나로 1995년 시행된 [제조물 책임법(PL법)]이 있다. 이 법률에는 제조물의 결함에 의해 사람의 생명, 신체, 또는 재산에 관계되는 피해가 생긴 경우 그 제조업자 등이 손해배상 등의 책임을 지도록 정해져 있다.

그 결과 거대 기업이 자금을 투자하고 과학자・기술자를 규합하여 인류가 맞닥뜨리게 될 곤란한 문제를 해결하는 연구개발 사업을 추진하는 조직을 형성하게 되었다. 미국에 본부를 둔 ILSI(국제생명과학협회[79]) 등이 하나의 사례이다. 이곳에서는 선진국의 비만 문제, 개발도상국의 미량영양소(철, 비타민 A, 요드 등) 부족 문제를 채택하여 비영리로 더구나 기업 간 경쟁을 배제하면서 그 해결 방법을 찾는 연구개발을 실시하고 있다. 또한, 미국을 대표하는 몬산트나 듀퐁 등의 거대 기업에서는 세계의 식량 위기 문제와 그 해결 방법에 관한 연구개발이 실시되고 있다. 이러한 동향은 차후에도 일본을 비롯한 세계 여러 지역으로 퍼져나가면서 심화될 것이다.

V. 과잉 영양과 멀티미디어로서의 식사 장면

그런데 ILSI가 주목하는 「선진국의 비만 문제」는 단적으로 말하면 과잉 영양섭취로 기인된다. 그 배경에는 인간의 혀가 맛이 좋다고 느끼는 동물성 지방 섭취량의 증대, 바쁜 현대 생활이 가져온 식사 시간의 단축, 사회생활에서 오는 스트레스로 인한 과식 경향 등이 작용하고 있다. 이러한 문제는 영양학과 심리학 등의 발전뿐 아니라 생활 방식의 개선에 의해서도 완화될 수 있다.

성급한 이야기이지만 ① 편안히 쉴 수 있는 환경 속에서, ② 서로의 속마음을 잘 아는 사람과 함께, ③ 맛있는 식사를, ④ 음악과 수다를 마음껏 즐기면서 ⑤ 편안하게 천천히 먹는다. - 이러한 생활 방식에 고도의 운동을 즐기는 생활 스타일이 보급된다면 비만 문제는 거의 완전하게 극복될 수 있을 것이다. 이런 관점에서 보면 「일상생활 기술의 문제」라고 말할 수 있다. 그리고 이런 계기는 또한 제1장에서 시사했듯이 의식적으로 「식사 장면을 멀티미디어화한다」고 함으로써 극복할 수 있다. 앞에서 언급한 다섯 가지 조건을 충족시키면서 생리적으로 필요한 양을 초과하는 음식을 섭취하는 것은 경험적으로 곤란하기 때문이다.

단지 돌이켜 보면 제2의 조건인 「속마음을 다 아는 사람들」이었던 「가족」 그 자체가 분해되고 있다는 것이 일본을 포함한 현대 선진국 사회 시스템의 과제이다. 이 문제만은 「해야 한다거나 하지 말아야 한다」는 규범을 강요하는 것으로는 해결되지 않는다. 게다가 이전에는 인간의 생존에 불가결이었던 가족이란 제도의 필요성은 윤택한 식량의 공급과 식(食)의 서비스 산업화로 인하여 현저하게 저하되었다. 그렇다면 「가족(혹은 疑

79) 정식 명칭은 International Life-Science Institute이다.

似的인 가족) 성원이 가족다운 가정 생활을 영위하며 놀고 즐긴다」는 생활 기술을 도입하는 것밖에 없다[80]. 사실은 다가오는 본격적인 정보산업사회라는 것은 모든 생활행동을 놀며 즐기는 것으로 성립하는 사회라고 바꾸어 말해도 괜찮기 때문이다[81].

그것만이 아니다. 1977(쇼와52)년에 창설된 「남자 주방에 들어가기 모임」 이후 식을 「남자들의 놀이」로서 연출해 온 남자들 사이에는 아직도 배우자 여성의 빈축을 사면서도 새로운 요리를 창조하는 것으로 놀고 즐기며 그 결과로서 풍부한 식생활을 영위하기 시작하고 있는 사람들이 있다. 이러한 관점에서 보면 새로운 요리기술이 개발되어 이것이 풍요로운 일본 식문화의 문화 기초를 확립한 근세의 겐로쿠(元綠)시대와 분카(文化)・분세이(文政)시대처럼 차후에도 새로운 요리기술과 풍부한 식문화를 창출하는 시도로도 중요한 의미를 내포한다고 할 수 있다.

이 일은 또한 근대 공업사회가 끝을 맞이하여, 제조업・건설업 관련의 거대기업과 금융기관이 붕괴되기 시작한 지금부터 장래에 걸쳐 그러한 산업현장에서 남는 노동력을 소규모이지만 재치가 넘치는 지혜와 아이디어, 식문화에 대한 풍부한 지식과 우수한 요리기술을 축적하고 활용할 수 있는 요리점과 식문화 관련 사업으로 흡수시켜 이를 통하여 사람이 일상생활을 놀며 즐길 수 있는 도시 공간을 형성하는 커다란 역할을 담당하는 것은 아닐까.

이것은 「식(食)의 남은 음식」뿐만 아니라 쓰레기 폐기 행동의 전반적인 개선이란 문제와도 연관된다. 예를 들어 「쓰레기의 분별 수거」와 리사이클 활동을 「일종의 다채로운 놀이」로써 연출하는 것이다. 사실 이러한 시도를 시작한 자치단체에서 생활하는 사람들 사이에는 이러한 시책을 채용하지 않는 자치단체 주민에 대한 일종의 우월감이 형성되고 사업이 순조롭게 진척되는 경우가 적지 않다.

VI. 지구 사회와 지역의 자유로운 자율성

본고의 최후에 기술한 지구 규모의 포식과 기아의 공존이 금후의 세계 시스템 동향과 어떠한 관계가 있는지 참조해 본다라는 것도 60억 인구에 달하는 세계 인구 가운

---

80) 현대일본의 가정이 [가족 구성원이 함께 즐기는 것으로 밖에 존재할 수 없다.]는 것을 고찰한 논고에 다음과 같은 논문이 있다. 端信行 1987 [공동체로부터 공유체로], 栗田靖之(편) 『현대 일본문화에 있어서 전통과 변용3, 일본인의 인간관계』 도메츠 출판

81) 이 점에 있어서 『[유희화(遊戱化)] 사회를 탐험하는 - 레트로 현상에서 에스닉 기분까지』 (高田公理 1987 PHP연구소)에서 상세히 논의를 전개하고 있다.

데, 한편으로는 DAC(개발원조위원회)[82]를 구성하는 선진국의 약 8억 인이 포식과 과잉 영양의 위험에 처해 있으며 다른 한편으로는 개발도상 지역의 약 8억 인구가 식량 부족과 기아의 위기에 직면해 있기 때문이다.

그 가운데, 특히 식량 부족이 심각한 지역을 중심으로 DAC를 구성하는 국가에서 1994년 총액 1600억 달러에 이르는 경제 원조를 실시했다. 그러나 현실적으로는 그다지 현저한 효과가 오르고 있는 것은 아니다. 신선 식품은 운송이 곤란하고 기타 식품도 운송비용을 고려하면 채산 기준으로 식량 부족을 극복하기 위해서는 지역마다 식량생산을 높이는 것 이외에는 방법이 없기 때문이다. 실제로 세계 각지에서 약 4조 5000억 달러에 이르는 무역 총액 가운데 식품이 차지하는 비율은 겨우 3%밖에 지나지 않는다[83]. 그렇기 때문에 유럽 선진국은 제2차 대전 후 이른바 「녹색혁명」을 계획하고 이를 달성하여 모두 식량 자급률을 높임과 동시에 EU(유럽연합)라는 국가의 틀을 뛰어넘는 지역연합을 목표로 하기 시작한 것이다. 그 결과 이전에는 신선한 채소가 부족했던 영국을 비롯한 북유럽으로 남유럽산의 신선한 채소의 공급이 가능하게 되는 등의 변화가 관찰되고 있다.

그러나 동시에 대영제국의 스코틀랜드나 웨일즈, 이탈리아의 론바루티아, 스페인의 카타루니아나 바스크를 중심으로 EU란 거대한 행정단체에 소속되면서 다른 한편으로는 지역의 자율성을 높이려는 동향이 현저해지고 있다. 이것은 중국의 티벳, 인도의 싯킴 등에도 적용된다. 즉 금후의 세계 시스템은 모든 면에서 국제협력을 요구하고 강화하는 동시에 지역마다 자율성을 높이는 방향을 동시에 지향해 간다. 그것만이 상대적으로 고 가격 식품의 국제무역에 의한 유통과 인간의 생존을 보장하는 기본적인 식량의 지역별 생산을 두 가지 모두 실현시킨다.

그런데 이와는 정반대의 지향성이 선진국에서의 「포식과 단식」에도 투영되고 있다. 실제로 「포식」 경향이 두드러진 현대 일본에는 젊은 여성 사이에 「단식(斷食)」과 비슷한 다이어트가 널리 보급되어 있으며 중년 남녀 가운데에서도 일부는 「정신의 치료」를 목적으로 「단식」이 조용한 붐을 일으키고 있다. 그 배경에는 신체 바깥의 세계에 범람하는 정보의 도움을 빌리지 않으면 자기 자신이 도대체 「언제, 무엇을, 어느 정도의 양, 누구와, 어디서, 어떻게, 먹으면 좋을지」, 이른바 「식의 5W 1H」를 명확하게 인지할 수

---

82) DAC(Development Assistance Committee)라는 것은 발전도상국원조를 행하고 있는 OECD(경제협력개발기구)의 한 조직이다.

83) 총무청 통계국 『세계의 통계 1999』에 따르면 1994년에 전 세계로의 식품 수출총액(담배를 포함)은 약 3600억 달러이고, 1995년의 주요 품목 수출액은 다음과 같다.
육류 : 380억 달러, 어개류 : 359억 달러, 과실류 : 280억 달러, 알콜류 : 270억 달러, 야채 및 뿌리채소류 : 240억 달러, 소맥 : 170억 달러, 커피 : 150억 달러, 채유용 종자(대두 포함) :120억 달러, 옥수수 : 110억 달러, 쌀 : 61억 달러, 차・마테차 : 21억 달러

없다는 정보산업사회에 대한 부적응이 엿보인다.

여기서 회복해야 하는 것은 인간에게 있어 가장 가까운 「야성」인 「신체」의 소리를 듣는 기술이지 않을까. 즉 영양의 치우침이 잡지 기사로 지적되어 영양 보조제를 열심히 섭취하기보다 「그때」 자신의 신체가 「무엇을, 어느 정도의 양, 누구와, 어디서, 어떻게, 먹고 싶어 하는지」에 귀를 기우린다 - 이것이야말로 「정상적인 생활이다」란 사실을 새삼스럽게 깨달았으며 이것을 생활 기술에 도입하는 것이 지금 요구되고 있다. 이것은 또한 「야생 그 자체」에만 존재하는 식량 생산에 필요불가결한 지구 환경을 생각하며 스스로를 살 수 있도록 해주는 지역의 자연과 사회를 만들어 내는 상상력의 원천도 될 것이다.

단지 이러한 두 가지 문제 즉 인류 사회 전체를 굶게 하는 일이 없는 양의 식량 생산과 그 식량을 인류 생존과 건강에 장애를 초래하는 일이 없는 질로 유지하기 위해서는 대담하고도 섬세한 새로운 과학기술의 발전이 필요하다. 이는 타무라(田村) 논문(222페이지)에 상세하게 논하고 있는 부분이기도 하다.

2010년의 「먹는 일」 9

영원히 고집하는 어머니의 맛 ———— 요시다 하지메(吉田 元)

사회와 가족이 크게 변화하고 있는 이 시대에 단란과 조리의 전망도 좀처럼 예측하기 어렵다.

최근 아마미 제도(奄美諸島)로 여행갈 기회가 있었다. 이전에는 벽지라 불리던 이들 섬들은 정말로 교통이 편리하게 되었으며 독자적인 향토식은 모습을 감추고 어느 마을에도 본토와 마찬가지로 슈퍼와 휴대도시락 체인점이 늘어서 있었다. 이용자는 바깥에서 작업하는 사람이나 나 같은 여행자들이다.

어머니의 애정이 담긴 손으로 만든 도시락 = 善, 획일화 된 편의점의 도시락 = 부실함, 惡이라는 견해를 가진 사람에게는 이러한 풍조는 참으로 한탄스러운 일이겠지만 고령화가 한층 진행되고 노인이 늘어나며 전업주부가 감소하는 10년 후에는 가정 요리에 대한 생각도 변할 것이다. 외식, 중식화의 흐름은 이제는 멈출 수도 없다.

유명한 요리연구가 여러분(모든 여성)의 본심을 알 수 있는 기회가 있었는데 놀라움과 동시에 납득도 갔다. 직업으로서 요리를 가르쳐 왔지만 나이가 들자 집에서 요리를 하는 것이 아주 부담스러워졌다. 매일 식단을 생각하는데 지쳐서 이젠 대충대충 요리하고 있다고 말하는 것이었다. 집사람에게 이에 대하여 어떻게 생각하는지 감상을 물어 보니「조리에는 정년도 없고 나도 가끔은 정말이지 조리하기 싫어요!」라고 말했다. 여성의 의식도 급속하게 변하고 있으며 어느덧 대충대충 하는 것에 대한 죄책감도 느끼지 않고 있다.

또한, 현대인은 확실히 식자재의 조달, 조리의 중노동으로부터 해방되었지만 매일 다른 식단이 아니면 건강을 유지할 수 없다는 강박관념이 있다. 이전의 외딴 섬의 식사 등은 선택할 수도 없었으며 매일 같은 식단의 반복이었다.

「손수 만듦의 퇴화」,「어머니 손맛의 상실」이란 것에 언제까지 구애될 필요는 없다고 생각한다. 외식산업 공장에서 대량생산되는 크로켓의 극히 일부를 떼어 조금 찌그러진 모양으로 만드는 것만으로도「손으로 만든 크로켓」이라고 생각되어져 잘 팔린다는 이야기를 들으면 우리들 대부분은 양자를 구별할 수 있는 혀를 가지고 있지 않는지도 모른다.

여하튼 편의점 도시락도 무시할 수 없으며 최근에는 기름지고 채소가 적다는 등의 비판에 대응하여 여러 가지로 열심히 연구하고 있다. 신문에는 도시락의 신작이나 주목작이 매주 소개되고 있을 정도이다. 현대는 변한다. 손으로 만든 정취를 언제까지 한탄하고 있어도 소용없다. 평소에는 외식, 중식(점심)도 적극적으로 즐기고 시간적으로 여유가 있는 주말에는 가정에서 시간을 들여 손으로 요리를 취미로 삼는 것도 또한 좋을 것이다.

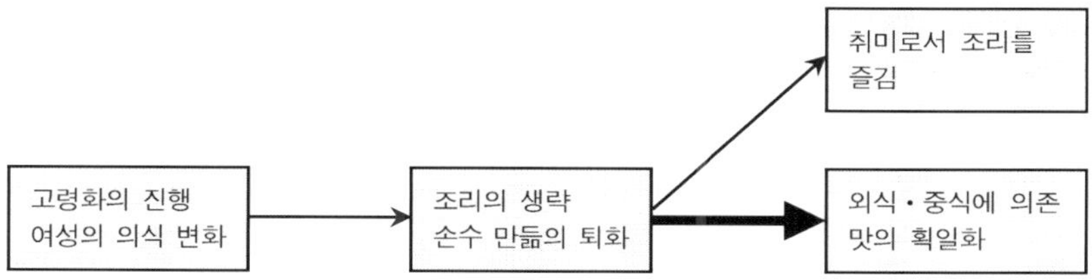

제 3 부

좌담회
식-과거로부터 미래로

좌담회 식 - 과거로부터 미래로

사 회: 이노우에 히토시(井上 如)
참석자: 이시게 나오미치(石毛直道), 후지와라 후사코(藤原房子)
사하라 마코토(佐原 眞), 타무라 신파치로(田村眞八郎)

사진 오른쪽부터
이노우에 히토시(井上 如 / 학술정보센터 명예교수)
이시게 나오미치(石毛直道 / 국립민족학박물관 관장)
타무라 신파치로(田村眞八郎 / 농림어업금융공고 기술참여)
후지와라 후사코(藤原房子 / 일본여자사회교육회 이사장)
사하라 마코토(佐原 眞 / 국립역사민속박물관 관장)

I. 사회의 식(食)과 가정의 식(食)

식의 사회화의 진행 과정 / 가족의 성립과 식 / 식은 기능론으로서만 해결할 수 없다 / 식의 외부 화에 대한 거부감 / 가족제도와 가족의 단란(團欒)

II. 쾌락을 위한 식과 생존을 위한 식

식과 성의 다른 점 / 생존을 위한 식의 추구는 반문화적인가? / 쾌락·생존의 선택은 개인의 문제 / 쾌락 지향으로 나아가고 있다?

III. 식생활과 성(gender)

무보수 작업의 시험적 계산에 대한 의문 / 풍요 속의 영양실조 / 심리적인 지지와 현실 / 남녀 역할의 유동화(流動化)

IV. 「손수 만들기」의 풍화(風化)

손수 만들기에 대한 세대차 / 손수 만들기는 사치인가?

V. 인구·식료의 문제

21세기, 인간은 먹고살 수 있을까? / 경제력의 차가 심화된다? / 버려지는 식료

VI. 자기 밥공기와 젓가락은 계속 이어가고 싶다

밥이 「주식」의 자리에서 밀려나고 있다? / 외국 요리도 밥에 맞추어 만든다

VII. 식의 안전과 안심

독성은 눈에 잘 띄지 않는다 / 정보 과다 / 문명이 사람을 멸망시킨다?

VIII. 미래의 식을 생각한다.

IX. 2극 분화가 더욱 심화된다

이노우에 히토시(井上 如)
어린 시절 가족 다섯 명. 음식은 모두 자가제. 밭농사와 과수농사를 지었고, 점심은 짚신과 장화를 신은 채 먹었다. 바다나 강에서 작은 물고기와 게를 잡았다. 소금도 바닷물로 만들었는데, 두부와 낫토(청국장과 비슷한 콩을 발효시킨 식품)는 실패했다. 옛날 생활로 돌아가자. 헬리코박터 필로리균은 친구. 가축 생활은 싫어했다.

이노우에 (井上)　오늘은 여러분과 함께 「식의 미래」 또는 「식의 앞날」에 대해서 생각해 보고자 합니다.

먼저 이시게(石毛) 선생님께 전반적인 현상 인식과 문제 제기를 부탁드립니다. 계속해서 후지와라(藤原) 선생님께는 식생활과 성(gender) 및 직접 만들기의 감소에 대한 문제, 타무라(田村) 선생님께는 인구・식료 문제 및 식의 안전과 안심이라는 문제에 대한 화제 제공을 부탁드립니다. 그리고 사하라(佐原) 선생님께서는 밥공기와 젓가락만은 계속 이어가고 싶다는 주제로 말씀하시겠다고 미리 부탁하셨습니다. 잘 부탁드립니다.

「식의 미래」라 하면 「미래를 알 수 없는 식의 길」을 말하는 것 같기도 하고, 「식의 앞날」이라면 「걱정하지 않으면 안 되는 것」으로 생각하게 됩니다. 낙관적이든 비관적이든 상관없이 폭넓게 살펴보고자 합니다. 그러면 먼저 이시게(石毛) 선생님께 부탁드립니다.

Ⅰ. 사회의 식과 가정의 식

1.1 식의 사회화의 진행 과정

이시게(石毛)　저는, 미래는 이렇게 될 것이라고 예측해 보지 않았습니다.

그래서 현재 상황을 이해하기 위해 「사회의 식(食)과 가정의 식(食)」이라는 관점에서 생각해 보고자 합니다. 메이지(明治) 시대 이전, 대부분 일본인의 일상 식사는 가정에서 이루어졌습니다. 그러나 요즈음에는 가족이 함께 모여 식사하는 경우는 점점 줄어들고 있으며, 가정 밖의 식사에 의존하고 있는 사람도 있습니다.

한편, 조리의 내용을 들여다보면, 가정에서 만드는 요리라고 하지만, 식품산업으로부터 공급받는 것이 적지 않습니다. 조리의 상당한 부분을 이미 식품산업체에서 담당하고 있고, 가정에서는 이를 식품재료로 사용하는 시스템이 되어 있습니다. 100년 전만 해도 적어도 농촌에서는 된장 담그는 일부터 가사조리가 시작되었는데, 요즈음은 취미로 된장 담그는 일을 제외하면 대부분의 가정에서 조미료를 만드는 일은 거의 없습니다.

이 정도로 식의 사회화가 진행되었습니다. 이는 비단 일본에만 국한된 문제가 아니고, 전 세계적인 외재화(外在化) 경향입니다.

가사의 외재화(外在化), 즉 가사를 가정에서 사회로 내보내는 것이 산업사회화 속에서 진행되었습니다. 의식주 모든 것이 가정노동에서 사회의 전문가에 맡겨지는 경향이 있습니다. 그런 가운데 식(食)은 주택이나 의복에 비해 아직 가정에 의존하는 면이 큽니다.

1.2 가족의 성립과 식

식(食)이 전면적으로 사회로 나아가는 속도가 비교적 느린 이유는 식이란 것이 가족의 성립과 깊은 관계가 있기 때문입니다. 즉 가족이라는 것은 성과 식을 중심으로 이루어진 집단입니다. 아내와 남편의 성관계가 공식적으로 인정되고, 그 사이에 태어난 자식과 부모, 그리고 자식끼리의 성관계는 금지됩니다. 이런 것이 가족의 범위를 결정하고, 또 이런 소집단 속에서 아이를 키웁니다. 가족 집단을 떠받치는 경제적 요인으로서 식이 있고, 식의 분배는 가족이라는 집단을 단위로 해서 이루어져 왔습니다. 그때문에 가족은 식사를 함께하는 범위 또는 단위가 되었던 것입니다.

인류의 오랜 역사를 거슬러 올라가서 가족의 성립 관계를 들여다보면, 거기에는 식이 관여하고 있다는 것을 알 수 있습니다. 그때문에 식을 전면적으로 가정의 식에서 사회의 식으로 바꾸려고 하면 거기에는 상당한 저항이 있기 마련입니다. 실제로 그렇게 했을 경우, 대부분 실패하게 됩니다. 몇몇 공동체 같은 곳에서 가족단위가 아닌 집단으로 식사를 하는 경우도 없지 않지만, 그것은 극히 소수입니다. 예를 들면, 대약진 시대의 중국에는 인민공사식당이라는 것이 있었습니다. 집집마다 따로 조리를 한다는 것은 부르주아적이라든가 하는 여러 가지 이유가 있었습니다만, 하여튼 인민공사내의 전원이 식당에 모여 함께 식사를 했었습니다. 그러나 보란 듯이 실패했습니다.

1.3 식은 기능론으로서만 해결할 수 없다

한편, 요즈음 같은 시대에 경제적 여유만 있으면 한 가족이 호텔 생활도 할 수 있습니다. 식사든 세탁이든 자기 손으로 하지 않을 수도 있지만, 실제로 그렇게 하는 사람은 없습니다. 다시 말해서 이렇게 하면 합리적이라는 기능론과 다른 별개의 문제가 있습니다. 그것은 식이 가족의 연대를 만들어 간다는 것과 큰 관계가 있습니다.

이시게 나오미치(石毛直道)

「대식헌락정(大食軒酩酊)」은 고마츠(小松左京) 선생이 저에게 붙여준 별명이다. 이름은 몸을 표현한다고 하는데 환갑이 지난 지금도 많이 먹고 취하는 버릇은 고쳐지지 않는다. 그 결과, 요즈음은 비만으로 아내로부터 잔소리를 듣고 있다.

요즈음 중식(中食)이라는 것이 유행하고 있습니다. 이것은 반찬이나 도시락을 사 가지고 와서 집에서 먹는 것입니다. 집에서는 조리를 하지 않지만, 함께 먹음으로써 연대 내지는 식을 통한 인간관계라는 것이 생겨납니다. 직장에서 마음 맞는 사람끼리 사 가지고 온 도시락을 함께 먹는 것과 같은 것입니다.

결국, 식이란 원초적인 커뮤니케이션의 수단인 것입니다. 이를 사회가 대신할 수 있느냐 하면, 저는 불가능하다고 생각합니다. 한편, 산업화된 식은 점차 가정 속으로 들어갈 것이며, 가정에서 밖으로 나온 외식도 당분간 계속될 것이라고 생각합니다. 이러한 사회의 식과 가정의 식이 균형을 이루는 적절한 접점은 어디쯤일까 하는 문제를 제기하고자 합니다.

1.4 식의 외부화에 대한 거부감

후지와라(藤原) 이야기를 듣다 보니 생각나는 것이 있습니다. 민속학자인 야나기다(柳田國男)가 쓴 내용입니다만, 적어도 가정에서 가족과 함께 식사하는 것이 당연했던 시대에 「혼자서 좋아하는 음식만 만들어 먹으면 "냄비쟁이" 라고 해서 예의 바르지 않은 행동으로 가족의 조화를 깨트린다」고 비판을 받았다는 이야기가 있습니다. 그런데 요즈음에는 누구나 "냄비쟁이"가 될 수 있으며, 인스턴트식품 같은 식재도 많고 개인용 전기밥솥과 같은 조리기구도 개발되고 있습니다. 포트에 끓는 물만 있으면 간단히 식사를 할 수 있습니다. 그래서 100년 단위로 생각해도 큰 변화가 일어났다는 생각이 듭니다.

후지와라 후사코(藤原房子)
식욕이 왕성한 시기에 절대적인 식량 부족을 체험한 탓인지 이후 오로지 「아깝다」고 입버릇처럼 말하는 사이에 어느 새 살이 쪄서 앞으로 「이래도 괜찮은가」라고 걱정…. 노파심이라는 말이 입에 붙어 그것이 현실로 나타나게 되니 오싹.

의식주에 관련된 것이 점점 외부화 되어가는 과정에서 식은 조금씩 시차를 가지면서 변하는 경향이 있습니다. 이는 식을 담당해 온 여성의 의식 속에 식이 외부화되는 것에 대한 일종의 거부감이 있는 것도 하나의 요인이라고 생각합니다. 기성복을 사 입는, 즉 의(衣)의 외부화에 대해서 당연하게 생각하는 것과 마찬가지로 중식이나 외식에 대해서도 모두 즐겁게 생각하면서도 일부에서는 이에 대해 강한 거부감이 있다는 것이 여러 조사에서 밝혀지고 있습니다. 한편 사회생활의 리듬이 가족의 끈을 느슨하게 하는 방향으로 나아가는 경향이 있습니다. 먹는 것에 한정해서 말하면, 젊은 사람의 경우에는 먹을 것을 사 가지고 와서 집에서 먹는 것에 대해 전혀 거부감이 없으며, 오히려 맛있다고 합니다. 그러나 주부는---주부 나름이지만, 적어도 전업주부는 가족이 따로따로 먹는 것에 대해 별로 좋게 생각하지 않습니다. 속으로 귀찮다고 생각하면서도 자기집 식탁을 꾸려가는 책임과 자부심을 버리지는 않고 있다고 생각합니다.

이시게(石毛) 그것은 과거의 가족 성립을 둘러싼 사회적 분업과 관계되는 것으로 대체로 여성이 음식 조리를 담당해 온 뿌리가 계속 이어지고 있다는 이야기입니다. 심층심리학적으로 말하면, 여성은 아이를 모유로 키웠습니다. 뭔지 모르겠지만, 그러한 여성의 근원적인 역할과 관련된 것으로 직접 음식을 통해서 가족을 부양한다는 것에 대해 남자보다 훨씬 더 강한 인자를 가지고 있다는 생각이 듭니다.

여성의 사회 진출이 더욱 늘어나고, 성의 역할 분담과도 관련된 것이지만 남편이 조리를 하는 「주부(主夫)」가 왜 더 많이 늘어나지 않는지 모르겠습니다. 남자든 여자든 집에 먼저 돌아온 사람이 요리를 하게 되는 것 말입니다. 중국에서는 남성이 일본보다 더 많이 조리하고 있지 않습니까.

사하라(佐原) 요시다(吉田集而) 선생님으로부터 들은 적이 있는데, 파푸아뉴기니에서는 식사 시간이 따로 정해져 있지 않고, 가족은 따로따로 식사를 한다고 합니다. 혼다(本田勝一)가 쓴 책 『캐나다-에스키모』에서도 배가 고프면 그냥 부엌에 가서 고기를 먹는다고 합니다. 말하자면 식사라는 기회에 가족이 함께 모여 먹으면서 연대감을 키우게 된 것은 인류의 역사에서 처음부터 있었던 것이 아니고, 초기에는 식사 시간도 정해져 있지도 않았으며 각자 따로따로 먹었을지도 모릅니다. 이후에 가정이라는 식사 장소가 정해져 있다가, 지금에 와서 다시 따로따로 식사함으로써 가족의 연결고리가 먼 옛날로 되돌아가고 있는지도 모르겠습니다.

이시게(石毛) 그렇지 않습니다. 비교적 개별적으로 식사하는 것으로 알려진 민족에 대해서는 제가 알고 있습니다. 대가족이든 소가족이든 일상생활을 함께 하는 그룹이 있는데, 하여튼 그 속에서 식사가 일상의 중심이라고 보고 있습니다. 농경시대나 목축시대 이전의 수렵사회에서는 남성 집단과 여성 집단이 따로 식사하는 형태의 사회가 있습니다. 이는 사냥을 하면서 이동하는 소집단의 작은 세계입니다. 그렇게 되다 보니, 사냥을 하는 남자와 사냥하지 않는 여자라는 점에서 이는 상당히 사회적인 식으로서의 성격을 띠고 있다고 볼 수 있습니다만, 그러한 사회적 식사 집단 내에서도 가족을 단위로 하는 공동 식사를 찾아볼 수 있습니다.

타무라(田村) 세계적인 경향으로 생활의 외부화가 진행되어 가고 있습니다. 제 경우도 그렇습니다만, 인간은 아주 게을러서 때로는 입을 여는 것조차 귀찮아 하는 경우가 있습니다. 동물적인 관점에서 생각해 보면, 때가 되면 배우자를 만나 자손을 남기는 것은 필연적이기 때문에 젊었을 때 남녀 교제를 하고, 그 전에는 연습으로 또래 집단에서 남자 또는 여자끼리 그룹을 만듭니다. 이런 세대에서 공동 식사는 아주 중요한 일입니다. 그러나 이후부터 공동 식사는 의외로 달갑지 않은 일일 수도 있다는 생각이 듭니다. 인간도 동물이기 때문에 함께 살아가기 위해서 자기들만의 영역을 만듭니다. 그 영역 내에서 서열이 만들어지고 그 안에서의 공동 식사는 실제로 괴롭힐 수 있는 기회가 됩니다. 인간의 경우는 말로써 괴롭힙니다. 직장 내에서나 학교교실 내에서도 서열이 있고, 가족 내에서도 서열이 있습니다. 이런 경우에 있어서 공동 식사란 별로 달갑지 않을 수 있습니다.

타무라 신파치로우(田村眞八郞)

미야자와(宮澤賢治)의 팬 입장에서 말하면, 동화 이하토보에서 「구스코부도리 전기」보다는 「포라노광장」을 좋아한다. 옵저버 스타일의 유토피언이 아닌가 하고 반성하고 있음….

이러한 이유로 가능하면 밖으로 밀어내는 힘이 있습니다. 밖에서도 공동 식사가 아니고, 레스토랑에서는 개인석이 늘어나고 있습니다. 패밀리 레스토랑에서도 의자 배치가 밖을 향하거나 벽을 향하는 경향이 점점 늘어나고 있습니다. 그런데 나이가 좀 더 들게 되면 어떨까요, 차를 함께 마실 친구가 필요하게 되겠지요. 미래의 레스토랑은 노인끼리 식사하는 것이 외식으로서 중요한 풍경이 될 것 같은 생각이 듭니다.

1.5 가족제도와 가족의 단란(團欒)

이시게(石毛) 흔히 공동 식사 = 일가 단란으로 생각하기 쉬운데, 얼마 전까지만 해도 일본에서는 그렇지 않았습니다. 가족이 단란해야 한다는 사상은 메이지(明治) 시대 후기에 나타났지만, 그것이 실현된 것은 텔레비전을 보면서 식사를 하게 되고 나서부터입니다. 텔레비전을 화제로 해서 가족이 이야기를 나누면서 식사를 하게 되었습니다.

후지와라(藤原) 제2차 세계대전 이전의 일입니다만, 어렸을 때 라디오를 들으면서 식사를 한 기억이 있습니다. 한 가족이 모두 모이는 거실은 따뜻했습니다. 아직 중앙 난방 시설이 없었던 시대라서 그곳밖에 난방이 안 되고, 라디오가 없거나, 그곳이 가장 밝았고, 가족들이 자연스럽게 모이게 되었습니다. 그리고 식사도 요즈음처럼 버튼이나 스위치 하나로 해결할 수 있는 것이 아니었으므로, 함께 식사를 준비하고 제때 모이지 않으면 따뜻한 음식을 먹을 수 없는 연료의 제약도 있었다고 생각합니다. 시대에 따른 쾌적함+경제적 요인, 이런 점에서 가족은 단란하지 않을 수 없었던 그러한 조건도 있었다고 생각합니다.

사하라(佐原) 관련해서 이시게(石毛) 선생님께 질문드리겠습니다. 옛날에는 아버지와 장남한테만 맛있는 음식을 내 놓는 경우가 많았습니다. 이런 관습은 밥상에서 식탁으로 바뀌는 과정에서 사라진 것인지, 아니면 전후 민주사회가 되면서 사라진 것입니까? 요즈음 아마 그런 풍습이 없다고 생각합니다. 오히려 앞으로는 어쩌면 아이들이 좋아하는 음식을 먹는 방향으로 바뀌어 갈지도 모르겠습니다. 이 점에 대해서 어떻게 생각하십니까?

사하라 마코토(佐原 眞)

미야자와(宮澤賢治)의 「비에도 지지 않고」의 1일 현미 4홉이 국어교과서에 실릴 때(1948년), 배급제도에 맞추어 3홉으로 수정되었습니다. 그러나 요즈음은 1홉 정도밖에 먹지 않습니다. 쌀을 많이 먹는 식생활이 되었으면 합니다.

이시게(石毛) 이것은 한편에서는 가족을 지탱하는 제도상의 문제입니다. 다시 말해서 일본의 가족제도와 크게 관련된 문제입니다. 에도(江戶) 시대의 상류무사나 호상(豪商)의 가정에서는 남편은 별실에서 부인이 차려 주는 밥을 먹고, 나머지 가족은 다른 곳에서 식사를 했습니다. 이러한 가족제도에서는 중심인물인 가장 또는 상속자가 특별대우를 받았습니다. 일반적으로 음식의 질도 좋고 종류도 많았습니다. 이런 풍습에 대해 사카이(堺利彦) 등은 신랄하게 비판했습니다만, 결국 낮은 밥상 시대까지도 남아 있었고 2차 대전 이후 종래의 가족제도가 무너지면서 가족 간의 식사 분배도 평등하게 되었습니다.

II. 쾌락을 위한 식과 생존을 위한 식

2.1 식(食)과 성(性)의 다른 점

이시게(石毛) 이즈음에서 화제를 바꾸어 식이 쾌락을 위한 것인지 아니면 생존을 위한 것인지에 대해 이야기하겠습니다. 먹는 것에는 쾌락, 쾌감이 따르기 마련입니다.

이러한 쾌락을 추구하는 것 중에 또 하나 큰 것이 성(sex)이라고 생각합니다. 성과 식은 늘 대비되지만, 양자는 기본적으로 다른 점이 있습니다. 성이라는 쾌락은 기본적으로 인체에 붙어 있습니다. 그래서 조작(manipulation)하기가 상당히 어렵습니다. 미녀들이 모인 할렘을 갖고 있는 성불능의 임금보다도 건강한 농부가 더 충실한 성생활을 할 수 있습니다.

이에 대해 식(食)은 체외에 있습니다. 먹는다는 것은 환경을 체내로 끌어들이는 것으로, 이는 외계에 있는 자원과 연관을 가지게 됩니다. 외계라는 것은 조작이 가능합니다. 이런 점에서 기술이라는 것에 대해 생각해 보면, 성의 쾌감을 얻기 위해서는 그렇게 다양한 기술이 필요하지 않습니다. 그러나 식의 경우는 그것이 외부에 있으므로 다양한 조작이 가능합니다. 실제로 요리법도 무수히 많습니다. 바꾸어 말하면, 식은 성에 비해 문화적 조작이 가능합니다. 그러한 조작이 가능한 사람들, 그리고 부나 권력이 있는 곳에서 미식이니 포식이니 하는 것이 발달해 왔습니다.

2.2 생존을 위한 식의 추구는 반문화적인가?

한편에서는 생존을 위한 식조차도 만족할 수 없는 사람들이 과거에도 있었고, 지금도 여전히 존재하고 있다는 사실 때문에 식은 불평등한 쾌락이라는 성격을 지니고 있습니다. 세계의 종교는 식의 쾌락 추구에 대해 대체로 부정적이었습니다. 포식이나 미식은 종교적 죄악에 가까운 것으로 취급되어 왔습니다.

성과도 관련 있는 것으로 식뿐만 아니라, 신체적인 쾌락을 긍정하게 되는 것은 인간의 내면에 있는 야수와 같은 성질을 방임하는 것으로 여겼습니다. 그것은 신이 인간을 지배하는 신의 관리로부터 벗어난 수성(獸性)을 인정하는 것이므로 거기에 쾌락을 부정하는 원리가 있었습니다. 그 대신 현세에서 엄격히 절제된 생활을 한 금욕의 대가로 내세에서의 쾌락을 약속합니다. 내세는 곧 파라다이스인 셈입니다. 현실에서 해결할 수 없는 불평등을 내세로 돌린 것입니다. 즉 물질적인 욕구를 억제함으로써 그것을 정신 문제로 승화시키는 것이라고 볼 수 있습니다. 그래서 물질적인 생활 수준이 향상되면 종교라고 하는 것은 점점 힘을 잃게 됩니다. 왜냐하면, 내세가 아니더라도 현실에서 균형을 이룰 수 있기 때문입니다. 다만 이러한 견해에 대해 반대 운동도 없지 않습니다. 그중의 하나가 원리주의라는 것입니다.

그래서 「생존을 위한 식」에 대해 생각해 보면, 그것은 동물로서 인체를 유지하는 것입니다. 인체의 연료인 식은 우선 양적인 만족이 필요합니다. 그다음에 균형의 문제로 다양한 음식을 먹고 싶어 하고, 그리고 영양적으로 만족하게 됩니다. 이렇게 되면 요리라고 하는 것은 필요 없게 됩니다. 링거나 튜브 같은 것을 통해 영양을 공급하는, 즉 요리를 하지 않은 것을 체내에 주입해도 인간은 살아갈 수 있습니다. 생존을 위한 식의 사상을 극단적으로 보면, 인간이 오랜 세월 동안 축적해 온 식료자원의 개발이나 요리 기술의 발달은 모두 쓸데없는 일을 했다는 것이 됩니다. 다시 말해서 생존을 위한 식의 입장에서 보면, 일종의 반문화적 입장이 되는 것입니다.

쾌락을 위한 식에 인생의 비중을 둘 것인가, 아니면 생존을 위한 식을 우선적으로 추구할 것인가 하는 문제는 개인 또는 사회가 처해 있는 상황에 따라 바뀌는 것입니다. 기아의 상황에서는 당연히 생존을 위한 식을 위해 전력을 다하게 됩니다.

한편, 굶주림이 없는 사회에 살고 있는 사람들 중에서도 식의 쾌락 추구에 대해 부정하는 움직임이 전 세계적으로 활발히 일어나고 있습니다. 이는 성인병(생활습관병)에 관련된 것으로, 자연식 운동이라든지 건강식품 붐이 일어나고 있습니다. 그것은 맛있는 것을 부정해서라도 건강을 유지해야 한다는 것으로, 이를테면 현미식을 한다든지 하는 움직임으로 나타나고 있습니다. 맛있다는 이유만으로 몸에 해로운 식품을 계속 먹으면, 결국 일찍 죽게 된다는 것입니다. 그것은 종래의 종교에서 사치하게 되면 내세에서 좋은 일이 없으며 지옥으로 떨어진다는 논리와 다소 비슷합니다.

그 근거가 된 것이 생리학, 영양학, 과학이기 때문입니다. 과학이 종교를 대신한 듯한 경향이 나타나고 있습니다.

2.3 쾌락 · 생존의 선택은 개인의 문제

이것을 좀 더 심도 있게 들여다보면 고전적인 명제가 됩니다. 식에 대한 다양한 선택, 그것은 개인의 문제가 아니라, 사회문제라고 생각합니다. 그 이유는 국민 국가이기 때문입니다. 근대 국민 국가에 있어서 인민은 국가의 재산이라는 관념이 아주 강하게 나타나고 있습니다. 즉 세금이나 징병과 같은 대상으로서 인민은 국가의 재산입니다. 그래서 재산으로서의 인민의 건강에 대해 국가가 크게 영향을 끼칩니다. 인민의 건강은 국가가 관리하지 않으면 안 된다는 논리가 생겨났습니다. 이러한 논리에서 「음식을 쾌락 추구를 위해서, 먹기 위해서 사는 사람은 악이다」라는 윤리가 만들어졌습니다. 여기서 고전적인 명제입니다만, 결국 「살기 위해 먹는가, 먹기 위해 사는가」로 귀결됩니다. 그렇다면, 우리는 어느 쪽을 선택할 것인가 하면, 그것은 이미 국가나 종교가 아닌, 개인의 권한입니다. 몸에 나쁘다는 것을 알면서도 맛있는 것을 실컷 먹고 일찍 죽겠다는 배짱도 통하는 사회입니다. 이런 관점에서 쾌락이라는 것을 부정해도 어쩔 수 없지 않겠습니까.

맛있는 음식을 먹으려는 욕구, 즉 맛있는 것을 모으고 만들 수 있는 인간 문화의 깊은 곳에 새겨진 인간 특성의 하나로 그것은 동물과 다른 점입니다. 조금 이야기가 길어졌습니다만, 앞으로 어떻게 되어갈까요.

극단적 논리로 말씀드렸습니다만, 식의 쾌락을 긍정하는 것에도 어느 정도의 책임은 있습니다. 예를 들면, 아직 어린 자식이 있는데도 불구하고, 혼자서 맛있는 것을 실컷 먹고 일찍 죽으면서 남겨진 가족에 대해 「나 몰라라」라고는 할 수 없지 않습니까.

사하라(佐原) 이 문제에 대해서는 우리처럼 나이가 들어 식욕이 떨어진 사람들과 반대로 식욕이 왕성한 사람들의 생각으로 크게 다를 수 있겠습니다.

타무라(田村) 쾌락을 위한 식은 틀림없이 있을 겁니다. 건전한 정신이 건전한 신체에 깃든다는 것은 실은 건전한 정신이 깃드는 것이 바람직하다는 뜻입니다. 즉 건전한 신체에 건전한 정신이 깃들지 않은 수 있다는 의미와 같습니다. 달리 말하면, 자연과학이나 예술에서도 건전한 정신으로는 결코 독창적인 예술도 독창적이고 발전적인 자연과학도 태어날 수 없다고 생각합니다. 아주 이상한 사람이 아니면 어렵습니다.

이러한 의미에서 말하면, 문화라고 하는 것은 건전한 시각에서 보면 쾌락에서 열락을 향해 아주 일탈한 면이 있습니다. 인류 문화나 식 문화는 그러한 일부 사람들의 비정상적인 일탈에 의해 생겨난 것이 적지 않다고 생각합니다.

2.4 쾌락 지향으로 나아가고 있다?

후지와라(藤原) 지금 이야기를 들으면서 제 생활에 대해서 생각해 보았습니다. 그리고 세상에는 아주 다양한 선택지가 있는데, 그것을 때와 장소의 상황에 따라 사용해 왔다는 느낌이 듭니다. 맛있는 음식을 찾는 기분도 이해할 수 있고, 또 일찍 죽기는 싫어하는 기분도 이해할 수 있습니다. 그 이유에 대해서는 차치하고, 양자를 적당히 선택하고 있다고 생각합니다.

그리고 현재의 국민영양조사나 외식에서 인기 있는 식품군의 동향을 살펴보면, 쾌락지향, 즉 맛 있는 것, 자극적인 것, 강렬한 것, 그리고 손쉬운 것을 지향하는 느낌이 듭니다. 누군가 제동을 걸지 않으면, 의료비를 비롯해서 국민경제적 차원에서 손실이 되는 방향으로 나아가는 느낌이 듭니다. 미국 정부가 PFC 비율로 바람직한 영양섭취기준을 제시하고, 계몽하는 것도 그러한 이유라고 생각합니다.

이시게(石毛) 아마도 이 두 가지 방향에 대해서는 이전부터 인간이 추구해 온 것이라고 생각합니다. 이를테면, 에도(江戶) 시대의 무사들에게는 금욕사상이 있었고, 이후 메이지(明治) 정부는 그러한 무사들의 모럴을 국민 전체의 모럴로 삼고자 했습니다. 거기에는 먹는 것에 대한 즐거움을 이야기하는 것은 남자답지 않았습니다. 얼마 전까지만 해도 남자가 큰 소리로 먹는 것에 대해 이야기하는 것은 점잖지 않은 행동이었습니다. 그러나 요즈음은 먹는 것에 대해 곤란을 느끼지 않는 시대가 되었습니다. 텔레비전 프로그램을 보고 있으면, 구르메(gourmet)는 나쁘지 않다고 생각하게 됩니다. 어느 쪽 사상이 겉으로 나타나는가 하는 사회의 상태에 따라 달라집니다.

사하라(佐原) 아주 오랜 옛날에는 생존을 위한 식이었다고 생각합니다. 요즈음은 쾌락 식도 추구할 수 있게 되었습니다. 한 사람의 인생으로 치면, 어렸을 때는 생존을 위한 식, 중년 이후부터는 쾌락 식을 추구하게 됩니다. 아이들이나 젊은 사람들은 내일을 위해 먹고 잡니다. 저의 경우는 오늘의 피로를 풀기 위해 먹고 자는 것 같습니다.

또 한 가지, 자주 일컬어지고 있는 이야기입니다만, 일본인은 함께 식사하게 되면 모두 같은 음식을 먹는다는 것입니다. 그러나 프랑스인이나 중국인은 각자 다른 것을 먹습니다. 쾌락을 위한 식의 자세에는 민족 차가 있는 건 아닙니까?

이시게(石毛) 그렇습니다. 민족차가 있습니다. 모두에서 말씀드렸습니다만 개체로서의 인간의 발달 과정에 대해서 이야기하면, 처음에는 모유나 분유로 시작합니다. 이후부터 점점 선택의 폭이 넓어지고 식의 정보화가 진행됩니다. 그 개체에 있어서 식의 정보화와 그것을 만들어가는 과정, 그리고 그것이 어떤 것이었나 하는 것에 따라 식생활은 상당히 변화합니다.

후지와라(藤原) 유럽에서는 신교도주의(protestantism) 국가인가 구교도주의(catholicism) 국가인가에 따라 미식에 대한 태도가 많이 다르다고 합니다. 국가에 따른 전통이나 식 문화의 차이는 확실히 있다고 생각합니다. 그렇다면 일본은 어느 쪽일까 하고 생각하면서 이야기를 들었습니다.

이시게(石毛) 그 차이가 나타나는 배경으로서 구교도주의 지역은 지중해 연안으로 위도가 낮아 식재가 풍부하고 양적으로도 생산력이 높습니다. 이에 비해 알프스 이북의 신교도주의 국가에서는 식재의 생산력이 낮은 풍토 조건 등과도 관계가 있을 겁니다.

이노우에(井上) 여러 가지 흥미 있는 이야기가 많이 나왔습니다만, 이 정도로 하고 다음 화제로 넘어가겠습니다. 앞에서도 조금 언급되었습니다만, 식생활과 성(gender)이란 주제로 후지와라(藤原) 선생님 화제 제공을 부탁드리겠습니다.

III. 식생활과 젠더

3.1 무보수 노동(unpaid-work)의 계산에 의문

후지와라(藤原) 남자가 좋은 맛에 대하여 이야기하는 것은 여성스럽다는 가치관, 그것은 틀림없이 젠더가 그렇게 만드는 것입니다. 젠더라고 하는 것은 말할 필요도 없이 사회적, 문화적으로 형성되어온 성별이지만, 그것과 음식과는 매우 강하게 연관되어 있다고 생각하고 있다. 나는 전후 50년이라는 기간에서 생각하고 있으나, 전쟁 중, 전후의 확실한 기아 체험을 한 즈음에는 전통적인 남녀의 역할 분담이라고 하는 것의 가부간의 대답도 없이 붕괴되어, 상당히 상호 노선 연장처럼 되었다고 생각한다. 그 시절에 나는 아버지와 어머니가 담당한 음식을 둘러싼 구체적인 역할 분담-물건을 사러 가는 것과 통제 물자의 조달, 입수 등으로 협력을, 아이 나름대로 여러 가지 봐왔다. 전후의 부흥과 함께 다시 종래의 남자 역할, 여자 역할로 되돌아가지만 종전을 전후하여 그 혼란한 시기, 위에서 부터 아래까지 약간의 역할에 대한 유동화가 있었다고 생각한다. 1997년에 경제 기획청에서 일본에서 처음으로 무보수 노동의 계산을 하였다. 이것은 무상 노동이라는 관점에서 도대체 여성은 어느 정도 총노동에 기여하고 있는가를 생활시간 조사를 기초로 하여 계산한 것이다. 계기가 된 것은 1995년에 제4회 세계 여성회의가 북경에서 개최되었고, 그때 GNP에 포함되지 않는 여성의 방대한 노동이 있지 않았는가, 그것을 숫자로 나타내지 않는 것은 부당하다라고 하는 것이 언급되었고, 세계 각국이 국가를 기본으로 하여 계산할 것을 합의하였다. 따라서 일본도 실시하게 되었다. 그때 물의를 빚은 것이 있었다.

예를 들어 여성은 가정에서 식사를 만든다고 하는 일에 몇 시간 소비하였는지 그것은 돈으로 환산을 하면 얼마 정도인지와 같은 여러 가지를 이야기하였을 때 여성의 조리 능력을 조리사 견습생의 임금으로 계산하였다. 왜 조리사 견습생으로 하였는지가 문제가 되었다. 가족 구성이나 가족의 건강 상태와 기호 같은 것도 생각해서 메뉴를 만들고 가계의 변통을 하면서 꾸려나가는 주부들의 조리가 왜 조리사 견습생과 같은 정도인지 의문과 불평이 나왔던 것이다. 나도 위원회의 멤버이면서도 여성은 얼마나 요리를 잘하는지 숙련된 주부라고 해도 조리사 견습생, 하지만 남자는 사회에 진출하여 일하고 있으면 조리사 혹은 요리사로서 프로로 인식되어 보다 높게 계산된다. 이러한 것에서 확연하게 젠더에 의한 격차가 반영되고 있다고 절실히 생각하게 된 것이다.

3.2 풍요로움 속에서의 영양실조

한 사람의 예를 이야기한 것이지만 음식에 대한 젠더의 시점에서의 재검토가 이후에도 필요하게 될 것이라고 생각한다. 이것은 전혀 다른 이야기이지만 커다란 사회적인 배경으로는 남녀의 생활습관의 변화라고 하는 것이 있다. 아이가 있는 집이 줄어들고 있는 요즈음은 전 세대의 약 35% 정도는 아이가 없는 가정이 되어가고 있거나 독신자 세대가 많아지고 있으며, 특히 젊은 사람들 중에는 남자들이 많다.

이것은 만혼화(晩婚化)와 혼자 사는 남자가 늘어나고 있는 추세이지만 고령자 세대의 증가도 영향을 주고 있다. 그 결과 남자도 음식에 관여할 필요가 있고, 그것 또한 당연하다는 경향이 일부에서는 나오기 시작한다. 또한, 남주족(男廚族)(남자는 주방에 들어가지 않는다)로부터 주방에 「들어가는」 남자들을 지칭하는 말-이 취미와 실익의 형태로 증가하고 있다. 여러 가지들로 인하여 한편으로 젠더에 의해 어려운 구분으로 부터 조금씩이지만 역할의 유동화가 시작되고 있다. 이 버팀목이 되어 있는 것은 식품 산업, 유통 기구의 발달이라고 생각한다.

여기서 문제가 되고 있는 것은 개개인 적인 식사와 혼자서의 식사이다. 개개인이 좋아하는 것을 구입하여 먹는 것이라면 결과적으로 편식이 증가한다. 즉, 좋아하는 것, 스스로 손쉽게 처리할 수 있는 것만을 먹게 될 것이며, 풍요로움 속에서의 영양실조라고 하는 오래전부터 문제시되고 있다고 생각한다.

다른 하나는 주부는 조리를 하는 사람으로 생각하는 것이 오래전부터 있었지만 현재에는 전업주부의 수가 감소하고 있으며, 더욱이 그 전업주부라고 하여도 요리를 하지 않는다는 것이 그다지 이상하지 않다는 의식이 생기고 있다는 것을 덧붙이고 싶다.

사하라(佐原) 말씀하신 대로이지만 저는 젠더라는 말을 사용하는 것 자체에 거부감을 느끼고 있습니다. 영어로는 젊은 여성을 향하여 sex라고 말하기 어렵습니다. 영어로 젠더라고 하는 말은 사회적으로 성을 나누면 되겠지만, 일본의 경우에는 성으로 좋다고 생각합니다. 남과 여, 남성, 여성의 성의 차라고 하는 것은 충분히 이야기했다고 생각하는데 어떻습니까?

이시게(石毛) 「성(性)」이라고 하는 것은 일본어에서도 비교적 일방적인 연상, 섹스를 연상하기 때문에 젠더라고 하는 말이 유행하는 것일 것입니다.

3.3 심리적인 지지와 현실

타무라(田村) 남녀의 성별 역할을 확실하게 분리하고 있는 것은 좋지 않기 때문에 이것을 조금씩 조금씩 바꾸어가는 방향으로 나아가고 있으며 이것은 괜찮은 것이라고 사람들은 생각하고 있습니다. 남자도 여자도 같습니다. 단지 현실적으로 어떻게 움직이고 있는가가 문제일 뿐입니다. 가족 제도 같은 것과 관련되어 있고, 그 역할 분담이 점점 바뀌어 가고 있습니다. 가족이 변하는 경우는 거기서 막힌다면 치명적인 타격을 받게 되는 경우가 있습니다. 이런 의미에서 생각한다면 절제하면서 하는 것이 좋다고 생각하는 사람들과 그렇지 않고 더 가속도를 붙여 진행해 버리는 것이 좋다고 생각하는 사람들도 있다고 생각됩니다. 그러한 것들이 미래에는 어떻게 될 것인가? 그리고 지금까지 일본이 특히 그러했지만, 실업률이 높으면 여자들을 가정으로 돌아가게 하는 힘이 작용하는 느낌이 듭니다. 이러한 것들이 어떻게 균형을 이루면서 앞으로 10년 20년 어떻게 될 것인가라는 것이 문제가 될 것입니다. 모두들 심리적으로는 지지하고 있는 것입니다.

후지와라(藤原) 단지 식사라고 하는 것 그 자체가 매우 습관성이 강할 뿐만 아니라 보수적인 것이기 때문일 것입니다. 바꾸려고 해도 혀나 위가 말을 듣지 않을 때도 있기 때문입니다. 기능 수준이나 습관의 문제를 포함하여 우리 몸 전체의 반응을 생각한다면 타무라(田村) 씨가 말한 것과 같이 어느 정도 속도를 조절하면서 진행하는 방법으로 조금씩 조금씩 변해가지 않을까 하고 나는 생각합니다.

이시게(石毛) 이것을 서투르게 말하면 반동적이라고 하는 것이 되겠지만, 여성의 사회진출을 점점 더 많이 하는 것이 정말로 좋은 일인가 하는 것입니다. 즉 조금 전에 말했던 가족의 기원과 관련되는 것이지만, 인간이 육식을 시작한 것이 가족의 기원으로 연결이 됩니다. 남성과 여성을 비교해 보면 순발적인 체력은 남자의 경우가 큽니다. 그리고 여성에게는 긴 임신 기간, 육아 기간이 있습니다. 수렵 채취 민족에서는 지금까지도 수렵은 거의 대부분이 남자의 일입니다. 이것에 대하여 채집은 여자의 일로 되어 있는 면이 많습니다. 이러한 식재료를 획득하고 있는 양식으로 된 것입니다. 그리고 여성과 아이들도 버리지 않고 남자가 가져온 것들을 나누는 배분 단위가 형성되었습니다. 이것이 가족이라는 것입니다. 역할 분담이라고 하는 것은 근원적으로 있습니다. 그래서 여성이 정말로 남자들과 동등하게 사회 진출하여 같은 기준으로 모두 계산하게 되면 여성의 경우가 불리하게 되지 않겠냐는 생각이 듭니다.

후지와라(藤原) 말씀하신 대로 원양 어업에서 커다란 생선을 잡아오거나 대형 가축을 키우거나, 커다란 트랙터를 운전한다거나, 그와 같은 힘을 쓰는 일을 한다거나, 순발력과 같은 것이 필요할 때에는 여성은 불리할지도 모릅니다. 하지만 이러한 예도 있습니다. 낙농업 하는 곳을 방문했을 때의 이야기인데, 사업의 동업자였던 부인이 죽고, 그 후에 우유의 생산량이 떨어졌던 것입니다. 소를 키울 때 힘든 일은 남편이 지금까지 해 왔기 때문에 잘 하였으나, 아주 작은 배려가 부족하지 않았겠냐고 말했습니다. 소를 키우는 데 있어서도 남성, 여성 각각 약간 다른 데가 있을 것입니다. 기계의 힘으로 도와 줄 수 없는 부분에 대해서는 성에 따른 차이는 확연하게 있다고 생각합니다.

그리고 가정내의 일상생활에 필요한 여러가지 일과 생활을 유지하기 위한 일은 유동화(流動化)시킨 경우가 남성은 안정된다고 생각합니다. 특히 고령화되면, 부인이 병약하거나, 먼저 죽거나 한 여러 가지 형태를 보면 남편이 식사를 준비하는 데 아무것도 몰라서 아무것도 하지 못할 때에는 보기만 해도 불쌍한 상태입니다.

사하라(佐原) 오랫동안 남성 지배 사회였습니다. 지금은 이것이 남녀평등이 되고 있습니다. 남녀평등이 가는 도착지는 남자도 여자도 완전히 같은 일을 한다는 것이 아닙니다. 남자와 여자는 몸의 차이, 느끼는 것의 차이, 역할의 차이가 있습니다. 그것을 서로 인정해 가면서 나아가는 것이 평등이라고 생각합니다. 과거의 고고학, 민족학의 예를 보아도 사냥은 남자가 합니다. 그것을 여자가 하면 안 된다는 것은 아니지만, 전부를 평등하게 한다고 하는 것은 있을 수 있다고 해도 그 차이를 없애 버리는 것이 목적이 아니라고 생각합니다.

이시게(石毛) 그래, 나도 그것을 이야기하고 싶었습니다.

후지와라(藤原) 성적 능력이라고 합니다만, 성에 따른 차이는 당연히 있고 생물학적인 차이는, 그래서 그 부분은 함께할 수 없다고 생각합니다.

사하라(佐原) 차이가 있는 것이 더 흥미롭기 때문에 같이 되면 재미가 없습니다.

이노우에(井上) 사하라(佐原) 씨는 스스로 요리를 할 때가 있습니까?

사하라(佐原) 예, 합니다.

타무라(田村) 저도 합니다. 집사람은 배를 고파하지 않는 사람이기 때문에….

이노우에(井上) 이시게(石毛) 씨는 요리하는 것을 좋아하는 것으로 유명한 분이고, 저도 하고는 있습니다. 보는 것만으로도 불쌍한 상태라고 이야기하는 것은 여기의 4명에게 적합합니다.

3.4 남과 여 역할의 유동화

타무라(田村) 무임금 노동에서 신경이 쓰이는 것이 하나 있습니다. 여자가 아이를 출산하고 젖을 먹이고 키우는 것과 그것과 연관된 요리가 있습니다. 이것은 돈으로 계산할 수 없는 경이로운 일이라고 할 수 있다고 하는 힘이 작용하기도 합니다. 여자들 중 일부분도 그러한 생각에 동조해 버리기도 합니다. 그것은 매우 위험하다는 생각이 됩니다. 그것은 매우 중요한 일이기는 하지만, 역시 어떠한 형태로든 돈을 버는 방법을 생각하지 않으면 안 되는 것입니다. 자기 자신의 아이를 탁아소에 맡기고, 자신은 탁아소에서 일하면서 다른 사람의 아이들을 돌보면서 돈을 번다는 것, 그렇게 한다면 남자들이 차지하고 있었던 돈을 여자들에게로 이동하게 될 것입니다. 또는 요리에서도 외식산업에 참가하여 다른 사람의 요리를 만든다면 돈이 들어오게 되는 것 아니겠습니까? 따라서 음식의 외부화는 좋은 것으로 생각합니다.

후지와라(藤原) 적어도 하나의 모델은 되겠군요.

이시게(石毛) 이것은 두 가지의 방법이라고 생각됩니다. 즉 여성이 사회에 진출하게 되면 여성이 가정에 있는 시간이 없어지는 만큼 남성이 대신해서 떠맡는 방법, 한때 중국이 그러했습니다. 다른 하나가 요리의 외부화입니다. 지금 중국에서도 경제가 좋아지고 산업화된 가공식품 등이 점점 유통이 되기 시작하였기 때문입니다. 이러한 사회적인 산업에 의지하게 되면 가정의 일 중에서도 즐거운 것만이 남게 되는군요. 즉 중국의 경우에는 남편이 보통 요리를 하고 있는 경우에는 남편이 만드는 요리가 맛이 있고, 만드는 사람이 재미있다는 것을 찾아내고 있겠지요. 그래서 음식에 관한 가정의 일 중에서도 어렵고 힘든 것은 점점 더 외부화되고 있습니다. 거기에 남는 것은 결국 만드는 즐거움인 것입니다. 그 즐거운 부분만은 남자, 여자에 상관없이 남겨 두고 싶습니다. 아무래도 그러한 힘이 작용하고 있는 것 같습니다.

후지와라(藤原) 이런 의미에서 기술적 작업을 간략하게 할 목적으로 반 조리품이 증가하고 있다는 것은 아주 좋은 것으로 생각됩니다. 갈색이 날 때까지 볶은 잘게 썬 양파의 냉동품 같은 것은 아주 좋은 예라고 할 수 있지요.

이시게(石毛) 예전에 여러 사회의 부엌 문화를 비교 연구한 적이 있지만, 부엌이라고 하는 곳은 벼를 재배하는 사회이면 쌀겨를 탈곡하는 것부터 시작하겠지만 근대화가 점점 더 진행되면 결국에는 부엌에서 남게 되는 일이라고 하는 것은 간을 맞추거나 담는 것으로 수렴해 오고 있는 것으로 결론지었습니다. 결국, 그것은 가사라고 하는 부엌일 중에서도 즐거운 요소가 많은 부분이군요.

Ⅳ. [수제품]의 풍화(風化)

4.1 세대에 따라 다른 수제품의 시점(視點)

후지와라(藤原) 즐거운 것이 부족하게 되면 일상적인 일이지만 특별한 취미와 같은 행동을 하게 되는 것으로 생각됩니다. 맛을 내거나 담아내는 것만 하게 된다면 결국에는 거의 완성된 단계로 가장 즐거운 장면입니다. 요리에는 창조적인 측면이 있기는 하지만 매일 반복하게 되면 사람에 따라서는 중압이나 부담감이 생길 수 있습니다. 따라서 식재료에서도 지금 이야기한 것과 같이 어느 정도 가공식품이 종류도 다양화하여 사용하기 쉬운 형태로 손쉽게 사용할 수 있도록 하게 되면 이것을 사용하여 수제품과 같은 형태로 하는 것은 가능해지지 않을까 합니다.

따라서 먼저 수제품이란 무엇인가? 단어는 같지만 이미지로써 수제품의 원점이 세대에 따라서 달라지게 됩니다. 예를 들어서 메이지, 다이쇼의 시대에서는 미소(일본 된장)와 같은 것은 가정에서 만들었기 때문에 그 된장을 유발에 넣고 잘게 부수어서 된장국을 만들지 않으면 수제품 된장국이라고 할 수 없다고 하는 사람도 있을 수 있고, 저 같은 사람은 인스턴트 다시를 사용하여 잘게 부순 된장을 사서 만든 것도 수제품 된장국이라고 생각하게 됩니다. 하지만 본격적으로 만드는 사람들은 가다랑어포와 다시마를 넣고 다시를 만드는 것부터 하지 않으면 수제품 된장국이라고 하지 않는 사람도 있을 수 있습니다. 그렇기 때문에 수제품이라고 하는 것은 세대에 따라서도 시점의 차이가 다르다고 생각됩니다. 여러 가지 재료로 만든 간편 요리 재료로 시판되고 있는 카레요리 등도 이와 같은 좋은 예라고 생각합니다.

다른 하나는 일반적인 시장에서 「수제품의 형태」라고 하는 상품군이 많이 생기고 있는 것입니다. 「수제 졸임」 또는 「수제 튀김」 등을 팔고 있습니다. 하지만 그것을 사서 「수제품을 먹고 있다」고 하지는 않겠지요? 그리고 쌀겨 된장도 그렇고, 쌀겨 된장을 만드는 대신에 어떤 액체에 어느 정도 채소를 담가두면 겨된장 절임 채소와 같은 맛이 나는 제품도 있습니다.

다른 한편에서는 간편 식품에 대하여 여성들이 잊어버릴 수 없는 편견이나 저항, 때로는 꺼림칙한 것도 있기 때문입니다. 스스로 만드는 요리에 자신이 있는 사람들은 지금 팔고 있는 간편 식품을 좋아하지 않아서 잘 받아들이지 않습니다. 그러나 대부분에게는 이러한 것들이 환영받고 상품으로서 식품가공업 중에서도 아주 큰 비중을 차지하고 있습니다. 지금 식품가공기술이 이 정도로 발달하여 여러 가지 식품이 늘어나고 있으며 저와 같이 직업과 가정을 동시에 돌보면서 생활하고 있는 사람에게는 그것이 매우 좋은 것입니다. 드레싱 하나를 보아도 간단하게 병으로 판매되는 제품을 사용한다는 것은 정말로 고맙기는 하지만 마지막에 상을 차릴 때 조금 만드는 것으로 손으로 직접 만든 셀러드가 등장하기도 하며, 주부들의 센스로 보기 좋게 담아내는 것으로 하나의 음식이 완성되기도 합니다. 먹음직스럽게 보이는 것만으로 만족하기도 합니다. 비록 진짜는 아니지만 스스로 만들 수 있다는 만족감이 있습니다. 역시 거시적으로 보면 식탁은 그 정도로 풍부하게 되었다는 것이고, 여성의 생활도 변화하여 많이 좋아졌습니다. 이러한 좋은 면도 있다고 생각합니다.

가계비 중에서 식료 지출에 대한 가공식품의 비율이 1995년에는 50%를 넘고 있다고 말하고 있지만 이것을 어떻게 판단할 것인가. 한정되어 있는 가계지출에서 차지하는 음식비 중 50%는 약간 많다고 생각하지만, 지금 경제적인 수준이 높아지고 있기 때문에 지출한 돈이 또다시 산업으로 환원된다고 하면 경제 전체의 파이 원주율이 커지기 때문에 좋다라고 보는 것도 가능하다고 생각합니다.

그리고 또 다른 한 가지는 여러 가지 「수제품 풍」의 요리를 사서 먹는 것으로 영양의 균형이 깨어진다는 것도 생각하지 않는 것도 아닙니다. 유지가 너무 많거나, 진한 맛을 내거나, 사람들의 입맛에만 맞추어 과식을 하게 되거나 하는 여러 가지 문제가 있으나 이것은 전부 가공식품만의 책임은 아니라 먹는 사람들의 선택에도 문제가 있기는 하지만 「수제품의 풍화」와 함께 그 이면에서 나타나는 문제를 제시해 보았습니다.

4.2 「수제품」은 사치?

사하라(佐原) 이시게(石毛) 씨, 원래 「손수 만든다」라고 하는 것은 핸드메이드를 번역하여 생긴 말입니까?

이시게(石毛) 아마도 「손수 만든다」라고 하는 단어를 사용하게 된 것은 최근 20~30년 정도 아니겠습니까? 전쟁 전에 요리는 「손수 만든다」는 것이 당연한 것이었지요.

사하라(佐原) 그렇군요. 「손수 만드는 것」이 줄어 들었기 때문에 「손수 만든 것」이라는 말이 나오게 되었군요.

이시게(石毛) 지금 일어나고 있는 현상으로는 「손수 만드는 것」이라는 것은 호화로운 것으로 되어가고 있습니다. 즉 코스트로 이야기해도 하나씩 재료를 구입하는 것보다, 반제품이 많이 싸게 들고, 거기에 걸리는 시간도 「손수 만드는 것」이 많이 걸립니다. 경제 원리에서 말한다면 「손수 만드는 것」은 계산이 별로 맞지 않습니다. 그러나 「손수 만드는 것」은 남습니다. 그것은 취미로 음식을 만들어 먹는다는 것과 그렇게 말하고 있는 곳에 살고 있습니다.

후지와라(藤原) 그렇다고 생각되는군요. 취미의 분야와 실용적인 식생활과의 이극분화가 생겨 지금도 진행되고 있다고 생각됩니다. 남자의 요리나 맛집을 찾는 것(구루메 붐)들이 그 현상이겠지요.

이시게(石毛) 그 이극 분화가 한 가정에서도 일어나고 있어, 어떤 때에는 식품산업이 제공하고 있는 것을 먹고, 어떤 때에는 완전히 「손수 만든 것」을 먹는 것과 같이 동일한 가정 내에서도 때와 경우에 따라서 나누어서 사용하고 있습니다. 이른바 선진국 중에서도 아직 일본은 유럽과 미국에 비하여 가정에서 주부가 「손수 만드는 것」이 많은 편이라고 생각합니다.

V. 인구 · 식량 문제

5.1 21세기, 사람들은 먹고살 수 있을까?

타무라(田村) 21세기의 20년 정도까지는 괜찮다고 생각되지만 그 이후를 생각하면 일본이 식량을 조달하는 것이 매우 어렵게 되지 않을까 하는 느낌이 듭니다.

먹는 것이라고 하는 것은 살아가기 위하여 먹는 것과 호화로운 음식까지 포함하는 그 범위가 매우 넓기 때문에 아슬아슬하게 곡물을 주체로 하여 먹고, 축산물가를 떨어뜨리면 그것은 충분하게 먹는 것이 가능합니다. 현재의 생산량으로 100억의 인구를 먹일 수 있습니다. 그것 때문에 유럽과 미국과 같은 곳에서는 상당한 양의 축산물을 억제하지 않으면 안 됩니다. 사료로 사용되는 농산물을 줄이지 않으면 안 되는 것입니다. 그것이 가능한 것인지가 문제이기 때문입니다. 인류가 모두 같은 인류라고 생각할 수 있는가에 대한 것도 있어서…. [아론 수용소](1962년)이라는 책이 있었습니다. 會田椎次 씨의 책입니다. 태평양전쟁에 져서 會田 씨가 포로가 되어서 포로수용소에 있을 때의 이야기입니다. 영국군의 여성은 나체의 모습을 포로인 일본 남성들에게 보여도 아무런 거리낌이 없었다고 합니다. 그것은 다시 말해 개와 같이 취급함으로서 인간으로서 취급받지 못했다는 것입니다. 일본은 졌고, 전쟁 후라고 하는 것도 있었겠지만, 인간의 취급을 받지 못했습니다.

또 자기 자신도 같은 차별의식을 가졌다고 생각합니다. 태평양전쟁 전에 일중전쟁 때 중국의 소년병이 우산을 등에 꽂고 다니는 사진을 보고는 비에 젖는 것을 싫어하는 겁쟁이니까 항상 진다고 바보로 만들었던 기억이 있습니다. 그 소년병의 무사를 기원하면서 보냈던 어머니와 가족들은 전혀 생각하지 않은 인종적인 편견으로 사로잡힌 한심한 소년으로 교육되었던 것입니다.

이러한 것들이 몇십 년이 지났을 경우 식량이 전체적으로 부족하게 되었을 때 인류가 정말로 인종적인 편견을 극복할 수 있을까. 이러한 의미로는 인간 상호 간의 불신이라는 것은 없애기가 매우 어렵다고 한다면 역시 21세기의 중반 이후로 가게 되면 인구·식량 문제는 걱정하지 않으면 안 되지 않을까 하는 생각이 듭니다. 자기 나라 내에서 많은 양의 식량 생산력을 가질 필요가 있을 것이라는 생각이 듭니다. 단지 일본의 1억 2000만 명이라고 하는 매우 많은 인구로서, 일본의 국토에서 먹고살수 있다면 500~600만명 정도에게 좋은 곳일지 모릅니다. 아이를 적게 낳아 인구가 감소하고 있다고 하여도 그것을 따라갈 만큼 빠르지는 않습니다. 장래에 대하여 이러한 것들이 좀 신경이 쓰입니다.

사하라(佐原) 지금 이야기한 會田의 이야기를 일반론으로 좋은지가 문제이군요. 그 여성이 그러했다고 해서 인종 차별을 해소해서 모든 사람이 전부 평등하게 먹을 수 있을까는 어려운 문제인데요. 경제력의 차이도 있고….

5.2 경제력의 차별이 커지게 되나?

이시게(石毛) 인종이나 문화나 그것에 의한 차별 이외에, 식량 문제에 할 수 있는 것은 경제력의 차별이라고 생각합니다. 물론 식량의 자급은 어느 정도 필요하겠지만 경제력이 매우 높아서 외환을 많이 가지고 있어 약간 비싸더라도 살 수 있습니다, 이러한 경제력이 있으면 편안하게 살아남을 수 있을 것 같은 생각이 듭니다. 다른 한편으로는 기아 수출을 하지 않으면 안 되는 곳도 생길 수 있고, 이러한 나쁜 시나리오가 현실화되는 가능성도 높지 않을까 하는 생각이 듭니다.

사하라(佐原) 나는 인종 차별보다는 오히려 예를 들자면 일본인은 고래고기를 좋아한다든가 하는 음식에 대한 기호성이 있지 않습니까. 그것에 대하여 절대적으로 인정할 수 없다고 하는 견해의 차이가 지금부터 문제가 되지 않을까? 오히려 食에 대한 금기라든가 개고기를 먹는 것이 좋은지 나쁜지 하는 것들이 어떻게 될 것인가라고 하는 것이 문제가 됩니다.

이노우에(井上) 사하라(佐原) 씨는 어떻게 될 것이라고 생각하십니까?

사하라(佐原) 아니, 좀처럼 해결될 수 없다고 생각합니다. 즉 성서의 창세기에서는 신께서 가축을 만들고 나서 인간을 만들었다고 하고 있으니 소, 돼지, 양은 인간이 먹기 위한 것들입니다. 태어날 때부터 그러한 것들을 배운 사람들에게는 소, 돼지, 양을 먹는 것은 당연한 것이기 때문이지요. 같은 성서라도 중세기에는 비늘이 없는 바다 음식은 먹으면 안 된다는 것, 즉 고래는 안 된다고 적혀 있기 때문이지요. 종교적인 견해로서 어릴 때부터 몸에 배어 있기 때문에 해결하는 것은 매우 어렵습니다.

이노우에(井上) 이시게(石毛) 씨는 경제력에 의한 차별의 결과 못 먹는 사람과 호화로운 식사를 하는 사람들의 이극 분화를, 또 사하라(佐原) 씨는 문화나 종교와 같은 바꾸기 어려운 요인을 각각 지적했습니다만 결론적으로는 타무라(田村) 씨가 말하는 것처럼 장래가 어둡다고 할 수 있습니다.

타무라(田村) 경제력, 물론 일본은 매우 경제력이 있어서 지금은 좀 정체되어 있기는 하지만 한편으로는 중국도 매우 힘을 키우고 있습니다. 이러한 것들은 물고기의 전문가에게 들은 이야기이지만 물고기를 살 때 일본은 중국에 지는 경우가 있다는 것입니다. 어떤 종류의 물고기에 대해서는 중국 사람의 입찰이 일본 사람들의 입찰보다 많이 들어오는 것도 있다고 합니다. 아시아 국가들이 발전해 온다는 것 그 자체는 좋은 것이지만 역시 일본도 능숙하게 먹는 것을 생각하지 않으면 안 되겠지요. 물고기는 세계의 십 몇 %를, 세계의 인구의 2%의 일본인이 소비하고 있기 때문이겠지요.

5.3 버려지고 있는 식재료

후지와라(藤原) 경제력에 더하여 식품 안전보장이라고 생각하는 것이 있습니다. 하나의 예로써 돈만 있다면 언제까지나 세계 어느 곳에서라든지 식량을 조달할 수 있기 때문에 일본의 농지는 더 줄어들었다고 할 수 있겠지요. 하지만 전후 어려운 시기를 체험한 나는 좀 걱정입니다.

식량 자급률을 발표하는 것에 그치지 않고 지금까지의 외국과의 교역을 보게 되면 거시적으로 말하면 농업과 공업의 줄다리기로 되어 있습니다. 그리고 경제 효율에서만 본다면 공업과 비교해 보면 농업이 역시 좋지 않은 인상이 되어 있습니다만 타무라(田村) 씨는 어떻게 생각하고 계십니까?

타무라(田村) 일본은 좁다고는 하지만 하기에 따라서는 한 가구당 농지, 경영 면적은 크게 할 수 있습니다. 다만 쌀이라고 하는 작물은 매우 우수하기 때문에 단위면적당 생산량이 매우 높다는 것 그리고 일본 사람들은 토지와 전답에 매우 집착하는 것도 있기 때문에 토지를 떠나지 않습니다. 유럽에서는 민족 이동이 있었던 지역이기 때문에 초지라고 하는 것은 재산으로는 안정성이 없기 때문에 그렇게 집착을 하지 않습니다. 이러한 차이가 있습니다. 만약 모두가 합의해서 방향을 바꾸면 농업도 잘 될 것이고 도시의 주택 문제도 더 좋게 될 것입니다. 안타깝게도 일본 사회의 현실 같은 기분이 드는군요. 그렇기 때문에 지금과 같은 상태로 간다면 일본의 농산물을 비싸지게 되는 것입니다.

이시게(石毛) 거시적인 입장에서 보면, 생산력과 인구의 문제로써 일본에 국한되지 않고 세계적인 현상으로서 농지화가 가능한 토지는 일정한 한계가 있기 때문에, 그렇게 된다면 무한하게 인구가 늘게 되면 지구는 몇 개가 있어도 부족하게 된다는 이야기입니다. 따라서 식량 부족으로 인해 인구가 줄어든다는 것은 통하지 않을 것입니다. 단지 그것을 비관적으로 받아들일 것인가, 그렇지 않고 조금씩 능숙하게 균형을 이루면서 인구가 줄어들게 될 것인가, 그러한 곳에서의 문제인 것입니다.

후지와라(藤原) 그러한 미래의 불안을 가지고 있으면서 무엇인가 식량 소비를 일본 국내에서만 볼 때 매우 불안한 느낌이 드는 군요. 예전에 제가 일했던 상품과학연구소에서 「먹지 않고 버려지는 식품의 실태와 그것에 대한 대책」이란 주제로 조사를 한 적이 있었습니다. 거기서 알게 된 것은 모두 대형 냉동냉장고를 가지게 되면서 식량을 저장하게 되고, 여기까지는 괜찮습니다만 그중에서도 유통기한이 지난 것을 그 표시만으로 버리게 됩니다. 그리고 또 하나는 버려지고 있는 식품에서 눈에 띄는 것은 계절적인 특징을 가진 식품입니다. 예를 들어 건면(건조시킨 면)이나 쌀 같은 것을 대량으로 버리고 있습니다.

사하라(佐原) 먹지 않고 버려지고 있는 음식은 어느 정도입니까? 퍼센트(%)로 한다면? 미국의 고고학자가 도시의 쓰레기를 조사하였는데, 그 조사에 따르면 아직 먹을 수 있는 것들이 음식물 쓰레기의 중량비로써 70%, 이것은 고고학자의 성과입니다. 방독 마스크를 쓰고 분류를 하는 방법입니다. 한편으로는 탐문을 하게 되면 재미있습니다. 회수한 물건을 살펴보게 되면 전부 대답을 알 수 있는데도 불구하고 술을 마시지 않았다고 하거나, 그것은 먹지 않았다고 하거나, 전혀 다른 대답이 나옵니다. 제가 물어본 곳에서는 일본에서는 40% 정도라고 합니다만 그 근거는 모르겠습니다.

후지와라(藤原) 그것은 교토대학의 高月紘 씨의 조사가 아닙니까?

타무라(田村) 교토시의 쓰레기를 조사한 것이군요. 음식물 쓰레기의 약 40%가 당연하게 먹지 못하고 버려지는 감자 껍질이나 생선의 뼈와 같은 것이 아니고 요리라고 해야 할지, 먹다 남은 음식으로 그중에서도 14%에 가깝게 먹을 수 있는 것으로써 거기에다 그 대부분이 봉지도 뜯지 않은 빵이나 열지도 않은 도시락, 상자에 들어 있는 채소, 과일과 같은 것이 14%입니다.

이노우에(井上) 아마추어 같은 발상입니다만 타무라(田村) 씨에게 여쭤볼 게 있습니다. 다른 한 가지의 유통의 문제가 있다고 하시지 않았는지? 石毛 씨가 말하고 계신 거시적으로 보면 그것은 자원 소재의 불균형과 같은 것으로 유통을 촉진시킨다면 어느 정도는 굶주림을 없앨 수 있고, 한편으로는 일본과 같이 버리고 있는 곳과 적정화가 진행될수도 있고, 그와 같은 경제 중에서의 유통 촉진이라고 하는 효과도 있지 않을까요.

타무라(田村) 그것은 있을 수도 있고 없을 수도 있습니다. 현실에서 버린다고 하는 것은 우리들이 금방 먹고 싶은 것으로 금방 먹을 수 있는 상태인 것은 보존성이 없기 때문에, 따라서 부합되지 못하면 버릴 수밖에 없습니다. 그런 것들이 하나이고, 한편으로는 정보화 사회이기 때문에 세계 중에서 밀가루가 어느 정도 생산되고 있다는 것과 같은 것은 금방 알 수 있습니다. 현재 가지고 있는 밀가루가 그렇게 많지 않다고 하기 때문에 옛날이었으면 폭등해 버리는 상태입니다만 지금은 정보가 잘 전달되고 있기 때문에 1년의 생산량에 대하여 20%의 재고가 없으면 안 된다든가, 10% 정도가 되어도 폭등하지 않는다고 하는 거시적인 유통의 능숙성이 있습니다.

과잉 생산품을 버리고 있는 것도 식생활은 다양화하고 있기 때문에 커피는 마시지만, 차를 마시지 않는다든가 커피에도 원두커피를 마신다든가 그것은 예측이 빗나가면 결국 발매한 채로 버려지게 됩니다. 생산의 연습은 앞으로의 세대들은 물건보다는 마음으로 형태를 바꾸어 가는 것이 아니겠습니까?

이노우에(井上) 매우 흥미 있는 문제이지만 이쯤에서 다음으로 넘어가서 조금 방향을 바꾸어 사하라(佐原) 씨의 「밥공기와 젓가락은 계속 가지고 싶다」라는 화제로 넘어가겠습니다.

VI. 자기 밥공기와 젓가락은 계속 지키고 싶다

6.1 밥이 「주식」의 자리에서 밀려나고 있다?

사하라(佐原) 이것은 저의 소망입니다. 오키나와에서는 자신의 젓가락, 자신의 밥그릇이 없는 것이 일반적입니다. 이는 중국의 영향으로 중국에서는 자기 밥그릇이나 젓가락을 가지고 있지 않습니다. 한국과 일본으로 말하자면 큐슈, 시코쿠, 혼슈를 중심으로 또한 이곳에서 오키나와로 간 사람, 홋가이도에 가 있는 사람들의 대부분은 자신의 밥그릇과 젓가락을 가지고 있습니다. 일본의 전통문화가 점점 사라져가고 있는데 이런 전통은 저는 계속 간직하고 싶습니다.

미국에서 온 여학생이 일본의 가정에서 하숙을 할 때 주인 아주머니가 「이것이 너의 밥그릇과 젓가락이다」라고 전해 줬습니다. 그 학생은 그 의미를 전혀 알지 못했습니다. 얼마 후 주인 아주머니가 그 학생의 밥그릇을 깨트려 버렸습니다. 주인 아주머니는 많이 미안하다고 나쁜 마음은 없었다고 사과하여도 그 학생은 전혀 그 의미를 알지 못했습니다. 이 이야기를 이시게(石毛) 씨에게 이야기하니 이시게 씨는 「일본에서는 밥그릇과 젓가락에 인격이 깃들여 있다」라고 명쾌하게 분석했습니다.

한편으로는 밥을 먹지 않게 되었다는 사실도 있습니다. 이와 같은 2가지는 서로 연결이 되어있습니다. 일본의 식사는 주식과 부식이라고 하는 관계로써 쌀을 주식으로 먹고 반찬을 부식으로 먹고 있습니다. 이것이 밥그릇과 젓가락으로 연결되어 있기 때문입니다. 유럽의 요리는 빵을 주식으로 하여 반찬을 먹는 것이 아니기 때문에 빵은 일본에서 말하는 주식과는 다릅니다. 지금 점점 일본의 밥이 유럽의 빵의 성격과 비슷하게 되어가고 있습니다. 여러 가지 음식이 늘어난 결과 밥은 조금이고 다른 것을 많이 먹게 되었고, 쌀을 위협하고 있습니다. 그렇지만 저녁은 밥을 먹는 가정이 압도적으로 많습니다. 아마도 밥을 먹지 않게 되었다고 해도 밥그릇을 버리게 되는 것은 없을 것이라고 생각합니다. 쌀 문화의 마지막이라고 해도 밥그릇과 젓가락은 반드시 지키지 않으면 안 됩니다. 문제 제기라고 할 수는 없겠지만 저의 강력한 소망입니다.

이시게(石毛) 사하라(佐原) 씨의 이야기에 약간 한정을 하자면 그릇이라고 하는 식기는 접시가 아닙니다. 밥그릇도 「그릇」이라고 하는 형태의 식기라고 하는 것으로 그릇이라고 하는 식기와 젓가락, 그리고 하나 더 쟈포니카종의 쌀이라고 하는 것이 하나의 조합이 되어있습니다. 예를 들어 동남아시아에서는 인디카종이 주류인 지역이 많을 것이고 그렇다면 접시가 될 것입니다. 혹은 그릇이 있기는 하지만 젓가락을 사용하지 않고 손으로 먹습니다. 대부분 찰기가 적은 인디카종을 서로 붙지 않도록 짓는 방법으로 젓가락으로는 먹지 못하게 되는 것입니다. 그래서 중국의 경우 고대에는 숟가락으로 먹었습니다. 이것은 북쪽 지방에서는 조나 수수가 일반적이었기 때문에 젓가락으로 집을 수 없습니다. 명나라 시대에서는 쟈포니카종의 쌀을 재배하고 있던 장강 하류의 사람들이 왕조를 세우고 그곳에서는 젓가락으로 밥을 먹었을 것입니다. 이것은 전국적인 습관이 되어 중국에서는 숟가락을 젓가락으로 바꾸게 되었을 것이라는 것이 중국문예연구자였던 아오메(青目正児) 씨의 생각입니다.

사하라(佐原) 젓가락 자체가 한나라 시대에 있었지요.

이시게(石毛) 더 오래된 춘추시대부터 있었습니다. 지금까지는 전국시대라고 알려졌습니다만 춘추시대입니다.

밥이 식사의 단위로서 어디까지 감소할 것인가. 역시 작은 종지는 되지 않을 것입니다. 그렇다면 밥그릇이 규정될 것이라 생각됩니다. 두 그릇이 한 그릇이 되었다고 하는 사람은 많겠지만 제로가 될 것인지 반이 될 것인지 하는 것이 아니라 역시 밥그릇 하나라는 단위로서 최소 단위로 하지 않는다면….

사하라(佐原) 그렇습니다. 이 밥 한 그릇을 지키지 않으면 안 됩니다.

6.2 외래 요리도 밥에 맞추어 만든다.

이시게(石毛) 그렇게 열심히 하지 않아도 나는 괜찮은 것 같은 느낌이 듭니다만, 다시 말해서 가정에서의 요리가 대부분 밥을 예상하면서 만들어진 것에 여러 가지를 도입해 왔습니다. 외래 요리에서도 밥에 어울릴 만한 것을 도입하고 있습니다. 그렇게 한다면 특별하게 하지 않아도 적어도 21세기 중반까지는 괜찮습니다.

이노우에(井上) 저도 걱정할 필요 없다고 생각합니다. 적어도 여기에 있는 4명은 사하라(佐原) 씨의 의견에 찬성하고 같은 소망을 공유하고 있습니다.

저는 고등학교 때 육상경기를 했습니다. 배가 고팠습니다. 알루미늄의 도시락에 밥과 반찬이 들어 있었는데 당시 어떤 이유로 젓가락이 아닌 포크로 먹는 것이 유행이었지요. 어딘지 모르게 모던한 느낌이 들었습니다. 그런데 포크로 먹게 되면 도시락에 부딪혀서 떨그럭 소리가 들렸습니다. 선생님에게 들키지 않게 먹었던 것을 지금도 기억하고 있습니다. 밥이 맛있었다기보다는 배가 고팠던 것 같습니다. 다른 사람보다 빨리 먹으려고 열심히 먹었습니다. 지금은 밥그릇과 젓가락으로 먹지만. 이것이 연령차라고 하는 것인지 아닌지는 모르겠습니다.

이시게(石毛) 그래서 하나 더, 만약 우리들이 젓가락을 사용하지 않게 된다면 가정에서 도마를 필요로 하지 않게 될지도 모릅니다. 즉 젓가락으로 집을 만한 크기로 미리 잘라놓는 것도 없으니 말입니다.

사하라(佐原) 그것은 나라 시대에 젓가락이 보급되기 시작된 것과 함께 칼로 썰어 먹었던 흔적이 있는 판이 많이 출토되고 있는 것을 보면, 젓가락을 사용하는 것과 작게 자르는 것과 세트였다고 생각됩니다.

후지와라(藤原) 대체적으로 밥그릇이라고 하는 것은 손안에 들어갈 정도의 크기로 젓가락도 제대로 쥐는 방법이 있습니다. [손에 알맞는]라고 하는 말도 있는 것처럼 인간에 맞는 식기라고 하는 것은 아마도 금방은 쓸모없게 되지는 않고 오랫동안 지속될 것입니다.

이시게(石毛) 또 음식의 도구도 각각의 사회에 따라 식사 방법과 관계를 가지지요. 일본에서는 밥그릇, 국그릇을 손으로 들지 않고 먹으면 식사법에 어긋나지요. 중국에서도 들고 먹지만 한국에서는 식기를 손으로 들게 되면 아주 좋지 않은 식사법입니다. 그래서 밥을 먹을 때 젓가락이 아닌 숟가락을 사용하게 됩니다.

VII. 음식의 안전과 안심

7.1 독은 눈에 보이지 않는다.

타무라(田村) 이른바 환경호르몬이라고 하는 이야기가 나오게 되었습니다. 급성독성이라고 하는 것은 먹고 하루나 이틀만에 죽는다는 것입니다만, 환경호르몬의 1000분의 1정도의 미량을 30년간 매일 먹게 되면 암이 생기거나, 병에 걸리게 된다는 이야기입니다. 환경호르몬이라는 것은 더욱더 그것보다 농도로 이야기 한다면 몇 자릿수 아래에서 발생하는 것 같습니다. 즉 중독사라고 하는 것은 어느 정도의 양이 없으면 독성이 치명적이지는 않습니다. 하지만 호르몬이라고 하는 것은 생체의 모습을 변화시키는 것뿐만 아니라 만성독성보다도 1000분의 1 정도로, 즉 최저농도에도 영향이 나타날 수 있는 부분이 있기 때문에 지금 비상의 문제로 되어 있는 것입니다.

시아・코르본 외의 『빼앗긴 미래』(1996년)라고 하는 책이 있습니다만 보통 식물에게도 충분하게 여성호르몬과 비슷한 것을 만드는 것이 있어 리스트 중에서는 중요한 작물로서 다루고 있습니다. 단지 자연의 식물이 만드는 것은 비교적 축적성은 없어서 다이옥신이나 그러한 것들처럼 무서운 것은 아니겠지만 일반적으로 자연의 환경호르몬적인 것도 있습니다. 지금부터 21세기에는 음식의 안전성을 보장할 수 없는 시대로 가지 않을까 하는 기분이 듭니다.

후지와라(藤原) 일반 생활자는 어떻게 하여도 불안을 가지고 있습니다. 무엇에 대해 어떻게 불안한지 누구도 말하지 않고 단지 어딘지 모르게 전문가도 거기 까지는 이야기 하지 않으며, 정부도 그것에 대하여 제대로 한 것을 이야기 하지 않습니다. 그런 와중에 자기방위를 할 수 밖에 없다고 한다면 골고루 먹어야 하는 것일까라고 생각합니다만.

타무라(田村) 일반적으로 이야기한다면 그렇게 되겠지요.

이시게(石毛) 그럼 어느 정도 먹는다면 실제로 몸에 해가 될까. 인체 실험을 할 수 있는 것도 아니고 어렵겠지만, 즉 일생을 먹어도 큰 일 없는 독성이라고 하는 것이 어느 정도는 있다고 생각합니다. 그것은 몇 톤이나 일생 동안 먹지 않으면 괜찮다고 이야기하는 양에 대하여 정보를 정말 알 수 없습니다.

타무라(田村) 인간은 물을 빼고 무수물(無水物)로 500g 정도를 하루에 먹습니다. 소금을 하루 500g을 먹는다면 반 정도의 사람은 죽게 될 것이고 유기물인 구연산의 경우에도 같다고 이야기할 수 있습니다. 하루에 먹는 것을 단일 물질로 먹는 다면 대부분 위험하지 않을까 하는 느낌이 듭니다. 일생 먹어도 큰 일 없는 독성이라는 이야기에서는 각각의 나라에서 각각의 지역에서 지금까지의 경험의 축적으로 식생활이 있고, 그 단계에 있다면 말하자면 자손은 남겨지고, 시실 … 자손은 남겨져 왔으니까요. 하지만 인생 80년을 보장할지 어떨지는 알 수 없는 것이지요. 태평양 전쟁 이전에 경험이라고 하는 것은 인생 50년이라고 하는 시대의 경험이었으니까, 그것은 80년을 사는 경험으로서 도움이 될지 어떨지는 알 수 없습니다.

이시게(石毛) 그러한 것으로부터 식품첨가물이 대체로 눈에 가시가 되는 것입니다만, 즉 식품첨가물 때문에 건강을 해치는 것과 식품첨가물이 없이도 옛날 자주 중독을 일으켰는데 그것과 어느 쪽을 선택할지의 이야기입니다.

타무라(田村) 중독의 대부분이 미생물성에 의한 것이기 때문에 엄격하게 온도 관리를 하게 되면 비교적 그러한 미생물에 의한 중독은 일어나지 않게 되고 냉장고나 냉동고가 보급됨에 따라 이른바 보존료와 같은 식품첨가물을 쓰지 않는 방향입니다. 그 대신에 유효기간이 점점 짧아지고 있어 좀 전에 말한, 버리고 있다라고 하는 문제가 발생하게 되는 것입니다.

후지와라(藤原) 화학 물질의 이용이 증가되면 상승작용의 걱정도 생기게 되고 이런 이야기와 같이 지금까지와 같이 장래는 가지 않는다고 말할 수 있는 것이 아닐까요. 안전도를 크게 전망하면 폐기를 늘리는 원인으로도 될 것이고요.

타무라(田村) 그렇다고 생각합니다. 산업혁명 후의 기술은 기계기술로 에너지를 많이 소비하는 기술이지만 20세기 후반부터 매우 커진 것은 소위 말하는 합성소재, 나일론이나 테트론, 염화비닐과 같은 합성수지 같은 것, 이러한 석유화학 중에서 여러 가지 오염물질이 나오게 되었고 이 부분은 꽤 재검토하지 않으면 안 되는 것이라는 생각이 듭니다. 그렇다면 매우 불편하게 될 수도 있습니다.

사하라(左原) 죠몬시대는 좋았다고 하는 것이군요.

이시게(石毛) 이런 이야기는 신경을 쓰기 시작하면 일종의 자연회귀로써 반 문화론이 됩니다. 그렇게 되면 우리들의 선조들은 지금까지 이루어온 것들은 도대체 무엇인가라고 하는 것이 됩니다. 따라서 이것이 양극단으로 되지 않도록 능숙하게 하지 않으면.…

7.2 정보 과다

타무라(田村) 식품종합연구소(농림수산성)에 있을 때 옆의 가축위생시험장이 있었는데 그 시험장의 소장과 친하게 지냈습니다. 기생충전문가였습니다. 그 분은 「소고기 같은 것은 레어로 익혀 먹으면 안 됩니다. 생계란도 삼가하는 것이 좋습니다. 말고기, 생것을 먹는 것은 말도 안됩니다」라고 하는 것이었습니다. 전문가이니까 만 명중에 한 명, 10만 명중에 한 명일지는 모르지만 무서운 경험을 한 사람은 알고 있는 것이겠지요. 그렇다고 해서 레어로 익힌 스테이크, 생 달걀을 금지하지 않으면 안 되는 것인가라는 것이지요. 공공기관이 이것은 안 되고 이 요리법은 안 된다고 하는 규제는 도저히 할 수 없다고 생각되고, 그렇다고 해서 정보를 흘려서 각자가 선택하십시요라고 하는 것보다 어쩔 수 없다는 생각이 듭니다.

이노우에(井上) 정보 과다이군요. 그러니까 모두들 믿지 못하고 겁내고 있다고 할까, 자기 스스로 결론을 내고도 말 것도 없는 무엇인가….

후지와라(藤原) 정보 과다라고 하기보다는 적절한 정보가 정확하게 보급되지 않았다고 하는 것 아닙니까? 정말로 몰라서는 안 되는 것을 확실하게 알리지 않았다. 알리고 난 다음에 자기 결정, 자기 책임이 성립되는 것입니다.

이노우에(井上) 음식의 세계에서 대체적으로 정보가 바르게 전달되는 것은 없습니다. 그것은 자신에게 있어서 이익과 손실이 너무 많기 때문에 선입견도 있고, 자신의 처지가 좋도록 받아들이게 되겠지요.

이시게(石毛) 정보의 선택에 대해서는 기준이라거나 전승이라고 하는 것은 할 수 없습니다. 즉 식품의 선택은 선도가 좋은가, 모양이 좋은가, 요컨대 자연산이라고 하는 것으로 식재료의 상태를 보고 살 것인지 말 것인지를 결정하기 때문입니다. 그러나 현재의 선택은 아마도 식품의 겉포장에 쓰여 있는 정보를 보게 됩니다. 그러한 문장에 의한 정보의 선택 능력들이 자연의 산물의 선택 능력보다 중요하게 된 시대에 어떻게 해서 그 능력을 습득할 수 있는지 정말로 모르겠습니다.

이노우에(井上) 말씀하신 대로 정보 과다인 동시에 정보의 성질이 변하고 있지요.

후지와라(藤原) 인간의 오감으로 먹는 것을 선택하는 가장 원초적인 음식물과 접할 수 없고, 그것이 누락되어서 표시된 문자나 숫자에 의지할 수밖에 없으며, 분명히 기준을 갖지 않는 채 숫자를 보고 기계적으로 반응할 수밖에 없습니다.

이노우에(井上) 생선가게에서 손님이 생선에게 물어봅니다. 「최근 바다의 상태는 어땠어?」라고 「저는 바다를 떠난지 한 달이나 되었기 때문에 잘 모르겠습니다」라고 말합니다 (웃음).

이시게(石毛) 기록화되어 있는 정보가 있는 식품을 선택하게 되지만 숫자라든가 포장에 써 있는 문자라던가 그때의 판단이 능숙하게 연결된다면 그럼 무엇을 정하고 살 것인가 한다면 여기서 브랜드의 신뢰도가 나오게 되고, 브랜드 이미지에 의지하지 않을 수 없다고 하는 이야기가 됩니다.

타무라(田村) 하나 말할 수 있는 것은 검사 기술이 매우 발달해 있다는 것, 예를 들자면 쌀은 쌀을 먹는 방법은 많이 줄어들었지만 하루에 200g이라고 하여도 쌀알 한 개가 20mg이니까 만 개 정도가 되겠지요. 그것이 1억 2000만 명분으로 쌀알 1조 개 이상 먹고 있는 것입니다. 그것도 매일. 그것을 한 알씩 전부 [컬러소더]라고 하는 기계를 통과시켜 색이 이상하거나 무게가 다른 것들은 바람으로 날려 버립니다. 이 검사를 하고 있는 쌀은 실눈초리(悉皆) 검사를 하고 있는 것과 같은 것입니다. 그렇기 때문에 지금 일본의 쌀에는 돌이 섞여 있지 않습니다. 전수검사라고 하는 것은 과도한 품질검사가 아닐까 생각했습니다만 장래에는 보다 더 발전할 것입니다.

7.3 문명이 사람을 망하게 한다?

사하라(佐原) 그렇지만 그러한 상태로 장래에 점점 더 식품의 정도(精度)가 높아지게 되면 인간의 저항력은 점점 없어지게 되는 것은 아닙니까. 과보호적으로 되기 때문입니다.

이노우에(井上) 저는 유효기간이 지나도 어딘지 모르게 냄새를 맡아보고 먹으려고 할 때가 자주 있습니다. 그럴 때 이것을 먹는다고 하는 것은 자기 자신을 시험하는 것이다라고 (웃음)

이시게(石毛) 오히려 저는 전혀 저항감이 없습니다. 유효기간이 지나도 그것이 단층처럼 뚝떨이지는 것과 같이 나빠지는 것은 아닙니다. 그것은 조금씩 변화되고 별로 라고 할 것도 없지만 먹어보고 「앗, 이상하다 먹지 말자」라고, 어쨌든 먹으려고 하는 것까지는 합니다.

사하라(佐原) 그 능력이 없어지게 되는 거군요. 혹시 가짜 유효기간을 적어 두었다고 하죠. 정말로는 안 되겠지만. 그 기간을 믿고 먹게 되지요.

우에노(井上) 동물은 모두들, 한번 입에 넣어보고 좋지 않으면 토해내거나, 모두 그러한 메카니즘을 가지고 있지 않습니까?

사하라(佐原) 생물로서 기본적인 기능을 잃으려 하고 있는 것이군요.

이시게(石毛) 그럼 우리들이 한 번 더 야생으로 돌아갈 것인가, 혹은 문명이라고 하는 것이 역방향으로 갈 수 있는 것인가.

사하라(佐原) 야생으로 돌아갈 수 없지만 생물로서 기본적인 면에 남길 수 있는 것이라면 남겨두고 싶은 것이 있지요? 지금의 이야기에서 미각 중에서도 이것은 먹으면 안 된다라고 하는 것을 판단하는 것이 인간이 할 수 없게 된다면 그것은 많이 퇴화하는 것이지요.

이시게(石毛) 저는 다소 비관론자로서 결국 인류라고 하는 종(種)은 영원히 살 수 있는 것이 아니고 멸망은 정해져 있다. 왜 인류가 멸망할까라고 말한다면 문명이라는 것을 가졌으므로 멸망하는 방향으로 향하고 있습니다. 그 과정에서는 문명이라고 하는 것은 자원을 자연으로부터 수탈하는 것에 의해서 만들어지고 있기 때문에 그만큼 동물로서의 인간의 메카니즘을 문명으로 커버하려는 이야기가 되는 것입니다. 그렇다면 신체적인 능력의 상실이라고 하는 것은 당연한 이야기라고 하겠지요.

사하라(佐原) 극히 비관적인 일이군요. 그럼 어느 정도 앞을, 몇 년 앞의 것을 말하고 있는지 알 수 없지만 간단하게 [예]라고 말하고 싶지는 않군요.

후지와라(藤原) 전체적으로는 조금씩 그런 방향으로 가고 있지 않습니까.

사하라(佐原) 아니, 그렇지만 몇 년 앞의 이야기를 하고 있는 것인지.

이시게(石毛) 적어도 100년이나 200년 정도는 아니겠지요.

이노우에(井上) 안전성의 문제에 대해서는 일단 되겠습니까.

「음식의 미래」에 대해서는 「음식이 가는 마지막」과 같은 이야기가 되어 버렸습니다만 (웃음), 즉 음식만의 가는 길을 생각하는 것은 무리입니다. 이시게 씨가 모두에 말한 것처럼 가정이 어떻게 될 것인가에 따라 음식의 가는 길이라고 하는 것이 좌우되지 않을까. 음식이 스스로 달려가는 능력이 없고 다른 것에 의해 매우 좌우됩니다. 그 결정적인 것으로 가정이 있지 않을까 하는 느낌이 듭니다. 가정이 지금부터 어떻게 될 것인가를 생각하면 음식이 어떻게 될 것인가, 상당히 보였지 않았나, 이야기를 들었다고 생각합니다.

Ⅷ. 미래의 식(食)을 상상한다.

이시게(石毛) 어쩌면, 달걀이 먼저인가? 닭이 먼저인가? 현재의 가정은 식(食)의 분배를 둘러싼 경제적 상황을 전제로 한 기능론(機能論)으로서의 가정이 아니라고 말합니다. 젊은 사람은 결혼하기 전에 취직하거나 적당한 용돈벌이가 가능하거나 하는, 경제 단위로서의 가정이라는 의식이 상당히 희박해지고 있습니다. 어린이라도 무언가 가사의 역할 분담을 갖고 있었던 것이 그렇지 않게 됩니다. 또한 직업 교사로서 아버지의 의미는 없어졌습니다. 그렇다면 기능으로서의 식(食)이 아니든가, 식(食)의 분배를 둘러싼 경제적인 것이 아니고, 거꾸로 가정이 어떻게 될 것인가를 식(食) 쪽에서 유지해 나갈 것이라는 사고를 갖게 된다고 생각합니다.

사하라(佐原) 이쯤해서 타무라(田村) 씨에게 묻의하겠습니다. 미래 소설, 공상소설에서 미래의 가정, 미래의 식(食)이라는 것은 어떤 형태가 나올까요?

타무라(田村) 미래의 식(食)의 가치관쪽으로 말하겠습니다만, 아서 클럭 작가의 「2001년 우주여행」이라는 영화가 있습니다. 그 원저자로 정지위성(靜止衛星)에 의한 세계 통신을 생각한 사람입니다. 그는 채식주의자인데, 몇백 년이나 몇천 년 후의 이야기인지는 모르겠지만, 인류가 우주안의 다른 생명체와 교신하게 될 것입니다. 그때에 인류라는 지구상에 발생한 지적 생명체가 우주의 다른 곳에서 진화된 지적 생명체와 접촉했을 때 어떤 대접을 받을까요? 그것은 육식을 하고 있다면, 지적(知的) 생명체라고 인정해야만 한다는 생각이기 때문에 영국 사람들이 스리랑카 시민권인지 무엇인지를 받고 채식하게 되었다는 것입니다만.

지금 우리들이 육식・동물식이 맛있다고 하거나 동물성 식품도 있는 쪽이 식생활의 설계상 계획하기 쉽다는 것입니다. 그것이 식의 진보라고 생각하고 그런 방향으로 움직이고 있습니다만, 어딘가에서 방향 전환이 생길까 하는 생각도 듭니다. 현재 일본은 채식주의자가 적습니다만, 구미(歐美)에서는 의외로 증가하고 있기 때문입니다.

유전자 변이 기술로 도마뱀의 유전자를 양에 넣어 도마뱀의 꼬리처럼 양의 꼬리를 자르면 재생하게 해서 양을 죽이지 않고 꼬리를 반복해서 잘라먹으면 우리들의 죄악감은 조금은 줄어들 것이라는 생각이 듭니다. 100년이나 지나면 가능하게 될 것이라고 생각합니다.

사하라(佐原) 돼지의 꼬리를 조금 자른다든가?

타무라(田村) 옛날 중동(中東) 지역에 꼬리가 크고 살찐 양이 있었습니다. 꼬리에 무척 살이 붙었겠군요.

이시게(石毛) 그것과 원리가 같습니다만, 우유를 짜는 것입니다. 동물을 죽이지 않고 식료(食料) 자원으로 합니다. 또 피도 그렇습니다. 소의 정맥이 있는데 조금 상처를 내어 채혈을 합니다. 그 상처가 원래대로 환원되면 또 그렇게 합니다. 혈액이라는 대단히 영양가가 높은 것을 몇 마리의 소를 소유하고 순서대로 채취하는 것입니다. 아프리카의 나이로트 계의 민족은 피를 식물(食物)로 하고 있습니다.

사하라(佐原) 그 피 쪽이 좋다고 해도 우유를 채취하는 것을 생각하면 잔혹한 행위입니다. 끊임없이 임신 상태에 있는데 계속 짜내는 짓을 인간은 지금까지 해 왔던 것입니다.

타무라(田村) 그런 면에서 조직 배양이 추진되어 유선세포(乳腺細胞)를 배양하여 우유를 만드는 가능성이 없다고는 말할 수 없겠죠. 그런 기술이 발달되면 인간이 어머니의 유선세포를 배양해서 오염되지 않은 모유를 만들어 낼 가능성도 있겠죠.

사하라(佐原) 아서 클럭이라는 사람이 채식주의자로서 앞에서 말한 것과 같은 이야기를 썼기 때문에 인류의 식(食)을 생각할 때 채식으로 향하게 되면 인류는 상당히 증가하게 될 것입니다.

타무라(田村) 그런 것도 있습니다. 축산물을 만드는 것은 효율성이 나쁘기 때문에 축산물을 그다지 먹지 않게 되어 채식으로 가면 지금의 20억 톤 정도의 곡물 생산과 콩류, 감자류, 설탕으로 100억 인구는 먹을 수 있습니다. 배분을 잘 하면요.

사하라(佐原) 100억 명이 아니라 1000억 명이 되겠죠.

타무라(田村) 그것은 안 되죠. 지구가 커지지 않는 이상 한계가 있습니다.

후지와라(藤原) 나도 그 점은 정확히 비관적입니다. 구루메 붐이 계속되는 가운데 일단 맛에 익숙해진 육식으로의 욕망을 어디까지 억제할 수 있겠습니까? 식료(食料) 생산면에서 효율의 악화나 건강상의 문제를 머리에서는 인식해도 혀가 말하는 것은 어찌할 수 없습니다. 그것이야말로 돌이킬 수 없는 현상으로 한계에 부딪히는 듯한 기분이 들죠.

사하라(佐原) 이시게(石毛) 씨는 인류가 멸망한다고 말씀하셨지만, 멸망한다고 하는 것의 최종적인 형태는 100억이 1000억이 되고.

이시게(石毛) 그런 것은 어쩔 수 없는 것이고, 내가 말하는 것은 아주 긴 장기적인 시간으로서의 멸망하는 방법으로 단지 그 전에 여러 가지 일이 일어납니다. 지금 발생하고 있는 여러 가지 현상을 보면 신의 섭리라고는 말하고 싶지는 않지만, 인류의 인구 감소 쪽으로 나아가기 시작했다고 하는 예측은 몇 가지나 있는 것입니다. 그것은 확실하게 무엇이라고 말할 수는 없지만, 동물의 경우 과잉 번식을 했을 때에는 이와 같은 현상을 볼 수 있고 현실적으로 머릿숫자가 감소하고 있는 것입니다.

생물로서의 인간에게도 무언가 그런 메카니즘이 작용하고 있는 것이 아닐까? 그런 적정한 인구까지 되돌아가지 않으면, 이제 이것은 안 되기 때문에 거기까지 가서는 안 된다고 생각합니다.

사하라(佐原) 멸망이라는 말을 했던 것은 그런 의미입니다.

이시게(石毛) 최후에 인간은 멸종하는 종(種)이 될지도 모르겠습니다만, 그때까지 시간은 실로 길기 때문에 아마 그 사이에 물질적인 풍부함의 추구와는 다른 방향으로 문명이 발달해 가면 상당히 오랫동안 유지될 것이라고 생각합니다.

타무라(田村) 때문에 그 변환기의 입구(초기)라고도 말할 수 있습니다. 19세기, 20세기적인 물질적인 발전이 점점 종말에 가까워져 제약이 생기고 이제 조금씩 정신적인 것으로 이행하려고 하는 움직임이 있습니다.

IX. 양극화가 더욱 진행된다.

이노우에(井上) 「식(食)의 미래」를 생각하면, 도대체 식문화(食文化)가 어디로 가버릴지? 인구 문제라든가 정치 경제라든가 그쪽으로 가 버립니다. 식(食)의 문화(文化) 포럼을 16년 동안 계속해 왔지만 결국 지리적인 다양성이 여러 가지 있다든지 역사적으로 이런 추이가 있다든지 하는 것은 어떤 한 가지를 딱 잘라 말할 수 없고, 이것이라도, 이것이라도 하는 형편에 와 있습니다.(여러 가지 문제가 복합적으로 구성되어 있기

때문에 무엇 한 가지로 결정 짖지는 못하고 있다는 의미)

사하라(佐原) 맞습니다. 맞아요.

이노우에(井上) 그러면 그것을 근거로 앞을 본다면 아무것도 보이지 않는다고 하는, 이것은 실로 재미있는 현상이다라고 생각되네요. 그렇다하고 이시게 씨, 미래의 식은 "우주식" 같이 될까요? 어떠한가요.

이시게(石毛) 문명이라는 것이 어떤 합리화의 방향으로 나아가면 장래의 식(食)은 우주식(宇宙食)과 같은 것이 될 것이라는 어렴풋이 생각하는 사람이 있겠지만, 아마 나는 그렇지 않을 것이라고 말하고 싶습니다. 결국 그것은 생존을 위한 식(食)이지만, 그것에 의한 식(食)의 만족감이 있겠는가? 혹은 그렇다면 우리들의 위(胃)라든가 장(腸)이라든가 하는 것이 전부 필요 없는 이야기가 될 것입니다. 그렇게 하면 그 부분에서 생물로서의 인간은 대단히 소용없는 짓을 하고 있는지도 모르지만 극한까지 가면 작은 정제(錠劑)를 먹으면 그것으로 충분히 살아갈 수 있게 되어도, 우리 몸의 형성은 그런 1000년이나 2000년에는 좀처럼 바뀌지 않을 것이고, 또 그것에 맞게 위 주머니가 아주 작아지는 것이 아닙니다. 그렇다면 포만감이라는 것을 만족시키지 못하면 그런 것을 모두가 먹지 않게 될 것입니다.

타무라(田村) 그렇습니다. 현실로 우주 비행사의 음식 자체가 보통 음식으로 바뀌어져 더구나 다양화되고 있습니다. 우주 비행사의 희망이 보통 식사를 하고 싶어 하기 때문입니다.

이시게(石毛) 그때부터 공장이라든지 실험실이 아닌 자연의 산물을 상대로 해서 만드는 요리 이것은 역시 남겠지만, 지금까지 인간이 만들어 낸 식사 에티켓은 어떻게 될까? 정제 같은 것으로 생존할 수 있다면 그것을 마실 때 에티켓으로 가능할지 어떨지? (웃음)

후지와라(藤原) 한 가지 더 일상생활 수준에서 봐도 「식문화」라고 총칭하는 유형무형의 시스템이 정비되어 있고, 예술 작품과 같은 식기나 그 나름대로의 매너, 혹은 관련 인테리어까지 포함해서 실제의 식사 그 자체를 주변에서 꼭 맞게 짜여져 유지되고 있는 구도가 있습니다. 미래의 식(食)을 상상하면 비교적 경사스러운 경우에는 이들의 시스템이 사람의 미의식에도 작용해서 식(食)의 끝없는 간편화나 기능화 등에 대한 버팀돌로서 작용할 가능성이 있는 것으로 생각합니다.

이노우에(井上) 조금 전에 이시게(石毛) 씨가 말씀한 양극화, 결국 기능 본위의 음식과 취미는 별개이다 라고.

사하라(佐原) 그렇습니다. 가정의 부엌은 없어지지 않을 것입니다.

후지와라(藤原) 오히려 「관상용 부엌」이라는 말이 있습니다. 건축 잡지 등에 번쩍번쩍한 부엌이 등장한 것은 상당히 오래된 이야기가 아닙니다. 30년쯤 전에 미국에 취재하러 갔을 때 「일본인에게 주택을 빌려주면 부엌을 더럽게 하기 때문에 피하고 싶다」라는 이야기를 들었던 적이 있습니다. 일본인은 튀김이나 생선굽기 등을 하기 때문에 아무래도 화로(가스) 언저리가 더러워집니다. 일부 미국의 주부는 오븐 등을 사용해 기름연기가 나지 않는 것 혹은 따뜻하게 데우기만 하는 것 같은 간편한 요리법을 생각하고 부엌은 언제나 신품과 같이 번쩍번쩍하게 유지한다는 말을 듣고 깜짝 놀랐습니다만, 호화스러운 시스템 키친을 구석구석까지 깨끗하게 보존하려고 하면 사용법이 아무래도 한정되는 것입니다. 당시는 놀랐습니다만, 지금은 일본에서도 사용하지 않는 부엌이 나오는 것 같습니다.

이시게(石毛) 아니 부엌은 있지만, 부엌보다도 말입니다.

사하라(佐原) 거실?

이시게(石毛) 그렇습니다. 그곳이 중심이 됩니다. 내가 거기에 가장 바람직하다고 생각하고 있는 것은 불고기집(일본에 있는 한국식 불고기 음식점)에 있는 무연 로스타가 부착된 테이블. 연기를 내지 않고 굽는 것입니다. 불고기만 만드는 것이 아니고 냄비요리, 작은 후라이팬을 사용해도 대개 열을 사용하는 요리는 전부 그곳에서 할 수 있습니다.

사하라(佐原) 그것은 부엌에서가 아니고 거실에서죠.

이시게(石毛) 그러면 그것은 다이닝 테이블이기도 하죠. 거기에 작은 싱크대라도 만들면 되죠. 어쨌든 부엌과 같은 것은 있고 거기에서 애벌 조리를 끝내고 조리의 주력은 밥을 먹으면서 합니다. 먹으면서 무엇을 만들어 갑니다.

사하라(佐原) 이시게(石毛) 씨의 그 꿈은 만들어 보려고 생각하면 가능할 것입니다.

이노우에(井上) 세탁기라는 것은 통이 있어서 거기에 세탁물과 세제를 넣고 부웅하고 돌려 맨 처음은 그것 뿐이었습니다. 그것이 헹굼이 가능하게 되고 지금은 위에 건조기가 붙어서 요컨대 세제와 재료를 넣고 그대로 두면 건조해서 나온다는 이야기입니다. 그런 단계는 나에게 있어서는 아직 상당히 미개의 상태이고 왜 사람은 입고 있는 것을 벗어야만 한다는 것인가 하는 이야기입니다. 욕조에 들어갈 때 벗는 것이 귀찮은 것이죠. 입은 채로 들어가 잠깐 그곳에서 무언가 하고 나오면 전부 건조되어 있다고 할 수는 없는지?

사하라(佐原) 잠깐만요. 그것은 세탁을 위해 욕조에 들어가는 것인가요? 그렇지 않으면 목욕을 위해서 인가요?

이노우에(井上) 그렇죠 그것을 왜 분리해야만 하는가? 라고 생각하는 것이죠.

그 정도의 발상이 어째서 먹는 것에는 할 수 없는가 라고 생각합니다.

지구상에서의 수송을 생각하면 먹는 그대로의 사이즈, 이것을 스트레이트라고 말합니다. 스트레이트로 무엇을 움직이고 있는 것이죠. 지금은 그것이 정제(錠劑)가 됩니다. 거기에서부터 우주식과 다르기 때문에 몇 가지인가의 재료(錠劑)를 어떤 기기(機器)에 넣으면 여러 가지 음식물, 요리가 거기에서 나오는 것이라고 하는 형식이 되면 또 이야기는 달라지지 않을까 하는 생각이 듭니다.

그쪽에서 예를 들면 종교라든지 신앙이라든지 결국 플라시보 효과이죠. 플라시보 효과가 가해지면 결국 가능할지 모르죠.

이시게(石毛) 다만, 세계적으로 영향을 가진 세계 종교와 같은 것이 이제부터 나올 것인지? 내 개인적인 견해에서는 큰 의문입니다.

사하라(佐原) 세계 종교가 가능할 경우 현재 기존의 종교는 그것으로 통일되어 버립니다. 인류가 하나의 종교가 되는 거죠.

이시게(石毛) 그렇지 않아도 좋습니다만, 인류적인 무브먼트(운동)가 되는 종교와 아주 비슷한 실천적인 이데올로기, 사상으로서의 이데올로기, 인류가 본연의 모습을 발견한 듯한 이데올로기라고 하는 것이 나올 것인가? 그런 것이 나올 가능성이 없을 것 같다는 것이 나의 견해입니다.

사하라(佐原) 장래에는 식료와의 관계에서 그런 종교가 나오는 편이 좋겠습니까?

이시게(石毛) 무엇이라고 말할까? 자원의 유효 이용이라고 하는 것은 그런 이데올로기에서.

타무라(田村) 에콜로지(생태학)도 상당히 강력한 이데올로기인지도 모르겠습니다.

이시게(石毛) 그것은 상당히 종교와 비슷한 구조를 갖고 있기 때문입니다.

타무라(田村) 원래, 자연과학은 인간이 멸망해도 관계없다고 생각하고 있는 것이므로 에콜로지 운동이라고 것은 자연과학에서 괴리했기 때문에 인류 사회에 대해 힘을 가진 것이죠. 아마 그렇게 되면 좋을 것이라고 생각합니다.

후지와라(藤原) 이 큰 경제 시스템 안에서 어느 정도의 억제 효과를 발휘 하는가 몇 가지 의문스럽게 생각하면서 조금 소망에 가까운 말이 될지 모르겠습니다만, 개개인의 작은 행위가 아무리 무력하게 보이더라도 어느 정도 양적으로 존재하면 그것은 반드시 자연 법칙으로 환원된 변화를 초래하는 것이기 때문에 거기서 무언가가 시작되는 것이라고 생각합니다. 그런데에 착안하여 작은 것에서라고「하더라도」큰 변화가 일어나는 것이 아니고 작은 것에서「밖에」큰 변화는 일어나지 않는다고 말할 수 있을 것입니다. 그렇게 생각하면 에코로지의 사상은 의외로 강한 영향력을 갖는 것이 아닐까 하고 생각합니다.

이노우에(井上) 나도 이시게(石毛) 씨가 말한 것에 찬성입니다. 찬성, 반대라고 하는 종류의 것이 아닌지도 모릅니다만, 지금은 그 정보 쪽의 용어로 말하면 메디에이션, 결국 사이에 항상 무언인가가 개재(介在)해서 정보가 전해지게 되는 것입니다. 사람과 사람의 커뮤니케이션 스타일이 바뀌어 버리는 것이기 때문입니다.

여러 가지 이야기가 나옵니다만 21세기의 식(食)은 어떻게 될까? 이시게(石毛) 씨 이쯤해서 마무리해 주시지 않겠습니까?

이시게(石毛) 맨 처음 이야기했던 것처럼 지금 보시는 것과 같은 경향이 계속됩니다. 우리들보다 아래 세대, 아마 태어난 연도가 1970년에 가까운 사람들이라면 철이 들 때부터 햄버거를 먹고 있습니다. 우리 세대라면 고기라고 하면 스키야키(전골), 경사스러운 날의 진수성찬이었습니다. 앞으로는 그 아이들이 어린이를 낳으면 그렇게 해서 또 그 아이가 자라갈 때가 되면 육류 소비는 더욱 높아질지도 모릅니다. 그래서 지금 식생활의 균형이 맞다(밸런스가 좋다)고 하는 것은 아마 무너질 것이고, 아니 이미 벌써 나와 있는 경향이며, 그것이 그대로 지속되어 변화되어 가는 것입니다.

이노우에(井上) 지나온 길을 되돌아갈 수는 없습니다. 거시적으로 문명에는 일정한 정해진 방향으로 진화하는 것과 같은 것이 있어 되돌릴 수는 없다는 것이죠.

여러분 장시간 동안 감사했습니다.

2010년의 「먹는 일」 10

부엌에서 식탁 차원 · 사교 차원의 식(食)으로 ——— 사이토우 타카시(齋藤 隆)

미래 예측은 예측하는 사람의 역사 관점에 있다고 해도 과언이 아니다.

시대는 진화한다. 그러므로 두 개의 엔진이 필요하다. 돌연변이(혁신)와 환경적응(보급). 이것이 필자의 역사 관점이다.

혁신은 새로운 가치, 보급은 낡은 가치

식에 관해 약간 거칠게 비유를 하면, 손수 만들기나 단란한 식(食)은 낡은 가치이고, 빠른 조리[결코 "손이 덜 간(생략된)" 것이라고 말하는 것은 아니다]나 개인식(個人食)은 새로운 가치이다. 진화는 이 두 가지의 가치를 양면적으로 통합하는 것을 활력으로 하여 시작된다.

이것은 언뜻 보기에 대립하는 두 개의 가치를 양면적으로 통합하는 열쇠는 대립차원에는 존재하지 않고, 대립 차원보다 높은 차원에 존재한다. 이것을 「시대의 진자(흔들이)의 요령」이라고 부르고 있다(그림).

현재, 식(食)의 가치는 부엌 차원에서 식탁 차원으로 진화하고 있다. meal solution(식사 문제)이라는 말의 본질적 의미가 여기에 있다. 식(食)의 가치는 21

세기를 향해 더욱 진화할 것이다. 식탁 차원에서 사교 차원으로......... 이것을 세 가지의 역사 사실에서 예측한다.

사회가 활기찬 시대에는 반드시 두 가지 혁신이 일어난다. 혁신 기술의 발명과 신생활 기회의 발견(발명)이다.

제1의 예측 : 기술 혁신과 라이프스타일

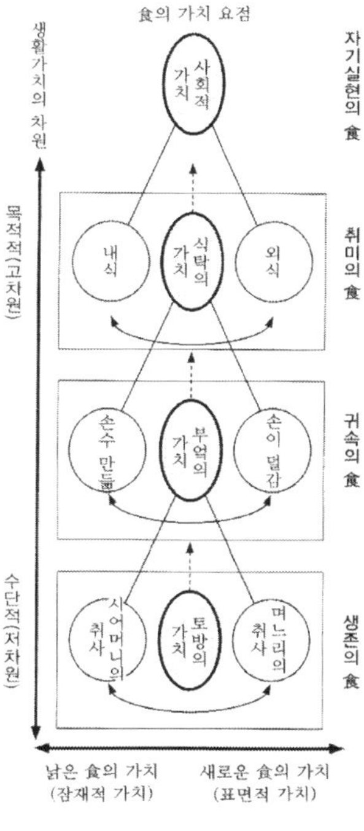

18세기부터 19세기에 걸쳐 급속한 자연과학의 발전과 함께 증기기관이나 항해술(航海術) 등 신기술이 지속적으로 발명되었다. 대항해(大航海) 시대와 합류해, 신대륙 "발견"이나 아시아 대륙 진출을 촉진하고 유럽 세계에 새로운 생활 기기를 계속해서 초래했다. 최근, 화제의 가드닝(Gardening)의 발상은 당시 세계 속의 유용 식물을 약탈하기 위해 영국을 중심으로 유럽의 여러 나라가 세계에 흩어진 식물(植物) 탐구자들의 성과이다. 세계 속에서 모여진 유용 식물은 유럽에 새로운 문화와 라이프스타일을 탄생시켰다.

20세기에는 새로운 활기가 솟아난다. 무대는 미국이다. 오토메이션 시스템(자동시스템)을 대표로 하는 대량 생산 기술과 가정 생활이라는 새로운 생활기회가 발명되었다. 샐러리맨이 늘고 직장과 가정이 분리되어 교외를 중심으로 가정생활을 즐기는 문화와 라이프스타일이 생겨났다. 레저라는 말은 20세기가 되어서 보급되었다.

21세기 우리들은 혁신적인 정보기술을 손에 넣으려고 하고 있다. 남는 것은 새로운 생활기회의 발명이다. 이제 슬슬 일본이 등장할 차례이지만.

제2의 예측 : 시대는 새로운 사교의 장을 추구한다.

제2는 생활기회가 어디에서 나오는 것일까? 이다. 고찰하는 역사 무대를 일본으로 옮긴다. 일본문화의 원형은 무로마치(室町) 시대에 완성되었다고 한다. 그 배경에 다도, 꽃꽂이, 가회(歌會, 和歌를 짓고 서로 발표·비평하는 모임)라는 사교의 장이 있었다. 사교의 장에서 많은 문화와 라이프스타일이 탄생하고 다도회에서 가이세키 요리(會席料理, 모임을 위한 일본 고급 정식요리로서 한국의 고급 한정식 요리에 해당함) 등 일본요리의 원형이 완성되었으며, 도예 기술이 발달했다.

이 시대는 일본의 역사 속에서 드물게 볼 수 있는 해외의 문화가 계속해서 들어왔다. 일본과 서양의 멋진 융합 현상이 일어났다. 예를 들면 튀김은 당시의 프랑스의 과자가 원형이었던 것이 포르투칼 요리에서 덴페라(寺院 : テンペラ)가 사투리화되었다고 한다. 또 별사탕이 포루투칼의 과자로서 상류 계급에서 귀중하게 여겨졌다.

무로마치(室町) 시대부터 250년이 지난 에도(江戸) 중기 이후의 문화문정(文化文政) 시대에 다시 사교 문화가 생겨났다. 상인 문화의 탄생으로 닌교조루리(人形淨瑠璃, 일본전통 인형극), 교우카(狂歌)(풍자와 익살을 주로 한 단가), 가부키(歌舞伎, 일본 전통 극), 우키요에(浮世繪, 遊女나 연극을 다룬 풍속화)를 찾아서 많은 사람들이 모이고, 무사의 심정 「와비(わび, 일본 정서 다도・하이쿠)가 추구하는 최고의 극치」의 대표로서 "간소하고도 차분한 아취(雅趣)", さび(사비): 예스럽고 아취가 있음, 은근하고 깊은 정감이 있음」에서 에도 초닌(江戸町人, 에도시대의 도시상인계급의 사람들) 「이키(粹, 때 벗음, 세련되고 운치와 매력이 있음, 특히 화류계 방면 등 풍류에 통달함), 이나세(鯔背, 젊은이가 멋있고 호협하며 결기 있는 모양)」에 일본인의 심정이 옮겨갔다.

당시에도 동서의 교류가 활발해, 쇄국정책을 기본으로 하고 있었던 에도(江戸) 막부가 해외와의 창구인 나가사키 데지마(長崎出島)를 만들어 해외 문화와의 교류를 유일하게 예외적으로 진행했다. 나가사키의 싯보쿠(卓袱)요리(국수나 메밀국수에 송이버섯・표고버섯・생선묵・채소 등을 넣어서 끓인 음식, 일본화된 중국식 요리)에서 볼 수 있는 것처럼 일본과 서양의 융합이 있었다. 일본과 서양 문화의 융합이야말로 사교문화의 큰 특징이다.

문화문정(文化文政) 시대부터 250년이 지났지만 21세기이다. 아시아의 시대, 인터넷 시대, 신차원 국제시대를 맞이하려고 한다. 「시대」는 새로운 사교의 장을 추구하고 있다. 식(食)의 가치에 대한 진화의 열쇠가 여기에 있다.

제3의 예측 : 시대의 주역이 바뀐다.

세 번째는 식(食)의 가치 내용이다. 그러기 위해서 시대의 주역이 누구인가를 생각한다. 사교의 장은 시대의 주역이 교대하는 시대에 반드시 발생하고 있다. 새로운 시대의 주역이 사교장의 주역이 된다. 일본식 문화가 완성된 무로마치(室

町) 시대는 무사가 주역으로 등장했다. 귀족사회에서 무사사회로의 교대 시기였다. 그리고 에도(江戶) 시대에는 무사를 대신해서 상인(기업) 문화가 사교장으로 탄생했다.

21세기는 기업에서 시민으로 시대 주역의 교대 시기이다. 새로운 사교장의 주역은 시민이다. 시민문화를 기르는 사교장이 탄생한다(=예측). 탄생시켜야만 한다(=창조). 사교의 장은 언제나 시대에 어울리는 시티 라이프(city life)를 탄생시키는 것을 덧붙여 둔다.

제 4 부

식(食)과 기술과 인류사

제 1 장 식(食)의 기술을 생각한다.

요시다 슈지(吉田集而)

인류에게 있어서 식(食)은 가장 기본적인 요소이다. 인류사의 초기부터 식(食)에 관해 많은 시간과 에너지가 할애되어 왔다. 그리고 앞으로도 상황은 그렇게 바뀌지 않고 식(食)은 인류에 있어서 기본적 명제가 계속될 것이다.

인류는 식(食)에 관한 의례나 에티켓, 그림이나 문학, 분배 방법이나 공간 이용 방법, 미각이나 후각 등의 감각, 식(食)의 산업이나 기술, 식(食)의 여러 가지 의미 부여 등을 발달시켜 왔다. 그 중에서 식(食)의 기술은 가장 중요하며 기초가 될 것이다. 그리고 식(食)의 기술 발전에는 눈을 크게 뜨이게 하는 일이 있다. 특히 근대부터 발흥(勃興)해 온 과학기술의 발달은 인류에게 어쩌면 불가능은 없는 것처럼 생각하게 했다. 확실하게 인류는 기술 발달에 따라서 인류의 생존을 유지해 왔다. 그러나 정말 과학기술이 인류의 식(食)을 보증해 갈 수 있을 것인가?

인류사라는 관점에서 가장 기본적인 식(食)에 관한 기술을 재고해 보자. 인류가 지금까지 무엇을 이루어 왔는가, 그리고 무엇을 이루려고 하고 있는가, 더욱이 과학기술이라는 것이 어느 정도까지 미래의 식(食)에 유용할 것인가 등을 생각해 보고자 한다.

이때 식(食)의 기술을 세 가지의 기술로 나누어 생각하면 좋을 것 같다. 즉 (1) 식물(食物)의 입수(入手) 기술, (2) 식물(食物)의 조리기술, (3) 식물(食物)의 섭취에 관한 기술, 세 가지이다. 이들 기술에 관해서 미래를 향해 생각해 보자.

I. 음식물의 입수 기술

사람에게 음식물은 식물과 동물을 생각하면 좋을 것이다. 광물도 없는 것은 아니지만, 조미(調味)나 약물로서의 의미가 있을 정도로 거의 무시해도 좋다.

그런데 식물과 동물에서 사람에게 어느 쪽이 중요할 것인가? 영장류의 식성, 그리고 근대 현대의 수렵채집민의 섭취법을 고려하면 육식성도 아니고 초식성도 아니고, 아마 잡식성일 것이라고 생각된다[1]. 즉, 식물과 동물 양쪽으로 의존하고 있었다. 그리고 식물과 동물에서는 입수 방법이 다르기 때문에 여기서는 별도로 다루기로 한다.

1.1 식물성(植物性) 식품의 입수

식물(植物)에서 음식을 채취하는 데는 특별한 기술은 필요 없다. 바로 손으로 취해서 먹으면 된다. 그리고 먹어온 것은 무엇보다도 과실일 것이다. 미숙한 과실은 때로는 독성이 있거나 떫거나 해서 먹을 수 없지만 완숙한 과실은 그대로 먹을 수 있다. 다음으로 중요한 것은 새싹이다. 새싹은 독성이 있는 것이 적고 그대로 먹을 수 있다. 그러면 씨앗은 어떨까? 단백질이나 지방을 함유한 씨앗은 먹을 수 있었을 것이다. 그러나 씨앗에도 유독한 것이 많고 선택적으로 먹을 수 있다고 생각된다. 그러면 전분을 많이 함유하고 있는 씨앗은 어떨까? 그것은 조금 놓아두고, 전분을 많이 함유한 뿌리나 줄기는 어떨까? 뿌리나 줄기도 독성이 있는 것이 많다. 그러나 비교적 먹기 쉬운 것도 있다[2].

전분은 익히지 않으면 사람은 소화되지 않는다고 한다. 그렇기 때문에 전분을 많이 함유한 뿌리나 줄기, 씨앗은 사람이 불을 이용하기 이전에는 먹지 않았다고 하는 의론(議論)이 있다[3]. 그러나 나는 그렇게 생각하지 않는다. 그것은 영양만을 생각하고 있었기 때문이지, 사람에게는 배부르게 먹었다고 하는 포만감도 중요한 요소였다고 생각되기 때문이다. 그래서 실은 날 것의 α전분이라도 얼마든지 소화할 수 있지 않았을까 생각된다. 적어도 전분뿐만이 아니고 당분이 함유되어 있을 가능성도 충분히 있다. 게다가 불을 이용하게 되고 나서 갑자기 이것들을 먹기 시작했다고는 생각할 수 없다. 그러

---

1) 제 1권 95 페이지, 이타니 준 이치로 논문
「영장류의 식(食)」, 동권 124페이지, 다나카지로 논문「수렵채집민의 식(食)」 참조

2) 그 논문에 관해서는 제 1권 115페이지, 나카오사스케 논문「사람의 식물식(植物食)」을 참조

3) Stahl.Ann Brower 1984 Hominid Dietary Selection Before Firc. Current Anthropology 25(2):151-168

므로 불을 이용하기 전에도 뿌리나 줄기를 먹고 있었다고 나는 생각하고 있다. 똑같이 전분이 많이 함유된 씨앗도 먹을 수 있었다고 생각한다.

<사진 1> 히말라야의 싯킴 서부의 마을에서

한눈에 보이는 장소, 옥수수와 독성이 있는 마무시게사의 동류가 같이 재배되는 것처럼 보이나, 마무시게사는 야생의 식물이고, 혼입하고 있을 뿐이다. 이들은 채집되어, 독을 빼어 식용으로 공급된다. (저자 촬영)

뿌리나 줄기를 채취하기 시작하면 무언가의 도구가 필요하게 된다. 그 주위의 막대기라도 좋다. 그것이 이윽고 파기 쉬운 특정한 막대를 이용하게 되고 파는 막대가 생긴다. 다만 파내는 막대의 성립은 상당히 나중의 일로 구석기 시대 말경일 것이다.

또 한 가지는 독소를 제거하는 기법이다. 전분 등을 축적하고 있는 뿌리나 줄기는 많은 경우 독성이 있다. 뿌리나 줄기에 축적된 영양은 꽃눈이나 다음 잎을 싹트게 하기 위해 있어야 하기 때문에 그것을 동물 등에게 빼앗기면 식물의 존속이 아슬아슬하다. 그러므로 유독한 것이 많아 졌다. 즉 뿌리나 줄기를 그대로 먹는 것은 어려운 것이다. 그들을 식료(食料)로 하기 위해서는 그 독성을 제거해야만 한다. 물에 담그어 둔다든가 불에 익힌다든가 여러 가지 방법이 개발되게 된다. 이들은 구석기 시대 말경의 일일 것이다. 그리고 이 시대에 개발된 독성 제거 기법은 현재까지 전해져 세계 각지에서 야생식물의 독성을 제거하고 계속해서 먹고 있다.

<사진 2> 세빗쿠강 중류의 마을에서
뉴기니아 저지대 근재농경의 밭. 어수선한 밭에 바나나와 얌, 하이비카 등이 재배되고 있다. (저자촬영)

독성 제거 기법 중 나중에 가장 큰 영향을 미친 것이 독성이 없는 것을 선별하는 방법이다. 즉 치사성(致死性)의 유독식물은 피하고 비교적 아린 맛이나 쓴맛이 적은 것을 선택하는 것이다. 이 선별이 재배 식물의 발생으로 연결된다. 즉 독소가 적은 식물을 선택해서 채집하고 있었지만, 그 일부를 남겨 두고 다음에 채집하는 것을 시작한다. 그것이 더욱 발전해서 의식적으로 다른 편리한 곳에 옮겨 심는 일이 생겼다. 여기까지 발전해 더 나아가 재배 솜씨까지 발휘되었다. 나중에 분갈이(포기나누기) 등으로 증식하게 되면 그 식물은 재배식물이 되었다고 인정할 수 있을 것이다. 그리고 밭이라는 것이 성립되게 된다. 동남 아시아에서 뉴기니, 남미 등에서 이런 경작이 시작된다. 또 이런 재배가 시작되는 것은 인구가 증가했기 때문에 필요성이 더욱 촉박하게 되었다고 하는 설이 일반적이지만, 그렇지는 않을 것이다. 반 재배, 및 재배가 먼저 시작되고, 그 때문에 영양상태가 좋아져 인구가 늘어나게 된다. 인구가 늘어나게 됨에 따라 한층 더 재배에 의존하게 되었을 것이다.

분갈이(포기나누기)나 접목 등의 영양번식으로 증식하는 농법을 근재농경(根栽農耕)이라고 한다. 감자류 뿐만이 아니고 뽕나무나 바나나도 근재농경 속에 포함된다. 이런 근재농경은 상당히 많은 품종을 만들어 내는 형태로 발전했지만, 그 외의 기술은 그다지 발달하지 않았다. 보존 기법이나 관개(灌漑) 기술도 볼 수 있지만 크게 발달하지 않았다.

그런데 서아시아나 아프리카의 초원, 중국의 남부 습지 등에서 거기에 자라는 단자(単子)잎 식물의 종자를 먹는 사람들이 나타난다. 이것은 불의 사용 이후이고, 야생 식물에서 종자를 채집해 구운 모래 등에서 볶아 먹고 있었지만 여기서부터 서아시아에서는 가루로 먹는 기술이 생겨났다. 이 가루로 하는 기술은 나중에 여러 가지 가공법을 낳은 가장 기본적인 기술이다. 입자가 큰 쌀로는 이런 것은 나오지 않았다. 볶는 것에서 찌는 기술이 발달했다.

서아시아에서는 범람하는 벌판에서 보리 재배를 시작했다. 이 우연이 상당히 큰 것으로 여기서부터 문명을 낳게 된다. 초기는 간단한 관개(灌漑)로 행하였다. 그 안에서 재배품종이 확립되었다. 그리고 관개의 규모가 확대함과 동시에 사회 중층화(重層化)가 생겨난다. 재배법도 더욱 발전해 특히 가래(농기구)의 발명, 가축의 농경으로의 이용, 곡물의 보존법의 확립 등에 따라서 생산성이 비약적으로 향상되고 농경에 종사하지 않는 계층이 형성되게 된다. 그리고 이런 계층의 출현은 여러 가지 기술을 발전시키는 기초가 되었다. 문명의 발전은 생태 조건에 따라 다른 절차를 취하게 된다.

근대에서 현대에 걸쳐 농경방법은 크게 바뀌었다. 새로운 품종의 개발, 새로운 비료나 살충제 발명, 가축의 힘을 대신하는 기계에 의한 파종에서 수확까지 게다가 보존에서 운송까지도 강력한 기계에 의해 행해지게 되었다. 그러나 한편 농지의 확대는 자연을 파괴하는 것이고, 살충제는 다른 생물을 위협하게 되었다.

<사진 3> 아프리카의 카라하리에서
수렵에 나가는 산인. 활을 메고 개를 데리고 있다. (이케야 가즈노부(池谷和信) 씨 제공)

1.2 동물성 식품의 입수

수렵은 인류 발생 때부터 지금까지 이어지고 있는 동물성 식품을 손에 넣는 방법이다. 필시 인류사의 초기만큼 동물에 대한 의존도가 높았을 것이다. 그리고 육식에 있어서도 불의 사용은 큰 사건이었다. 그 때까지는 아마도 내장이 고기(살)보다도 중요했을 것이다. 특히 간(肝)은 가장 중요한 식료였다고 생각된다.

수렵은 큰 짐승에서 작은 짐승으로 옮겨졌다. 그것은 큰 짐승의 감소에 의한 것이다. 즉, 환경을 파괴하기 시작했다는 의미이다. 그리고 그것에 대응하여 사냥 도구도 변화하고 있었다. 활과 화살의 출현은 작은 짐승 사냥의 적응이었다 또한 그것과 병행하여 식물성 식품에 대한 의존도 높아졌을 것이다.

수렵은 마침내 동물의 수와 종의 감소를 초래했다. 이 이유뿐만이 아니라, 다른 여러 가지 이유가 더해져서 현재 아주 극소수의 수렵채집민만이 남게 되었다. 더욱이 사냥 도구는 전투 도구로 전용되었는데, 전투 도구의 발달은 수렵채집민 사이에서 일어나는 것이 아니라, 농경민에 의해서 경이적으로 발전하게 된다.

가축은 수렵민에 의해서 만들어진 것은 아니다. 약 9000년전 경에 서아시아에서 가축이 출현한다. 그것은 농경민이 무리 지어 있는 채로 동물들을 붙잡아 묶어 놓는 방법에서 처음 시작되었다. 처음에는 고기를 얻기 위한 것이었지만, 그 후에 농작이나 운반에도 이용되게 된다. 젖의 이용은 가축화보다 꽤 늦어, 약 7000년 전부터 시작되었으리라 생각되고 있다. 그리고 젖을 이용하는 발견은 마침내 목축민이나 유목민을 성립시키도록 하는 한편, 여기에서부터 여러 가지 다양한 유제품 제조의 기술이 발달하기 시작한다[4].

<사진 4> 외몽골 중앙부에서 산양을 방목하고 있는 몽골 유목민
(고나가야 유키(小長谷有記) 씨 제공)

4) 제 1권 141페이지, 타니유타카(谷泰) 논문 「牧畜民の食(목축민의 식)」 참조

어로는 수렵채집의 일부이고 해안, 하천, 호소(湖沼) 지대에서의 생업이었다. 어로채집민에서 어로농경민, 또는 어로전업민이 파생하기 시작한다. 그 중에는 해수(海獸)의 사냥을 중심으로 하는 민족도 나타난다. 처음에는 해안 근처에서의 채집이나 어로가 중심이었다. 조개 종류에 대해서는 늪지대나 모래밭의 해변에서 물가의 조개들로 옮겨갔다. 어류에서는 연안에서부터 먼 바다로 어장을 넓혀 갔다. 모두 수량이 감소하기 시작했기 때문이었다. 그것은 동시에 환경 파괴라는 것도 의미하고 있다. 어로에서는 보존 기술이 가장 중요한 기술로서, 염장과 건조가 그 기본이었다. 여기에서 발효에 의한 보존법도 생겨난다. 그리고 그 후에는 냉동법이 발명되게 된다.

1.3 음식물을 얻는 기술에 있어서 중요한 점

우선, 인류가 이 정도로 생각해 낸 기술이 비록 원시적 방법이었더라도 그 대부분이 현재까지 계속 이어지고 있다는 것이다. 원시적인 방법은 서서히 사라져 가고 있지만, 먼 훗날에 있어서도 사람들이 생각하는 것보다도 계속 남아 있을 것이다.

다음으로 중요한 점은 음식을 얻는 기술의 발달은 환경 파괴를 초래했다는 것이다. 인류라는 것은 자연을 파괴함으로써 인구를 늘리거나, 문명을 발달시키는 것이 가능하였다. 이것은 인류의 미래를 생각할 때 아주 중요한 일이며, 앞으로 이 역사의 연장선 위에 설 수 없는 것을 이야기하고 있다. 즉, 지구라는 「장소」의 한계가 확실히 보이기 시작하여 이 이상의 환경 파괴 또는 자연 파괴는 있을 수 없는 상황에 있다. 그럼에도 불구하고 인구는 계속 늘어나고 있다. 이대로라면 인류는 막다른 길에 다다르고 말 것이다. 인류가 시작된 이래 생겨난 이 문제를 어떻게 해결할 것인가는 현재 우리들에게 던져진 가장 최대의 문제이다.

단, 절망하는 것 밖에 방법이 없는 것은 아니다. 수렵채집 시대에 시작되어 농작시대 때부터 발달한, 다른 동물은 가질 수 없었던 여러 가지 능력을 인류는 획득해 온 것이다. 그중 하나는 합리적으로 사물을 생각하는 능력이고, 다른 하나는 미래를 예측하는 능력이다. 아마도 이런 능력이 새로운 인류의 미래를 열어 줄 것이다. 하지만 나는 이런 것들만으로는 아직 부족하다고 생각하고 있다.

II. 음식 조리의 기술

인류사에 있어서, 실은 먹을 것의 입수가 가장 기본적이고 가장 중요한 것이었다. 그에 비하면 불을 사용한다는 기술을 제외하고, 다른 조리 기술은 그리 대단하지 않은 기술이다. 굽기 (이 기술에는 여러 가지 방법이 개발되었다), 찌기, 삶기, 볶기, 튀기기 등의 불의 사용에 관계 있는 기술의 발전이 중요하다. 그리고 그것에 대응한 도구가 개발되어 왔다. 가장 새로운 기술은 전자레인지일 것이다. 한편 가공 기술로서 씻기, 으깨기, 가루내기, 섞기, 갈기, 자르기, 보존하기 등에 필요한 기술이 개발되어 왔다. 마찬가지로 그것에 대응하는 도구도 계속 발명되어 왔다. 더욱이 맛내기에 관련된 기술도 발전되어 왔다. 조미료의 개발이 그것이다.

<사진 5> 세빅강 중류의 마을에서
돌찜이라는 조리법은 직화구이에 비하면 상당히 발전한 조리법이다. (저자 촬영)

수렵채집 시대로부터 고도정보사회 시대의 조리 기술의 기본은 편리화, 간소화, 단시간화라는 방향과 맛, 아름다움, 진귀함, 다양한 조합이라는 방향으로 향하여 왔다. 그리고 현대에 이르러 조리의 사회화(산업화)가 급속도로 진행되고 있다. 시간의 단축화라는 흐름과 적당한 맛이라는 개개인의 요구와 조리의 에너지의 절약이라는 사회적인 요청이라는 흐름 속에서 진행되고 있는 듯하다. 그것은 개인적인 조리의 불필요라는 방향이다. 중식(中食)과 같이 구입하여 먹는 것에 직행하는 방향이다. 또, 노인에 대한 식사 배달도 같은 방향이 된다. 그리고 음식 조리의 사회화는 영양이 충분하다면 상관없다는 방향으로 가기 쉬우나, 이것에는 경계할 필요가 있다. 영양학은 관리의 식(食)

을 제공하기에는 적합한 학문이기는 하지만, 사람은 관리되는 것을 싫어한다는 의미뿐만이 아니라, 식사라는 것은 영양학의 범위를 크게 넘어서고 있기 때문이다.

이런 흐름과는 다른 흐름도 있다. 조리를 개인적인 즐거움이라고 하는 사람들의 출현이다. 거기에는 보다 맛있는 것을 먹는다는 방향으로 향한다. 사회적인 관리가 우선되면, 개인적 조리는 범죄가 될지도 모른다. 그것은 개인적인 고집이라는 것이다. 그러나 개인의 자유나 즐거움을 빼앗는 사회는 괴로운 사회이고, 그러한 방향으로 나가는 것을 원하지 않는다. 다만, 재료의 입수라고 하는 문제에 관계되어 일종의 사회적 차별이 생길 가능성은 충분히 있을 수 있다.

III. 음식의 섭취에 관한 기술

음식을 섭취하는 도구는 비교적 빠른 시대에 이미 모두 나와 있다. 식사를 위한 용기, 음식을 입으로 운반하기 위한 도구 등인데 기본적 기술이나 도구는 갖추어져 있다. 식탁 주위에서 음식을 섭취하는 용구의 고급화는 일어나고 있을 테지만, 이 분야에 대한 기술 혁신은 거의 없다고 생각된다. 오히려 에너지 절약에 관련된 리사이클화가 진행되는 쪽이 가능성이 높을 것이다.

제2장 사상은 기술보다 우선한다

음식물의 입수가 최대의 문제이고, 조리나 섭취에 관해서는 작은 문제밖에 없다. 우리들은 인구 증가를 멈출 수 있을 것인가. 물과 에너지원의 한계를 어떻게 극복할 것인가. 음식의 재료를 증산할 수 있을 것인가. 토지의 유효 이용은 더욱 높일 수 있을 것인가. 재배 효율이 높은 품종의 개발과 재배법의 개량으로 어느 정도의 증산이 가능할 것인가. 그리고 조리의 찌꺼기나 음식물을 남기지 않는다고 가정하고, 재료를 효율성 높게 이용하는 방법으로 얼마만큼의 양이 증가할 것인가. 셀룰로스 등 현재는 먹을 수 없는 것을 먹을 수 있게 만드는 기술은 얼마나 유효할 것인가. 또 식물과 동물 이외의 음식물의 개발에 따라 어느 정도로 인류의 먹을거리를 증가시킬 수 있을 것인가—이런 먹을거리의 증산이나 이용 효율을 높이는 것은 현재의 과학기술로도 상당한 가능성은 있을 것이다. 그렇지만 현재 인류는 최악의 시나리오 위를 달리고 있는 것처럼 보인다. 인구 증가는 현재의 상황으로는 멈출 수 없다. 어쩌면 음식 전쟁이 일어날 지도 모른다. 아사(餓死)가 증가할 지도 모른다. 이런 고통을 느끼고 나서부터는 실제적인 대응을 할 수 없을지도 모른다. 아마 뒤늦은 상태에서 출발이 될지도 모른다[5].

미래 예측의 능력을 획득한 인류가 이다지도 한심스러운 미래밖에 그릴 수 없는 것은 아닐 것이다. 인구 증가를 우선은 멈추지 않으면 안 된다. 인공물이나 환경 파괴에서 인류는 복수를 당할 지도 모른다. 환경호르몬이라고 불리는 물질(내분비 교란 물질)에 의해 인류의 생식 능력이 떨어지고, 인구가 감소한다. 갑작스러운 신종 바이러스가 세계에 만연하는 것에 의해 인구가 격감할지도 모른다. 인류 파괴의 시나리오는 얼마

5) 제 1권 156페이지, 吉良龍夫논문「地球のヒト定員(지구의 인구정원)」참조.

든지 있다. 그런데 그런 시나리오를 극복하여 우선 인구를 조절하는 방책을 생각해내는 것은 가능할 것이다. 그리고 인구 증가가 없어질 때, 인구 증가를 전제로 하는 현재의 산업 구조는 크게 변혁되어야 할 것이다. 또, 정해진 파이를 배분하기 위해서는 국가 시스템에서 벗어날 필요가 있을 지도 모른다.

더욱이 서양적인 생활 방식을 상대화할 필요도 있을 것이다. 자동차를 타고, 에어컨이 설치된 방에서, 냉장고에 음식이나 음료를 비축하는 생활은 지금은 온 세계에 퍼져있다. 그러나 200m 밖에 도로가 없는 작은 섬에서는 자동차를 탈 필요가 없고, 시원한 바람이 부는 곳에서는 에어컨 같은 것이 필요할 리가 없다. 건조한 지역에서 세탁물을 건조기로 말린다는 광경을 볼 수도 있다. 냉한 지역에서의 냉장고도 좀 우스운 것이다(오히려 얼지 않게 하기 위해서 사용하고 있는 듯하다). 이런 서양적인 생활 방식이 지역이나 상황을 무시하고, 동경의 대상으로 보급되고 있다. 이와 같은 생활 방식은 다시 생각되어야 한다. 오히려, 각각의 지역에서 그 지역에 알맞은 생활 방식을 만들어 내야 한다. 그것은 단순한 소비의 생활만을 말하는 것이 아니고, 생산적인 생활이라고도 말할 수 있는 것이다. 그리고 보편적인 편의와 쾌적이라는 가치관에서 벗어나, 지금은 고통이 되어버린 육체의 적극적인 사용과 자연과의 조화를 꾀한 생활 방식이 보다 더 중요해질 것이다.

그러나 이런 것들을 실현시키기 위해서는 합리적인 과학기술만으로는 도저히 대응할 수 없을 것이다. 음식에 관해서 말하면, 음식의 의미를 되묻는 것이 된다. 사람에게 있어서 먹는다는 것은 무엇인가. 음식은 단순히 활동의 에너지원이라는 금욕적인 사상을 취할 것인지, 또는 먹는 것이 사는 보람이라는 향락적인 사상을 취할 것인가. 혹은 음식을 활동의 에너지라고 한다면 사람은 무엇을 위해 살아가고 있는 것인가라는 보다 근원적인 문제까지 도달해 버린다.

그러나 문제는 음식에 대한 사고로 정리되지 않는다. 앞서 말한 것과 같은 방책을 실현시켜가기 위해서는 그것을 지탱할 사상이 중요하게 된다. 즉, 인류의 미래를 지탱할 사상이 필요한 것이다. 그것이 어떤 것인지는 현재 나에게는 보이지 않는다. 그것은 초아(超我) 혹은 무사(無私)의 사상, 상호연환(連環)의 사상이라는 사상이 상관하고 있는 것은 아닐까 하는 예감밖에 나는 할 수 없다.

미래의 음식 기술에 대해 생각하려 했더니 이런 방향으로 와 버렸다. 그러나 생각해보면 음식의 미래는 인류의 미래에 직접 관련되어 있는 것이고, 이미 과학기술만으로는, 그리고 한 나라만으로는 해결할 수 없는 곳으로 접어들고 있는 것이 현대일 것이다. 그렇다면 이런 방향으로 생각하는 것도 이유가 있는 것이다.

후기　본 권의 구성에 대해서

다무라 신타로(田村眞八郞)・이노우에 히토시(井上 如)

第7권 『식의 미래(食のゆくえ)』가, 본 강좌의 마지막 권이 된다.

「식의 미래(食のゆくえ)」에 대해서 두 가지 분야를 설정했다. 한 가지는 수요라는 사회 쪽의 상황이고, 이것이 제1부의 「사회의 변화와 음식」에 대응하고 있다. 다른 한 가지는 수요를 충족시키기 위한 기술과 시스템 측의 상황이고, 이것이 제2부인 「기술・시스템의 진전과 음식」에 대응하고 있다.

누구나 미래에 대해서 방담(放談)하는 것을 싫어하지는 않을 지도 모른다. 그러나 어느 정도 길이의 논문을 쓰고 그 나름대로의 서적 속에 정착시키게 되면, 망설이지 않을 수 없다. 미래 전체상을 파악하고 있다는 자신이 도저히 없고, 몇 가지 중요한 전제조건이 어느 정도가 흐트러져 버릴 우려도 크기 때문이다.

음식의 미래를 취급하게 된 본 권의 기고에 대해서도 대부분의 집필자에게 불만이 있었다. 대부분이 전문 분야를 가진 현직 연구자였기 때문에 경솔한 말은 쓸 수 없으므로 당연한 일일 것이다. 그래서 전문 분야의 현황 인식과 과거에서부터의 경과를 기술하여 가능한 범위에서 그것을 미래로 연장시켜 집필해 달라고 부탁했다.

미래에 대해서는 각 집필자가 생각하는 것을 자유롭게 쓰도록 했다. 그것에 대해서는 다른 집필자가 이론을 제기하지 않는 것이다. 각 집필자의 미래가 전혀 맞지 않는 경우가 있어도 특별한 정리는 하지 않기로 한 것이다.

그러나 현황 인식과 과거에서부터 현재까지의 경과에 대해서는 인접 분야 등에 대해 사실 오인이 있는 것은 바람직하지 못하다고 생각하여 검토를 하는 자리에서 각 집필자에게 각각 전문 분야의 상황에 대해 설명을 듣고 과거에서의 경과, 현황 인식에 대한 정보의 공유화를 꾀했다.

모여진 원고는 16편이었는데 격조 높은 논설 풍의 형식을 취한 것도 있는가 하면, 깔끔한 에세이 풍의 것까지 다채로웠다. 순서에 따라 설명하도록 하겠다.

제1부의 처음인 히키다(疋田) 논문은 전체를 꼼꼼하게 들러보고, 기조로서 적당하게 되어 있었다. 다면적으로 많은 가능성을 생각하여 그 위에 금후 사회의 큰 방향으로서 독거 노인 문제나, 일본형 식생활의 실천, 그 외의 문제도 식품산업과 외식산업에 의존하는 것은 아닌가 라고 논하고 있다.

마루이(丸井) 씨는 21세기의 중대한 과제인 「저출산・고령화」에 중점을 두고 금후 예상되는 인구학적 변화가 사람들의 생활 전체에 영향을 준다고 보고, 그 방향을 전망하고 있다. 전문가다운 데이터의 분석은 흥미가 깊었다. 도코야마(時子山) 씨는 이론가로서의 냉철한 눈빛과 여성스러운 시점으로 「푸드 시스템」을 해설하고 있다. 일본의 식생활은 경제적인 요인으로는 그렇게 변화하지 않는 성숙 단계에 도달해 있다고 하면서도, 간편화, 외부화가 계속 진행되고 있다고 했다. 실무가인 카네코(金子) 씨는 최근 10년 정도의 미국 외식산업의 충실을 살펴보면, 일본은 금후 10~20년, 미국을 따라잡기 위해 노력하지 않으면 경쟁에 뒤쳐져 버리는 것은 아닌가 하는 위기감을 가지고 경고하고 있다. 야마구치(山口) 논문 「식탁의 미래(食卓のゆくえ)」는, 중국의 어떤 마을을 예로 들어 조식의 관찰에서 시작하여, 야마구치씨 독특한 필치로 예상 외의 전개를 보여준다. 공식(共食)에 의한 가족의 단란은 가족 수가 2명 플러스α가 된 현대에서는 기본적으로 성립하지 않는 것은 아닌가 하고 근본적 의문을 제시했다. 미사키(見崎) 씨는 음식을 젠더 시점으로 해석하여 음식은 문화이지만 그 문화는 강하게 젠더화 되고 있다고 했다. 비록 현실에는 타협해도 이론상으로는 타협해서는 안 된다는 자세는 자극적이다. 시라하타(白幡) 씨는 장래의 음식문화는 「놀이 감각」에 의해 획일적인 음식으로 생활하는 빈식(貧食) 계급과 다양한 음식을 향유하는 부식(富食) 계급으로 이분화된다고 논하고, 특이한 시점으로 「정보와 음식」을 들고 있다. 제1부 마지막에서 타카다(高田) 씨는, 지금까지의 각 논문을 능숙하게 도입하면서, 자신만만한 유희화 이론을 전개하고 20세기의 세 가지 모순이 21세기에도 가지를 뻗쳐 식생활에도 다양한 곤란을 초래한다고 하고 있다.

제2부의 첫 머리에 나와 있는 후지키(藤木) 논문은, 그의 풍부한 경험을 다 이야기하기에는 지면이 부족한 것은 아니었을까. 현재 일본과 같은 풍족한 사회의 상품 개발에서는 마켓 오리엔티드(기술 우선이 아닌 시장 우선)가 필요하고, 그 목적 달성을 위

해서는 한 가지씩 작은 기술을 도입하여 완성해 가는 종합화, 시스템화 기술이 필요하다는 지적은 시사하는 바가 크다.

호리이(堀井) 씨는 근년의 편리성이 높은 가공식품이나 외식 등을 가능하게 한 과학기술 중 중요한 것에 대해 해설하고, 그 기술을 뒷받침하는 방대한 기초 연구의 축적, 그 연구 분야가 넓은 것을 연구자다운 치밀함으로 표현해주고 있다. 실업계에 종사하는 야마노이(山野井) 씨는 「장인의 기술」로의 도전을 보고하고 있다. 종래는 전혀 다른 것으로 간주되어 온 세프가 만드는 요리와 공업적으로 만들어진 조리가 끝난 식품 사이에 다리를 놓는 시도였다. 거기에는, 이후의 식품메이커가 있어야 할 모습에 대해 질문을 던지고 있다. 사이토(齊藤) 씨는 본 권 중에서도 가장 자신을 가지고 미래를 이야기해 주었다. 21세기에는 「생활 차원의 시스템 혁명」이 일어나, 미래형 바코드(인터코드)를 사용한 식품의 모습을 보여주고 있다. 「생물 생산과 식품」은 식품화학자인 다무라(田村) 씨가 담당했다. 식물학(植物學)에 있어서는 주변의 전문가이기 때문에 오히려 거리를 두고 생각할 수 있었다고도 할 수 있을까. 인류는 식료 자원을 기본적으로 식물 생산에 의지할 수밖에 없지만, 21세기를 통해 보면 누구나 안심할 수 있는 안전하고 양질의 식물 생산을 인구에 알맞게 확보하기 위해서는 어려운 문제가 존재하고 있다. 또 바이오 테크놀로지, 특히 유전자 변형 물질의 시비에 대해서는 예측할 수 없다고 본다. 제2부의 마지막이 되는 다카다(高田) 씨의 논문은 일본에 있어서 식문화 변화의 방향성을 「간편화」 「취미화」로서 제2장의 각 논문을 관련시켜, 금후에도 기술과 시스템의 혁신이 새로운 식문화를 만들어냄과 동시에 그 부정적 측면을 극복할 과학기술과 시스템의 혁신이 진행된다고 예측하고 있다.

의미를 잘 알 수 없는 점에 대해서는 각주를 달아달라고 부탁했는데 처음 부탁에 따라 미래에 관한 논의는 각 집필자의 기술을 그대로 싣기로 했다. 미래에 대해서는 어느 누구도 확정적인 것은 알 수 없으므로 다양한 의견, 그 자체가 매력이라고 생각해도 좋지 않을까.

또, 「2010년의 식사」라는 주제로 10명에게 기고를 받아, 면을 할당하고 있다.

제3부는 좌담회이다. 이노우에(井上)의 사회로, 이시게 나오미치(石毛直道) 씨, 후지와라 후사코(藤原房子) 씨, 사하라 마코토(佐原眞) 씨와 다무라(田村)에 의한 좌담회 「식—과거에서 미래로」를 행하여, 각각 다음 세대에 맡기는 꿈도 첨가하여, 자유롭게 이야기를 나누었다. 서장 「식・20세기에서 21세기를 생각 한다」는 다무라(田村) 씨가 집필하고, 긴 시간을 들여 고찰한 마지막장 「음식과 기술과 인류사」는 요시다 슈지(吉田集而)씨가 집필했다. 이상의 세 가지는 넓고 길게 음식 미래의 전체에 관련되는 것이고, 본권의 중심인 21세기 최초 4반세기의 일본을 다룬 것은 제1부 「사회의 변화와 음식」

이고, 제2부 「기술・시스템의 진전과 음식」은 외곽을 구성하고 있는 것이다.

각 논문은 모두 새로운 노작이 되었다. 집필자의 노력을 고맙게 여길 따름입니다.

본 권 『식의 미래(食のゆくえ)』가, 독자가 21세기의 음식을 생각하는 어떤 참고가 된다면, 또 이 「강좌 식의 문화」 전권의 유효한 이용을 촉구하고, 식문화 연구의 발전에 기여 할 수 있다면, 관계자 일동의 기쁨일 것이다.

본 권의 간행에 있어서, 집필해 주신 분들, 또 여러 가지로 원조를 해주신 분들에게 감사드립니다.

세심한 배려로 출판의 실무를 담당해 주신 프리 에디터 콘 요코(今容子) 씨, 도메스(ドメス) 출판의 나츠메 게이코(夏目惠子) 씨의 노력에는 아무리 감사를 해도 다하지 못한 것 같은 기분입니다. 또, 본 권도 가츠이 미츠오(勝井三雄) 씨의 충고에 의해 품격 있는 책이 되었습니다. 다른 권과 마찬가지로, 도판과 사진을 많이 이용하여 시각적인 표현에 유의했습니다. 이 의도를 받아들여, 씨의 지도아래, 히라카와 리사(平川リサ) 씨의 노력에 의해 「식의 문화」의 정보가 정연하게 디자인되었던 것입니다. 여기에 다시 한번 감사의 마음을 표하고 싶습니다. 아리아케 인쇄, 농산어촌(農山漁村)문화협회의 여러분에게도 감사의 말을 전하고 싶습니다. 정말 감사합니다.

아지노모토(味の素) 식문화센터의 사무국으로서 전체에 배려하면서, 진행 관리를 맡으신, 마츠시마 야스오(松島保雅), 우에하라 야스코(上原泰子)의 두 분께는 정말 신세를 많이 졌습니다. 두 분을 비롯하여 센터 직원 분들의, 각종 요구에 대해 따뜻한 대응에는 정말 감사하고 있습니다. 정말 감사합니다.

또한, 본 제 7권 『식의 미래(食のゆくえ)』가 이 강좌의 마지막 권이 됩니다.

지금, 본 강좌의 기초가 된 「식의 문화 포럼(食の文化フォ-ラム)」의 십 수년에 걸친 회합을 떠올립니다. 그것은 따뜻한 모임이었습니다. 물론 아주 열띤 논쟁도 여러번 있었습니다. 그러나 그것이 결코 감정을 남기지 않았던 것은 포럼의 리더인 본 강좌 전체의 감수자이기도 한 이시게 나오미치(石毛直道)씨의 유연한 인품・견식과, 이 포럼에는 아주 폭넓은 지식을 가지고 균형 감각이 뛰어난 많은 논객이 모였기 때문이라고 생각합니다.

그와 같은 「식의 문화포럼(食の文化フォ-ラム)」을 중심으로 모체에서 이번의 「강좌 식문화」 전 7권이 금자탑과 같이 탄생했다고 할 수 있을 것입니다. 그것은 전적으로 우타다 가츠히로(歌田勝弘) 이사장과 함께 식문화센터가 탄생하기 전부터 식문화 연구를 위해 아이디어를 내고, 그것을 실현해 온 역대 직원의 끊임없는 노력의 성과임에 틀림없습니다.

본 권의 편집책임자 두 사람은, 식문화의 전문가는 아니지만, 마지막 권의 편집을 담당한 사람으로서 관계자 전체의 대표가 되게 해주셔서, 아지노모토(味の素) 식문화 센터에 감사함과 동시에, 금후의 무궁한 발전을 기원하는 바입니다.

〈집필자 소개〉

이시게 나오미치(石毛直道)

1937년 출생. 京都(교토)대학 문학부 졸업. 농학박사.

전문분야 : 문화인류학

甲南(코난)대학 조교수를 거쳐, 현재 국립민족학박물관 관장.

저서 : 『住居空間の인류학(주거공간의 인류학)』 『世界の食事文化(세계의 식사문화)(편저)』 『食いしん坊の人類學(먹보의 인류학)』 『論集 東アジアの食事文化(동아시아의 식사문화)(편저)』 『食事の文明論(식사의 문명론)』 『ロスアンジェルスの日本料理店-その文化人類學的研究(로스앤젤레스의 일본음식점-그 문화 인류학적 연구)(공저)』 『魚醬とナレズシの研究-モンスーンアジアの食事文化(어장과 나레즈시 연구－몬순아시아의 식사문화)(공저)』 『文化麵類學ことはじめ(문화면류학 시작)』등.

이노우에 히토시(井上 如)

1933년 출생. 콜롬비아대학 석사과정 수료.

전문분야 : 정보학

학술정보센터 부소장을 거쳐, 현재 학술정보센터 명예교수.

저서 : 『情報の讀み方(정보를 읽는 방법)』 『身辺整理の心得(신변정리의 자세)』등.

가네코 쥰이치(金子順一)

1935년 출생. 東京공업대학이공학부 졸업.

전문분야 : 식품산업・외식산업・식품업태개발

味の素(아지노모토)주식회사, 味の素냉동식품주식회사, 라이프 엔지니어링주식회사, 주식회사 すかいらーく(스가이라쿠)상무, 주식회사 ジョナサン(조나산)자문역.

저서 : 『食品工業の未來と分離(식품공업의 미래와 분리)(공저)』 외.

사이토 타카시(齊藤 隆)

1948년 출생. 東京공업대학이공학부 졸업.

전문분야 : 마케팅

사단법인 日本リサーチ(일본리서치) 총합 연구소를 거쳐, 현재 주식회사 NTT데이터 제 4산업 시스템사업부 미래 마케팅연구실 실장・高千穗 상과대학 출강.

저서 : 『90年代のマーケットをデザインする(90년대 시장을 디자인한다)』 『食品市場の創造(식품시장의 창조)』 『インターコードが市場を変える(인터코드가 시장을 변화시킨다)』 『食MAPが創る新次元マーケティング(식MAP이 만드는 신 차원의 마케팅)』 외.

사하라 마코토(佐原 眞)

1933년 출생. 大坂외국어대학 독일어과 졸업. 京都대학 대학원문학부 박사학위 취득.

전문분야 : 고고학

奈良(나라)국립문화재연구소를 거쳐, 현재 국립 역사 민속박물관 관장.

저서 : 『縄文土器(승문토기)』『銅鐸(동탁)』『弥生土器(야요이토기)』『大森貝塚(공역)』『日本人の誕生(일본인의 탄생)』『騎馬民族は來なかった(기마민족은 오지 않았다)』『考古學の散步道(고고학의 산책길)(공저)』『考古學千夜一夜(고고학 천일 밤 하룻밤)』『食の考古學(음식의 고고학)』『斧の文化史(도끼의 문화사)』『銅鐸の繪を讀み解く(동탁의 그림을 읽어낸다)(공저)』『原始繪畵(원시회화)(공저)』『大昔の美に想う(먼 옛날의 미를 생각한다)』 외.

시라하타 요자부로(白幡洋三郎)

1949년 출생. 京都대학 농학부 졸업. 京都대학 대학원 농학연구과 박사학위 취득. 농학박사.

전문분야 : 도시문화론

京都대학농학부 조교수를 거쳐, 현재 국제일본문화연구 센터 교수.

저서 : 『図說・万國博覽會史(도설・만국박람회사)(공저)』『寫眞集成・京都百年パノラマ館(사진집성・교토백년 파노라마관)(편저)』『プラントハンタ-(프런트 헌터)』『カラオケ・アニメが世界をめぐる(가라오케・애니메이션이 세계를 돈다)』『大名庭園(다이묘 정원)』 외.

다카다 마사토시(高田公理)

1944년 출생. 京都대학 이학부 졸업. 학술박사.

전문분야 : 비교 문명학・관광학・도시문화론

음식점경영, 싱크 탱크연구원, 愛知學泉(아이치가쿠센)대학 교수 등을 거쳐, 현재 武庫川여자대학 교수.

저서 : 『酒場の社會學(술자리의 사회학)』『自動車と人間の百年史(자동차와 인간의 백년사)』『都市を選ぶ(도시를 선택한다)』『情報快樂都市(정보쾌락도시)』『昭和日常生活史(쇼와 일상생활사)1・2・3(공저)』『新しい旅のはじまり(새로운 여행의 시작)(편저)』『轉生する風土-「街」を見つける, 「日本」を步く(전생하는 풍토-「거리」를 찾아낸다, 「일본」을 걷는다)(공저)』 외.

다무라 신파치로(田村眞八郎)

1930년 출생. 東京대학 농학부 졸업. 농학박사.

전문분야 : 식품학

농림수산성 식품총합 연구소 소장, 재단법인すかいら-く푸드사이엔스연구소 이사장을 거쳐, 현재 농림어업 금융 공고 식품담당 기술참여, 일본 푸드 스페셜리스트 협회 회장.

저서 : 『ユトピアと食生活(유토피아와 식생활)』『人類の食糧・農業システム(인류의 식량・농업

시스템)(감역)』『外食の文化(외식 문화)(공 편저)』『繪本人と食べものの話(그림책 작가와 음식 이야기)1~5(편저)』『丸善食品總合辭典(한 그릇식품총합사전)(공동편집대표)』『日本人と食べもの(일본인과 음식)』 외.

도코야마 히로미(時子山ひろみ)
1941년 출생. 東京대학경제학부 졸업.
전문분야 : 식료 경제학
경제 기획청 경제연구소 연구원, 정책포럼 주임연구원을 거쳐, 현재 日本여자대학 교수.
저서 :『フードシステムの経濟學(푸드 시스템의 경제학)(공저)』『フードシステムの経濟分析(푸드 시스템의 경제 분석)』 외.

히키다 마사히로(疋田正博)
1944년 출생. 京都대학 교육학부 졸업. 京都대학 대학원 교육학 석사과정 수료.
전문분야 : 생활 문화론
싱크 탱크주식회사 시디아이 주임연구원, 연구실장을 거쳐, 현재 대표이사.
저서 :『生活財生態學・現代家庭のモノとひと(생활 재 생태학・현대가정의 물질과 사람)(공저)』『生活財生態學Ⅱ・モノからみたライフスタイル, 世代差と時代変化(생활 재 생태학Ⅱ 물질로 본 라이프 스타일, 세대차와 시대변화)(공저)』『生活財生態學Ⅲ・「豊かな生活」へのリストラ(생활 재 생태학Ⅲ・「풍부한 생활」에의 리스트라(공저)』 외.

후지키 세이이치(藤木正一)
1934년 출생. 北海道대학 농학부 졸업.
전문분야 : 식품학・식품개발
味の素주식회사 식품개발 연구소 소장, 味の素냉동식품 주식회사 대표이사를 거쳐, 현재 味の素플레쉬 푸드 주식회사 상근감사역・東京농업대학 강사.
저서 :『最新冷凍食品事典(최신냉동식품사전)(공편)』『丸善食品總合辭典(한 그릇식품총합사전)(공동편집)』 외.

후지와라 후사코(藤原房子)
1930년 출생. 東京여자대학교 문학부 졸업.
전문분야 : 생활문화・여성문제・고령자 문제
日本経濟신문사 사회부 기자, 동 부인 가정부 편집위원, 식품과학연구소 소장 등을 거쳐, 현재, 재단법인 일본여자사회교육회 이사장. 저널리스트.
저서 :『母の台所 娘のキッチン(어머니의 부엌 딸의 키친)』『手の知恵-秘められた可能性(손의 지혜-숨겨진 가능성)』『老いを美しく(노화를 아름답게)』『女は中年から愉しい(여자는 중년부터 여유롭다)』『生活上手のエッセンス(생활 달인의 엣센스)』『仲間づくり近少づ

きあい(친구 만들기 이웃과의 사귐)』『すてきな人間關係のために(멋진 인간관계를 위해)』 외.

호리이 마사하루(堀井正治)

1939년 출행. 九州(큐슈)대학 농학부 졸업. 九州대학 대학원 농학연구과 석사과정 수료. 농학박사.

전문분야 : 식품영양학 · 식문화 · 식생활

농림수산성 식품 종합연구소 영양화학 연구 실장, 富山県食品研究所所長, 농림수산성 식품총합연구소 소장, 농림 수산성 식품총합연구소 연구부장을 거쳐, 현재, 사단법인 농림수산기술정보 협회 특허정보부장.

저서 : 『重窒素分析法(중질소 분석법)』『食品榮養分析(식품영양분석)(공저)』『逆轉! 食べもの常識(역전! 음식에 대한 상식)』『人と食べものの話2(사람과 음식 이야기2)』『腎榮養學(신장영양학)』『医食同原の最新科學(의식동원의 최신과학)』『都市化と食(도시화와 음식)』『地域性からみた日本(지역성으로 본 일본)』『地域食品とフ-ドシステム(지역 식품과 푸드시스템)』『美味しい米(맛있는 쌀)』 (모두 분담집필)외.

마루이 에이지(丸井英二)

1948년 출생. 東京대학의학부 졸업. 東京대학 대학원 의학계 박사과정 수료. 보건학 박사.

전문분야 : 보건학 · 역학

東京대학교수를 거쳐, 현재 국립국제의료센터-연구소 지역보건 의료 연구부 부장.

저서 : 『疫學(역학)』『公衆榮養(공중영양)』(둘 다 공저) 『健康科學 (편저)』『医療人類學(의료인류학) (역)』 외.

미사키 케이코(見崎惠子)

1951년 출생. 大阪외국어대학 졸업. 神戸(코베)대학대학원 경제학 연구과 박사과정 중퇴. 경제학 석사.

전문분야 : 프랑스 경제사

현재, 愛知교육대학 조교수.

저서 : 『中世のパン(중세의 빵) (역)』『近代家族の形成(근대가족의 형성)(공역)』『講座西洋経濟史(강좌 서양 경제사)』『女性の解放 社會の解放(여성의 해방 사회의 해방)』『現代社會とジェンダ(현대사회와 젠더)』(모두 분담집필) 외.

야마구치 마사토모(山口昌伴)

1937년 출생. 早稲田(와세다)대학 제2이공학부 졸업. 일급건축사.

전문분야 : 도구학 · 주거학 · 생활학

현재 주식회사 GK디자인 기구 · GK도구 연구소 소장, 일본생활학회 이사, 도구학회 이사.

저서 : 『図說台所道具の歴史(도설 부엌 도구의 역사)』『台所空間學(부엌 공간학)』『私のダイド

コロジ-(나의 부엌)』『住まいの考(주거의 생각)』『地球・道具・考(지구・도구・생각)』『ロスアンジェルスの日本料理店-その文化人類學的研究(로스앤젤레스의 일본음식점-그 문화 인류학적 연구) (공저)』『食文化入門(식문화입문)』『和風探索(일본풍 탐색)』『和風の設計術(일본풍의 설계술)』 외.

야마노이 아키오(山野井昭雄)
1935년 출생. 東京대학 농학부 졸업.
전문분야 : 식품화학・발효미생물학
味の素주식회사 부사장.

요시다 슈지(吉田集而)
1943년 출생. 京都대학 약학부 졸업. 약학박사.
전문분야 : 문화인류학
현재 국립민족학박물관 교수.
저서 : 『不死身のナイティ--ニュ-ギニア・イワン族の戰いと食人(불사신 나이티- 뉴기니아 이완족의 싸움과 식인)』『性と呪術の民族志-ニュ-ギニア・イワン族の「男と女」(성과 주술의 민족지-뉴기니아 이완족의「남과 여」『東方アジアの酒の起源(동방 아시아 술의 기원)』『風呂とエクスタシ-(목욕과 엑스터시)』『酒づくりの民族誌(술 제조의 민족지) (공동편집)』 외.

【컬럼니스트】
사카이 히로미치(坂井博通)
1955년 출생. 東京대학 문학부 졸업. 東京대학대학원 사회학 연구과 석사과정 수료.
전문분야 : 사회인구학
후생성 인구문제 연구소 주임연구원, 清泉女學園 단기대학조교수를 거쳐, 현재 埼玉(사이타마)현립 대학 조교수.
저서 : 『小子化への道(소 자녀화로의 길)』『現代結婚・家族論(현대결혼・가족론)』『見えないものを見る力(보이지 않는 것을 보는 힘)』 외

사토우 츠네오(佐藤常雄)
1948년 출생. 東京교육대학 농학부 졸업. 東京교육대학 대학원 농학연구과 석사과정 수료. 농학박사.
전문분야 : 농업사
현재 筑波(츠쿠바)대학 교수.
저서 : 『江戸時代と近代化(에도시대와 근대화) (공저)』『日本稲作の展開と構造(일본도작의 전개와 구조)』『貧農史観を見直す(빈농사관을 바로 본다)』 외.

다케우치 유키코(竹內由記子)

1962년 출생. 共立여자대학 가정학부 졸업. 成城대학 대학원 문학 연구과 박사학위 취득.

전문분야 : 민속학

현재 成城대학민속학 연구 연구원.

저서 : 『食の昭和文化史(음식의 쇼와 문화사)』『多摩民具事典(다마민구사전)』『民俗學がわかる事典(민속학을 알 수 있는 사전)』(모두 공저・분담집필) 『南關東の共有膳椀(남 관동의 공유 선완)』(공 편저) 외.

츠가네 쇼이치로(津金昌一郎)

1955년 출생. 慶応義塾(게이오기주쿠)대학의학부 졸업. 慶応義塾대학 대학원 의학연구과 박사과정 수료. 의학박사.

전문분야 : 역학(榮養疫學・分子疫學)

현재 국립 암 센터 임상역학연구부장.

저서 : 『中高年の疾病と榮養(중 장년의 질병과 영양)』『ミネラル・微量元素の榮養學(미네랄・미량원소의 영양학)』(모두 분담 집필) 『ボリビにおける日本人移住者の環境と健康(볼리비아의 일본인 이주자의 환경과 건강) (편저)』 외.

나카시마 야스히로(中嶋康博)

1959년 출생. 東京대학 농학부 졸업. 東京대학 대학원 농학계 연구과 박사과정 수료. 농학박사.

전문분야 : 농업경제학

현재 東京대학 대학원 조교수.

저서 : 『アグリビネスの産業組織(어글리 비즈니스의 산업조직)』『変わる食料・農業政策(변하는 식료・농업정책)』『農業問題の経済分析(농업문제의 경제 분석)』(모두 공저) 『アメリカのフ-ドシステム(미국의 푸드 시스템) (공 감역)』 외.

마에카와 켄이치(前川健一)

1952년 출생.

작가.

저서 : 『東南アジアの日常茶飯(동남아시아의 일상 볶음밥)』『タイの日常茶飯(타이의 일상 볶음밥)』『バンコクの好奇心(방콕의 호기심)』『まとわりつくタイの音樂(휘감기는 타이의 음악)』『バンコクの容姿(방콕의 모습)』『アジアの路上で溜息ひとつ(아시아의 길 위에서 한숨 한 번)』『タイ・ベトナン枝葉末節旅行(타이・베트남 지엽미절여행)』『東南アジアの三輪車(동남아시아의 삼륜차)』『アジア・旅の五十音(아시아・여행의 오십음)』 외.

미나미 나오토(南 直人)

1957년 출생. 京都대학 문학부 졸업. 大阪대학 대학원 문학연구과 석사과정 수료.

전문분야 : 서양사학

현재 大阪국제여자대학 조교수.

저서 : 『ヨーロッパの舌はどう変わったか-19世紀食卓革命(유럽의 혀는 어떻게 변했는가- 19세기 식탁 혁명)』『日常と犯罪-西洋近代における非合法行爲(일상과 범죄-서양근대의 비합법행위)(공저)』 외.

모테키 미치코(茂木美智子)

1945년 출생. 日本女子대학 가정학부 졸업. 日本女子대학 대학원 가정학 연구과 석사과정수료. 박사(농업경제학).

전문분야 : 조리학・식생활론・비교 생활문화

현재 東横學園女子短期대학 교수.

저서 : 『調理學(조리학)』『食と生活(음식과 생활)』『家政學辭典(가정학 사전)』『調理文化學(21世紀の調理學1)(조리 문화학 21세기의 조리학1)』『世界食材辭典(세계식재사전)』『家政學實習ノート(가정학 실습노트)』(모두 공저) 외.

요시다 하지메(吉田 元)

1947년 출생. 京都대학농학부 졸업. 京都대학 대학원 농학연구과 박사학위 취득. 농학박사.

전문분야 : 발효양조학

현재, 種智院대학 교수.

저서 : 『日本の食と酒-中世末の發酵技術を中心に(일본의 음식과 술-중세 말의 발효기술을 중심으로)』『江戸の酒-その技術・経済・文化(에도의 술-그 기술・경제・문화)』『中世の光景(중세의 광경)(공저)』『論集 酒と飮酒の文化(논집 술과 음주의 문화) (공저)』 외.

【외국어 문헌・해제(解題)】

카타지나 치훼르트카(Katarzyna Cwiertka)

1968년 출생. 와르샤와대학 일본학과 수료(석사). 라이덴 대학 대학원・筑波대학 대학원 석사과정수료. 라이덴 대학 Ph.D.

전문분야 : 일본문화사・비교문화

현재, 네덜란드・라이덴 대학 한일연구소 연구원.

저서 : 『全集 日本の食文化第八卷 異文化との接触と受容(전집 일본의 식문화 제 8권 이 문화와의 접촉과 수용)』『調理文化學 (21世紀の調理學1)(조리 문화학 (21세기의 조리학1))』(모두 공저) 외.

키타야마 세이이치(北山晴一)

1944년 출생. 東京대학 문학부 졸업. 東京대학 대학원 인문과학 연구과 박사과정 퇴학. クレルモン・フェラン(클레르몬・페란)대학 パリ(파리)제 3대학 유학.

전문분야 : 프랑스사・비교 문명학 (문명공학)
パリ(파리)제 3대학 (국립동양 언어문화연구소) 전임강사를 거쳐, 현재 立教(릿교)대학 교수.
저서 :『おしゃれの社會學(멋의 사회학)』『美食の社會學(미식의 사회학)』『ヌードとモードの間(누드와 모드의 사이)』『官能論(관능론)』『衣服は肉体になにを与たか(의복은 육체에 무엇을 주었나)』 외.

마시모 몬타나리(Massimo Montanari)
1949년 출생. 볼로냐대학 문학부 졸업.
전문분야 : 이탈리아 중세사
이탈리아・볼로냐대학 조교수, 카타냐대학 교수를 거쳐 현재 볼로냐 대학 교수.
저서 :『ヨーロッパの食文化(유럽의 음식문화)』(역서) 외.

마리온 윌리엄 스틸(Marion William Steele)
1947년 출생. 캘리포니아대학(산타 쿠르즈교) M.A. 하버드대학 Ph.D.취득.
전문분야 : 근대일본사회와 문화사.
하버드대학 강사를 거쳐 현재 국제 기독교대학 교수・아시아 문화연구소 소장.
저서 :『もう一つの近代–側面からみた幕末明治(또 다른 하나의 근대–측면에서 본 막부 말기의 메이지)』『形と日本文化(형태와 일본문화)』『明治維新の革新と連續(메이지 유신의 혁신과 연속)』(모두 공저) 외.

역자의 말

이 책의 감수자인 이시게 나오미치(石毛直道) 교수는 1937년생으로 쿄도대학 문학부를 졸업(농학박사)하고 전문영역은 문화인류학으로 코오난(甲南)대학교 문화인류학과 교수로 재직하였으며, 일본 국립 민족박물관 관장으로서 세계의 음식문화를 비롯하여 일본의 식문화에 관한 많은 저서를 남긴 식문화의 대가이다. 그는 "먹는 일을 문화로서 생각해가는 것이 식(食) 문화의 입장이다"라고 하면서 식문화의 학문적 연구를 목표로 하여 1982년에 식문화포럼을 발족하여 20개 이상의 분야에서 총120명의 연구자, 실천가, 저널리스트 등이 모여 '식의 문화' 연구라는 새로운 과제에 도전하여 16년이 걸려 7항목에 걸친 책을 펴냈다고 하였다

먹는 것을 맛이나 영양, 위생, 가공, 유통, 식품생산 등에 국한하지 않고 문화로서 다룬 소중한 자료이다. 특히 지금은 세계가 일 일 권, 아니 순간적으로 소통이 되고 있는 시대로서 최근에 한국 음식의 세계화 운동과 더불어 새삼 한국음식이 건강을 위한 기능성이 함축된 음식으로 세계적으로 알려지고 있음을 느낄 수 있다.

이번 출간하는 식의 문화 7권『식의 미래』는 식의 문화 7권 중 마지막 책이다. 1권『인류의 식문화』2권『일본의 식사문화』3권『조리와 먹을거리』4권『가정의 식사 공간』5권『식의 정보화』6권『식의 사상과 행동』의 순으로『식의 미래』가 마지막이다.

처음에 이 책을 번역할 때 무언가 새로운 것에 대한 호기심으로 5권『식의 정보화』를 번역하기 시작하여 2004년 9월에 출간을 하였다. 그 후 3권 2009년, 6권 2012년, 1권 2015년, 4권 2018년, 2권 2020년 10월, 7권 2020년 12월 순으로 17년이 걸린 것이다.

동아시아식생활연구회는 동아시아식생활학회 회원으로서 동아시아 특히 한국, 중국, 일본의 식생활 문화에 관심을 가진 20여 명의 교수들이 이 지역의 식생활문화를 연구하기 위하여 1998년부터 뜻을 같이한 모임이다.

원저인『식의 문화』1-7권 1질을 1999년경에 동아시아 식생활학회로 이시게 나오미치 관장께서 보내 주셨다. 본 학회의 초대 회장(1991년 당시)이신 故 이성우 박사는 일본 오사카 주립대학에서 연구 중 오사카에 있는 국립민족박물관을 자주 이용하면서 당시 관장인 이시게 나오미치 박사와 가깝게 지내신 것으로 알고 있다. 따라서 이성우 박사는 안 계시지만 이성우 박사께서 설립하신 동아시아 식생활학회에 이 책을 보내주신 것이다. 이 책을 받을 당시 본인이 학회에 회장으로 일할 때였으므로 연구회에 상정하여 번역을 시작하게 되었다.

동아시아식생활학회 시작한 지 30주년이 되는 해에 본 책『식의 문화』7권의 번역을 마치게 되어 번역의 총괄을 맡은 편집위원 장으로서 무거운 짐을 벗은 듯한 홀가분한 마음이다. 다만 짧은 일본어 지식으로 끙끙 매며 고생한 것이 힘들기는 했어도 드디어 끝을 내었다는 보람을 느끼지만, 한편 걱정은 번역이 제대로 되었는지 송구스럽기만 하다.

또한, 출판사에서 본 책의 성격상 사업성이 없어 매력이 없는 책임에도 끝까지 본 책의 출판을 완성해 주신 광문각 박정태 회장님께 깊은 감사의 말씀을 드린다.

또한, 식의 문화를 연구하는 많은 후학들의 연구에 본 책이 참고가 될 수 있다면 본 연구회 회원 모두가 감사할 따름이다.

이 책을 읽으시는 모든 분들의 건강을 기원하며…

2020. 12.
연구회 역자 대표 우 경 자

〈번역자 및 편집위원(가나다순)〉

- (故)구성자 경희대학교 교수
- (故)김을상 전 단국대학교 교수
- 김종군 세종대학교 명예교수
- 박금순 대구가톨릭대학교 교수
- 박인경 대구가톨릭대학교 강사
- 신미경 원광대학교 명예교수
- 우경자 인하대학교 명예교수
- 윤혜경 경원대학교 명예교수
- 이건순 한국농수산대학 명예교수
- 이영근 전 수원여자대학 교수
- 이윤희 한국양조연구소 소장
- 정재홍 신안산대학교 교수
- 조정순 명지대학교 명예교수
- 한재숙 위덕대학교 명예교수
- 권순형 한양여자대학 교수
- 김애정 경기대학 교수
- 김종희 서일대학 교수
- 노숙령 중앙대학교 명예교수
- 서봉순 전 위덕대학교 교수
- 신민자 경희대학교 명예교수
- 유영상 동국대학교 명예교수
- 이강자 인천대학교 명예교수
- 이경희 경희대학교 교수
- 이영남 경희대학교 명예교수
- 이춘자 명지대학교 강사
- 정희정 전 인하대학교 강사
- 조은자 성신여자대학교 명예교수
- 허채옥 한양여자대학 교수

〈편집위원(가나다순)〉

- 신미경 원광대학교 명예교수
- 우경자 인하대학교 명예교수
- 윤혜경 경원대학교 명예교수
- 이윤희 한국양조연구소 소장
- 조은자 성신여자대학교 명예교수
- 조정순 명지대학교 명예교수

제7권

食의 문화

【식의 미래】

2020년 12월 24일 1판 1쇄 인 쇄
2020년 12월 30일 1판 1쇄 발 행

감 수 : 이시게 나오미치(石毛直道)
책임 편집 : 타무라 신바치로우(田村眞八郎)
이노우에 히토시(井上 如)
번 역 : 동아시아식생활학회 연구회

펴낸이 : 박 정 태

펴낸곳 : **광 문 각**

10881
파주시 파주출판문화도시 광인사길 161
광문각빌딩 4층
등 록 : 1991. 5. 31 제12-484호
전화(代) : 031) 955-8787
팩 스 : 031) 955-3730
E-mail : kwangmk7@hanmail.net
홈페이지 : www.kwangmoonkag.co.kr

• ISBN : 978-89-7093-417-4 93590

값 28,000원

한국과학기술출판협회회원
KSPA